LA NÉGOCIATION

Applications professionnelles

Éditions d'Organisation
1, rue Thénard
75240 Paris Cedex 05
Connectez-vous sur notre site
www.editions-organisation.com

Du même auteur:

"Prévisions financières et tableau de variation d'encaisse"
en collaboration avec Christophe DUPONT.
ECONOMICA 1991.

"La négociation : applications et exercices"
en collaboration avec Christophe DUPONT.
DALLOZ 1994.

"Les équipes intelligentes."
Éditions d'Organisation 1999.

Chez le même éditeur,

Eric ALBERT, Jean-Luc EMERY, *Au lieu de motiver, mettez-vous donc à coacher,* 1999.

Hervé GHANNAD, *Le manager et la PNL*, 1999.

Jacques BOJIN, *1001 citations pour le manager entrepreneur*, 1999.

ISBN : 2-7081-2352-1

Patrick AUDEBERT-LASROCHAS

LA NÉGOCIATION

Applications professionnelles

Édition fortement enrichie
du livre **Profession négociateur** *paru en 1995*

Quatrième tirage 2002

Éditions
d'Organisation

SOMMAIRE

Introduction

Chapitre 1 : De la négociation

Chapitre 2 : Les acteurs de la négociation

Chapitre 3 : La préparation de la négociation

Chapitre 4 : Les processus de la négociation

Chapitre 8 : Les tactiques de négociation

Chapitre 9 : La communication

Chapitre 10 : L'interculturel dans les négociations

Chapitre 11 : Négocier en équipe

Note de l'auteur

Cet ouvrage vient en remplacement de « **Profession Négociateur** », paru en 1995. Nous avons changé le titre pour deux raisons principales :

– Depuis 5 ans, l'actualité a été riche en situations de négociations, d'Oslo à Rambouillet, de l'OMC à Amsterdam, de la SNCF à Air-France, de la guerre de la banane à la vache folle ou des poulets à la dioxine, de la fusion TOTALFINA-ELF ou la non fusion BNP – Société Générale.

– « **Profession Négociateur** » suggérait trop, dans son titre, les négociations de type commercial alors que ce manuel tente de couvrir l'ensemble des champs de la négociation, à savoir l'international, le commercial, le social, ainsi que l'organisationnel et l'interne.

Ce nouvel ouvrage est le fruit de cinq années supplémentaires de recherches, d'expériences, de rencontres, de discussions et de témoignages. Il a été enrichi dans son ensemble et des concepts relativement récents à la négociation y sont détaillés : l'interculturel et la négociation en équipe, entre autres.

Par rapport au marketing ou à la finance, pour ne prendre que ces deux domaines, la recherche théorique et appliquée en négociation évolue assez lentement. Exception faite pour certains chercheurs parmi lesquels, pour ne citer que des européens, Christophe Dupont qui a beaucoup apporté aux négociations de joint-ventures et aux aspects interculturels dans les négociations internationales et François Delivré qui a approfondi, de manière originale, les approches comportementales.

L'auteur tient à remercier personnellement tous les lecteurs qui ont assuré le succès de « **Profession Négociateur** » et leur donne rendez-vous, dès maintenant, pour le prochain ouvrage...

INTRODUCTION

1. OBJECTIFS ET SOURCES

La négociation, bien qu'elle soit une activité vieille comme le monde, est en passe de devenir un outil de gestion à part entière pour les managers ; la littérature et les séminaires spécialisés mis sur le marché ces trois dernières années en sont la preuve. La presse n'est pas en reste, et il suffit de parcourir les quotidiens ou les hebdomadaires pour rencontrer le mot « négociation » sur presque toutes les pages, souvent à travers de petites phrases du type :

> *« L'encéphalogramme plat des négociations contractuelles au niveau des branches »* [1]

ou bien

> *« Alain Lamassoure s'avoue épaté par la manière dont les grecs, qui président l'Union européenne, ont mené les négociations sur l'élargissement. « Ils ont eu les candidats à l'usure assure le ministre des Affaires européennes ».*[2]

Certains sont à l'emporte-pièce :

> *« On cogne avant, on discute après »*[3]

Et la liste pourrait facilement s'allonger ...
L'objectif de cet ouvrage est d'apporter un éclairage nouveau sur la négociation. Qu'elle soit commerciale, sociale, internationale, inter-services ou hiérarchique [4], la négociation est présente tous les jours dans les activités humaines; les managers avaient jusqu'à ce jour à leur disposition trois approches disponibles à travers la littérature spécialisée :

---

1. de Nicole NOTAT, Secrétaire Nationale CFDT in « *Le Fig-Eco* » 23/09/94.
2. in « *Le Nouvel Observateur* » du 10/03/94.
3. Article de Henri PAILLAUD in « *Le Figaro* » du 04/02/94 au sujet des pêcheurs pendant la crise de la pêche à Morlaix.
4. Cet ouvrage, à de rares exceptions près, n'est pas spécialisé dans tel ou tel type de négociation ; il s'adresse à l'ensemble des négociateurs. Pour une approche spécifique et en particulier des applications par type de négociation ; voir : « *La Négociation : Applications et Exercices* » de C. DUPONT et P. AUDEBERT. Editions Dalloz (1994).

1 – Les ouvrages de type psychologique, qui n'abordent pratiquement que des aspects comportementaux dans les négociations.
2 – Les manuels traitant des techniques de vente, qui pour être très développées ne sont qu'une facette de la négociation.
3 – Les livres de théorie, très utiles aux chercheurs et spécialistes du domaine, mais peu applicables à la pratique des affaires.

Cet ouvrage est axé avant tout sur les techniques pratiques de négociation, à travers des méthodes, grilles, techniques et outils.
Pour compléter l'explication de ces méthodes, nous avons illustré le plus possible nos propos par des articles puisés dans la presse quotidienne, ou dans les hebdomadaires.
Quant aux méthodes, grilles, outils et techniques, exposés, ils viennent de trois grandes sources :

1 – La littérature spécialisée
Lors d'une soutenance de thèse sur la négociation des Joint-ventures, un des membres du jury, le professeur Marcel Capet, reprocha amicalement à l'auteur d'être allé chercher la plupart de ses sources dans la littérature nord-américaine. Le professeur démontra, preuves à l'appui, que les européens avaient tout inventé dans ce domaine puisque le principe des « Joint-ventures » existait déjà à Venise depuis l'année 1370 !
Nous avons donc repris ce conseil, et « épluché » plus de 50 ouvrages francophones traitant de près ou de loin de la négociation.
2 – Ces vingt dernières années, nous avons pu, grâce à la formation et au conseil, rencontrer des centaines de managers confrontés à des problèmes de négociation ; de nombreuses méthodes développées ici ont été soit identifiées soit validées par ces managers.
3 – L'auteur de cet ouvrage a une large expérience de la négociation, soit comme commercial dans de grandes entreprises, soit comme conseil dans des PME/PMI.

En guise de reflexion , un aspect des choses peut être illustré par la maxime suivante : « *Etre performant, c'est faire moins d'erreurs que les autres* » [5]. La bonne connaissance des techniques et des processus de négociation ne peut qu'améliorer la « performance » des négociateurs; mais au-delà des techniques, la négociation reste un « art » et une certaine manière de gérer les affaires ; elle est une merveilleuse approche pour celles et ceux qui désirent faire avancer les choses et gérer les conflits en ne privilégiant pas l'emploi de la force.

5. Définition donnée par Alain Minard, Directeur commercial de Rhône-Poulenc Agro France.

2. PLAN DE L'OUVRAGE

Ce manuel se décompose en treize parties bien distinctes ; le premier chapitre est un exposé de la situation de négociation, de l'identification des conditions nécessaires pour négocier et de la justification des échanges.
Les douze chapitres suivants reprennent les éléments de la négociation ; si le négociateur souhaite un éclairage dans un domaine particulier, il se reportera au chapitre concerné ; si néanmoins il veut approfondir l'approche globale, il devra « intégrer » les différentes approches qui constituent, de fait, « l'art de la négociation ».

Le chapitre 2 : Identifie les « acteurs » de la négociation, leurs statuts, la conduite des hommes (et des femmes) dans la négociation ; dans une deuxième partie, les caractéristiques individuelles, les facteurs de personnalité et les styles de négociateurs seront abordés.

Le chapitre 3 : Développe des méthodes et des grilles pour aider le négociateur à mieux préparer l'avant-négociation.

Le chapitre 4 : Explique les processus de la négociation, les différentes phases, le maniement des concessions et la gestion du temps, autrement dit, la conduite à proprement parler de la négociation.

Le chapitre 5 : Prend en compte les « jeux d'acteurs », à savoir les interactions entre les acteurs pendant la négociation, en particulier l'analyse des pouvoirs, l'utilisation des menaces et les dispositions spatiales dans la salle de négociation.

Le chapitre 6 : Donne des éléments de stratégie pour la négociation, à travers les modèles comportementaux, les approches stratégiques commerciales et sociales.

Le chapitre 7 : Identifie les techniques majeures et mineures utilisées dans le maniement des objets pendant les négociations.

Le chapitre 8 : Détaille et illustre un très grand nombre de tactiques dont certaines sont couramment utilisées.

Le chapitre 9 : Est une synthèse des principaux outils de communication utilisés pour les négociations, à savoir la communication verbale, non verbale, écrite et comportementale.

Le chapitre 10 : Aborde un sujet très controversé parmi les experts, à savoir le rôle plus ou moins important des variables culturelles sur le déroulement et le résultat des négociations, en particulier internationales.

Le chapitre 11 : Identifie les avantages mais aussi les contraintes de la négociation en équipe et explique les précautions à prendre pour arriver à un résultat efficient.

Le chapitre 12 : Fait un apport des techniques de créativité à la négociation afin de pouvoir trouver d'une manière rapide et non contraignante des solutions originales au service des négociateurs.

Le chapitre 13 : Aborde un sujet peu connu des négociateurs : la manière de gérer leur stress autour du tapis vert.

Une bibliographie générale complète cet ouvrage.

3. REMERCIEMENTS

Cet ouvrage n'aurait pu voir le jour sans l'apport fondamental des sessionnaires de l'ESC de Lille, du CRC de Jouy-en-Josas et de l'APM qui ont, à travers leurs expériences, témoignages et commentaires, enrichi les séminaires de négociation. Le professeur Christophe Dupont, qui fut et reste mon maître, m'a fortement aidé dans la conception des idées, l'identification des méthodes, dans la présentation de cet ouvrage et de sa correction. Les étudiants du Dess Comex (Université de Lille I) et du département LEA de Lille III (maîtrise et Dess d'Affaires Internationales) nous ont beaucoup aidé, en particulier dans les enquêtes sur la négociation internationale.

L'équipe d'experts et de consultants de l'ESC, du CRC et de l'APM, en particulier Gérard Benoist, nous ont permis d'affiner les techniques et leurs remarques constructives nous ont été d'une aide précieuse.

Michèle Mercier, Patrick Dugué, Magali Turcan, Floriane Février, Myriam Bouzerzour-Ottomani et Martine Falkeinstein ont dactylographié et mis en page le manuscrit, ce qui n'a pas été une mince affaire…

Enfin, nous tenons à remercier les quotidiens [6] et les hebdomadaires qui nous ont autorisé à reproduire leurs articles, en particulier « La Tribune Desfossés » et « La Voix du Nord » qui l'ont fait gracieusement.

Nous n'oublions pas les auteurs et les experts que nous avons consultés et à qui nous avons emprunté de nombreux concepts et idées, en particulier Henri Fraisse qui nous a autorisé à reproduire plusieurs de ses tableaux, Jean-Pierre Debourse, Jean-Pierre Raman, Pascal Grandin, David Letombe, Michel Felix, Yves Negro, Lionel Bellenger, Maxime Leroux.

Que toutes ces personnes trouvent dans ce manuel notre reconnaissance et nos remerciements les plus chaleureux.

Une dernière pensée pour mon père qui m'avait apporté ses remarques, oh combien constructives, lors de la première édition et qui nous a quittés.

6. Tous les articles et extraits tirés du Figaro et du Fig. Eco sont sous Copyright.

CHAPITRE 1

DE LA NÉGOCIATION

« Il est beaucoup plus facile de faire la guerre que de faire la paix. »

CLÉMENCEAU

INTRODUCTION

« La vérité n'est pas le contraire du mensonge, trahir n'est pas le contraire de servir, haïr n'est pas le contraire d'aimer, confiance n'est pas le contraire de méfiance, ni droiture de fausseté ». [1]

Le prix Nobel d'économie 1994 a été décerné conjointement à trois économistes, John Nash, Reinhard Selten et John Harsanyi [2]. J. Nash a jeté les bases de l'analyse de l'équilibre dans la théorie des jeux non coopératifs ; dans ses recherches sur la négociation, il a démontré que « Pour chaque jeu entre un nombre fini de joueurs, il existe un équilibre en stratégies mixtes ». Cet équilibre est d'ailleurs appelé « Point de Nash ».

Ces deux citations couvrent le vaste champ de la négociation, en lui donnant ses bornes extrêmes ; d'un côté, l'approche humaine, comportementale, éthique, irrationnelle et affective, de l'autre, l'approche mathématique, rationnelle, quantitative et théorique des jeux.

Dans cet ouvrage, nous explorerons ces limites, sans tomber dans les analyses psychologiques ou psychanalytiques, ni dans les démonstrations mathématiques ; notre propos sera d'expliciter le *no man's land* qui sépare ces bornes extrêmes. Néanmoins, la négociation peut être présentée de deux grandes manières ; d'une part, essayer de décrire tous les éléments qui la composent, d'autre part, définir ses objectifs. Le manuel reprenant à travers ses différentes parties les composantes principales de la négociation, nous nous bornerons dans ce chapitre à donner quelques définitions et les principales règles d'application.

Le succès des ouvrages et des séminaires traitant de la négociation ainsi que l'emploi abusif du mot « négociation », par exemple le titre d'un article : *« Bug de l'an 2000 : Le réseau consulaire propose un outil opérationnel pour aider les PME*

---

1. Francis WALDER *« St Germain ou la Négociation »* Gallimard 1958.
2. La communauté internationale des chercheurs et praticiens en négociation a été particulièrement honorée par ce prix Nobel. Ce manuel n'abordera pas directement les travaux de ces trois économistes, ce n'est pas son objectif ; mais, en grande partie grâce à ces scientifiques de renommée mondiale, la négociation a enfin trouvé « ses lettres de noblesse ».

à négocier ce virage épineux [3] », peut nous amener à nous poser la question suivante : La négociation est-elle un effet de mode ?
De tous temps les managers ont été friands de techniques originales pour gérer et développer leurs services ou leurs entreprises. Les Japonais, à travers des méthodes de type « Kamban » pour la gestion des stocks ou bien les groupes de qualité mais surtout les Américains avec les approches de type « Analyse transactionnelle » (AT) ou « Programmation neurolinguistique » (PNL) ont tenu le haut du pavé à travers des ouvrages techniques et des séminaires.

La négociation n'échappe pas à ce phénomène de mode ; cela est dû, à notre avis, à plusieurs facteurs :

– les méthodes de management ont fortement évolué ; d'une organisation pyramidale de type hiérarchique, les entreprises ont réorganisé leurs structures en écrasant les échelons. Les organisations de type matriciel ont débouché naturellement sur le management par projets ;
– découlant de cette première raison, l'autonomie au niveau du service, et même de l'individu devient un facteur clé de succès de l'entreprise ;
– la crise de ces vingt dernières années, ou plutôt la révolution culturelle, économique et managériale, ont amené les dirigeants à douter d'eux-mêmes et ils recherchent de nouvelles approches ; pourquoi ne pas privilégier la négociation ?
– les nouvelles organisations donnent de l'autonomie aux individus, obligent les responsables à négocier entre les services, dans les équipes de projets, avec les partenaires sociaux et avec les clients. Il y a encore peu de temps, les relations entre les partenaires internes et externes à l'entreprise étaient claires et les interlocuteurs privilégiés facilement identifiables. Il n'en est pas de même aujourd'hui.

Dans le domaine social, les lois Auroux ont légalement obligé les partenaires sociaux à s'asseoir autour d'une table et à négocier, et ceci au minimum une fois par an.
Dans le domaine commercial, la notion de « Service Client » s'est fortement développée ; la relation commerciale et de service avec le client n'est plus le domaine privilégié des commerciaux mais le problème de toute l'entreprise.
Enfin, le manager avait, il y a peu de temps encore, comme unique négociation interne la négociation hiérarchique, à savoir négocier avec les collaborateurs qui dépendent de lui mais aussi avec ses propres responsables hiérarchiques, éventuellement avec la Direction Générale ou le Conseil d'Administration ; son champ de négociation s'est largement ouvert à l'interne avec les problèmes interservices, interfiliales et les projets ; ces domaines sont de la négociation organisationnelle.
Aujourd'hui, le manager est confronté à tous ces types de négociation, à savoir sociale, commerciale et interne (hiérarchique et organisationnelle). Il peut même se retrouver dans des situations spécifiques, telles que la négociation internationale, avec les problèmes culturels que cela sous-tend, ou les négociations bancaires, de projets, d'embauche ou de restructuration.

3. « *L'Interconsulaire* » de juin 1999.

Pour toutes ces raisons, la négociation est devenue un outil incontournable de la formation et de la « boîte à outils » du manager, quelle que soit son métier ou sa position hiérarchique dans l'entreprise. Les pressions internes et/ou externes ne sont pas non plus négligeables et il est courant d'entendre au fil des conversations : *« Négociez, négociez, il en restera toujours quelque chose... ».*
Nous voudrions démontrer que cette affirmation est fausse ou tout du moins tendancieuse. La négociation n'est pas une panacée ; elle ne résout pas, loin de là, tous les problèmes et son utilisation est conditionnée à un certain nombre de contraintes. Avant de développer ces conditions, il apparaît nécessaire de clarifier plusieurs points.

1. PSEUDO-NÉGOCIATION

Il y a de nombreuses situations où l'un des partenaires dit « qu'il va négocier », mais, en réalité, il ne se sert de la discussion que pour gagner du temps, alors qu'il n'a pas du tout l'intention d'arriver à un accord négocié. Dans ce cas, il fait de la « pseudo-négociation ».

Ceci peut être illustré par les négociations lors des prises d'otages :

Les plus hautes autorités ministérielles françaises ont toujours eu la même stratégie vis à vis des preneurs d'otages ; magistrats et policiers sont obligés d'appliquer les consignes suivantes [4] : L'issue du conflit (la prise d'otage) ne peut se faire que de deux manières ; soit par la reddition, soit par la force. Et pourtant, les policiers « négocient » avec les truands, par téléphone, mégaphone ou parfois en direct. Ils discutent pour, d'une part, faire un état des lieux : combien sont-ils ?, quel est leur profil psychologique, leurs motivations profondes, leur état de fatigue, leur degré de cohésion au niveau du groupe s'ils sont plusieurs, etc. et d'autre part, gagner du temps afin que les forces de police puissent s'organiser, prévoir les contre-offensives ou tout simplement avoir les preneurs d'otage « à l'usure », ce qui a été vraisemblablement le cas à Lima (voir paragraphe suivant).
En aucun cas, les policiers ou magistrats n'ont le pouvoir d'arriver à un accord négocié du type : *« Si vous libérez les otages, on met une voiture à votre disposition pour vous échapper ».*
L'actualité internationale de ces dernières années nous a donné une illustration réelle de cette situation.
Pendant 126 jours, une quinzaine de membres du MRTA (Mouvement révolutionnaire Tupac Amaru) prend en otage 72 personnes dans les locaux de l'ambassade du Japon à Lima, capitale du Pérou. Très rapidement, le commando accepte la pro-

4. Ces consignes nous ont été longuement expliquées et détaillées par Michel MARIE, commissaire au RAID (Unité de Recherche, Assistance, Intervention et Dissuasion de la Police Nationale), qui est en charge de la négociation lors des prises d'otages. Il a créé, avec ses collègues, un logiciel très performant qui permet de définir le profil psychologique du ou des preneurs d'otages afin de mettre au point, pour les forces de police, la meilleure politique d'actions possible.

position du gouvernement péruvien de créer une commission devant garantir une issue pacifique à la crise. C'est d'ailleurs un évêque, Monseigneur Cipriani qui a été désigné par le nonce apostolique.
Par deux fois, le président péruvien Fujimori accepte un dialogue direct avec les guérilleros et affirme : *« Le recours à la force est exclu »* ; Monseigneur Cipriani renchérît : *« On avance dans les négociations ».*
Dix jours avant l'issue, *The Economist* [5] écrit : *« Monseigneur Cipriani et Anthony Vincent, ambassadeur du Canada au Pérou ont réussi à négocier un compromis ».*
Selon les termes de ce dernier, le gouvernement libérerait certains des prisonniers n'ayant pas été condamnés pour crimes violents et améliorerait les conditions de détention des autres ; le journaliste concluait : *« Ni l'opinion politique locale, ni le gouvernement Japonais ne sont prêts à envisager les risques inhérents à une solution de force. Monsieur Fujimori a exclu cette option, sauf si un otage était maltraité ».*
Et pourtant, le président péruvien a fait donner l'assaut ; les discussions avec les guérilleros ont servi à gagner du temps consacré à creuser des tunnels sous l'ambassade et à mettre au point l'attaque militaire.
Sitôt l'affaire terminée, la presse internationale tente de justifier cette action. Le Figaro titre : *« L'assaut de la résidence japonaise était un pari risqué. Il conforte le style du président : solitaire et intransigeant »* ; un peu plus loin : *« Alberto Fujimori vient de consolider l'image d'un chef d'Etat inflexible et au pouvoir assurément personnel ».*

En terme d'urgence économique, la partie est loin d'être innocente : Jean-Jacques Meril conclut :

> *« Le Japon s'était un moment préparé à négocier une rançon avec le MRTA. Il est aujourd'hui soulagé de voir ses vingt-quatre diplomates et hommes d'affaires rentrés sains et saufs. Pour la forme, Ryutaro Hashimoto a regretté de ne pas avoir été mis dans le secret d'une opération conduite en "territoire" japonais. Mais il a su remercier les "autorités péruviennes d'avoir saisi leur chance"*
>
> et il ajoute : *"Les investissements nippons au Pérou, déjà considérables, ne sont pas prêts de se tarir..." »*

Plus récemment, un autre exemple nous est donné par les conférences de Rambouillet et quelques semaines plus tard de Paris, où Milosevic a utilisé le temps des négociations pour installer l'armée serbe au Kosovo et planifier l'épuration ethnique des kosovars albanais [6].
La pseudo-négociation relève plus du domaine de la manipulation physique et/ou psychologique que de la négociation réelle.

5. Repris par Courrier International du 17/04/97.
6. Nous n'avons pas la preuve de cette affirmation, mais cette hypothèse a été reprise par l'ensemble de la presse internationale.

2. APPROCHES RÉCENTES

Ces dernières années nous avons vu éclore de nombreux travaux et ouvrages sur la négociation ; nous reprendrons brièvement ici l'approche de Lax et Sébénius [7] considérée comme l'une des plus novatrices sur la négociation.
Les auteurs définissent la négociation de la manière suivante :

> *« Processus d'intéraction opportuniste dans lequel deux ou plusieurs acteurs (parties) en situation de conflit apparent, tentent d'obtenir par un accord un résultat meilleur que par d'autres moyens de décision. »*

Ils distinguent dans la négociation quatre éléments essentiels, à savoir :

☐ L'interdépendance des acteurs et la notion de conflit perçu

Ces deux premiers éléments sont la traduction classique des convergences/divergences ; les auteurs ont néanmoins une vue plus fine du conflit. La situation peut être simplement perçue comme conflictuelle sans qu'il y ait vraiment un conflit ; il peut s'agir, par exemple, de préférences différentes ou de perceptions d'intérêts partagés.
Dans ce domaine et par rapport à beaucoup d'auteurs, Lax et Sébénius mettent en évidence que les intérêts, les croyances et les règles ne sont pas nécessairement fixes et peuvent évoluer et/ou changer au cours d'une négociation.

☐ Une caractéristique d'opportunité et la possibilité d'un accord

Le mot opportunité est pris dans le sens de stratégie, à savoir que chaque acteur tente de tirer avantage de la situation ; il essaye de maximiser ses gains en tenant compte des actions et des plans des autres.
La négociation est donc un exercice de maximisation sous contrainte, à savoir atteindre ses objectifs tout en assurant une satisfaction acceptable par l'autre partie.
Henry Kissinger [8] exprime la même idée à travers une formulation différente :

> *« La négociation est un mode de décision fondé sur la recherche d'une action unilatérale. »*

Lax et Sébénius ont également « rénové » le langage de la négociation ; le tableau suivant en donne quelques exemples :

---

7. LAX et SEBENIUS : *« The manager as Négociator »*. Editions The Free Press (1986).
8. Henry KISSINGER : *« A la maison blanche 1968/1973 »*. Editions Fayard (1979).

DEFINITIONS COURANTES	LAX et SEBENIUS
- intérêt commun	- interdépendance
- divergences	- élément conflictuel perçu
- finalité d'accord	- possibilité d'un accord
- mutuellement acceptable	- opportunisme stratégique

Tableau 1 : Différences de définitions (d'après Lax et Sébénius).

3. PARAMÈTRES DE LA NÉGOCIATION

Depuis plusieurs années, nous menons une enquête auprès de dirigeants, de cadres et d'étudiants ; nous leur posons toujours la même question :

> *« Quels sont d'après vous, les éléments, les variables, les paramètres qui influencent le déroulement et le résultat d'une négociation ? »*

La liste suivante donne ceux qui ont été le plus souvent cités [9] :

– gestion du temps
– présence d'un leader, initiateur du débat
– qualité de l'animateur
– charisme
– différence d'objectifs
– rythme
– personnalité des acteurs
– rapports entre acteurs
– pouvoir de persuasion
– volonté de rupture
– vues à plus ou moins long terme
– disposition autour d'une table
– sécurité
– enjeux
– rapidité de réaction
– alliances
– pouvoirs
– volonté de conciliation
– possibilités d'échange
– collusion
– attention portée au débat
– historique
– bluff
– environnement

9. Les éléments de cette liste ne sont classés selon aucun critère (fréquence, degré d'importance) : ils sont simplement descriptifs.

– effet de surprise
– créativité
– préparation.

Une autre enquête, faite auprès de 102 négociateurs professionnels a identifié les points suivants comme positifs et avantageux dans les négociations [10] :

– proposer des alternatives
– souligner les convergences plus que les divergences
– faire des suggestions
– se référer au long terme
– structurer positivement les attitudes
– ne pas entrer dans la spirale attaque/défense
– tester pour comprendre
– poser des questions.

Ces résultats reprennent bien l'ensemble des paramètres de la négociation mis en évidence par les praticiens et les chapitres suivants essaieront d'apporter des réponses et des solutions à ces constatations.

4. NÉGOCIATION ET GESTION DES CONFLITS

Dans la littérature spécialisée, qu'elle soit de type psychologique, sociologique, politique, économique ou autre, les conflits y sont décrits de manière assez différente, chaque école définissant le conflit en fonction de ses orientations disciplinaires. Nous nous attacherons ici, à la conception que provoque cette notion chez les dirigeants d'entreprise qui sont confrontés à presque tous les types de négociation, qu'elles soient commerciales, sociales, internationales ou internes à l'entreprise.

Nous avons eu la possibilité, grâce à l'APM [11] de réunir des chefs d'entreprise à qui nous avons posé la question suivante :

> *« Dans les conflits que vous devez gérer directement ou indirectement, quels problèmes rencontrez-vous ? »*

Les participants ont identifié les 47 problèmes suivants :

– comment poser les problèmes correctement pour éviter tout malentendu ?
– comment obtenir les informations remontantes ?
– comment faire bouger les interlocuteurs qui considèrent la situation de droit ou de fait (exemple : l'Administration) ?

10. Enquête menée par N. RACKAM et H. CARLISLE et publiée dans « *Journal of European Industrial Training* » (1978).
11. APM – Association pour le Progrès du Management – a été créé par le MEDEF et le CRC en 1986 ; cette association regroupe aujourd'hui plus de 2 500 chefs d'entreprise répartis dans 200 clubs en France et en Europe.
APM : 6 avenue Marceau, 75008 PARIS.

– clarifier ma situation par rapport au conflit ;
– comment faire passer le message aux salariés (exemple : il faut abaisser les charges) ?
– je n'aime pas les conflits ;
– problèmes de communication concernant la clarté des messages ;
– comment éviter les conflits ?
– comment rendre les discussions constructives ?
– dégager (séparer) les intérêts personnels des intérêts collectifs et séparer les facteurs permanents des facteurs circonstanciels ;
– difficultés à décrypter les enjeux cachés des entités en conflit ;
– comment ne pas oublier la cohérence par rapport à la culture d'entreprise ?
– avoir une vision stratégique suffisante de la société pour faire la bonne chose au bon moment ;
– comment se mettre à la place de l'autre (des autres) pour faire la bonne chose au bon moment ;
– comment conserver ses marges en période de crise ?
– comment régler de façon équitable un conflit ?
– comment trouver le temps pour régler le conflit ?
– comment faire le bon choix ?
– on persuade, alors que l'on se rend compte après que l'on s'est trompé ;
– susceptibilité, respect de la personne et de la fonction ;
– choix de la décision à prendre ;
– comment perdre dans l'immédiat sans se « planter » dans le futur ?
– faire dialoguer des hommes quand ils n'ont pas le même référentiel de pensée et/ou système de valeur ;
– mesurer l'impact des personnes par rapport au projet ;
– gestion des acceptation des priorités dans l'entreprise ;
– interférence des acteurs non dévoilée dans les conflits (sous-marins) ;
– comment faire admettre la part entre les intérêts personnels et collectifs ?
– quand et comment me préparer ?
– anticiper le conflit ;
– opposition entre rigueur et créativité ;
– intervenir dans les conflits des autres quand la gestion des conflits est confiée à d'autres (délégation) ;
– respect de la règle du jeu, du contrat, de l'engagement ;
– choisir le moment crucial pour intervenir ;
– casser les jeux de rôle préétablis et les scénarii d'échec ;
– veiller à faire connaître ou savoir les décisions par rapport au conflit (et les limites) ;
– comment motiver avec une rigueur dans l'analyse et l'exécution tout en alliant créativité et liberté d'initiative dans la phase de conception et d'adaptation ?
– quelle communication développer pour éviter les conflits ?
– créér le conflit ;
– suivre au jour le jour les positions (motiver sur les tâches qui paraissent «bêtes» et répétitives mais indispensables à l'entreprise) ;

– comment conserver la motivation et l'engagement en période de conflit ?
– avoir et entretenir un niveau de conflit acceptable ;
– conflit résultant d'un niveau d'information insuffisant face à des besoins client en situation concurrentielle ;
– langues et cultures différentes ;
– rentabilité, investissement lourds, marché ;
– comment privilégier le conflit sur le cloisonnement ?
– comment conclure un conflit ?

Dans la suite de cette section, nous proposons des solutions pour répondre à ces problèmes ; néanmoins nous avons vu plus haut que la négociation n'était pas une panacée, mais un outil de gestion des conflits.
Nous entendons par « conflit » le fait que les partenaires aient des divergences entre eux. « Je suis en conflit avec mes fournisseurs et/ou avec mes clients car si nous avons des points qui nous rapprochent (convergences) nous avons aussi des points qui nous séparent (divergences). Il en va de même avec mes partenaires sociaux, les autres services de mon organisation ou avec certains membres de la hiérarchie. »

Si nous raisonnons à l'extrême, deux cas peuvent se présenter :

a) Je n'ai pas de divergence avec mes partenaires, autrement dit, nous n'avons que des convergences ; dans ce cas, il s'agira de résoudre un problème *(problem-solving)* et de trouver une solution optimisée.
L'argumentation et la conviction d'une part, les outils informatiques (logiciels d'optimisation) d'autre part, seront en principe les outils à privilégier.
b) Nous n'avons que des divergences avec mon partenaire : si l'un des deux, ou éventuellement les deux, décident de négocier, il ne pourront trouver un accord. Au meilleur des cas, ils tomberont d'accord sur un constat d'échec ; au pire le plus fort imposera sa loi et l'autre aura une forte probabilité de se faire « laminer »...

Ces deux cas extrêmes sont valables, quelque soit le type de négociation, commerciale, sociale, interne.
La notion de conflit ayant été abordée d'une manière légère certes, nous pouvons explorer l'ensemble des outils à la disposition des managers pour gérer ces situations ; autrement dit, quels sont les différents types de décision qu'un manager peut prendre devant une situation donnée.
Michel Ghazal voit, pour gérer les conflits, trois grands systèmes ; le pouvoir, le droit et les intérêts qu'il représente par le schéma suivant :

Pouvoir	Guerres Grèves	Conflit avant sanction
Droit	Tribunal Arbitrage	Trancher en faveur de l'un ou de l'autre jugement
Intérêts	Médiations Négociations	Solution équitable, librement acceptée et mutuellement avantageuse

TABLEAU 2 : SYSTÈME DE GESTION DE CONFLITS (SOURCE : M. GHAZAL ET Y. HALIPHA)

D'une manière beaucoup plus élaborée, C. Dupont identifie, pour gérer les conflits, plusieurs approches.
Cet auteur distingue, dans l'ensemble des systèmes de décision, cinq situations bien typées :

1) Les processus politiques ; ce sont les décisions hiérarchiques, judiciaires ou quasi-judiciaires et la décision par vote.
2) Le processus de domination ; c'est l'affrontement par coercition ou force pure et la pseudo-négociation par manipulation.
3) Les processus d'échanges dans une mise en commun qui vont de l'adjudication à la résolution de problèmes en passant par la négociation.
4) Les processus d'expertise ; c'est la décision prise par ou grâce aux experts.
5) Les processus liés au temps ; c'est la décision différée, remise à plus tard, refus par l'esquive, l'évitement ou le pourrissement.

Situations que l'on peut représenter de la manière suivante :

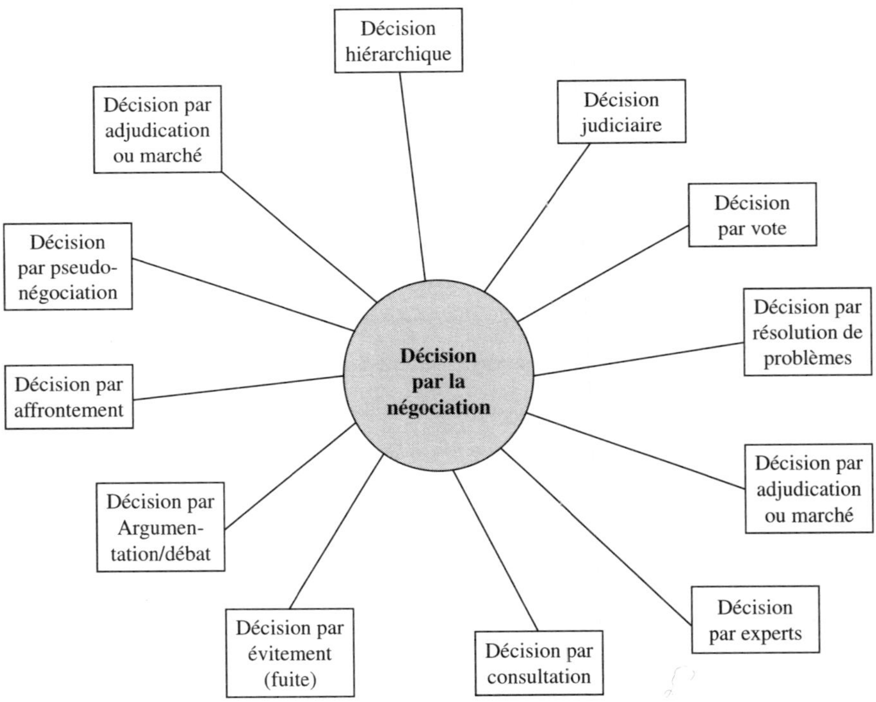

SCHÉMA 1 : LA NÉGOCIATION DANS L'ENSEMBLE DES SYSTÈMES DE DÉCISION (SOURCE : C. DUPONT)

Grâce aux interviews des chefs d'entreprise listés plus haut, nous avons pu identifier neuf outils de prise de décision, avec, pour chacun, les conditions nécessaires d'application, leurs avantages et leurs inconvénients.

	CONDITIONS	AVANTAGES	INCONVENIENTS
DELEGATION	– avoir une structure compétente – définir la délégation – volonté du décideur de déléguer – prise de conscience du problème au niveau bas – formation obligatoire du délégué	– on peut prendre du recul – sert de fusible – motive les délégués – conforte l'autorité intermédiaire – temps gagné par celui qui délègue	– les conflits peuvent être mal gérés – risques d'erreurs – le problème n'est pas réglé, c'est un transfert
POUVOIR	– autorité nécessaire – reconnaissance par la compétence ou le poste hiérarchique – être certain de pouvoir l'utiliser – dernier recours	– rapide – facile – permet d'imposer sa solution	– les causes peuvent demeurer – risques d'erreurs – plus de recours
FUITE	– ambiance politique dans les grosses entreprises – lorsque le jeu n'en vaut pas la chandelle – sortie possible	– prendre du recul – gagner du temps – solution naturelle	– pourrissement de la situation – être débordé – non reconnaissance du système attendu
NEGOCIATION	– faire accepter le principe par les deux parties – il faut être au moins deux – il faut une plage de négociation (marge de manœuvre) – sorties possibles	– bonne solution de conflits – consensus – moins passionnel – un des meilleurs outils – on peut aborder les problèmes de fond	– long, prend du temps – elle peut ne pas aboutir – résultat médiocre ou mauvais – débordements possibles
COALITION	– être convaincu du bien fondé de nos arguments	– gain de temps – quasiment sûr de gagner – gain de pouvoir	– dangereuse à long terme – ça peut se retourner – très mal ressentie – crée des engagements avec les alliés – « sales coups » possibles
ARGUMENTS	– être convaincant et médiatique – le propre de ceux qui ont de l'expérience	– règlement immédiat – coût nul – développement des relations humaines	– prend du temps – on peut s'engager trop vite – déboucher sur un échec (refus de l'autre)
ARBITRAGE	– volonté des partenaires – reconnaissance de l'arbitrage – pour grosses entreprises	– gagner du temps – temporiser – rester en réserve – repositionnement du problème – solution trouvée	– abandon de ses prérogatives – les solutions peuvent être non satisfaisantes – se voir imposer une solution – l'arbitre qui ne joue pas le jeu – temps nécessaire
MEDIATION	– grande entreprise – conflit grave – reconnaissance par les parties en conflit – volonté d'accord – choix du médiateur par le pouvoir	– plus simple – agit sur les causes – calme les esprits	– solution plus lente – pas de solutions – temps
REGLES DU JEU IMPOSEES	– qu'elles existent – soient communes et acceptées – pour toute entreprise	– cadre tracé – on a pas à les gérer – a le mérite d'exister – choix limpide	– tout ne peut pas être réglé – les faire respecter – mécanique – hors-jeu impossible

TABLEAU 3 : LES DIFFÉRENTS OUTILS DE GESTION DES CONFLITS

A partir de ces analyses, nous pouvons tenter de définir la négociation.

5. DÉFINITIONS

La négociation étant plus un art qu'une science exacte, les sections précédentes confirmant cet état de faits, les définitions données çà et là reflètent bien la difficulté de cerner cette activité. Cela peut aller de l'outil à long terme :

> *« Je pense que nous avons une occasion de créer une vision conjointe de ce que notre futur puisse être et ceci grâce à la négociation »* [12]

à l'activité quasi-sportive :

> *« Négocier, c'est agir, faire bouger, faire circuler, échanger, c'est le contraire de l'inertie »* [13]

Christophe Dupont [14] donne de la négociation une vue beaucoup plus pragmatique :

> *« La négociation est l'activité mettant en présence deux ou plusieurs parties (individus, groupes, délégations) qui, en raison de leur interdépendance, veulent trouver une issue satisfaisante et non violente à une situation exigeant, de la part de chacun, la prise en compte de la réalité de l'autre ».*

Suivant les auteurs, et surtout en fonction de la spécialité (des psychologues aux mathématiciens), la négociation est perçue de différentes manières. Nous nous contenterons d'une définition qui a l'avantage, bien qu'elle ne soit pas complète, de couvrir l'ensemble du champ de la négociation et d'expliciter ce qui vient d'être décrit :

> *La négociation est un processus de décision parmi d'autres ; elle est loin d'en représenter la majorité bien qu'elle y occupe parfois une place décisive ; elle a une finalité qui est de trouver une (ou des) solution(s) à des situations qui risquent, soit de se maintenir (ou tomber) dans des impasses (conflits), soit de pouvoir aboutir (projets). Elle n'est ni omnipotente ni un subterfuge.*
> *Elle a des avantages mais aussi des inconvénients. Elle peut, dans certains cas, être un mode à privilégier, par rapport à d'autres systèmes de décision, elle peut aussi, dans d'autres cas, ne pas remplir les conditions voulues d'opportunité ou d'efficacité.*
> *Dans la vie des groupes, des organisations et des individus, il ne faut pas tout réduire à la négociation, il ne faut pas non plus la réduire à rien.*

---

12. J.R. STREPP, haut fonctionnaire américain, dans *« Les relations sociales »* de Dimitri Weiss : *« Encyclopédie de la Gestion »*. Editions Vuibert (1992).
13. Dimitri WEISS : *« Les relations du travail »*. Editions Dunod (1976).
14. Christophe DUPONT : *« La Négociation »*. Editions Dalloz (4e édition, 1994).

6. CONDITIONS NÉCESSAIRES POUR UNE NÉGOCIATION EFFICACE

Avant de mettre en évidence les conditions nécessaires, il est légitime de se poser la question suivante :

« Pourquoi les protagonistes décident, à un moment donné d'utiliser la négociation ? »

Lionel Bellenger [15] propose un certain nombre de raisons telles que la pression extérieure, le tempérament joueur, le besoin de sauver la face, l'impossibilité de gagner sur le terrain ou l'intérêt de l'interdépendance.
L'actualité nous donne des illustrations concrètes. Par exemple, dans la guerre civile qui fait rage en Algérie, certaines situations de conflit armé peuvent évoluer vers une négociation :

> *Le Haut Comité d'Etat (HCE) – présidence collégiale et provisoire de l'Algérie, sous contrôle de l'armée – vient de laisser entendre qu'un dialogue avec certains « courants » de la société était désormais envisageable, à condition que ceux-ci respectent la Constitution. Deux ans de bras de fer entre l'armée et les islamistes ont ainsi fini par convaincre les adversaires que, militairement, aucun ne pouvait l'emporter. Depuis quelques temps, les deux camps ont donc commencé à en tirer les conséquences. Et à préparer militants, opinion publique et partis politiques à la situation nouvelle engendrée par des négociations.* [16]

Il apparaît clairement que les protagonistes algériens en sont venus à la négociation, car soit le conflit coûtait trop cher, soit personne ne pouvait s'imposer.
Même dans ce cas précis, si les protagonistes veulent négocier, ils devront respecter certaines conditions de base.

Un exemple très récent nous apporte également un éclairage ; lors de la guerre du KOSOVO, Milosevic a refusé, dans un premier temps de négocier (négociations de Rambouillet) et devant la destruction de son pays par les forces de l'OTAN et la non-assistance des Russes, il s'est vu dans l'obligation de signer un accord de paix. Mais dans ce cas, ne s'agit-il pas d'une « soumission » plutôt d'un accord négocié ?

Nous allons maintenant identifier les conditions nécessaires pour avoir la possibilité d'obtenir un accord efficient :

1. Convergences

Il faut des convergences dans les divergences : autrement dit, s'il n'y a pas un minimum de points d'accord possibles, l'accord ne peut être obtenu. Nous pouvons en déduire que le premier problème posé aux partenaires sera d'identifier s'il y a des

15. Lionel BELLENGER : « *La négociation* » Collection PUF « *Que sais-je ?* » (1984).
16. Article dans « *l'Express* » du 2 décembre 1993.

convergences – avant la négociation – et si oui, lesquelles. Dans le cas contraire, la « négociation » ne pourra se dérouler même si les partenaires se quittent sur un constat d'échec ; au pire, l'un imposera sa volonté à l'autre. La situation peut même induire des relations négatives qui n'ont pas lieu d'être : le partenaire A « accusera » le partenaire B de faire de l'obstruction, de ne pas vouloir « avancer » dans la négociation, d'être de mauvaise foi, sans être conscient que c'est l'absence de convergence et non le comportement de l'autre qui bloque la situation.

En absence de convergence, si les partenaires souhaitent néanmoins résoudre le conflit par la négociation, ils devront (individuellement ou en binôme) porter leur réflexion sur la question centrale : « comment créer des convergences »

Néanmoins, il est souvent très difficile d'identifier les convergences *a priori*, l'analyse *a posteriori* s'avérant en général beaucoup plus facile.

En 1998, les journalistes du Journal de Genève se sont mis en grève contre la société Edipresse, propriétaire du Journal.
Le communiqué de presse officiel annonçant l'accord entre les parties est clair sur les convergences :

> *« Tenant compte des remarques de la rédaction, Edipresse a décidé de séparer clairement les responsabilités de conduite de l'entreprise et de la supervision du contenu rédactionnel ».*

L'accord prévoit la nomination de deux responsables distincts sans liens hiérarchiques : un pour la gestion, l'autre pour la rédaction. [17]

Pour les divergences, le problème paraît plus simple :

A propos de négociations médecins/caisse d'assurance maladies.

> *« Il n'aura fallu qu'une heure hier aux syndicats médicaux et aux caisses pour constater que leurs divergences étaient trop profondes pour espérer un accord. Sans même prendre le temps de parler chiffres (…) les deux parties se sont séparées après que deux des trois syndicats médicaux aient réitéré leur refus d'accepter le principe d'un objectif contraignant imposant aux médecins une obligation de résultat ».* [18]

Sur les négociations franco-chinoises entre Li Peng et A. Juppé, à l'époque Premier Ministre :

> *« Les deux hommes ont eu un tête à tête tendu de trois quart d'heures. Mr Li Peng demande une fois encore la suppression du passage incriminé (sur le respect des droits de l'homme NDLR).*
> *Refus ferme d'Alain Juppé. C'est le fameux constat de désaccord qui débouche sur l'annulation pure et simple des toasts ».* [19]

17. « *Le Journal de Genève* » du 25 février 1998.
18. « *Le Figaro* » du 15 février 1996.
19. « *Le Monde* » du 12 mars 1996.

Dans le conflit israëlo-palestinien :

> *« Yasser Arafat déclare : J'espère que nous aurons un Etat indépendant très bientôt. C'est un droit de rêver et de penser.*
> *Réponse de S. Peres : La différence entre un rêve et un accord est que le rêve peut être unilatéral. »* [20]

Et enfin sur les processus de négociation :

Au sujet de la rencontre au sommet Chirac/Kohl.

> *« Selon les habitués de ces rencontres, autant les sommets institutionnels portent les participants à mettre l'accent sur ce qui les rapproche, autant les sommets informels sont l'occasion pour eux d'aborder, loin de toute publicité, leurs points de désaccord ».* [21]

2. Volonté d'accord

« On ne peut faire boire un âne qui n'a pas soif ». Cette maxime pourrait s'appliquer pleinement à la négociation ; autrement dit, il faut que les partenaires aient la ferme volonté d'arriver à un accord par la négociation. Ferme volonté ne veut pas dire à n'importe quel prix ou à n'importe quelle condition ; mais celui qui arriverait au tapis vert en affirmant « Je veux bien négocier tout ce que vous voulez, comme vous voulez, sur les sujets que vous voulez, mais je ne céderai sur rien ! » aurait de fortes chances de ne pas négocier.

Il faut néanmoins distinguer l'intransigeance réelle du ou des partenaires – dans ce cas il n'y a pas de négociation possible – à l'affirmation de positions affichées – « Je ne négocierai pas sur ce point » – qui peut être également une manœuvre de type faux pivot [22] ; c'est à l'autre partenaire, grâce à l'application des techniques de négociation, à décoder ce qui est du domaine de l'intransigeance et ce qui est du domaine du négociable.

Il est évident que dans ce dernier cas, l'expérience et le talent du partenaire qui subit cette fausse intransigeance seront des facteurs décisifs pour entrer dans le processus de la négociation.

Nous donnons ici quelques exemples de volonté d'aboutir ou non :

a) le refus de négocier :

> ***Social • GEC-Alsthom : la direction refuse de rediscuter***
>
> *« La Direction de la filiale transport et distribution d'énergie de GEC-Alsthom a fait connaître hier son refus de la table ronde proposée par les pouvoirs publics pour évoquer la restructuration de son activité transfor-*

20. *« Le Monde »* du 26 octobre 1996.
21. *« La Voix du Nord »* du 11 mai 1996.
22. Voir l'explication détaillée dans le chapitre « Les techniques de négociation ».

mateurs, notamment dans son usine du Havre. La direction estime qu'une telle réunion est sans objet ». [23]

Ou bien une attitude encore plus radicale :

L'écrivain algérien Rachid Boudjedra, répondant à la question du journaliste :

« Pensez-vous qu'il faut négocier avec d'anciens tueurs ? »
Réponse de l'interviewé : *« Non. Jamais. On ne négocie pas avec des égorgeurs de bébés ! (...)*
La solution est militaire. Il n'y a rien a faire d'autre. Il reste juste des poches à nettoyer (...) Il ne sert à rien de dialoguer avec Abassi Madani». [24]

Ou bien cette affirmation de la Cour Fédérale américaine :

« Réduire les Forces de l'ordre à la négociation nuirait à leur capacité de faire respecter la loi et compliquerait gravement leur tâche ». [25]

b) la volonté d'accord affichée :

Au sujet des négociations du GATT, au terme des entretiens qui se sont déroulés les 22 et 23 novembre 1993 à Washington, entre Léon Brittan pour les Européens et son homologue américain Mickey Kantor :

« Une source européenne dans la capitale américaine confiait néanmoins mercredi que « tout est sur la table » et que la partie américaine est désormais disposée à discuter de l'accord agricole de Blair House. Sans faire preuve du même optimisme, l'entourage de Sir Leon s'est montré plutôt satisfait du climat des entretiens et, plus précisément, de la volonté affichée par le négociateur américain de faire aboutir la négociation. On en voulait pour preuve la poursuite des discussions à Washington au niveau des hauts fonctionnaires pour préparer la nouvelle réunion Brittan-Kantor du 1er décembre à Bruxelles. [26] *»*

Sur la privatisation du Crédit Lyonnais :

« Dominique Strauss-Kahn, estime un négociateur bruxellois, voulait une solution ; et ce dès lundi, K. van Miert aussi. La volonté est là, des deux côtés, de tracer un trait final. » [27]

Au sujet de la négociation pour l'autonomie de la Nouvelle Calédonie, Alain Christnacht, conseiller du premier ministre affirme :

« J'ai senti une vraie volonté d'aboutir et de discuter auprès des partenaires (...) Il estime que trouver un consensus avant la fin de l'année n'était pas impossible. »

23. Article dans *« La Tribune Desfossées »* du 2 février 1994.
24. *« Le Figaro »* du 18 septembre 1997.
25. *« Courrier international »* du 4 décebre 1997.
26. La *« Tribune Desfossées »* du 25 novembre 1993.
27. *« Le Figaro Economique »* du 20 mai 1998.

Et le journaliste conclut : « *On revient de loin !* » [28]

Dans les deux cas, il est bien évidemment possible qu'il s'agisse, de la part des négociateurs, de « positions affichées » qui peuvent être contradictoires avec leurs réelles volontés, mais dans le premier cas, il y a une volonté clairement exprimée de ne pas recourir à la négociation et l'inverse dans le second.

3. Rapport de force

L'expérience, en particulier dans le conseil, démontre que trop souvent, un ou des partenaires tentent de négocier un accord alors que le rapport de force est déséquilibré. Nous entendons par rapport de forces le pouvoir que l'on a sur l'autre et réciproquement [29]. Il est bien évident que pour arriver à un accord négocié, le rapport de force entre les partenaires doit être relativement équilibré, en tout état de cause pas trop déséquilibré.

Les situations professionnelles et/ou publiques montrent souvent que celui qui a le rapport de forces favorable a une forte tendance à imposer sa solution à l'autre ; par exemple, lorsqu'il est en situation de monopole, a une supériorité militaire ou un pouvoir normatif lié à un statut.
Par contre, celui qui est en situation d'infériorité cherchera souvent à négocier, en prenant par exemple à témoin l'opinion publique par voie de presse ou dans les médias, pour essayer de modifier le rapport de force et/ou espérer « grappiller » quelques avantages grâce à la négociation.

L'analyse du rapport de force est un élément clé de la négociation ; un des problèmes est que ce rapport peut se modifier tout au long de la négociation.
Nous ne détaillerons pas ici cette analyse, mais elle est néanmoins explicitée dans la plupart des chapitres de cet ouvrage.
A ce stade, nous illustrerons le rapport de force uniquement par ces deux exemples :

• *A propos de la grève à Air France*

« Entre la direction d'Air France et les pilotes, auxquels il est proposé une réduction de salaires de 15 % en échange d'actions de la compagnie (10 % du capital environ), la négociation s'annonce ardue.
En effet, après une consultation organisée par le comité d'entreprise auprès des 3 600 pilotes de la compagnie, 1 929, sur les 2 010 qui ont répondu, sont hostiles au troc proposé par la direction. En répondant massivement non, les pilotes ont voulu placer la barre très haut afin d'arriver en position de force à la négociation qui va s'ouvrir. Dire que celle-ci sera dure relève de l'évidence. En outre, elle sera longue et certainement pas achevée à l'été alors que le ministre des Finances a

28. « *Le Journal du Dimanche* » du 15/02/98.
29. Une analyse détaillée du rapport de forces se trouve dans le chapitre : « Jeux d'Acteurs ».

déclaré, le 23 février, que l'ouverture du capital d'Air France – y compris l'opération d'échange concernant les pilotes ainsi que les hauts salaires de la compagnie – pourrait se faire d'ici à six mois. » [30]

• *Sur l'instauration d'un service minimum dans la Fonction Publique :*

> *« Selon le rapporteur Claude Huriet (UC), "la grève constitue l'échec du dialogue social dans le secteur public. La grève devrait être "l'ultime recours", lorsque toutes les voies de la négociation ont échoué, comme c'est le cas chez la plupart de nos voisins. Or, en France, elle est considérée comme « un moyen de pression que l'on met en œuvre avant d'ouvrir la négociation ». D' où les dispositions votées hier par le Sénat. Jean-Pierre Foucade (RDSE) a souligné les « spécificités françaises » en la matière : la grève est, en effet, « l'acte initial de la négociation » ; les syndicats l'entretiennent par « leurs surenchères" ».* [31]

➢ Synthèse

Nous pouvons synthétiser l'ensemble de ces conditions grâce à l'exemple suivant :
Lors de la réalisation du projet EURODISNEY à Marne la Vallée, un conflit éclata entre le pool bancaire chargé du financement et la société DISNEY (USA) commanditaire du projet.
La situation paraissait bloquée, et pourtant l'analyse des paramètres permettait d'espérer une issue efficiente pour l'ensemble des partenaires.

a) les convergences

Les banques n'avaient aucun intérêt à acculer le parc de loisirs à la faillite ; leur engagement était trop lourd. En outre, Eurodisney avait une réputation à défendre et un arrêt de l'activité aurait eu des répercussions très négatives car l'Europe est devenue le premier enjeu stratégique pour le groupe Disney.

b) la volonté d'aboutir

Avant la négociation, alors que le conflit par médias interposés faisait rage, un représentant des banquiers a déclaré :

> *« Quand on voit ce que Disney et nous-mêmes avons en tête, l'écart peut se régler par la négociation ».* [32]

c) Le rapport de force

Les banques avaient déjà investi 60 milliards de francs et le groupe Disney seulement 2 milliards ; mais les banques étaient trop engagées et ne pouvaient revenir en arrière.

30. « *Le Figaro* » du 15/03/98.
31. « *Le Figaro* » du 12/02/99.
32. « *Le Monde* » du 03/02/94.

7. L'ÉCHANGE – LA MARGE DE MANŒUVRE

L'action même de la négociation est basée sur l'échange. S'il n'y a pas d'échange, il ne peut y avoir de négociation et *a fortiori* d'accord négocié. L'échange peut et doit se faire à différents niveaux :

– l'information : donner de l'information peut amener son partenaire à revoir certaines de ses positions ;
– la confiance : elle ne se décrète pas, et nous croyons que c'est une « maladie » contagieuse. S'il n'y a pas un minimum de confiance entre les partenaires, l'échange en général, sera impossible. Si l'on donne tout ou partie de sa confiance, vraisemblablement l'autre, s'il souhaite un accord optimisant, lui rendra la pareille ;
– les concessions : toute concession amène une contrepartie ; c'est le – noyaux dur – de la négociation.

La problématique de l'échange, tout du moins en ce qui concerne les concessions, est la suivante :

Un des partenaires va demander à l'autre du quantitatif, (de l'argent en négociation commerciale, une augmentation de salaire, en social) contre du qualitatif (un service, la possibilité d'augmenter son image de marque ou sa part de marché, la paix sociale un réaménagement des horaires, etc.)

La réaction première de celui à qui on demande du quantitatif sera généralement la suivante : « Combien cela vaut ce qu'il me propose ? ». Autrement dit, il essaiera de quantifier du qualitatif pour pouvoir comparer ce qui est comparable. C'est une des difficultés majeures de la négociation d'organiser cet échange quantitatif/qualitatif.

Dans les négociations internes, le problème peut se révéler encore plus compliqué, puisqu'il s'agira souvent d'échanger du qualitatif contre du qualitatif ; la situation pourra encore se compliquer du fait des relations affectives, bonnes ou mauvaises, qu'ont les partenaires entre eux.

Dans tous les cas, cela veut dire que les partenaires auront besoin d'un minimum de marges de manœuvre pour pouvoir échanger.

Nous illustrerons cette donnée par les exemples suivants :

a) L'échange

• *Au sujet de la réforme fiscale en Allemagne :*

> *« Théo Waigel, a fait un petit pas en direction de l'opposition en acceptant de baisser d'un point les charges sociales et de financer cet allégement par l'impôt indirect. Waigel, qui a aussi infléchi sa position sur la fiscalisation des primes de travail de nuit, de dimanche et de jours fériés, a toutefois exigé en préalable que le « SPD approuve la réforme fiscale »* [33]

33. « *Les Echos* » du 12/04/97.

• *Sur le conflit du Golf :*

> *« 700 000 barils de pétrole par jour soit l'équivalent d'un milliard de dollars par trimestre en échange de vivres et de médicaments. Tels sont les termes du grand marchandage entre Bagdad et l'Onu qui s'est ouvert cette semaine à New York ».* [34]

• *Les négociations commerciales :*

> *« La France vend quinze hélicoptères à l'Espagne. La France achète en échange à l'espagnol Casa sept avions CN 235 et offre d'autres compensations. »* [35]

Ou :

> *« La France vient d'annuler un milliard de FF de la dette marocaine. En échange, les Marocains se sont engagés à consacrer 400 millions de FF au développement des provinces du Nord, principalement du Rif. »* [36]

L'échange n'est pas toujours en termes quantitatifs :

> *« Jean-Marc Vernes aurait chargé Paribas de trouver, après sa disparition, une solution pour assurer l'avenir de sa banque. L'accord aurait été passé au printemps de 1995 entre les dirigeants de la compagnie et le banquier, en échange de son soutien pour prendre le contrôle de la Navigation mixte et débarquer son patron, Max Fournier. »* [37]

Mais l'échange peut être aussi refusé, par exemple :

> *« Le 27 mars, Jean Gandois a jeté un véritable pavé dans la mare : Echanger une possible augmentation de pouvoir d'achat contre de l'emploi, cela a rarement du sens dans une entreprise et ce peut être une provocation pour les salariés. »* [38]

Ou bien considéré comme politiquement incorrect :

> *« Madeleine Albright a répété lundi l'argument favori des Américains, selon lequel Saddam Hussein a utilisé son peuple comme une monnaie d'échange contre une modification des sanctions ».* [39]

L'échange pouvant être également complètement déséquilibré :

> *« La Direction de la concurrence a engagé depuis quelques années des actions de contentieux en matière de coopération commerciale. Exemple : un petit producteur avait dû payer un budget de référencement de 120 000 francs à*

34. « *Le Point* » du 10/02/96.
35. « *Le Figaro* » du 21/02/96.
36. « *Courrier International* » du 14/04/96.
37. « *L'Express* » du 11 avril 1996.
38. « *Les Enjeux* » mai 1995.
39. « *Le Figaro* » du 22 mai 1996.

> *un grand distributeur, qui lui a passé, en définitive, 100 000 francs de commande... Un groupe d'hypermarchés qui avait repoussé pendant six mois une hausse de tarif d'un fabriquant avait récupéré la hausse à son profit, les prix ayant été relevés dans les magasins ».* [40]

Il est étonnant de constater que la notion d'échange ne s'applique pas seulement à des négociations mais aussi dans des situations originales :
Mey Y ZHU [41] explique le succès de la diaspora chinoise [42] par l'échange entre les membres de ce réseau.
L'échange a des règles immuables, qui, lorsqu'elles ne sont pas respectées à la lettre, excluent définitivement le membre déficient du réseau. Ces règles disent que chaque membre de la diaspora a :

- des droits (reconnaissance, aide morale et matérielle) mais aussi des devoirs (réciprocité, prêts d'honneur) ;
- une autonomie (créer sa propre affaire, s'implanter où il veut, choisir ses partenaires) mais dans une interdépendance (ne pas rompre la communication avec le réseau, privilégier ses membres).

Règles que l'on peut transférer aux négociateurs :

- chaque partenaire a des droits (de recevoir et de refuser une offre, au respect et à la confiance) et des devoirs (de faire des contre-offres, de respecter et de rendre la confiance) ;
- chaque partenaire a une autonomie (définir ses propres objectifs, enjeux, points de rupture) mais aussi une interdépendance (tenir ses engagements, ne pas trahir le ou les partenaires).

b) La marge de manœuvre

Cela va de l'absence de marge, donc non-possibilité de négocier :

> *« Le nouveau président de la SNCF, Loïk Le Floch-Prigent, a confié aux syndicats qu'il allait tenter de trouver des "nouvelles marges de manœuvre". Mais Matignon va-t-il accepter de modifier sa ligne ? Si le gouvernement accepte de faire une exception pour la SNCF, il risque de donner le mauvais exemple pour les autres entreprises publiques. »* [43]

Ou bien :

> *« Bruno Dalberto, secrétaire national de la CFDT-Rail, commente : « Les directeurs n'ont aucune marge de manœuvre pour négocier. »* [44]

40. « *Les Echos* » du 16 février 1996.
41. Spécialiste des réseaux internationalement reconnue, également experte auprès du réseau APM
42. La diaspora chinoise est estimée à 30 millions d'individus, hors Chine, Singapour, Hongkong et Taiwan. Pour l'exemple, ce réseau contrôle 95 % des flux monétaires indonésiens et 100 % du réseau bancaire en Malaisie. Le montant des capitaux contrôlés par cette diaspora représente un tiers du PNB nord-américain.
43. « *Le Figaro* » du 12 février 1996.
44. « *L'Express* » du 3 décembre 1998.

A la faible marge :

« Le Hezbollah sait que l'actuel "temps mort" qui précède la conclusion d'un accord (israélo-syrien) ne laissera qu'une étroite marge de manœuvre au courant pro-iranien. Le compte à rebours a commencé. » [45]

A la marge qui peut faciliter les négociations :

« En fait, le Président de la Lyonnaise des eaux a su se préserver dans cette affaire une marge de manœuvre. » [46]

Ou :

« Yossi Bellin, ministre israëlien chargé du processus de paix, s'est félicité hier de l'atmosphère positive qui règne au cours des discussions entre Israël et la Syrie dans le Maryland. « Nos négociateurs ont le sentiment que leurs interlocuteurs syriens disposent d'une marge de manœuvre plus large que par le passé », a-t-il déclaré à la radio d'Etat Israélienne. » [47]

Mais l'échange peut être aussi considéré comme du « marchandage de tapis » et/ou de l'escroquerie pure et simple, bien qu'il soit souvent issu de négociations. Nous en donnerons quelques exemples :

• Dans les affaires internationales :

« Le ministre libanais de la Justice, Bahige Tabbara, a qualifié hier de « scandaleuse » la décision de la Cour suprême israélienne de retenir 10 libanais comme « monnaie d'échange » contre 4 militaires israéliens disparus au Liban. Huit des 10 détenus sont membres du Hezbollah pro-iranien, qui mène la plupart des opérations militaires anti-israéliennes au Liban-Sud. » [48]

• Dans le commerce international :

« Pour les mercantilistes, le commerce extérieur ne constitue pas un échange mutuellement bénéfique, mais un jeu d'adresse dans lequel des étrangers mal intentionnés tentent de nous délester de nos réserves d'or durement gagnées contre quelques babioles sans intérêt. L'auteur déplore « la fuite de réserves que subit la nation du fait du déficit commercial. Pour en illustrer les conséquences, il suffit d'imaginer un jeu de poker dans lequel vous perdez plus d'argent que vous n'en possédez ». [49]

• Le non-échange s'apparentant plus à une non-volonté de négocier :

« L'obstacle réside dans le fait que Netanyahu ne reconnaît pas ce qui a été réalisé entre nous et le Parti travailliste, il refuse les règles sur lesquelles est basé le processus de paix . L'initiative américaine qui a établi les bases

45. « *Courrier International* » du 1er février 1996.
46. « *La Tribune Desfossées* » du 4 juillet 1995.
47. « *Le Figaro* » du 29 décembre 1995.
48. « *Le Figaro* » du 11 mars 1998.
49. « *Le Figaro Economique* » du 5 janvier 1995.

du processus de paix dit : la terre en échange de la paix. C'est une question fondamentale, une règle. Or Netanyahu dit qu'il veut obtenir la paix et garder la terre. » [50]

Et enfin, l'échange malhonnête pur :

> *« Voyages tous frais payés aux Seychelles ou aux Maldives, bons d'essence gratuits : un juge d'instruction de Bobigny s'intéresse aux contreparties qu'auraient accordées deux filiales d'Elf-Aquitaine, Mesa et Petro-Valres, à des syndics de la région parisienne en échange de l'achat de fioul. Une information judiciaire pour « escroquerie et complicité d'escroquerie » a été ouverte au début du mois de décembre par le parquet de Bobigny. Depuis la semaine dernière, l'enquête sur les syndics d'immeubles est répartie dans les tribunaux compétents des différents départements de la région. »* [51]

8. PROCESSUS

Le déroulement d'une négociation n'est pas forcément linéaire et ne se passe pas toujours de la même manière.

Nous entendons par processus de négociation, l'ensemble des éléments qui vont influencer la conduite et le déroulement de la négociation, du point de vue de la forme, puisque le fond est constitué par l'emploi de la communication, des techniques et des tactiques au service de la stratégie.

Les processus de la négociation comprennent :

- les phases : la négociation est décomposée en plans qui se succèdent et/ou s'interpénètrent ;
- les techniques : méthodes qui permettent d'échanger les objets de la négociation. Les techniques sont liées au jeu des concessions, qui sont elles-mêmes un des éléments majeurs de la négociation : la qualité de leur maniement et l'habileté des négociateurs vont influencer très fortement la conduite et le résultat des négociations ;
- la gestion du temps : le temps est un élément indispensable de toute négociation.

Nous ne développerons pas dans ce chapitre l'ensemble des processus, mais nous voudrions donner en illustration un cas bien spécifique, celui de la nomination d'un évêque en France.

Dans ce cas [52], les premières « négociations » entre le Vatican et l'Etat français sont secrètes et peuvent durer plusieurs mois ; il n'y aura négociation « officielle » que

50. « *Le Figaro* » du 16 juillet 1998, Interview de Hafez el ASSAD, Président de Syrie par Nahida Nakad.
51. « *Le Figaro* » du 15 janvier 1995.
52. Cette procédure nous a été expliquée par Monseigneur Arrighi de Casanova membre de la Curie romaine.

lorsque l'accord sur le candidat sera obtenu. Grâce à cette démarche, il n'y a pas eu, depuis le Concordat, de conflit ouvert entre le Saint-Siège et la France, tout du moins sur ce sujet. Il n'empêche que le processus de négociation est étonnamment élaboré ; la preuve :

> *« Bien qu'il s'agisse d'une prérogative du Président de la République, la désignation des évêques concordataires, titulaires ou coadjuteurs, est laissée dans la pratique à la libre décision du Saint-Siège. Cependant, certaines formes sont respectées en vertu du Concordat qui est toujours en vigueur dans les départements du Bas-Rhin, du Haut-Rhin, et de la Moselle qui étaient sous administration allemande lors de la séparation de l'Eglise et de l'Etat en 1905.*
> *Le choix initial du Vatican est communiqué à l'Elysée, de telle sorte que le décret de nomination puisse être pris et notifié à l'intéressé qui doit se pourvoir en cours de Rome. La bulle d'institution canonique est remise, le moment venu, à l'ambassadeur de France, puis examinée par le Conseil d'Etat. Dès lors, le chef de l'Etat prend un second décret portant réception de la bulle... Ainsi, le nom du nouvel Archevêque sera annoncé le même jour par un décret paraissant au Journal Officiel et par la bulle de nomination publiée par l'Osservatore Romano.* [53] »

9. RÉSULTAT/ISSUE

Dans toute négociation, il faut distinguer le résultat de l'issue ; autrement dit, le négociateur devra toujours avoir « en ligne de mire » l'incidence que pourrait avoir l'accord – ou le non accord – à moyen et long terme sur son entreprise ou sur son organisation. L'incidence peut-être mesurée en termes économiques, sociologiques, psychologiques, relationnels ou autre.
Le négociateur est confronté en permanence au dilemme suivant : « comment construire et préserver une relation avec l'autre sans obérer l'avenir de mon organisation ? »

Bien souvent, nous avons tendance à vouloir sauver à tout prix un climat coopératif (ou conflictuel) au détriment des réalités économiques à long et moyen terme.

L'illustration de ces affirmations nous est donnée par les exemples suivants :

Au sujet des négociations Indo-pakistanaises pour l'interdiction des essais nucléaires :

> *« C'est la quadrature du cercle. Si le traité est de grande portée, il ne sera pas ratifié. S'il emporte l'adhésion, c'est qu'il ne sera pas significatif »* [54]

53. *« Le Figaro »* du 31 août 1997.
54. *« Le Figaro »* du 27 juin 1996.

Dans les deux exemples suivants, l'« issue » de la négociation a pu être, en quelque sorte, mesurée.

> *« Il aura fallu quatre mois à Richard Holbrooke, surnommé le Kissinger des Balkans, pour arriver à un accord de paix en ex-Yougoslavie. Les Européens, eux, avaient piétiné durant quatre ans. Une fumée blanche est sortie du conclave de Dayton. Mais, comme tout accord, celui conclu hier à l'arraché sera ce qu'en feront ses signataires.*
> *Le secrétaire général de l'ONU ne s'y est pas trompé. « Les accords annoncés à Dayton nous donnent l'espoir que la paix peut maintenant devenir une réalité », a-t-il dit. L'espoir, mais pas la certitude. Cinq plans de paix ont déjà échoué dans le passé... La différence, toutefois, est qu'ils n'avaient pas le plein soutien américain. »* [55]

L'accord de Dayton date de 1995 ; on sait ce qu'il est advenu dans les balkans quatre ans plus tard...
Heureusement, les résultats d'une négociation n'ont pas toujours un conflit comme issue ; la preuve :

La ville du Touquet, joyau de la Côte d'Opale, est une charmante station touristique du nord de la France qui a la particularité de vivre Quatre Saisons, à savoir que des événements culturels et sportifs y sont offerts tout au long de l'année ; ce concept a été « inventé » et mis en application par le maire de l'époque, actuellement député et conseiller régional, Léonce Deprez.
Un groupe d'investisseurs britannique, la Brent Walker Compagny, était devenu propriétaire du domaine golfique du Touquet ainsi que de l'hôtel qui y était rattaché.

Ce groupe avait des ambitions et souhaita racheter un des deux casinos situé en plein centre ville.
Le maire, premier concerné par l'animation de sa ville et par la création d'emplois, servit d'intermédiaire entre l'actuel propriétaire du casino et le groupe Brent Walker, représenté par son Pdg, G. Walker.
G. Walker, lors de la négociation finale qui regroupa le propriétaire du casino, le maire du Touquet et différents experts, en particulier des notaires, vint avec son avocat personnel.
Cet avocat utilisa à outrance la tactique « du bon et du méchant » [56] pour essayer de déstabiliser le maire ; il fit de grandes déclarations sonores et négatives sur les conditions demandées par l'actuel propriétaire.
Le maire du Touquet, peu habitué à une telle agressivité et étonné que G. Walker revienne sur un accord oral obtenu quelques semaines avant, montra sa déception, pour ne pas dire son indignation.

55. « *Le Figaro* » du 22 novembre 1995.
56. Tactique expliquée dans le chapitre « Tactique de négociation ».

L'accord se signa néanmoins entre le propriétaire du casino et le groupe Brent Walker.
Le maire avait depuis longtemps en tête un autre grand projet pour sa ville, à savoir un port de plaisance.
Quelques mois après, G.Walker qui venait de réaliser la marina de Brihgton proposa au maire du Touquet de réaliser ce projet. Le maire refusa en arguant, en catimini, qu'il avait perdu sa confiance en G. Walker depuis cette fameuse négociation. Il fit réaliser le projet par un promoteur français.
G. Walker n'avait peut-être pas assez mesuré l'importance qu'accordait le maire à la confiance dans les relations d'affaires. Il avait certes obtenu le casino mais perdu le port, alors qu'il aurait pu avoir les deux...

CONCLUSION

Avant de s'asseoir autour du « tapis vert », le négociateur devra s'assurer :
- qu'il y a un minimum de convergences ;
- que les partenaires ont l'intention d'arriver à un accord ;
- que le rapport de forces est relativement équilibré.

Il devra, par ailleurs, identifier les objets quantitatifs et qualitatifs qu'il pourra proposer en échange et mesurer l'incidence du résultat escompté sur le moyen et long terme de son organisation.
La préparation de la négociation et les stratégies de négociation développées dans les chapitres suivants l'aideront grandement dans cette tâche.
La manière d'échanger et d'obtenir un accord sera expliquée à travers les processus, les techniques et les tactiques de négociation également développés dans les chapitres de cet ouvrage.

CHAPITRE 2

LES ACTEURS DE LA NÉGOCIATION

« L'insensé laisse voir à l'instant sa colère
mais celui qui cache l'outrage est un homme prudent. »
LA BIBLE

PRÉSENTATION GÉNÉRALE

Bien que couramment les participants à une négociation soient tout simplement désignés par le terme de « négociateurs », on trouve assez fréquemment dans les ouvrages sur la négociation le terme plus général « d'acteurs ».
D'autres mots fréquemment employés sont : « interlocuteurs », « protagonistes », « adversaires » (cf « négociateurs adverses »), « partenaires ». Ces deux derniers mots ont cependant l'inconvénient d'évoquer un type ou climat de négociation, « le partenaire » étant acteur d'une négociation plutôt coopérative, « l'adversaire » celui d'une négociation plutôt conflictuelle.
La notion d'acteur – outre qu'elle rappelle le côté souvent rituel et quelquefois théâtral de la négociation – a l'avantage de recouvrir des réalités très différentes :

- l'acteur peut être un individu ;
- il peut être un groupe. On parle alors « d'équipe de négociation », de « délégation ». Ce mot est d'ailleurs avec « parties » (cf « parties contractantes ») l'expression employée dans les conférences internationales ou la diplomatie ;
- il peut concerner – par extension – des personnes ou groupes qui agissent en tant que « tiers » dans la négociation sans être présents autour du « tapis vert ». Dans cette catégorie qui peut être très large on trouvera, par exemple, des experts appelés en consultation, des « médiateurs », voire des représentants de groupes d'intérêt ou encore des « mandants » (dont les négociateurs ont reçu un « mandat »).

En anglais le mot « *negotiator* » est le plus souvent utilisé avec le mot « *party* ». Quand une négociation bilatérale est décrite, on juxtapose souvent les mots de « *party* » et « *opponent* ».

☐ L'importance de la notion « d'acteur » dans la négociation

Dans le schéma général de la négociation qui est proposé dans le chapitre introductif de cet ouvrage, on voit que la notion d'acteur est placée avec celle « d'objet » au départ du processus. Il n'y a pas de négociation sans objet, ni sans acteur.

Certes l'objet peut être flou, artificiel ou masqué mais s'il y a négociation c'est bien que des acteurs se rencontrent pour tenter de conclure un « accord ».
Bien que cela puisse paraître banal ou évident, il faut toujours insister sur le fait que la négociation est une activité interpersonnelle ou intergroupe [1].
Trop souvent, les négociateurs se préparent à la négociation ou négocient comme s'ils étaient seuls, sans penser que pour arriver à l'accord il faudra la réunion de deux ou plusieurs volontés.
C'est pourquoi une définition de la négociation (centrée sur la notion d'acteur) comme la suivante peut être donnée en exemple :

> *« activité qui consiste pour un acteur à rechercher une solution qui tienne compte à la fois de soi-même et des réalités de l'autre. »* [2]

Les conséquences de cette remarque sont à la base de réflexions intéressantes pour l'étude de la négociation et de recommandations pratiques (voir section 2 de ce chapitre).
Les principales études ont jusqu'à présent concerné les points suivants :
- la mission, la fonction et le rôle de l'acteur-négociateur ;
- les caractéristiques personnelles (attributs de personnalité, comportements, expériences, styles, etc) et leur éventuelle relation avec la réussite ou l'échec de la négociation. A ceci s'ajoute la dimension culturelle des acteurs ;
- la manière dont les acteurs conduisent la négociation. Une vue synthétique de ces comportements dans la négociation est la façon dont les acteurs vont se « positionner » par rapport à une série de « dilemmes » ;
- la connaissance réciproque des acteurs, notamment par le biais de l'information, de l'observation et de l'écoute.

☐ Les statuts du négociateur

Le « statut » du négociateur concerne sa mission, sa fonction et son rôle par opposition à sa personnalité, ses comportements et son savoir-faire. On pourrait être tenté de dire qu'il y a autant de « statuts » de négociateur qu'il y a de négociations tant les situations, les circonstances, les données organisationnelles ou culturelles sont variables.
Pourtant il est possible de retenir quelques généralités. En particulier, deux données sont cruciales pour la compréhension du « statut » du négociateur.
D'abord l'existence ou non d'un « mandat », ce qui sépare le négociateur de plein pouvoir du négociateur délégué. La gestion d'un mandat de négociation soulève de nombreux problèmes théoriques et pratiques. Pour s'en tenir à ces derniers, il s'agit,

1. Des expressions comme « négocier avec soi-même », « négocier avec ou contre la nature » ont une résonnance psychologique ou physique, mais elles ne conviennent pas à la description de la négociation que nous considérons ici.
2. Article dans *« L'Expansion »* : « Comment négocier avec les syndicats » avril 1973.

en particulier, de la détermination du contenu des « marges de manœuvre » octroyées au mandataire, et du contrôle exercé par le mandant sur son (ou ses) mandataire(s).
Dans ces trois aspects, les modalités peuvent être très diverses. Par exemple, un mandataire peut recevoir des instructions de faire rapport à la fin de chaque épisode de la négociation ou au contraire d'avoir les mains libres jusqu'à l'accord, de même il peut lui être demandé de n'accepter un accord – ou une partie d'accord – « qu'ad referendum » ou au contraire d'avoir « carte blanche ».
Les relations entre le mandataire et le mandant ont une influence importante sur la manière de conduire la négociation. Une autre dimension qui intervient aussi dans la gestion du mandat est d'ordre psychologique. Des auteurs ont étudié le « conflit de rôle » du négociateur en incluant l'interaction du négociateur aussi bien avec son mandant qu'avec la partie adverse [3].
Il faut enfin noter que les phénomènes culturels conduisent à définir les mandats différemment d'une culture à l'autre, ce qui est lié à la plus ou moins grande autonomie accordée au négociateur : dans certaines cultures un négociateur qui ne dispose pas d'un large pouvoir de décision (être capable de conclure sur le champ, ne pas devoir s'en remettre constamment à sa hiérarchie, etc.) est souvent perçu comme « manquant de consistance, de solidarité ou de crédibilité » alors que dans d'autres cultures le recours systématique à un groupe de consensus ou de décideurs est de pratique courante et jugée normale et même favorablement.

Un second aspect crucial est ce qui est parfois appelé la « structure de la négociation », c'est-à-dire les données (le moment, le lieu, le nombre de « parties », l'environnement de la négociation, etc.), ou encore les facteurs « physiques » auxquels certains ajoutent les « règles du jeu », les procédures, etc. Ce sont des éléments particulièrement importants dans certaines négociations telles que les « négociations de conférence ». Le nombre d'acteurs intervenant dans la négociation est aussi une donnée primordiale : on distingue ainsi les négociations « bilatérales », « plurilatérales » (quelques acteurs) et « multilatérales » (de nombreux acteurs). Par exemple, les dernières négociations sur le GATT ont réuni plus de cent délégations. Certaines négociations « collectives » entre représentants des syndicats et ceux des employeurs peuvent réunir plusieurs dizaines d'acteurs. Une des tendances actuelles est de voir se développer ces négociations où interviennent de nombreux acteurs : la négociation est alors désignée sous le terme de « négociation de conférence ».
De telles négociations ont un certain nombre de caractéristiques particulières – comme le rôle majeur des procédures, l'importance capitale des « présidents » et des secrétariats, l'importance des aspects formels dans la rédaction des accords, etc. – qui les distingue des « face-à-face » bilatéraux, bien que ceux-ci puissent aussi comporter des aspects formels, par exemple par le jeu de rites que réclament certaines cultures (le rôle de la culture des acteurs dans la négociation est examiné plus loin).

3. Hubert TOUZARD (1977) a développé un modèle dit de « double appartenance », le négociateur se trouvant à l'interface de ses relations avec le mandant et la partie adverse. De même Mac GRATH (1963) a présenté un modèle « tripolaire » de la négociation.

La conduite des acteurs dans la négociation

Le « processus de négociation » est un déroulement dynamique où interviennent de nombreux facteurs qui apparaissent simultanément ou séquentiellement. Si l'on se concentre sur la notion d'acteur, il est commode – pour décrire leur activité et leurs comportements dans la négociation – de se référer à un concept original et important qui est celui du « dilemme du négociateur ».
En effet, dès l'amont de la négociation et surtout au cours du déroulement de celle-ci, le négociateur va faire un certain nombre de choix et d'actions qui vont le « positionner » sur une série de dilemmes. Les principaux peuvent s'identifier en deux pôles que l'on trouve dans toute négociation : le pôle « coopératif » et le pôle « conflictuel » ou « confrontationnel ».
Comme il a été indiqué, les acteurs évolueront – parfois en succession, parfois d'une manière quasiment constante – entre ces deux pôles, ce qui correspond à l'idée que la négociation est une activité qui est à la fois coopérative et conflictuelle (ou, dans le jargon technique, « intégrative » et « distributive »).
Mais on peut néanmoins soutenir que dans la plupart des négociations domine une tendance soit vers la coopération, soit vers la confrontation. La bonne maîtrise de ces positionnements sur les dilemmes est un facteur clé dans la réussite de la négociation.
Christophe Dupont[4] identifie quatre grands types de dilemmes :

1) légitimité de la partie adverse,
2) degré d'interdépendance des intérêts et des objectifs,
3) volonté d'arrangement,
4) moyens recherchés pour mettre en œuvre cette volonté.

Les caractéristiques individuelles des acteurs

On admet généralement que les caractéristiques individuelles d'acteurs ont un impact sur le déroulement et les résultats de la négociation. Mais l'écart est grand entre ceux qui soutiennent que cette influence est primordiale et ceux qui, à l'inverse, pensent que cette influence est secondaire, par exemple, par rapport à des « facteurs objectifs » comme la nature et l'intensité des intérêts et des enjeux respectifs, la nature de l'objet (sujets/thèmes) de la négociation, le rapport des forces, le contexte, etc.
Les caractéristiques individuelles des acteurs se réfèrent à plusieurs catégories. Les caractéristiques physiques en sont une (par exemple l'âge, le sexe, l'appartenance à un pays ou à une culture, etc.).
Des auteurs – surtout intéressés par les aspects psychologiques – ont entrepris d'étudier une possible relation entre certaines de ces caractéristiques et le comportement

4. Christophe DUPONT : *Opus Cité*.

ou l'efficacité de la négociation. Il faut reconnaître qu'aucune conclusion absolument convaincante n'a été obtenue sur ces thèmes à l'heure actuelle.
Une des dernières contributions sur le rôle de l'appartenance sexuelle des négociateurs montre bien que l'approche des hommes et des femmes dans la négociation est sensiblement différente et que chacun de ces groupes aborde la négociation avec des sensibilités, qualités et vulnérabilités différentes [5].
Mais la conclusion – qui rejoint celle de nombreuses autres études – est qu'il y a plus de différences intra qu'inter-groupes. C'est ainsi que Deborah Kolb écrit :

> *« l'appartenance sexuelle a été prise comme variable dans des centaines d'expériences de négociation et cela a donné des résultats qui, au mieux, sont contradictoires ».* [6]

Pourtant cet auteur pense que, dans certaines négociations, les femmes rencontrent plus de difficultés que les hommes. Faisant référence à la recherche et à son expérience, elle remarque que :

> *« le conflit et la compétitivité sont importants dans les négociations formelles et, par conséquent, ces négociations ne sont pas un lieu confortable pour beaucoup de femmes ».*

En réaction à ce décor peu naturel pour elles, des femmes peuvent tenter de suivre le style culturellement dominant (et peuvent y arriver avec beaucoup de succès). D'autres femmes trouvent que leurs forces et vulnérabilités sont mal adaptées à ce type de conflit. L'auteur présente une analyse très fine des facteurs qui séparent style et efficacité des hommes et des femmes dans la négociation.
D'une manière beaucoup moins scientifique, puisqu'à notre connaissance aucune étude n'a été faite en France sur ce sujet, on constate que les femmes ont une tendance à être de meilleures négociatrices commerciales que les hommes [7].
Parmi les caractéristiques physiques, la plus importante est certainement celle relative aux « différences culturelles ». Le thème des différences culturelles et de leurs conséquences sur les manières de négocier est l'un de ceux qui sont actuellement les plus étudiés et une littérature considérable est désormais disponible [8].
Un des aspects qui a été notamment étudié est la différence qui serait susceptible d'exister entre négociateurs appartenant à des cultures différentes. Chronologique-

---

5. Deborah KOLB, professeur à Harvard (1992).
6. Deborah KOLB : « Her place at the table : gender and negotiation » (p 149) dans L. HALL : « Negotiation ». Editions Sage Publications (1993).
7. Cette affirmation est confortée par de très nombreux interviews menées auprès de chefs d'entreprise qui emploient des femmes dans la fonction commerciale. Le professeur Henri Touzard dirige actuellement une thèse de doctorat menée par Imen Benharda sur : *« Les femmes dans la négociation »* ; les premiers résultats seront disponibles fin 2000.
8. Les références les plus courantes en la matière sont par ordre alphabéthique : BRISLIN, CASSE, L. HALL (par exemple *« La Dimension Cachée »*), G. HOFSTEDE *(« Culture's Consequences »)*, SCHEIN et Stephan WEISS. A cette liste d'auteurs dont les ouvrages sont spécifiquement centrés sur les *« différences culturelles »*, on peut ajouter les développements que consacrent des auteurs abordant les problèmes généraux de la négociation ou du management : Alain JOLIBERT notamment, GAUTHEY, USUNIER et, en langue anglaise, BARTLETT et GOSHAL.

ment, une des premières tentatives de différenciation a été celle proposée par G. Hofstede en ce qui concerne les « styles de management » [9].
Les quatre dimensions discriminantes appelées « indices culturels » que G. Hofstede avait dégagées dans « Culture's Consequences » (distance hiérarchique, contrôle de l'incertitude, individualisme et masculinité) peuvent seulement avoir une certaine correspondance dans les styles de négociation.
C'est cependant plutôt à partir d'approches comme celle de S. Weiso [10] que des informations plus pratiques peuvent être obtenues, encore que de nombreux problèmes d'application se posent (dont le moindre n'est pas l'abus de généralisation ou le risque de stéréotypes). La grille de Dimitri Weiss est donnée dans l'ouvrage de Claude Le Bail [11].
Alain Jolibert [12] présente également une grille « comparative de présupposés culturels » entre trois cultures ainsi qu'un tableau – emprunté à J. Graham et Y. Sano [13] – représentatif des « caractéristiques les plus importantes d'un négociateur ».
Une autre approche utile est celle proposée par L. Hall qui distingue les cultures à contexte fort et celles à contexte faible. Des caractéristiques peuvent en être déduites sur des éléments relatifs à la conduite des négociateurs.
Nous consacrons, dans cet ouvrage, un chapitre complet sur les aspects interculturels dans les négociations internationales.

☐ Les caractéristiques de personnalité

De nombreuses études ont été réalisées pour savoir si des caractéristiques de personnalité avaient une influence sur la manière de négocier et sur le résultat de la négociation.
A l'heure actuelle, ces études ont surtout permis de cerner les principales caractéristiques susceptibles d'avoir une certaine influence sur le processus et le résultat, d'établir des typologies et d'énoncer quelques propositions de base.
Comme pour le problème culturel, la littérature est extrêmement abondante mais il est très difficile d'en faire une synthèse centrée sur les aplications [14].

---

9. Voir notamment D. BOLLINGER et G. HOFSTEDE : « Les Différences Culturelles dans le Management ». Editions d'Organisation (1992).
10. S. WEISO : *« Negotiating with Foreign Business Persons »*. Working Paper, New York University (1984).
11. Claude LE BAIL : *« La Négociation d'Achat »*. Editions Chotard associés (1988), p 184-185.
12. Alain JOLIBERT : *« La Négociation Commerciale »*. Editions ESF/EME (1988).
13. J. GRAHAM et Y. SANO : *« Smart Bargaining »*. Cambridge, Mass (1984).
14. Les références les plus classiques restent celles de Hubert TOUZARD : *« La Médiation et la Résolution des Conflits »* (Editions PUF) (1977) ; celles de J. RUBIN et BROWN : *« The Social Psychology of Bargaining and Negotiation »* (Academic Press) datant cependant respectivement de 1977 et 1975. Des contributions plus récentes nous viennent de PRUITT : *« Negotiating Behavior »*. Pour une analyse critique de « l'approche psychologique » de la négociation, voir J. RUBIN : *« Psychological approach »* dans « Kremenyuk International Negotiation » (1991), p 216-228.

Alain Jolibert[15] reprend d'une part la distinction importante entre les négociateurs montrant une forte sensibilité à l'interlocuteur et ceux montrant une faible sensibilité et d'autre part *« l'inventaire des caractéristiques du négociateur »*.
La première distinction aide à différencier deux types de négociateurs dont les styles s'opposent en termes d'ouverture (ou de rejet) du risque, de complexité/simplicité des mécanismes mentaux (styles cognitifs), de tolérance/intolérance pour l'ambiguïté, de tendance vers la coopération ou la distributivité, d'autoritarisme fort ou faible. Elle fait aussi référence à une typologie intéressante distinguant trois grands types de personnalités : le besoin d'affiliation (en anglais naff), le besoin de pouvoir (nepo) et le besoin d'accomplissement (nach).
La grille relative aux caractéristiques des négociateurs empruntée à Chester Karrass[16] distingue six grands types de variables qui, par l'intermédiaire de la personnalité, peuvent influencer les comportements des négociateurs.
Ces six grandes catégories (chacune comprenant entre 6 et 8 variables) concernent respectivement les caractéristiques de performance dans la tâche (par exemple l'énergie, le sens de l'initiative, etc), les variables d'agressivité (par exemple le sens de la compétition, la volonté d'employer la force, la menace ou le bluff), les variables de communication (par exemple la capacité d'écoute), les variables du processus de pensée (par exemple la capacité d'analyse ou l'esprit de décision), les variables de socialisation (par exemple l'ouverture d'esprit ou la patience) et les « variables du moi » (par exemple l'estime de soi, la sensibilité à la déontologie ou le statut dans l'organisation).
Dans l'état actuel des connaissances, nous pouvons retenir quelques propositions de base pratiques :

- il est possible d'établir des profils de négociateurs à partir de certaines caractéristiques ou de leur personnalité[17] ;
- ces profils donnent des indications sur la manière dont le négociateur aura tendance – en général – à négocier (notamment s'il est plus ou moins adapté à des situations coopératives ou compétitives) ;
- toutefois les traits de personnalité peuvent en partie s'éclipser – temporairement ou plus durablement – sous l'influence de facteurs externes comme le type de situation auquel se trouve confronté le négociateur (notamment la nature et l'intensité des enjeux pour lui-même et pour son interlocuteur), le comportement de l'interlocuteur, la structure de la négociation (par exemple, bilatérale, multilatérale), l'expérience acquise, le recours à des techniques apprises (et en outre bien assimilées) comme l'Analyse Transactionnelle, la Programmation Neuro-Linguistique, les données culturelles, etc. En d'autres termes il y a lieu de dis-

15. Alain JOLIBERT : *Opus Cité*, p 22-23.
16. Chester KARRASS : « *The Negotiating Game* ». Crowell, New-york (1970).
17. De nombreux tests – utilisés par exemple dans le recrutement des commerciaux – sont disponibles sur le marché. Des méthodes plus ou moins élaborées existent également (comme la dianographie par exemple). Le raccord entre traits de personnalité et analyse graphologique est pour le moins sujet à controverse bien que jouissant d'une certaine mode.

tinguer personnalité et comportement. Celui-ci est beaucoup plus variable et mesure une capacité à s'adapter (ou non) à une situation donnée (localisée et datée) ;

– il semble bien qu'il y ait quelques variables clés jouant un rôle dans le comportement du négociateur. Parmi celles-ci les tendances à l'agressivité ou à l'autoritarisme, l'anxiété, la tendance au machiavélisme ont souvent été repérées comme facteurs d'influence du déroulement d'une négociation. Les observations courantes comme les expériences ont montré par exemple, pour la tendance au machiavélisme, que cette caractéristique pouvait parfois servir le négociateur mais pouvait également souvent le desservir (par exemple dans une relation suivie). L'application à la négociation du « Dilemme du Prisonnier » [18] conduit à un constat similaire.

□ L'importance des facteurs de personnalité dans la négociation

Le degré mesurant l'impact de ces facteurs sur le processus et le résultat de la négociation est généralement considéré comme très variable en fonction de nombreux autres paramètres agissant sur les négociateurs en dehors de leur personnalité. Dans une négociation interpersonnelle l'impact sera évidemment très grand et la manière dont la personnalité influera sur la communication sera cruciale.
A l'inverse, dans des négociations très techniques il y a beaucoup de chances que les données techniques réduisent l'impact de la personnalité sur le processus. En pratique, il faut prendre une vue assez large qui place les facteurs de personnalité comme une des grandes familles de paramètres agissant sur la négociation.
C'est ainsi par exemple que Chester Karrass – à la suite de travaux s'inspirant aussi bien de son expérience, de témoignages de professionnels que d'expériences de simulations – a proposé de classer les facteurs de réussite d'une négociation en quatre catégories : le degré de préparation, la maîtrise des pouvoirs (le maniement du rapport de force), le degré de motivation et l'habileté. On voit que, dans cette formulation, les facteurs de personnalité joueront pratiquement pour chacun d'entre eux mais qu'ils se combineront avec d'autres facteurs « situationnels » comme la confrontation des enjeux, le jeu des contraintes ou tout simplement le degré différent d'expérience ou d'expertise.

Un autre auteur, Maxime Leroux [19], donne aux facteurs de personnalité une grande importance tout en rappelant qu'ils ne sont pas les seuls à influencer le déroulement et le résultat. Il analyse, en effet , la négociation comme la combinaison – tantôt simultanée, tantôt séquentielle – de trois « registres » : la « logique de l'affaire » qui est dominée par le calcul et la rationalité autour de la confrontation des enjeux, la « logique de la rencontre », qui est dans le registre conversationnel et qui traduit

18. Voir Chapitre Stratégie.
19. Maxime LEROUX : *« Les Dimensions Cachées de la Négociation »* INSEP Editions (1992).

la confrontation des psychologies, et la « logique de l'échiquier », c'est-à-dire la confrontation des stratégies tournant autour des projets, des manœuvres, des pouvoirs et des rôles. Dans une telle représentation les facteurs de personnalité sont évidemment dominants dans le second registre où ils influencent notamment les modes de communication.
Ils peuvent accessoirement influencer le mode stratégique dans la mesure où ils interviennent dans les mécanismes du pouvoir et des rôles. On peut donc dire que les facteurs de personnalité seront d'autant plus importants que la place du registre conversationnel sera elle-même plus importante, ce qui varie selon les types de situation rencontrés. Etant donné le rôle des facteurs de personnalité, des techniques dérivées de la psychologie ou des modalités d'application (comme l'Analyse Transactionnelle ou la Programmation Neuro-Linguistique) ont été mises au point pour permettre au négociateur de mieux maîtriser ces facteurs.

☐ Les styles de négociateurs

De nombreuses grilles visant à dessiner le profil de négociateurs ont été proposées. Généralement elles associent deux axes définissant chacun une caractéristique considérée comme importante pour différencier les négociateurs.
Beaucoup de ces grilles ont été influencées par l'approche de Black et Mouton qui ont proposé une détermination de profils managériaux fondée sur l'importance relative donnée à l'accomplissement de la tâche par rapport à la prise en considération de la relation avec autrui.
Une application classique en matière de négociation a été présentée par deux psychologues Thomas et Kilman qui ont choisi comme axes la centration sur le gain et la centration sur la relation.
Il en résulte quatre profils auxquels est généralement ajouté un profil central. On distingue alors un profil de « battant », de « relationnel », de « peu engagé », de « diplomate » et de « stratège ».

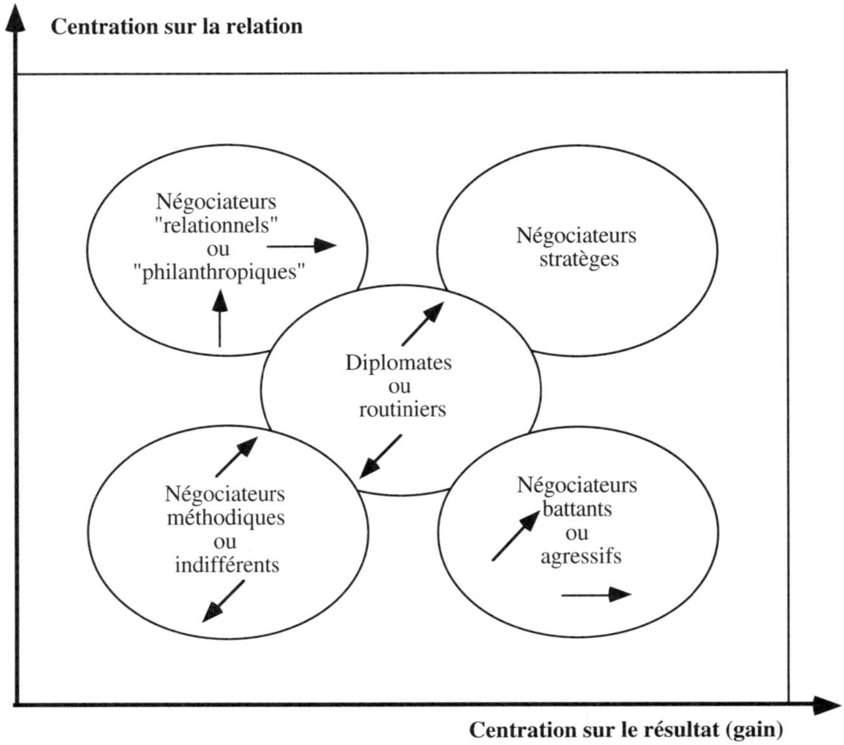

SCHÉMA 1 : GRILLE DE THOMAS ET KILMAN.

Maxime Leroux propose une grille distinguant quatre profils : défensif, combatif, diplomate et stratège. La base du classement est comportementale et se réfère à la prédominance de certaines activités par le négociateur.

C'est ainsi que le défensif – axé sur les codes établis, les procédures et les précédents – cherche avant tout à structurer et verrouiller.

Le combatif s'efforce de briser les contraintes, utilise au maximum les ressources disponibles, argumente et cherche à imposer une conclusion qui lui est favorable.

Le diplomate est centré sur les contacts, l'entretien et les modes de résolution des problèmes.

Le stratège s'efforce de déplacer les limites de la négociation et de valoriser les synergies potentielles qu'il contribue à faire apparaître et à piloter.

L'auteur a tenté d'associer cette classification personnelle (définie comme un degré d'ouverture à la relation) et celle institutionnellle (définie comme la capacité et le savoir-faire du négociateur pour élargir sa latitude face à son organisation) à des caractéristiques d'engagement.

– Le négociateur stratège est caractérisé par un haut degré d'engagement personnel et institutionnel : il fait preuve d'initiatives, fixe les règles du jeu et la politique ; il se montre capable de prendre en compte les enjeux et les données de son interlocuteur.

- Le négociateur combatif a un degré d'engagement personnel élevé mais un degré d'engagement institutionnel faible. Il se centre sur les données de la situation et prend en compte la relation mais dans une orientation de « forcing », et de résultat. En revanche, il ne cherche pas à tirer avantage des potentialités que pourrait lui offrir l'organisation.
- Le négociateur diplomate a un degré d'engagement institutionnel élevé, car il est avant tout un mandataire qui doit rendre compte mais son engagement personnel est faible en raison même de cette dépendance, son habileté relationnelle étant subordonnée à l'exécution de son mandat.
- Le négociateur défensif apparaît dans cette classification comme un « simple figurant », plus « bureaucrate » que véritable négociateur.

Maxime Leroux a également tenté de définir des styles intermédiaires traduisant plusieurs dizaines de « positions » de négociateurs. Dans une classification parallèle, il propose de prendre en compte le degré d'initiative et de mobilité d'une part et d'opposer d'autre part les négociateurs « machiavéliques » (centrés sur les jeux stratégiques) et les négociateurs « entrepreneurs » (centrés sur l'action et le résultat).

Pour l'auteur, un des intérêts de ces positionnements en grilles est de mieux connaître et donc de mieux s'adapter aux processus d'information. C'est ainsi que le négociateur stratège « donnera – mais ne donnera – que ce qui est demandé » et jugera l'échange d'information sur sa pertinence. Le négociateur combatif voit dans l'information un outil de pression et pourra recourir facilement à la désinformation ou au bluff. Le négociateur diplomate fera preuve d'ouverture et de courtoisie mais ceci sera plus une question de forme que de substance. Enfin le négociateur défensif maniera l'information avec minutie et exhaustivité, quitte à s'enfoncer dans les détails.

D'une manière générale, les grilles de style ont un double but :

- D'abord celui de permettre au négociateur de mieux se connaître lui-même (le profil lui correspondant étant obtenu à partir de réponses à des questionnaires plus ou moins complexes).

  Il faut cependant mettre en garde contre les décalages qui séparent la perception que l'on a de soi-même et une forme de « réalité » qui est la perception qu'ont les autres de ce profil, cette perception « externe » étant elle-même éventuellement différente d'une « réalité objective », aussi fuyante que celle-ci puisse être. Il faut aussi insister sur le fait que les profils obtenus (par exemple pour un individu donné, à partir des réactions des autres aux questions posées) peuvent être variables dans le temps et qu'un individu peut-être susceptible de « changer de style » face à une situation ou un interlocuteur donné [20]. En d'autres termes il y a une manière de servir et d'évaluer une grille, ce qui ressort de l'art et du professionnalisme de l'évaluateur.

20. A cela s'ajoute que le style « réel » est souvent un style composite et qu'un style de base peut être remplacé par un style de façade.

– Un deuxième but des positionnements de profils de négociateurs est de mieux cerner le comportement de l'interlocuteur (cet objectif étant à la base par exemple de la Programmation Neuro-Linguistique qui propose ses propres grilles de registres sensoriels ou de l'Analyse Transactionnelle qui propose ses propres grilles de « positions de vie » ou « d'Etats du Moi »). Cernant ce comportement, des indications précieuses peuvent en découler (comme l'a montré l'illustration du « style » de maniement de l'information). [21]
– Enfin un troisième but des grilles est lié aux processus d'apprentissage. Les profils qui sont définis ont chacun des points forts et des points faibles.
  Les connaître – pour soi, pour les autres – peut se révéler judicieux dans l'interaction qu'est toute négociation.

Mais connaître « son » propre style – en tout cas s'il est relativement stable et dominant – ouvre la perspective de renforcer ses points forts et d'atténuer ses points faibles. Cette démarche est généralement considérée comme plus appropriée qu'un effort – souvent voué à l'échec (« chassez le naturel, il revient au galop ») – de changer son style du tout au tout. [22]
Il est, en outre, à noter que la connaissance des profils peut être à l'origine d'une composition adaptée d'une délégation, les rôles étant définis, par exemple, à partir de profils complémentaires (si cette composition contrastée est considérée comme améliorant l'efficacité de la délégation constituée pour une négociation donnée). [23]

CONCLUSION

D'une manière synthétique et quel que soit son style, le bon négociateur est celui qui, selon Gilles Bruneau [24], maîtrisera les « 3P » du métier de négociateur :

– Professionnalisme
– Préparation
– Personnalisation

Le professionnalisme implique compétence, rigueur, lucidité, compréhension du processus et même de la stratégie dans laquelle la négociation s'insère.
La préparation est une démarche préliminaire dont nul négociateur ne peut vraiment se passer.
La personnalisation met en relief les aspects de la relation et la nécessité d'adapter cette relation aux objectifs des négociateurs.
En guise de conclusion, nous voudrions illustrer quelques traits de personnalité que nous avons abordé dans ce chapitre par des exemples tirés de la réalité.

21. Voir chapitre sur la communication où l'AT et la PNL sont détaillées.
22. Voir en annexe les sites internet sur le sujet.
23. Le chapitre « Négocier en équipe » aborde en détail cette problématique.
24. Gilles BRUNEAU est Directeur Général des Achats du groupe Danone.

• Sur les comportements

Francis Bouygues vient de racheter TF1 et doit négocier avec les grandes vedettes de la chaîne :
« Il a également progressé dans la manière de négocier avec les vedettes, en jouant sur leur susceptibilité et leur irrationnel, confie l'un de ses lieutenants. Et puis, il use d'une tactique de négociation, un mélange de bonhomie et de ruse, qui lui permet d'atteindre ses objectifs ». [25]

Ou bien :

F. Bouygues essaye de racheter les actions de Spie-Batignolles pour devenir majoritaire ; réactions des dirigeants de la Spie :

« Il est entré par la fenêtre, je ne peux que lui monter la porte ! s'exclame Didier Pineau-Vlenciennes, manager formé à HEC et Harvard, auparavant très admiratif de Francis Bouygues. Georges de Buffévent, un X-Ponts respectueux et diplomate à mise élégante et moustache finement taillée, enfonce le clou : lorsque vous trouvez quelqu'un assis dans votre salon avec un pistolet sur les genoux qui vous propose de dialoguer, il est normal de réagir vigoureusement ». [26]

• Sur les attitudes

A propos du conflit à la société Neyrpic de Grenoble :

« Pour Arnaud Legrand, cadre non syndiqué, c'est l'attitude autoritaire et maladroite de la direction qui a provoqué cette réaction unanime de l'encadrement. A aucun moment, la direction n'a consulté les responsables pour élaborer son plan de licenciement. Les chefs de service ont appris par le comité d'entreprise la liste des personnes licenciées dans leur service. » [27]

Ou bien à la SNCM :

« Devant la levée de boucliers que provoque leur grève, les marins de la SNCM, souvent très jeunes, réagissent en animaux blessés : Nous irons jusqu'au bout. Toute la flotte est arrêtée. Plus de 80 % des navigants ont cessé le travail. Nous ne faisons pas grève pour le plaisir, nous disons oui au navire à grande vitesse, mais à condition que cela ne nous enlève pas notre travail. Il faut que la télé et les journaux arrêtent de dire des mensonges en nous présentant comme des extrémistes prêts à couler la Corse ». [28]

---

25. « *Citizen Bouygues* » d'Elisabeth Campagnac et Vincent Nouzille. Editions Belfond (1988).
26. Idem.
27. « *La Tribune Desfossés* » du 11 avril 1996.
28. « *La Tribune Desfossés* » du 30 juin 1995.

• Sur la personnalité et l'interaction des acteurs

Un journaliste parlant de Bill Clinton et de Boris Eltsine :

« Leurs rencontres commencent toujours par le même numéro : Boris lance une plaisanterie, Bill s'étrangle de rire. Le Russe fait le faraud, l'Américain s'émerveille de son esprit. Les deux amis sont presque aussi bons comédiens l'un que l'autre. » [29]

A propos de Richard Holbrooke, ambassadeur itinérant de Bill Clinton :

« Comme les cocktails que l'on vide dans les bars cossus de Washinton, Dick (diminutif de R. Holbrooke, ndlr) marie une bonne dose d'arrogance avec une large mesure d'intelligence, le tout épicé d'un grand besoin de reconnaissance. Le premier ingrédient lui a déjà valu quelques revers. Sous la présidence de Carter, le brillant diplomate avait pris l'habitude de traiter directement avec le patron du Département d'Etat, Cyrus Vance, sans en référer à son supérieur immédiat, qu'il trouvait décidément trop mollasson. Hélas ! ce dernier s'appelait... Warren Christopher. Si bien qu'à l'avènement de Bill Clinton, au bout de douze ans de purgatoire sous les républicains, Richard Holbrooke n'a obtenu que l'ambassade de Bonn, un poste bien en deçà de son ambition. » [30]

Ou bien, le rôle méconnu des accents, même régionaux :

« Autrefois, dans une conversation téléphonique d'affaires, on n'appréciait rien autant qu'un accent neutre, plat, en un mot, parfait. Aujourd'hui, la Grande-Bretagne n'est plus sensible qu'aux accents écossais, du Yorkshire ou des Midlands – à presque tous, hormis à celui du sud. En annonçant fin mars qu'elle installait un centre national de télémarketing dans le sud du pays de Galles, justement parce que l'accent de la région rassurait les clients, la compagnie d'assurances Legal and General suivait ainsi l'exemple de bien d'autres entreprises déjà délocalisées. Les responsables de télémarketing tendent en effet à éviter de choisir des employés londoniens et du sud-est de la Grande Bretagne : apparemment, les clients les considèrent comme des snobs ou des beaux parleurs – pas le genre de personnes qui savent les mettre à l'aise quand ils font par téléphone des opérations bancaires ou des achats par carte de crédit, ou encore à l'heure de prendre un contrat d'assurance. » [31]

• Les comportements en fonction des mandats

Les quinze ambassadeurs des pays de la CEE se retrouvent régulièrement au sein du comité des Représentants Permanents (COREPER) :

---

29. « *Le Figaro* » du 22 avril 1997.
30. « *L'Express* », du 21 septembre 1995.
31. « *Courrier International* » du 9 mai 1996.

« Les ambassadeurs souffrent en quelque sorte du complexe de Janus : au sein du Coreper, ils doivent défendre la ligne de leur gouvernement et, parallèlement, ils doivent convaincre leur gouvernement qu'il est insensé de persister à défendre telle ou telle position. Avant chaque réunion, les diplomates indiquent d'une manière ou d'une autre l'orientation de leur gouvernement, afin que chacun ait une idée des enjeux. Lorsqu'il s'agit de défendre les intérêts de leur pays, les ambassadeurs peuvent s'affronter à couteaux tirés, encore que cela se fasse souvent avec un clin d'œil en coin, confie Marcel von Donat, haut fonctionnaire bruxellois : il arrive qu'un ambassadeur donne lecture de l'orientation de son pays, puis se mette à rire, signalant ainsi à la salle qu'il tient cette orientation pour une absurdité.
Ceux qui siègent depuis plusieurs années au Coreper ne connaissent pas seulement les tenants et les aboutissants de la politique agricole, financière ou des transports, mais surtout ils se connaissent très bien personnellement. Ils savent donc quel est le talon d'Achille de leurs partenaires.
L'influence de chacun des membres de ce club exclusif dépend naturellement de l'importance du pays qu'ils représente, mais elle dépend aussi de la personnalité de chacun. Ainsi, il y a des maîtres du marchandage politique et il y a ceux qui brillent par leur silence ». [32]

Nous terminerons par deux « profils » de négociateurs, celui de Michel Berger et de Jean-Luc Lagardère qui, à priori, n'ont rien de commun, et pourtant...

– Michel Berger, auteur-compositeur-interprète :
« Et Michel, toute sa vie, sera réputé dur en affaires parce qu'il saura mettre lui-même la main à la pate, conduire en personne les négociations et se faire requin au milieu des requins, si les circonstances l'exigent. Cela ne contribuera pas à améliorer sa réputation au sein du show-biz qui aime bien plumer impunément la volaille artistique et non pas se faire rôtir par elle. N'ayant guère de passion pour ces discussions de marchand de tapis que les autres délèguent à des fondés de pouvoir ou à des avocats d'affaires, Michel se fera parfois cassant, voire brutal et certains, venus ingénument pour le rouler dans la farine, repartiront avec force plaies et bosses. On peut être fragile, frapper peu et frapper juste. Il suffit, pour cela, d'être intelligent. » [33]

– Jean-Luc Lagardère, Président du groupe Matra-Hachette :
« A ma place, que ferait John Wayne ? Dans les situations difficiles, le patron de Matra aime se référer au roi des cow-boys, son héros entre tous. De ce grand gaillard bourru il a gardé le fauteuil et la philosophie. Une réplique exacte du premier a trône dans son bureau. La seconde, bien qu'un peu rudimentaire, lui sert de fil conducteur : pour John Wayne comme pour Jean-Luc Lagardère, le monde se partage en deux camps, les méchants et les gentils.
Et il ne fait aucun doute, dans l'esprit de ce gascon, qu'il fait partie des gentils.

32. « Courrier International » du 7 février 1998.
33. « Michel Berger » de François Brieu et Eric Didi, Editions J.C Lattès, (1997).

Sanguin, certes, mais gentil. Comme John Wayne, il aime la bagarre et il dégaine vite. Trop vite parfois. C'est un fougueux, un intuitif, le contraire d'un monstre froid : Je dis toujours que je ne suis pas assez intelligent pour être compliqué, donc je suis simple. Je ne m'embarrasse pas de tergiversations, je vais tout droit. Quand j'ai décidé quelque chose, quand j'ai donné ma parole, je ne reviens pas dessus, même si cela n'est pas toujours agréable. Je suis un gascon, se plaît-il à déclarer dans un des accès de fausse modestie dont il a le secret. Lagardère préfère risquer un échec que retenir un élan. Alors, il n'a jamais cessé de prendre des risques.
A 35 ans, jeune mousquetaire, il a déjà la certitude qu'on peut être gentil et fabriquer sans vergogne canons, mitrailleuses, missiles et lance-roquettes. Si l'intérêt de la France est en jeu. » [34]

ANNEXES

Nous donnons ci-dessous quelques sites Internet qui proposent des tests de personnalité ; soit pour les profils généraux soit pour des profils spécialisés (type vendeur/acheteur, leader d'équipe, par exemple) ; certains sont gratuits, d'autres payants.

• **Sites généralistes :**

– www.megapsy.com
– www.progicom.com
– www.queendom.com
– www.total.net/~pcarp/
– www.sipnet.com

• **Sites spécialisés :**

– www.adizes.com
– www.belbin.com
– www.gridsmi.com
– www.assessements.ncs.com
– www.ccl.org
– www.ddiworld.com
– www.hbdi.com
– www.herrmann-France.com
– www.maccoby.com
– www.symlog.com
– www.teleometrics.com

34. « *L'Acrobate* » de Vincent Nouzille et Alexandra Schwartzzbrod, Editions du Seuil, (1998).

CHAPITRE 3
LA PRÉPARATION DE LA NÉGOCIATION

« Les plus courtes erreurs sont toujours les meilleures. »
MOLIÈRE

1. RÔLES ET TYPES DE PRÉPARATION

La préparation est, de l'avis de tous les spécialistes, la phase qui détermine le plus les chances de succès dans la négociation.
De nombreux négociateurs professionnels dans tous les registres de la négociation, que ce soit social, commercial, international, hiérarchique ou organisationnel, soutiennent que 50 % du résultat de la négociation est fonction de la qualité de la préparation.
On peut bien évidemment discuter ce pourcentage, mais on ne peut nier que certains négociateurs, que ce soit par type de négociation ou par pays, négligent leur préparation.
La BFCE (Banque Française du Commerce Extérieur) et le MOCI (Moniteur du Commerce International) ont lancé de nombreuses études de perception des négociateurs français à l'étranger.
Tout en se méfiant des stéréotypes, ces enquêtes mettent en évidence que les Français sont en général perçus comme de bons techniciens, avec des propositions et des schémas biens normés, autrement dit bien montés techniquement parlant, mais très mal préparés pour la négociation en elle-même.
Le Conseil Economique et Social a remis un rapport à l'Assemblée Nationale [1] en avril 1993 sur « l'image de la France à l'étranger et ses conséquences économiques ».
Le rapport signale deux points faibles des entreprises françaises : le partenariat et la mentalité commerciale.
Les entreprises souffrent d'un handicap sérieux par rapport à leurs concurrents ; d'une part elles ne sont pas considérées comme des partenaires fiables, d'autre part la qualité des contacts professionnels est jugée très sévèrement.
Les deux graphiques suivants mettent en évidence ces affirmations :

1. *Journal Officiel* n° 7 du 28 mai 1993 : « *Avis et Rapports du Conseil Economique et Social* » présenté par Monsieur Claude LAGROS.

Partenariat et mentalité commerciale

Echelle de notation de 1 à 4 :
4 = s'applique tout à fait
3 = s'applique en grande partie
2 = s'applique un peu
1 = ne s'applique pas du tout

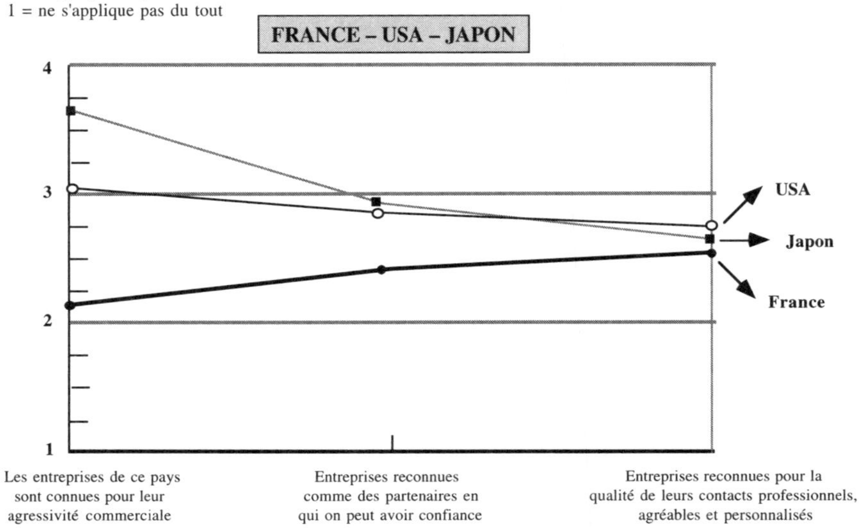

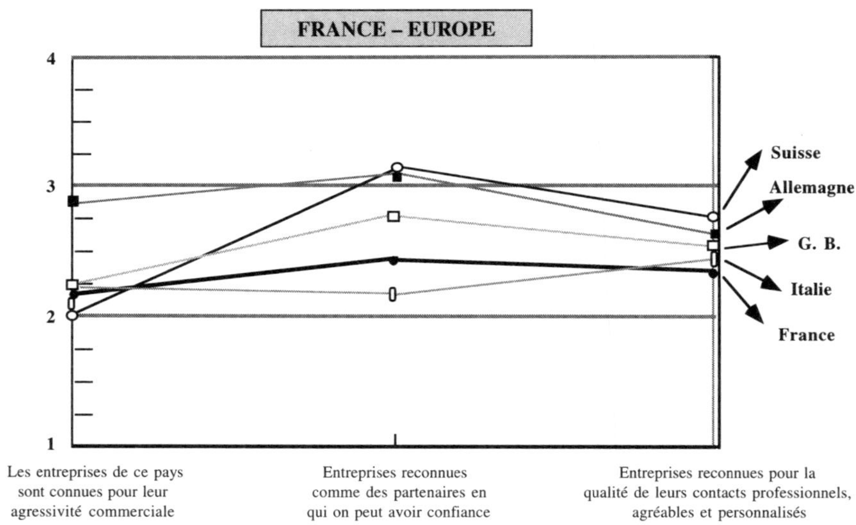

SCHÉMA 1 : PERCEPTION DES FRANÇAIS À L'ÉTRANGER.

Source : Enquête Sofrès, 1991 [2]

2. Enquête menée auprès de 3 349 dirigeants d'entreprise dans 7 pays industrialisés (France, Allemagne, Grande-Bretagne, Italie, Suisse, Etats-Unis, Japon) entre juin et novembre 1991.

Pour confirmer d'une manière pratique ces enquêtes, il suffit d'observer dans les trains, les avions, les hôtels ou les restaurants, le comportement de certains hommes d'affaires français : ils parlent très fort, ils laissent à portée de main des informations écrites, ce qui donne la possibilité éventuelle à des concurrents d'avoir facilement des renseignements.

Il est reconnu que le Français n'aime guère le travail en amont et qu'il est beaucoup plus « à l'aise » dans les discussions. Une autre raison que l'on peut donner est le manque de méthodologie proposée par les ouvrages ou les stages spécialisés pour préparer les négociations.

Ce chapitre propose une méthodologie globale de préparation de la négociation. Un des problèmes majeurs de la négociation est que les paramètres sont souvent différenciés en fonction des négociations et que les « plats sont rarement repassés deux fois ». Il convient néanmoins d'avoir conscience que même s'il s'agit du même partenaire, et/ou du même client ou fournisseur, les situations, les enjeux et les coûts (coût de revient des produits ou des services, ou plus simplement coût de la négociation) sont différents.

Les questions de base à se poser sont les suivantes :

- est-ce que la situation économique est la même ?
- est-ce que l'interlocuteur (les interlocuteurs) a (ont) les mêmes motivations ?
- est-ce que les coûts des produits ou des services ont changé ?
- quel est le degré de fiabilité de mes informations par rapport à celles que j'avais hier ?

Par expérience, les réponses à ces questions valident l'idée que : « la négociation, ce n'est pas toujours la même chose ! ».

Bien évidemment la manière de préparer la négociation dépendra fortement du type de négociation. En fonction des situations et des préparations, nous pouvons établir le tableau suivant :

Préparation / Situation	LOURDE	INTERMEDIAIRE	LEGERE
STRATEGIQUE			
INTERMEDIAIRE			
ROUTINIERE			

TABLEAU 1 : TYPE DE PRÉPARATIONS.

Nous entendons par situation :

a) stratégique : les négociations qui vont influencer ou qui permettent de mettre en application la stratégie de l'entreprise ou de l'organisation.
Par exemple, la négociation d'une alliance, d'une joint-venture, la mise en place d'une organisation matérielle d'un système de contrôle de gestion, d'un plan important de restructuration, d'un projet, etc.

b) intermédiaire : les négociations dont un des éléments est important (les enjeux et/ou le coût) mais qui ne mettent pas fondamentalement en cause la stratégie.
Par exemple, l'achat d'une maison, la négociation d'un séminaire de formation ou de conseil, le licenciement individuel d'un cadre, etc.

c) routinière : toutes les négociations dont les éléments (situation/coûts/enjeux/qualité de l'information) n'ont pas fondamentalement changé ou évolué.
Par exemple, la vente d'une voiture neuve, d'une page de publicité à un client habituel, ou les négociations sociales trimestrielles.
Peuvent également être classées dans cette catégorie les négociations très ponctuelles, comme l'achat d'une voiture neuve, la négociation d'un voyage clé en main avec un tour operator, l'embauche d'un salarié…

Nous entendons par ponctuelles les négociations qui ont deux caractéristiques :

– elles sont « *one shot* » [3], elles ne se reproduisent donc pas,
– les enjeux et les coûts sont limités.

3. « One shot » signifie littéralement « un coup » : ce sont des négociations qui ne se produisent qu'une fois avec les mêmes partenaires.

Le type de préparation se déterminera en fonction des éléments suivants :

a) lourde : une préparation est souvent longue, coûteuse ; elle peut faire appel à des consultants et à des experts mais elle peut être vitale pour le futur de l'entreprise.

- approfondissement très important (avec dans certains cas segmentation) de la stratégie, des objets et des enjeux ;
- mise au point de différents scenarii ;
- balayage des tactiques possibles avec leur évaluation ;
- mise au point de l'argumentaire ;
- quantification (évaluation poussée) des risques et incertitudes ;
- détermination des solutions minimes acceptables ;
- détermination de la meilleure alternative possible ;
- détermination des solutions créatives ;
- prévision des sorties de blocages et/ou d'impasses ;

b) intermédiaire : répondre sans les détailler aux éléments de la préparation lourde avec une focalisation sur les trois points suivants :

- balayage des tactiques possibles ;
- mise au point d'un argumentaire léger ;
- mise au point de quelques solutions créatives.

c) légère : s'assurer avant tout que les éléments constitutifs de la négociation (situations, enjeux, coûts, information) n'ont pas fondamentalement changé ou varié.

Dans ce type de préparations, il est recommandé de faire des simulations (éventuellement magnétoscopées) pour imaginer les objections, les idées novatrices et mesurer l'impact des tactiques.
Marc Cathelineau[4] distingue trois grands types de caractéristiques :

- les risques et la complexité de la négociation sont faibles ;
- les risques ou la complexité sont faibles ;
- les risques et la complexité sont élevés.

4. Marc CATHELINEAU : « *Négocier Gagnant* ». Inter Editions (1991).

A titre d'exemple, nous pouvons compléter le tableau précédent de la manière suivante :

Préparation / Situation	LOURDE	INTERMEDIAIRE	LEGERE
STRATEGIQUE	**négociations - internationales - d'alliance - de vente de grands systèmes**		
INTERMEDIAIRE		**négociations - sociales - de sous-traitance - de vente d'équipements standards**	
ROUTINIERE			**négociations - internes - de vente en magasin - interpersonnelles**

TABLEAU 2 : EXEMPLES DE NÉGOCIATIONS.

Du point de vue global nous pouvons donner les trois recommandations générales suivantes :

1) La manière de se préparer est au moins aussi importante que le contenu de la préparation.
2) La préparation d'une négociation n'est pas une improvisation même pour une préparation légère : trop souvent les informations sont induites, non vérifiées, les *« a priori »* font rage, les réputations sont tenaces. La vérification quasi systématique s'impose et les stéréotypes doivent être momentanément dépassés.
3) La préparation d'une négociation ne doit pas devenir un carcan, même pour une préparation lourde. A l'inverse de la préparation légère, si la préparation est trop précise, voire trop rigoureuse, elle risque d'induire des comportements rigides, et la peur de dévier de la méthodologie et/ou de la stratégie choisie risque d'occulter les capacités d'analyse, d'adaptation, et de créativité nécessaires à tout bon négociateur.

A titre d'exemple de ce qui doit faire partie de la préparation pour un certain type de commercial, nous reproduisons ci-dessous le document qu'une grande compagnie d'assurances distribue à ses commerciaux :

Comment joindre ses clients à coup sûr

Heures	*7 h*	*8 h*	*9 h*	*10 h*	*11 h*	*12 h*	*13 h*	*14 h*	*15 h*	*16 h*	*17 h*	*18 h*	*19 h*	*20 h*
Agriculteur			x	x	x	x	x							
Alimentation									x	x				
Ambulancier							x	x	x	x				
Architecte		x	x	x	x	x								
Artisan	x	x	x				x	x	x	x		x	x	
Bar-Hôtel								x	x	x	x			
Boulanger					x	x							x	x
Chef d'entreprise	x	x	x		x	x	x	x				x	x	x
Coiffeur	x	x	x	x	x	x							x	x
Commerce			x	x	x	x		x	x	x	x			
Dentiste			x	x			x	x	x					
Fonctionnaire											x	x	x	
Garagiste	x	x	x				x	x	x				x	x
Guérisseur			x	x	x	x								
Imprimeur	x	x	x	x	x							x	x	x
Infirmière									x	x	x			
Kiné	x	x	x				x	x	x					x
Magistrat												x	x	x
Médecin							x	x	x					x
Militaire											x	x	x	x
Pâtissier									x	x	x			
Pharmacien				x	x	x			x	x	x			
Restaurateur									x	x	x	x		
Retraité			x	x	x	x			x	x	x	x	x	
Salarié											x	x	x	x
Taxi	x	x	x	x	x	x	x	x	x	x	x	x	x	
Vétérinaire			x	x	x	x								

Source : « L'Essentiel du Management » de décembre 1997

Une fois déterminé le type de préparation, le négociateur devra préparer activement sa négociation : nous proposons dans la section suivante, une méthodologie de préparation.

Comme toutes les méthodologies, celle-ci est réductrice, simplificatrice, mais elle permettra au négociateur d'avoir un « fil conducteur » ; il lui appartiendra de modifier et/ou de compléter cette méthode en fonction des situations vécues.

2. MÉTHODOLOGIE DE PRÉPARATION

Les quatre critères de base à prendre en compte pour préparer une négociation sont les suivants :

- la mise au point d'un diagnostic de la situation ;
- la détermination de ses objectifs et l'évaluation des objectifs de l'autre (ou des autres) ;
- la mise au point d'une stratégie de négociation ;
- l'organisation matérielle de la négociation.

La synergie entre ces quatre critères peut se représenter ainsi :

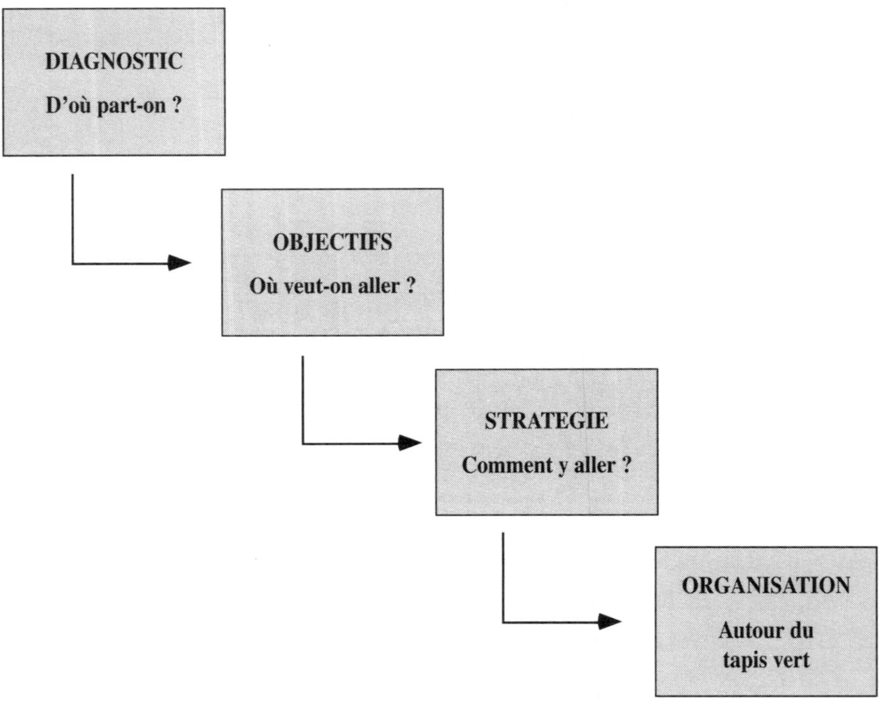

SCHÉMA 2 : SYNERGIE DE LA PRÉPARATION.

□ Première étape : le diagnostic

La première étape consiste à faire un diagnostic détaillé de la situation, des points à négocier, des négociateurs ; le négociateur doit toujours avoir à l'esprit qu'il y a une partie adverse. La question de base est : « d'où part-on ? ».
Nous allons utiliser la démarche « OCEAN »[5]. Seront décrits, étape par étape, les éléments de chaque critère, « OCEAN » étant un moyen mnémotechnique pour :

5. C'est la démarche utilisée par Christophe DUPONT dans « *La Négociation* ». Editions Dalloz (1994).

O = les Objets,
C = le Contexte,
E = les Enjeux,
A = l'Asymétrie des pouvoirs,
N = les Négociations.

➢ Les Objets

Pour C. Dupont [6], l'objet correspond au « quoi » de la démarche : *« L'objet dépendra essentiellement du domaine d'application (commercial, social, diplomatique, interpersonnel, etc.) et il sera plus ou moins complexe, plus ou moins séparable en points de négociation, plus ou moins quantifiable ou plus ou moins qualitatif (clauses, principes, etc.) selon le domaine concerné. »*
L'auteur précise que le ou les objets de la négociation dépendent aussi de la subjectivité du négociateur et il explique : « Le négociateur peut n'avoir qu'une idée très floue de ce qui va être négocié et la mise en évidence de l'objet est parfois loin d'être neutre. Se pose aussi la question du degré de formalisation des objets. »
Il conclut : « Voir clair en ce qui concerne l'objet (son identification, sa malléabilité, l'interprétation réciproque, etc.) est une première tâche nécessaire pour le négociateur voulant se préparer à la négociation ».
Nous entendons par objets les points qui seront clairement cités, détaillés, pour ne pas dire décortiqués tout au long de la négociation :

- dans une négociation commerciale les objets pourront être par exemple le prix, le délai, ou les conditions de paiement ;
- dans une négociation sociale cela pourra être l'augmentation de salaire, les primes, ou la durée du temps de travail ;
- dans une négociation organisationnelle cela pourra être les budgets, les limites de responsabilité, etc.

Il y a deux grands types d'objets :

- les objets quantitatifs : on peut les mesurer quantitativement (par exemple le prix ou les conditions de paiement) ;
- les objets qualitatifs : ils sont difficilement mesurables, (par exemple le type de pouvoir ou les limites de la responsabilité).

En tout état de cause, on essayera d'établir une liste des objets avec pour chacun :

- son point (ou sa zone) de rupture,
- son point objectif,
- sa position affichée [7].

A titre d'exemple, nous avons choisi dans le tableau suivant un certain nombre d'objets qui se rencontrent souvent dans les négociations ; cette liste n'est bien sûr pas exhaustive.

---

6. C. Dupont, *opus cité*.
7. Ces termes seront explicités dans la section suivante.

Voici une liste d'objets en fonction du type de négociation :

TYPE DE NÉGOCIATION / TYPE DOBJETS	Commer-ciale	Sociale	Hérarchi-que	Organisa-tionnelle	Internatio-nale	Projet	Diploma-tie
Procédure	•	•		•	•	•	•
Emballage	•				•		
Participations aux résultats		•	•	•			
Classifications		•	•				
Annulation licenciements		•	•				
Coût	•				•	•	
Poids des pièces	•				•		
Marge	•	•		•	•	•	•
Valeur ajoutée	•	•	•	•	•	•	•
Transport	•				•	•	
Qualité	•			•	•	•	
Quantité	•				•		
Conditionnement	•				•		
Devises	•				•	•	•
Cautions	•				•	•	•
Retenue de garantie	•				•	•	•
Indemnités de retard	•				•	•	•
Clause de réserve	•	•			•	•	•
Clauses diverses	•	•	•	•	•	•	•
Prix	•						
Délai de livraison	•						
Conditions de paiement	•						
Quantités	•					•	
Normes	•				•		
Exclusivité	•				•		
Distribution	•						
Publicité	•						
Salaires		•	•				
Primes		•	•				
Ancienneté		•	•				
Temps de travail		•	•				

TYPE DE NÉGOCIATION / TYPE DOBJETS	Commerciale	Sociale	Hiérarchique	Organisationnelle	Internationale	Projet	Diplomatie
Locaux		•					
Investissements			•		•	•	
Postes				•	•		
Responsabilités				•			
Pouvoir			•	•			
Budget				•			
Organisation				•			
Délocalisations		•		•			
Monnaie				•			
Taux de change					•	•	•
Garanties	•			•			•
Frontières				•			•
Protection							•
Régime					•	•	•
Classes juridiques	•						
Financement	•			•	•	•	•
Dates limites	•	•	•	•	•	•	•
Moyens humains				•	•	•	
Quotas	•				•	•	•

TABLEAU 3 : OBJETS EN FONCTION DES TYPES DE NÉGOCIATION.

Nous allons illustrer ce tableau par quelques exemples pris dans la presse économique :

Il y a couramment confusion entre les sujets de la négociation et les objets alors qu'il s'agit souvent de la même chose :
« Pour la première fois, un président du CNPF reçoit les cinq organisations syndicales ensemble, non pour une négociation précise, mais pour lister avec elles les sujets qui pourraient faire l'objet de discussions ». [8]

Dans le même domaine, le président annonce clairement la couleur :
« Le salaire minimum ? Sa valeur sociale est réelle ; je n'ai jamais voulu la suppression du SMIC, mais je ne suis pas partisan du coup de pouce en période difficile. La politique salariale ? Elle se définit dans l'entreprise, pas dans la branche. Les charges ? Jean Gandois préconise un allégement massif et ciblé et, évoquant le caractère insupportable du chômage, il souligne la nécessité de profondes remises en cause. »

8. Article de Cécile Cornudet dans « Les Echos » du 28/02/95.

Le journaliste conclut :
« Le successeur de François Perigot a mis les points sur les i ». [9]

Il arrive que les objets de la négociation changent de nature :
« Les ministres de la culture et de la communication des Quinze tenteront aujourd'hui à Luxembourg de se mettre d'accord sur le soutien à apporter à l'industrie audiovisuelle européenne (...) Faute de débat sur la révision de la directive « Télévision sans frontières », sujet sur lequel les antagonismes sont toujours forts, les ministres vont donc essayer de trouver des points de convergence sur le programme Media II dont l'objectif est de soutenir la diffusion et la distribution d'œuvres audiovisuelles européennes et la formation dans ce secteur ». [10]

Dans certains cas, l'objet de la négociation peut relever de l'insolite :
« En grève depuis lundi pour protester contre l'instauration d'un nouveau règlement intérieur imposant des « pauses-pipi » à heure fixe, les salariés de l'usine Bigard de Quimperlé ont voté, hier, à main levée, la reprise du travail pour ce matin » [11].

Dans d'autres cas, la présentation des objets dans un certain ordre peut être considéré comme de la manipulation :

La veille de Montoire, Hitler a rencontré Franco à Irun et lui a proposé de l'aider à reconquérir Gibraltar.
« Merci pour Gibraltar, répond Franco, mais nous ne pouvons pas au nom des difficultés de transport bien connues en Espagne. Exigence d'un prix politique préalable, à payer par Hitler : La cession à l'Espagne de Perpignan et du Roussillon français, de la totalité du Maroc et de la quasi moitié de l'Algérie. » [12]

➢ Le Contexte

La question de base est : « dans quel "contexte" sommes-nous ? ».

a) Conjoncturel :

– est-ce que le marché est porteur ?
– le climat social est-il bon ou mauvais ?
– dans quel état d'esprit est mon collaborateur ?

b) Socio-économique :

– y a-t-il récession ou expansion ?
– dans quel environnement se trouvent les salariés de l'entreprise ?
– quelle est la situation familiale et/ou économique de mon collaborateur ?

---

9. *« Les Enjeux »* de mai 1995.
10. *« La Tribune Desfossés »* du 21 juin 1995.
11. *« La Tribune Desfossés »* du 9 août 1995.
12. J.F. Deniau *« Mémoires de 7 vies »* Editions Plon, (1994).

c) Politique :

- quelles sont les relations diplomatiques entre nos deux pays ?
- le pays « mère » des immigrés que j'utilise leur a-t-il donné des instructions particulières ?
- que vont donner les prochaines élections ?
- quelles sont les idées politiques de mon interlocuteur ?

d) Culturel :

- quels sont les modes de vie des habitants de ce pays futur client ?
- quel est le niveau intellectuel, la religion dominante, les habitudes des salariés concernés ?
- mon collaborateur aime-t-il plutôt la musique ou la littérature ?

e) Circonstances spéciales :

- un embargo va-t-il être mis en place par les autorités sur ce pays ?
- y a-t-il des troubles sociaux et/ou politiques ?
- quelles sont les incidences des accidents du travail ?
- y a-t-il des modifications rapides de l'environnement ? Une nouvelle loi ou réglementation ne risque-t-elle pas de modifier les objets ou le rapport de force dans la négociation ?

➢ Les Enjeux

Pour C. Dupont, l'enjeu est un élément capital de la négociation. Il donne la définition suivante :

« L'enjeu doit être considéré comme tout ce qui, en définitive, va avoir une incidence (un poids) sur l'ensemble des intérêts, préoccupations, besoins attentes et risques, ressentis (plus ou moins explicitement) par les négociateurs. (…) L'enjeu est évolutif mais aussi souvent relatif par rapport au temps et aux circonstances. C'est d'ailleurs grâce à cette possibilité de plasticité relative que peut être obtenue la convergence nécessaire à la conclusion d'un accord dans une situation, où, au départ, se confrontent les divergences ». [13]

Il précise : *« En définitive, l'enjeu du négociateur est le poids, la valeur ou l'importance qu'il attribue aux conséquences potentielles qui découleront de la négociation, certes de son issue et de ses résultats attendus, mais aussi de son déroulement anticipé et de ses prolongements probables ».*

Par rapport aux objets, les enjeux ont la particularité de n'être que très rarement exprimés de manière explicite lors d'une négociation. Ils sous-tendent la négocia-

13. C. Dupont, *opus cité.*

tion et sont un des éléments « moteur » qui vont faire avancer, freiner, éventuellement bloquer, ou casser la négociation.
Il y a deux grands types d'enjeux :

- Les enjeux organisationnels : ils concernent le service, l'entreprise ou l'organisation, le pays, voire la zone économique dont le négociateur a mandat pour négocier.
- Les enjeux privés : tout négociateur peut avoir des enjeux privés liés à son mode de rémunération, à sa position hiérarchique (avec à la clé par exemple une promotion si la négociation est réussie), à des options politiques et/ou idéologiques. [14]

Il faut noter que les enjeux privés peuvent être en contradiction avec les enjeux organisationnels chez un même négociateur.
Exemple : un délégué syndical à qui l'on propose une promotion si, en contrepartie, le syndicat qu'il représente accepte les conditions de la Direction.
Les questions de base à se poser sont :

- Quels sont les intérêts (organisationnels et privés) de mon interlocuteur ?
- Quelles sont ses préoccupations (à court/moyen/long terme) ? A-t-il peur de quelque chose ? Est-il sûr de lui ?
- Quelles sont ses contraintes ? A-t-il le pouvoir de décider, si oui jusqu'où ?
- Quelle est la relation entre lui et son groupe de référence ? (exemple : position du syndicaliste par rapport aux salariés, du commercial par rapport à la direction commerciale, du diplomate par rapport à son gouvernement)
- Quels sont les risques si nous n'arrivons pas à un accord, pour lui et pour moi, pour son organisation et pour la mienne ?
- Quelles sont ses attentes pour lui et pour son organisation ? Celles qu'il a déjà exprimées par tract, par ultimatum, par demande écrite ou orale, ou par les médias ; sont-elles vraies ou sont-elles des positions affichées ? [15]

Dans les enjeux des acteurs, Marc Cathelineau [16] distingue les organisations et les personnes. Pour les premières, il envisage les enjeux techniques (fiabilité, sécurité), les enjeux économiques (prix, financement) et les enjeux politiques (image de marque). Pour les secondes, il distingue les enjeux matériels (moyens financiers, sécurité), les enjeux relationnels (reconnaissance, solidarité), et les enjeux intellectuels et spirituels (croire, se réaliser).
Un autre auteur, Robert B. Miller [17] fait la distinction entre les enjeux personnels des négociateurs et les enjeux institutionnels (les enjeux liés à son organisation). Dans cette liste, on trouve par exemple :

---

14. Robert B. MILLER, Stephen E. HEIMAN, Tad TULEJA : « *Stratégie de la Vente* » Editions d'Organisation (1992) et Maurice HAMON « *Négocier avec Succès* » Editions Nathan (1994) appellent enjeux organisationnels : institutionnels et enjeux privés : personnels.
15. Bien évidemment, ces questions doivent avoir des réponses pour le négociateur qui prépare la négociation suivant cette méthodologie.
16. Marc CATHELINEAU : « *Négocier Gagnant* ». Inter Editions (1991).
17. *Opus cité.*

ENJEUX PERSONNELS	ENJEUX INSTITUTIONNELS
• garder le pouvoir	• être plus libre
• parvenir à contrôler les autres	• obtenir un faible prix d'achat
• avoir plus de loisirs	• avoir une bonne adaptation au budget
• rester en un lieu donné	• obtenir un bon rendement de l'investissement
• accroître et développer ses capacités	• avoir une responsabilité financière
• augmenter sa productivité personnelle	• obtenir une productivité accrue
• être un facteur de changement	• obtenir un profit possible
• être considéré comme celui qui résout les problèmes	• éviter les à-coups de cash-flow
	• avoir de la souplesse

Tableau 4 : Exemples de différents enjeux selon R.B. Miller.

En guise d'illustration des enjeux / objets :

> ***Blé : Coup de Force Américain dans les Ports Russes***
> *Les Américains ont réussi à vendre pour 700 millions de dollars de blé à la Russie dans le cadre des programmes PL 480 qui sont subventionnés ; de plus, les Américains ont obtenu une priorité de déchargement dans les ports russes. Quand on sait que les capacités de stockage portuaire de Russie sont de 160 millions de tonnes, alors qu'il faudrait au bas mot une capacité de 260 millions, un chargeur de Rouen regrettait dans les termes suivants, que la CEE n'ait jamais pensé à imposer ce type de clause dans ses négociations avec la Russie lors de la signature des programmes d'aide alimentaire: « la question du coût du transport et des surestaries* [18]*, découlant d'une éventuelle attente des navires à quai, est capitale, presque aussi importante que de savoir qui payera le blé. Sur ce type d'opérations, vous faites votre marge sur le chargement et le débarquement des marchandises. En moyenne, une journée de retard coûte entre 20 000 et 50 000 dollars. La somme est fonction de la taille du navire ».*

Et le journaliste Guy-André Kieffer de conclure :

> *« En imposant la clause de la priorité de débarquement, l'Administration américaine donne une garantie supplémentaire à ses chargeurs. Mais surtout, elle dissuade tout opérateur européen de prendre un risque sur la Russie. »* [19]

Cette histoire illustre bien les différences entre les enjeux et les objets dans la négociation. Un objet de type « priorité de déchargement » est peu important pour la Russie alors que cela devient un enjeu stratégique pour les Etats-Unis, car il

18. Les « surestaries » sont le surcoût à payer quand le déchargement d'une cargaison intervient hors délai conventionnel. A cela, s'ajoutent les coûts d'immobilisation du navire. La note monte très vite.
19. Extrait de « *La Tribune Desfossés* » du 4 juin 1993.

permet d'obtenir d'une manière détournée un quasi-monopole sur la vente du blé à ce pays.

D'autres exemples, couvrant de vastes domaines, illustrent la notion d'enjeux personnels et/ou institutionnels.

Au sujet d'Airbus Industries, Pierre Messmer, alors premier ministre :
« Quand on a négocié, les anglais voulaient absolument faire la cellule. Ils avaient une idée derrière la tête. Ils pensaient que Rolls Royce ayant un bon plan de charges pouvait se passer de la maîtrise d'œuvre sur le moteur mais aussi que la SNECMA ne serait pas capable de la réaliser donc ils finiraient par récupérer le programme complet. C'est la raison profonde de l'échec ». [20]

Plus récemment, lors du conflit des Balkans, l'échec de la conférence de Rambouillet a été dû, en grande partie, au fait que Milosevic exigeait une immunité pour lui et sa famille auprès du tribunal international de la Haye. Comme par hasard, cette demande n'a pas été donnée, en son temps, à la presse et elle n'a été connue qu'après le déclenchement de l'action aérienne, quelques semaines après, lorsque le TPI a inculpé officiellement Milosevic.

➢ L'Asymétrie des Pouvoirs

– Y a-t-il une asymétrie des pouvoirs ?
– Quel est le rapport de forces actuel ?
– Autrement dit quel pouvoir ai-je par rapport à lui et *vice versa* ?
– Quelle est la vulnérabilité des parties ?

➢ Les Négociateurs

– Que sait-on des négociateurs ?
– Quelles sont leurs personnalités, leurs attitudes habituelles hors et dans les négociations ? Comment se comportent-ils dans la vie, au travail, dans l'organisation, vis-à-vis de moi, en situation de conflit et en négociation ?
– Quel est leur style ? Sont-ils coopératifs, combatifs, manœuvriers, diplomates, plutôt axés sur le résultat ou sur la relation ?
– Ont-ils des « trucs », des manières ? Font-ils exprès d'arriver systématiquement en retard ? Essayent-ils toujours de prendre la parole et de la garder le plus longtemps possible ? Pratiquent-ils systématiquement le silence ? Se passent-ils « la balle » dans l'équipe ?

20. « Marcel DASSAULT » de Claude Carlier, Editions Perrin, (1992).

□ Deuxième étape : les objectifs

La deuxième étape consiste à se fixer des objectifs et si possible à anticiper ceux de la partie adverse. Les objectifs seront déterminés à partir du diagnostic.
Un objectif est une « cible » à atteindre. Elle peut être unique ou multiple : dans ce cas il faut se demander quelle est la priorité : y a-t-il des objectifs majeurs et/ou secondaires ?

1) L'objectif peut être **quantitatif** ou qualitatif.
– l'objectif est-il défini en termes de point fixe ou de zone ?
Autrement dit, mon ou mes objectifs peuvent-ils fluctuer dans une zone définie ? Par exemple : je veux atteindre un chiffre d'affaires de X millions, ce qui représenterait 4 % du marché. Ces 4 % sont-ils un point de rupture pour moi (c'est-à-dire qu'en dessous de 4 % je romps la négociation), ou bien ces 4 % seront-ils, si je les atteins, un bon résultat ?
– l'objectif est-il une étape intermédiaire qui me servira, par exemple, à progresser et à atteindre un autre objectif, ou bien est-il fondamental pour moi ?
Définir ses objectifs (et ceux de l'autre) revient à définir les priorités et les possibilités de manœuvre dans la négociation.
Par analogie, un tireur à l'arc a pour premier objectif d'atteindre la cible. Ensuite il aura pour deuxième objectif d'atteindre la zone maximale à dix points, il pourra néanmoins se contenter au minimum de la zone extérieure à un point. Plus il atteindra ses objectifs, plus il aura de points.

2) La fixation d'objectifs polarise la concentration et la motivation du négociateur
– elle lui sert de rappel constant du point auquel il veut arriver.
– elle lui permettra de déterminer des axes stratégiques.
Par exemple, le tireur à l'arc pourra choisir de viser systématiquement la zone à un point pour rassurer l'adversaire ; il retournera la situation en jouant sur la zone à dix points à la fin de la partie.

□ Troisième étape : la stratégie

A partir du diagnostic et de la définition des objectifs, le négociateur va élaborer sa ou ses stratégies de négociation grâce aux conclusions des deux premières étapes. Les questions de fond sont : « où veut-on aller et comment y aller ? »
Nous n'expliciterons pas ici la stratégie de négociation car ce domaine est trop important et conditionne d'une manière fondamentale la négociation. Cet ouvrage développera un chapitre entier sur ce sujet. Néanmoins, nous indiquerons une procédure légère de préparation de la stratégie.
Nous reprenons ci-dessous le modèle « STRATTIPAA »[21], étape par étape. Il s'agit d'un moyen mnémotechnique pour :

---

21. Le modèle STRATTIPAA proposé dans « La Négociation » par Christophe DUPONT n'est autre qu'une sorte de liste-guide des questions que, selon les exigences de la situation, le négociateur sera appelé à se poser.

S = les Scenarii,
T = les Terrains,
R = les solutions de Rechange,
A = l'Alternative,
T = le Temps,
T = les Techniques,
I = les Initiatives,
P = les Priorités et les Positions,
A = l'Accord,
A = l'Avenir.

➢ Les Scenarii

Les questions sont :

- Quels sont les scenarii les plus avantageux pour moi, pour l'autre, et pour l'ensemble des parties ?
- Ai-je intérêt à jouer frontal et dur, ou en douceur et coopérativement ?
- Ai-je intérêt à « mitiger » : commencer à jouer dur et à relâcher par la suite ?

➢ Le Terrain

Quel terrain dois-je tenter d'imposer ?

- Dans une négociation commerciale, vais-je tout axer sur la qualité ou sur le prix ?
- Dans une négociation sociale, vais-je placer la négociation sur le plan des principes, des contentieux et du droit, ou vais-je être pragmatique et privilégier les faits ?

➢ Les Solutions de Rechange

- Si la négociation arrive à un blocage et/ou une rupture, ou bien si l'autre m'impose un ultimatum, ai-je des solutions de rechange qui me permettront de sortir de ce blocage ou de me retirer de la négociation ?
- S'il n'y a pas d'accord possible, quelle est la meilleure alternative possible (*BATNA* [22]) par rapport aux solutions qui sont à ma disposition ?

➢ Les Alternatives / Options

Dans le cas de la négociation, ai-je des options ou des alternatives à proposer ? Ai-je à ma disposition assez de propositions (solutions) créatives, c'est-à-dire qui ne sont pas explicitement prévues dans la négociation mais qui pourraient permettre de faire éventuellement sauter des verrous ?

---

22. « BATNA » est un terme américain qui signifie la meilleure alternative dont dispose le négociateur en cas d'échec de la négociation.

➢ Le Temps

Comment gérer, moduler le temps ?
Est-ce que je définis des normes avec la partie adverse ? (par exemple, nous devons avoir fini la négociation pour telle heure ou tel jour).
Est-ce que je joue la montre (faire durer le temps) ?

➢ Les Techniques [23]

Est-ce que je négocie les objets point par point, en paquet ou globalement ?

➢ Les Initiatives

Quelles initiatives majeures puis-je prendre ? Est-ce que j'attaque ou je laisse venir ? Comment présenter mes offres ? Dois-je faire appel à des tiers (experts, médiateurs, arbitres ou autres) ? Dois-je faire le premier une concession ?

➢ Les Priorités et les Positions

Quelles priorités dois-je donner à mes objectifs ? Quelles positions vais-je lâcher en premier / en dernier ?

➢ L'Accord

Quel type d'accord dois-je proposer et/ou obtenir : un accord complet ou partiel ? Un accord immédiat ou différé ?

➢ L'Avenir

Comment préparer l'avenir, soit de la négociation s'il doit y avoir d'autres phases, soit de la vie de mon organisation par rapport à celle de mon partenaire ? Est-ce un « one shot » ? [24]
Puis-je sans risques à moyen ou long terme, maximiser mon gain dans la négociation ? Ou ai-je intérêt à préserver l'avenir ?
Le négociateur, grâce aux réponses à ces questions, tirera des conclusions qu'il regroupera en quelques points et directives majeurs.

---

23. Voir Chapitre Techniques.
24. « One Shot » : un coup.

Voici un exemple de fixation d'objectifs et l'appréciation de la solution de repli ; cet exemple est bien sûr simplifié [25] :

Demande des salariés	augmenter les salaires de 3%, avec une exigence très forte
Scenarii possibles	1) Refuser 2) Donner moins de 3% 3) Accepter
Conséquences	Scénario 1 : - coût nul - possibilité de grève - baisse de la productivité Scénario 2 : - augmentation des coûts - désamorçage du conflit Scénario 3 : - satisfaction des travailleurs - risque de perte de parts de marché
Solution de Rechange	4) Proposer une diminution du temps de travail sans perte de salaire, mais avec une même productivité
Solution Préférée	scénario 2

TABLEAU 5 : EXEMPLE D'OBJECTIFS D'APRÈS C. VERMOT-GAUD.

□ Quatrième étape : l'organisation

Les deux étapes précédentes répondaient à la question : « où veut-on aller ? ». Cette dernière étape permettra de répondre à la question : « comment y aller ? ».
Le négociateur préparera l'organisation de sa négociation en insistant sur les points suivants :

– l'Equipe,
– les Procédures,
– les Ouvertures,
– la Conclusion,
– les Arguments,
– la Logistique.

➢ L'Équipe [26]

Si je vais négocier en équipe, comment la constituer, combien de membres, qui, et comment la coordonner ?

---

25. Claude VERMOT-GAUD : *« Je Négocie avec mes Partenaires Sociaux »*. Editions d'Organisation (1988).
26. Voir le chapitre : « Négocier en équipe ».

Qui jouera le rôle de l'observateur, de l'expert ?
Doit-on répéter avant la négociation (au magnétoscope) ?

➢ Les Procédures

Doit-on mettre des procédures en place ? Les imposer ?
Doit-on accepter ou refuser celles des autres ? Les négocier ?
Doit-on fixer des horaires de travail ? Fixer des pauses ?

➢ Les Ouvertures

• Comment commencer ?

– Par une déclaration préalable ?
– Par une écoute de l'autre ?

• Dans quelle optique ?

– Pour minimiser au maximum la situation conflictuelle ?
– Pour faire une concession ?
– Pour proposer une solution originale/créative ?

➢ La Conclusion

Comment conclure ?

– A l'arraché (à heure fixe) ?
– Par lassitude, fatigue, usure ?
– Par tactiques ? Par couper la poire en deux ? Avec une alternative (« que préférez-vous cette solution ou celle-là ? ») ?
– A quel moment ?

➢ Les Arguments

– Quels types d'arguments utiliser ?
– Comment les enchaîner ?
– Quelles sont les contre-objections ?

➢ La Logistique

– Où se passe la négociation ?
– Dans quelle salle (taille, orientation, éclairage, disposition) ?
– Avec quelles tables, chaises, fauteuils ?
– Quelle sera l'alimentation des négociateurs ?
– Comment assurer la confidentialité ?

Pour illustration, voici un témoignage qui n'engage que son auteur et qui met en évidence que la disposition spatiale n'est pas toujours aussi innocente que cela paraît.

D'après M. Korda[27], les gens ont une tendance naturelle à placer les personnes dangereuses à leur gauche et les personnes en position de faiblesse à leur droite.

> *« Cette habitude – bien que n'ayant plus aujourd'hui une signification physique – persiste et est présente dans toutes les organisations : "l'ordre du pouvoir dans l'agencement des sièges suit toujours le sens des aiguilles d'une montre".*
> *La raison de ce phénomène est simple : dans les temps anciens, quand les gens étaient plus directs, il était plus facile de donner un coup de poignard à la gauche de sa main droite que d'utiliser sa main droite pour poignarder quelqu'un à sa droite (ce qui exige une certaine contorsion du poignet).*
> *Dans une négociation ayant lieu sur le territoire du fournisseur, si vous êtes assis à sa gauche et que vous adoptez une attitude dominatrice, le fournisseur se sentira inconsciemment plus en sécurité que si vous êtes assis à sa droite.*
> *Cependant, si vous voulez tirer le maximum d'avantages lors d'une négociation, dans ces circonstances, asseyez-vous toujours à la droite du fournisseur. »*

Pour la petite histoire, cette anedocte est confirmée par F. Bayrou[28] :

> *Autrefois, dans toute l'Europe, lorsque deux véhicules se croisaient, ils « serraient leur gauche »* (roulaient à gauche, note de l'auteur) *et non leur droite comme aujourd'hui. C'était une question de prudence : si les occupants de l'autre voiture étaient mal intentionnés, il valait mieux les avoir du côté où l'on brandit son épée, à sa droite... C'est Napoléon qui changea cette ancienne habitude et imposa dans toute l'Europe (à l'exeption, bien sûr, de la Grande Bretagne et de la Suisse) pour des raisons essentiellement stratégiques, de circuler en tenant sa droite.*

3. LA DÉTERMINATION DES POSITIONS DANS LA NÉGOCIATION

Lors de la préparation d'une négociation les acteurs évaluent d'une manière plus ou moins précise deux positions importantes. Il y a d'abord la position qu'ils afficheront au départ (revendication, offre, prétention, etc.) et ensuite ce qu'ils considèreront comme borne-limite.
Ces deux notions ne sont pas nouvelles et on les retrouve sous des appellations diverses telles que « position affichée », « position initiale », « position de départ », « butoirs », « points limites », « point de résistance », « point de rupture », etc.

27. M. KORDA : « *Power in the Office* ». Editions Weidenfield & Nicholson (1975).
28. François BAYROU : « *Henri IV* ». Editions Flammarion (1994) page 493.

Les auteurs et professionnels américains parlent de « points de réservation » (par exemple « *reservation price* » pour une transaction sur le prix).
Deux des premiers auteurs qui ont popularisé cette notion dès le début des années 60 sont Walton et Mc Kersie [29] qui, à l'occasion de leur étude des négociations sociales, présentent un graphique où ils définissent deux points dont l'un correspond aux « succès » du négociateur et l'autre un « point de résistance » qui représente le « minimum à atteindre ».
Juxtaposant ces positions du négociateur et celles de son interlocuteur, ils en déduisent une « zone de règlement » qui peut être représentée sur un graphique.
Beaucoup d'auteurs ont repris cette analyse et sa représentation graphique. Souvent ceci donne une représentation comme suit :

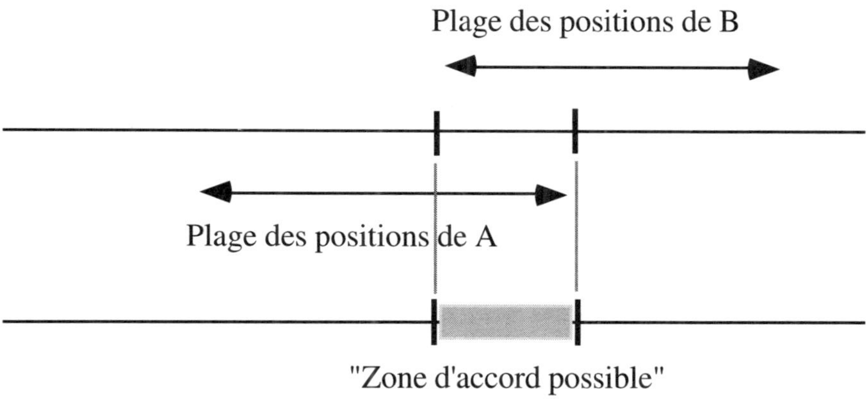

SCHÉMA 4 : PLAGE D'ACCORD.

On peut, comme le suggèrent habilement certains auteurs [30], proposer une représentation non plus sur une seule ligne, mais sur deux lignes, chacune d'elles correspondant aux positions respectives des négociateurs. On obtient des schémas tels que ceux qui suivent.
Bien évidemment cette représentation peut se faire pour l'ensemble de la négociation, le « point de rupture » étant alors la *BATNA* des Américains, mais aussi par item ou objet séparé. On peut aussi associer à ces schémas des « priorités » comme il est expliqué ci-après.
Un de ces auteurs, Jean-François Maubert [31], reprend ces notions des points limites avec une représentation sur deux lignes, ce qui déterminera le champ de la négociation, et que cet auteur définit comme la marge de négociation.

29. Walton et Mc KERSIE : « *A Behavorial Theory of Labor Negotiations* » (1965).
30. En particulier C. DUPONT, *opus cité* (page 65) et M.HAMON « *Négocier avec Succès* », Editions Nathan (1994) page 38.
31. Jean-François MAUBERT : « *Négocier, les Clés pour Réussir* ». Editions Dunod Entreprise (1990).

□ Les Champs positifs

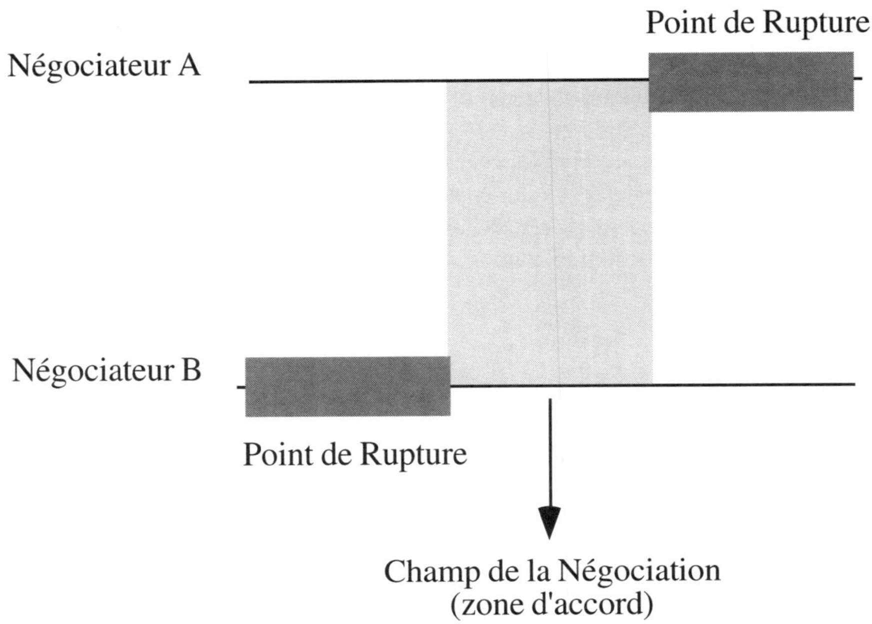

SCHÉMA 5 : CHAMP POSITIF.

□ Les Champs négatifs

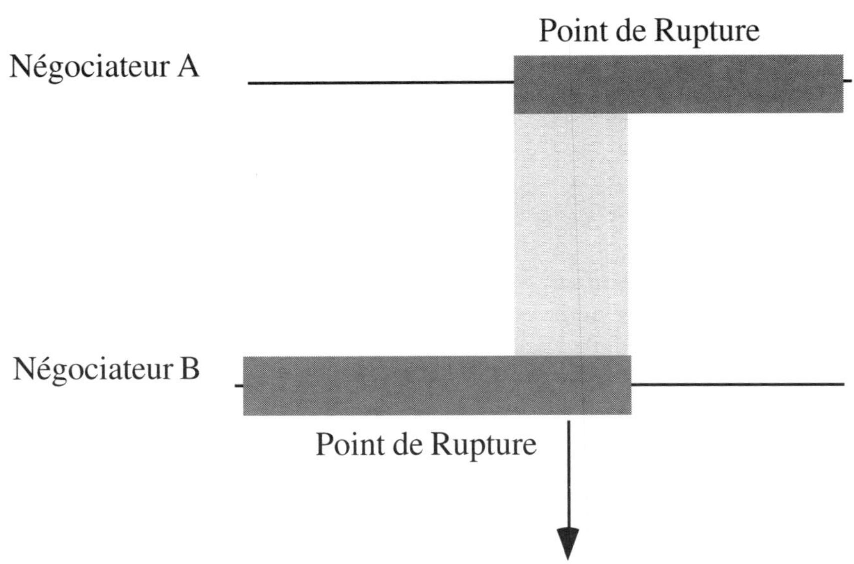

SCHÉMA 6 : CHAMP NÉGATIF.

☐ Les Champs uniques

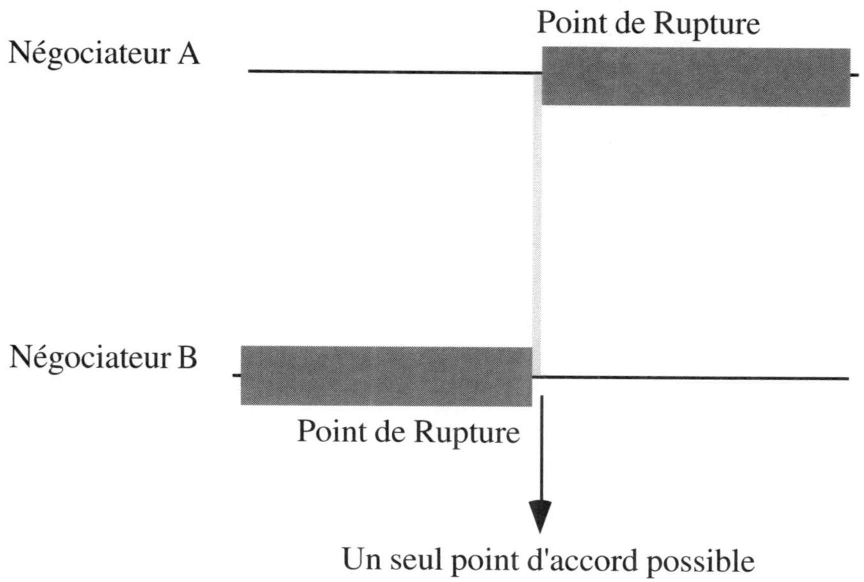

SCHÉMA 7 : CHAMP UNIQUE.

Remarques complémentaires sur la notion de champ :

1) Dans des négociations plus complexes, multi-partenariales par exemple, on peut rencontrer les trois situations simultanément.

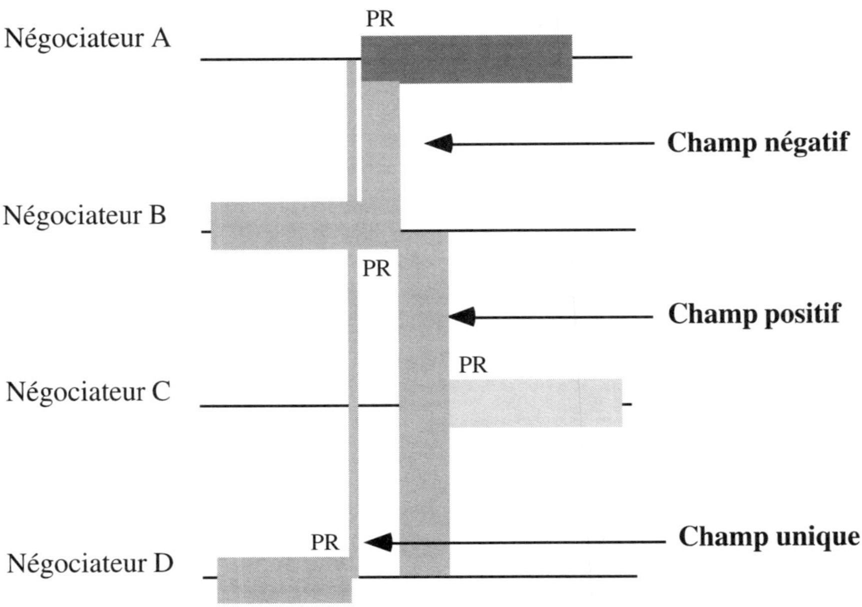

Schéma 8 : Champs multiples.

On voit que le négociateur A a un champ négatif avec le négociateur B, positif avec le négociateur C et unique avec le négociateur D. Le négociateur C a un champ positif avec les négociateurs B et D, négatif avec le négociateur A.

2) La manière de négocier, de choisir la stratégie et les techniques et/ou tactiques à utiliser dans les différentes situations sera abordée dans les chapitres Stratégie et Techniques.

3) On constate en règle générale que les négociations sont plus faciles lorsque les champs sont positifs et larges ; dans ce cas, les négociateurs ont plus de « facilités » à faire des concessions ou des ajustements.

Pour conclure cette section, nous donnons ci-après quelques définitions des termes employés [32] :

- Positions Affichées

C'est la position prise ou donnée, objet par objet, avant ou au départ de la négociation ; pour une négociation commerciale il s'agira du prix devis ou catalogue. Se posent à ce niveau des problèmes de normes culturelles et/ou industrielles ; tout dépendra du type d'objet à négocier, du pays et de la culture des négociateurs.

32. Les notions de PR, PO, PAI sont développés par C. DUPONT, *opus cité* (page 65) et M.HAMON, *opus cité* (page 39).

A titre d'exemple, dans la culture latine il est habituel de « demander plus pour obtenir moins ». On ne conclut généralement pas sur sa position affichée, sauf dans les situations de rapport de forces complètement déséquilibré (par exemple en situation de monopole) mais dans ce cas il y a « imposition » et non négociation.

• Objectifs

Ce sont les objectifs privés et organisationnels que se fixe chaque négociateur ; s'il obtient un accord sur son objectif, il aura « maximisé » son résultat, autrement dit, ce sera « une bonne affaire » pour lui ; vraisemblablement une mauvaise affaire pour les autres partenaires.

• Enjeux

L'enjeu est le « prix » à gagner ou à ne pas perdre. C'est la sanction de ce qui va se passer, de ce qui est « en jeu ». Les objets dans une négociation sont sous-tendus par les enjeux, qui peuvent être définis comme les valeurs fondamentales, en général non négociables, qui caractérisent les hommes et les organisations.

Les enjeux peuvent être de type organisationnel, c'est-à-dire l'entreprise, le pays et de type privé, concernant directement les décideurs et les acteurs de la négociation. Il est très important pour un négociateur de connaître bien sûr ses propres enjeux et ceux de son organisation mais aussi les enjeux organisationnels et privés du ou des partenaires.

Les enjeux peuvent être contradictoires, ce qui ne simplifiera pas la négociation, mais demandera vraisemblablement une clarification avant la négociation ; le cas extrême étant de rencontrer des enjeux privés en contradiction avec ceux de sa propre entreprise ou organisation.

• Priorités

Le concept est connu des économistes depuis plus d'un siècle sous le nom d'utilités ; il sert à mesurer le degré d'importance, la valeur relative des questions en jeu. Les utilités, en terme économique, posent quelques problèmes techniques et pratiques, en particulier dans la notion de « mesure », mais elles peuvent être considérées comme suffisamment opérationnelles dans la préparation des négociations. Chaque objet de la négociation pris séparément a une importance plus ou moins grande pour les partenaires ; le degré d'importance qu'accorde l'un des partenaires à un point particulier n'est pas forcément le même que celui accordé par l'autre partenaire à ce même point ; d'où erreurs, confusions et bien souvent « transfert » à contresens des priorités, par exemple, « si c'est important pour moi, ça l'est forcément pour l'autre ».

Les priorités serviront donc en quelque sorte à mesurer les « enjeux » pour chaque partenaire.

Lors de sa préparation, le négociateur pourra utilement établir une liste des objets et la position des différents points connus et/ou supposés, les priorités qu'il accorde et qu'il pense que l'autre accorde à chaque point.

SCHÉMA 9 : POSITION DE DÉPART POUR 1 OBJET.

Le négociateur n'aura en principe que peu d'informations sur les points remarquables et les priorités de l'autre. Son travail en amont sera d'obtenir le maximum d'informations fiables, et pendant la négociation d'anticiper et de tester ses hypothèses pour qu'elles soient infirmées ou confirmées par l'autre.
En théorie, l'échange entre le point important pour l'un et peu important pour l'autre ne devrait pas rencontrer de difficultés. Néanmoins, cette démarche pose deux types de problèmes :

1) Il est difficile de mesurer les points de rupture et les objectifs de l'autre.

2) Ces deux points (PR et PO) peuvent se déplacer en fonction du déroulement de la négociation ; les priorités peuvent aussi évoluer en fonction de la situation, de l'environnement et/ou de la qualité de l'argumentaire.

La bonne connaissance du champ de la négociation et des priorités de chaque objet accordées par chaque partenaire permettra aux négociateurs de choisir non seulement la technique la plus appropriée pour conduire la négociation, mais également de préparer les scenarii, d'imaginer des solutions originales en cas de blocage, et de bien « manier » le jeu des concessions.
Il serait utopique de croire que l'information sur les champs et les priorités sera transparente avant la négociation, tout au moins en ce qui concerne les positions de l'autre (ou des autres) partie(s). Il est évident que le négociateur doit arriver à la table de négociation avec ses points (zones) de rupture (de résistance), ses objectifs, ses positions affichées initiales, ses priorités parfaitement définies (par un point ou par une zone).
La préparation de la négociation et la première phase de négociation[33] (phase d'information) permettront néanmoins de clarifier certains points, en tout cas de déterminer des « zones » plus ou moins floues.

4. GRILLES DE PRÉPARATION

Chaque négociation est spécifique et chaque négociateur a ses « habitudes », ses méthodes de travail ou ses modèles préférés ; nous donnons ici des grilles, modèles, et méthodologies glanés soit dans la littérature spécialisée, soit auprès de négociateurs professionnels ou reconnus comme tels qui ont bien voulu expliquer leurs méthodes, soit à partir de l'expérience de l'auteur de cet ouvrage.

33. Voir Chapitre Processus de la Négociation.

☐ Grille 1 : préparation de la première phase de négociation à partir de la liste des objets

Tâches à faire :

a) Faire la liste des objets à négocier,
Définir ses propres points de rupture, objectifs, positions affichées, priorités pour chaque objet.
Identifier les informations sur ces points concernant le ou les partenaires. Il existe deux solutions :

- soit c'est un partenaire avec qui vous avez l'habitude de négocier ; dans ce cas, vous disposez d'un certain nombre d'informations au départ comme par exemple certaines positions affichées et/ou certaines priorités,
- soit c'est un partenaire entièrement nouveau ; vous ne connaissez rien de lui,

Dans les deux cas de figure, votre grille ne sera pas complète, il faut passer à la deuxième tâche.

b) Lister les informations dont nous avons besoin : au vu de la grille d'analyse de l'objet incomplète, il faut identifier pas à pas toutes les informations nécessaires pour pouvoir développer des scenarii, ajuster et/ou faire des concessions.

c) Réfléchir et décider « comment » obtenir ces informations à l'aide de deux grandes sources :

- les sources externes : à savoir les banques de données, ou les organismes extérieurs (BFCE, MOCI, Chambres Syndicales, CCI, etc.),
- les services internes (R&D, ressources humaines, production, etc.) ou les collègues déjà confrontés aux mêmes types de problèmes.

La première phase de la négociation servira, entre autres, à obtenir de l'information, et à infirmer ou confirmer des hypothèses. Le négociateur devra préparer la manière dont il pourra obtenir ces informations dans la négociation [34].

d) Définir les informations qu'il pourra donner. Si nous désirons obtenir des informations du ou des partenaires, il est évident que la réciproque sera vraie. L'autre ou les autres voudront également obtenir des informations sur nous. Il sera judicieux, pour limiter les erreurs, de préparer à l'avance les informations que je vais donner lors de la première phase de la négociation.

e) Faire des jeux de rôle : si nous allons à la négociation en équipe, il faut se répartir les rôles, tâches et fonctions. Ceci doit être prévu impérativement à l'avance, quitte à faire des répétitions (éventuellement magnétoscopées) pour éviter des malentendus, des contradictions, voire des conflits dans le groupe lui-même.
Il est évident que si le négociateur est seul à la négociation, cette tâche n'est pas nécessaire.

34. Ces techniques sont détaillées dans le Chapitre Communication.

En résumé :

TACHES A FAIRE	
a	Etablir la grille d'analyse de l'objet
b	Lister les informations nécessaires
c	Chercher comment obtenir ces informations
d	Chercher quelles informations donner
e	Réaliser des jeux de rôles

TABLEAU 6 : MÉTHODOLOGIE DE PRÉPARATION.

Pour la petite (et la grande !) histoire, l'information peut aller jusqu'à l'espionnage. En voici une illustration :

> *William Webster, ex-directeur de la CIA, avait clairement affiché les objectifs de son agence dans ces termes : « ... nous chercherons à contrôler les négociations commerciales, à suivre les technologies qui voient le jour et à se tenir au courant de ce que la concurrence fait afin de la confronter ou de la confondre ». Il n'y a pas plus clair...* [35]

Le journaliste Peter Schweiger cite le cas des dirigeants d'Air France qui, en 1981, lors d'une réunion avec une société américaine connaissaient déjà la proposition qui allait leur être faite, etc.

Nous présentons ci-dessous plusieurs grilles utilisées par les professionnels. Elles sont plus ou moins claires et détaillées, mais elles sont très complémentaires. Le lecteur pourra utilement « piocher » dans ces différents outils pour l'aider à sa propre préparation.

☐ Grille 2 : préparation d'une négociation d'achat ou de vente

Cette approche est celle d'un dirigeant d'une entreprise multinationale chargé du développement de son groupe, en particulier de la négociation d'achat d'entreprises ou de groupes concurrents. Ce manager donne les recommandations suivantes pour la préparation :

1) Il faut se procurer des renseignements « tous azimuts ». Plus on aura d'informations sur la base, le marché, le climat dans l'entreprise, ou les motivations des dirigeants, mieux on **négociera.**

2) Il faut faire ses « devoirs » (*home work*). Il faut préparer dans son camp la négociation ; éventuellement aller jusqu'aux répétitions-simulations.

---

35. Tiré de « *L'Evénement du Jeudi* » : n° 448.

3) Il faut entreprendre les négociations internes, se faire préciser les limites à ne pas franchir. Autrement dit, il faut bien clarifier son mandat à l'intérieur même de son organisation.

4) Il faut connaître pour soi et pour la partie adverse les intérêts et les objectifs, les forces et faiblesses.

5) Il faut mesurer et anticiper les alternatives.

6) Il faut savoir que les critères des négociateurs peuvent être différents d'un cas à l'autre (par exemple pour le traitement des pertes fiscales).

7) Il faut organiser les équipes nécessaires (juristes, fiscalistes, etc.) et avoir prêt un bon « carnet d'adresses » (experts, intermédiaires, banquiers, managers).

8) Il faut choisir le moment du démarrage ; ceci peut être influencé par des circonstances particulières (par exemple la fluctuation des monnaies).

9) Il faut réfléchir sur la meilleure approche de la cible : directe, indirecte (par exemple avec les intermédiaires se dévoilant ou non, etc.), il faut évaluer la réceptivité des interlocuteurs.

10) Il faut, dans le cas d'un intermédiaire, clarifier la question du mandat : qui va payer ?

11) Il faut connaître les acteurs, même ceux qui ne sont pas présents, comme par exemple l'actionnariat (les *Who's Who* sont utiles, de même les organigrammes, les « népotogrammes », etc.).

□ Grille 3 : préparation d'une négociation de vente

Cette grille est utilisée par les vendeurs d'une grande entreprise d'électronique industrielle :

OBJECTIFS	INFORMATIONS	CONCESSIONS
Les miens	que je veux obtenir	qu'il va vouloir obtenir
		que je peux lui faire
	que je peux donner	
Les siens		que je ne peux pas faire
	que je vais lui demander	
		que je veux faire

Tableau 7 : Grille de préparation d'une vente.

et ces mêmes négociateurs détaillent leurs objectifs à l'aide de la grille suivante :

OBJECTIFS	ARGUMENTS	OBJECTIONS	CONTRE-OBJECTIONS

Tableau 8 : Grille de préparation des objectifs.

☐ Grille 4 : préparation d'une négociation d'achat

Cette grille est utilisée par les acheteurs d'un groupe agroalimentaire.

1) On hiérarchise :

– les points sur lesquels on ne peut pas céder ;
– les points sur lesquels on peut faire des concessions ;
– ses objectifs ;
– ses arguments.

2) On hiérarchise les objets de 1 à 4 (1 : très important ; 4 : non important).

Acheteur Vendeur	1	2	3	4
1	Prix			
2		Qualité		
3				
4	Délai de paiement			Emballage

Tableau 9 : Grille de préparation des achats.

Cet exemple démontre que le prix est très important pour les deux, le délai de paiement pour l'acheteur mais pas pour le vendeur, la qualité importante pour les deux, et l'emballage peu ou pas important.

☐ Grille 5 : École de Harvard

Cette grille est préconisée par l'Ecole de Harvard [36].

1) Quelles sont les alternatives ouvertes et notre meilleure alternative possible ?
2) Quels sont nos enjeux et les leurs ?
3) Quelles sont les options ouvertes, créatives ?
4) Les solutions proposées sont-elles acceptables et/ou attractives par la partie adverse ?
5) Quelles sont nos attitudes vis-à-vis de l'écoute et de la persuasion ?
6) Comment améliorer la relation ?
7) Nos propositions sont-elles vendables ? Dans quel ordre les faire ?

☐ Grille 6 : préparation d'une négociation commerciale ou sociale

Ce guide de préparation à une négociation commerciale ou sociale contient six points [37] :

1) Le conflit
2) Les objectifs
3) Les solutions
4) L'analyse de l'interlocuteur
5) L'avantage concurrentiel
6) Le processus de négociation

36. William URY et Robert FISHER : « *Getting to Yes* ». Editions Houghton Mifflin Corporation (1981)
37. Alain JOLIBERT et M. TIXIER : « *La Négociation Commerciale* ». Collection Muchielli. Editions ESF (1988)

☐ Grille 7 : préparation à une négociation d'affaires

Les éléments de ce guide de préparation à une négociation d'affaires sont représentés dans le tableau suivant [38] :

MON INTERLOCUTEUR	SES ATTENTES POUR CETTE VISITE	LES ATTENTES DE SON ENVIRONNEMENT (SPECTRE)
Nom, fonction et titre Nationalité et langage Rôle dans la structure de décision du projet Expérience antérieure Capacités, compétences et moyens Style de comportement vis-à-vis de ma spécialité Particularités personnelles, préjugés, hobbies... Ses motivations dans son entreprise Attitude vis-à-vis de mes concurrents	Est-il intéressé par ma visite ? Ses motivations pour ce projet Cherchera-t-il à : - s'informer ? - évaluer ma société ? - m'évaluer ? - se rassurer sur ...? - apprendre la technique ? - obtenir la coopération ? - se libérer d'un travail ? Organisation de son travail : programme, lieu de la rencontre	Quel est le spectre ? Le projet, pour chacun : - but précis, problème - historique et dates - phases : où en est-il ? - contrôle : qui déclenche la phase suivante ? comment ? Nature des obligations de mon interlocuteur vis-à-vis du spectre

38. Henri FRAISSE : « *Manuel de l'Ingénieur d'Affaires* » (1990).
* Nous remercions l'auteur de nous avoir autorisé la reproduction de ce tableau.

MES REPONSES	MES OBJECTIFS	MES MOYENS
Comment lui exprimer ma sympathie ?	- Raison précise de ma visite	Comment le mettre en action : - supports intellectuels, notes de calcul, schémas, études...
Comment lui montrer que je crois à son projet ?	- Je ne sortirai pas de chez lui tant que...	- supports de communication "pédagogique" : visuels, tableaux, croquis, photos...
- promesses possibles - expérience à citer	- Liaisons avec visites précédentes et ultérieures : - sur quoi ?	- supports humains : amener un collaborateur ou faire venir quelqu'un de chez lui
Comment l'aider, le rassurer ? - estimation , conseil, service, calculs, pilotage, fournitures...	- comment suivre ? - comment se revoir ?	Propositions de visites : - chez nous/chez lui, - chez nos clients
- services réciproques : l'associer à mes problèmes, m'associer à son étude, lui demander un service !	Comment et sur quoi le faire agir **tout de suite** ?	Plan du déroulement : - comment démarrer le contact ?
En quoi suis-je différent de mes concurrents à ses yeux ?		- liste des questions - présentation des arguments - conclusion

TABLEAU 10 : PLAN DE PRÉPARATION SELON H. FRAISSE.

☐ Grille 8 : préparation d'une négociation générale

R. Launay [39] donne la grille suivante (commentée par Lionel Bellenger [40]) :

1) Etablir un ordre du jour ouvert.
2) Définir ce que l'on veut, et fixer à l'avance des options (ou alternatives potentielles).
3) S'entraîner à l'art de faire des substitutions.
4) Entreprendre l'analyse coûts-avantages.
5) Préparer un plan d'urgence.
6) Exprimer un point de saturation et se préparer à dire non.
7) Réfléchir aux rendements des investissements personnels dans la négociation.

39. Roger LAUNAY : « *La Négociation : Approche Psychologique* ». Editions ESF (1989).
40. Lionel BELLENGER : « *Stratégies et Tactiques de Négociation* ». Collection Muchielli. Editions ESF (1990).

CHAPITRE 4

LES PROCESSUS DE LA NÉGOCIATION

« Là où l'homme aperçoit un tout petit peu d'ordre, il en suppose immédiatement beaucoup trop. »

Francis BACON

1. INTRODUCTION

Le déroulement d'une négociation n'est pas forcément linéaire et ne se passe pas toujours, loin s'en faut, de la même manière.
Il n'empêche que certains outils et constantes ont été identifiés par les chercheurs et les praticiens de la négociation. Bien qu'Alain Jolibert affirme :

> *« dans la négociation commerciale, il n'existe pas de règles, procédures préétablies ou fixes permettant de résoudre le conflit. Les parties créent leur propre solution. »* [1]

Nous entendons par processus, l'ensemble des éléments qui vont influencer la conduite et le déroulement de la négociation, du point de vue de la forme, puisque le fond est constitué par l'emploi de la communication, des techniques et des tactiques, au service de la stratégie. Tous ces points sont l'objet des différents chapitres de cet ouvrage.
Quelle que soit l'approche, l'expérience et la littérature spécialisée mettent en évidence différents éléments du processus de négociation :

1) La négociation est décomposée en phases qui se succèdent et/ou s'interpénètrent.
2) Le passage entre les phases se révèle souvent un moment très délicat pour les négociateurs.
3) Les concessions sont un élément majeur de la négociation : la qualité de leur maniement, autrement dit, les techniques spécifiques utilisées et l'habileté des négociateurs vont influencer très fortement la conduite et le résultat des négociations.
4) La gestion du temps peut être abordée de deux grandes manières : soit comme enjeu stratégique, soit comme manœuvre tactique. Dans tous les cas de figure, le temps est un élément indispensable de toute négociation.

1. Alain JOLIBERT : in *« Encyclopédie de la Gestion »*. Editions Vuibert (1992).

5) L'utilisation des suspensions de séances est relativement peu pratiquée par les négociateurs, surtout commerciaux, alors que cet outil peut se transformer en technique opérante au profit des négociateurs.

Ces cinq points déterminent, à notre sens, la notion de processus de la négociation et vont être développés successivement dans ce chapitre.
Pour illustrer le processus, nous reproduisons ci-dessous une partie de l'interview de Shimon Peres au sujet de la négociation israëlo-palestinienne :

> *« Ces négociations à Oslo et en Egypte ont duré environ huit mois, jusqu'au matin du 18 août 1993. Elles sont passées, comme c'est normal, par des hauts et des bas. Il y a eu des moments où les uns et les autres ont été à deux doigts de jeter l'éponge. Et puis, un jour, j'ai pu câbler au Ministre norvégien des Affaires Etrangères : les positions ont été clarifiées. La confiance est née. Nous avons testé nos limites. Le temps d'un accord est venu. »* [2]

Ce passage illustre bien, s'il en était nécessaire, que la négociation passe par des phases et que le temps et les ruptures influencent le déroulement.

2. LES PHASES DE LA NÉGOCIATION

Il y a plusieurs manières d'aborder les phases de la négociation. On peut prendre, d'une part, l'ensemble de la gestion du conflit, qu'il soit social, commercial ou autre, de sa naissance à sa résolution, quelle qu'en soit l'issue. D'autre part, on peut considérer uniquement les phases qui se succèdent à la table de négociation.

□ L'approche globale

➢ Avant la négociation : les préalables

A la question : « existe-t-il une méthodologie de la négociation ? », Maxime Leroux répond ainsi : *« il vaut mieux s'entendre avec son partenaire sur les conditions concrètes du déroulement de la négociation et sur un ordre du jour. Combien de fois a-t-on vu des négociateurs débarquer, fatigués, de l'avion pour entrer en séance, sans même connaître l'ordre du jour ... »* [3]

Dimitri Weiss affirme à son tour : *« le processus de négociation suppose une procédure préalable à la discussion sur le fond »* [4] et de préciser les points de cette procédure :

– le lieu de la négociation,
– l'agenda de la négociation,

---

2. Interview de Shimon PERES dans « *l'Express* » du 2 février 1993.
3. Interview de Maxime LEROUX dans « *Courrier Cadres* » : n° 1028.
4. Dimitri WEISS : « *Les Relations du Travail* ». Editions Dunod (1976).

– la délégation des pouvoirs,
– le temps de la discussion,
– le degré de confidentialité.

Ces deux affirmations peuvent être illustrées par les exemples suivants :

> ***Espagne • Négociations pour établir un pacte social sur l'emploi***
> *Le gouvernement espagnol, les deux grands syndicats du pays (UGT socialiste et CCOO communiste) et le patronat ont procédé, hier à Madrid, à un premier échange de vues avant d'engager dans les prochains mois des négociations formelles pour arriver à un pacte social sur l'emploi destiné à faire face à la récession économique.*
> *Lors de cette réunion, le gouvernement a annoncé que le nombre de chômeurs estimés en Espagne avait augmenté de plus de 100 000 personnes au deuxième trimestre, portant le nombre des sans-emploi à plus de 3 400 000, soit près de 22 % de la population active.*
> *C'était la première fois en deux ans que les partenaires sociaux se rassemblaient. Dans le cadre des négociations pour un pacte social, le gouvernement a proposé aux partenaires sociaux de réaliser ensemble une analyse de l'actuel système de protection des chômeurs et de mettre sur pied un plan pour combattre la fraude dans ce domaine. Le gouvernement a également proposé à ses interlocuteurs de discuter sur la formation professionnelle et sur une réforme du marché du travail en Espagne, l'un des plus rigides de la CEE.* [5]

Il est à noter que dans cet exemple, n'apparaissent que les propositions du gouvernement espagnol.
Une deuxième illustration met en avant les points non négociables et en sous-entendu les conditions préalables pour arriver à un accord :

> ***AUTOMOBILE***
> ***AFFAIRE LOPEZ : OPEL VEUT DES AVEUX***
> ***La filiale allemande de General Motors pose un préalable à toute discussion : que Volkswagen reconnaisse les faits incriminés.***
> *« Hans Wilhelm Gaeb, membre du conseil de surveillance d'Opel et vice-président de General Motors Europe, a exclu samedi que sa société puisse entamer des discussions avec la direction de Volkswagen tant que celle-ci n'aura pas clairement reconnu les faits dans l'affaire d'espionnage industriel qui oppose les deux constructeurs ».* [6]
>
> Le même article relate les propos de H.W. Gaeb aux journalistes du « Bild am Sonntag »
> *« Les faits pourraient être mis sur la table en quelques jours, alors il y aura ainsi une base pour la discussion ».*

5. Article dans « *La Tribune Desfossés* » du 29 juillet 1993.
6. Article dans « *Le Figaro* » du 23 août 1993.

Ces points sont-ils des « positions affichées » ou des conditions préalables non négociables ? Seule la suite de la négociation le dira.
Ce troisième exemple met en évidence la confrontation entre les préalables de l'ensemble des parties concernées :

> ***NÉGOCIATIONS EN CORÉE***
> ***26 juillet 1951***
> *Des négociations ont eu lieu à Kaesong, en Corée, en vue d'un armistice. (...) Les premières difficultés dans les négociations sont apparues lorsque les représentants des forces de l'ONU se sont aperçus que Kaesong n'était pas un "no man's land" mais qu'elle était au contraire encore occupée par les Nord-Coréens : ils ont donc exigé comme préalable à toute discussion que la ville soit déclarée zone neutre.*
> *La délégation communiste refusant ensuite la présence des journalistes occidentaux aux négociations, celles-ci sont rompues le lendemain de leur ouverture, le 11 juillet. L'ordre du jour sera finalement accepté par les deux parties le 26 juillet ; suggéré par les délégués de l'ONU, le retrait des troupes sera négocié également par les gouvernements respectifs.* [7]

La situation, de prime abord, peut paraître beaucoup plus compliquée ; un bon exemple nous est donné par l'article suivant qui relate les débuts de la négociation sociale lors du conflit d'Air-France, le journaliste employant même – à bon escient – les termes de chaotique, Ubu Roi, malentendu, situation exceptionnelle, relatif blocage, cacophonie.
Ce sont les « ingrédients » classiques de nombreuses négociations.

> ***AIR FRANCE : début de négociation chaotique***
> ***UBU ROI*** *: c'est l'apparent spectacle qu'a donné la journée de mardi chez Air France. Elle devait marquer le début des négociations entre le nouveau PDG, Christian Blanc, qui remplace Bernard Attali à la tête du groupe aérien français depuis le 26 novembre dernier, et les syndicats de la compagnie. Une bruyante manifestation s'est tenue en fin de matinée, réunissant 500 salariés selon certains, pas plus de 200 pour la direction, qui protestaient, en tapant sur des tonneaux métalliques sous les fenêtres du siège, près de la Gare Montparnasse, contre tout projet de nouveau plan de rigueur.*
> *Sur le fond, les premiers contacts ont donné l'impression d'un profond malentendu. Christian Blanc ne souhaiterait, selon son entourage, qu'une chose :* « dialoguer, faire remonter l'information, comprendre ». *Pas question de prendre des décisions dans la précipitation : il veut d'abord s'imprégner des problèmes de l'entreprise. Il n'écarte pas l'idée de rencontrer tous les syndicats en même temps dans une vaste réunion mais souhaiterait pour cela recueillir leur assentiment un par un. Or les organisations réunies dans l'intersyndicale CGT-CFDT-CFTC-SNMSAC refusent des rencontres*

7. Extrait de *« La Chronique du 20e Siècle »*. Editions Larousse (1986).

> *séparées.* « Cette démarche pourrait se justifier dans le cas de l'arrivée d'un nouveau patron à la tête d'une entreprise en activité normale. Mais Air France affronte une situation exceptionnelle qui implique un dialogue global », *affirme la CGT, qui ne s'est pas présentée au rendez-vous avec Christian Blanc programmé à 9 h 30. Seules trois organisations n'ont pas écarté le principe de discussion par syndicat. C'est le cas de Force Ouvrière, majoritaire chez Air France, mais qui a demandé à être reçue après les autres organisations, déclinant du coup le rendez-vous de 8 h du matin, tout en n'écartant pas le principe d'une rencontre avec les autres syndicats face à la direction. La position de FO la marginalise, surtout après les appels à la reprise du travail, dénoncés par d'autres groupes de salariés et mal compris par la base. Autre candidat aux conversations avec le PDG, le SNPL, Syndicat National des Pilotes de Ligne, a effectivement été reçu, longuement, par le Président dans l'après-midi. Malgré des propositions de concessions salariales pendant la grève, le SNPL risque ainsi de se démarquer encore du personnel au sol qui critique déjà les fortes rémunérations et les sacrifices limités des pilotes.*
>
> ***Une impression de relatif blocage***
>
> *Enfin, le syndicat de l'encadrement CFE-CGC ne repousse pas le rendez-vous avec le nouveau patron d'Air France fixé pour aujourd'hui à 15 h 30 mais demande également une table ronde avec toutes les autres organisations.*
>
> *C'est donc une impression de relatif blocage qui prévaut après la première journée de négociation. L'intersyndicale CGT-CFDT-CFTC-SNMSAC qui a appelé à une réunion pleinière des représentations de salariés aujourd'hui mercredi estimait hier :* « les salariés attendaient beaucoup de cette première rencontre. Une telle attitude ne présage rien de bon pour l'avenir ». *Le blocage toutefois n'était que relatif. Le Directeur Général, Jean-Didier Blanchet, a en effet ouvert des discussions parallèles avec les administrateurs salariés, notamment de la CGT et de la CFDT. Mais ce dernier, rescapé de l'équipe de l'ex-PDG Bernard Attali, est contesté, la CFDT, la CFE-CGC et la CFTC s'étant opposées, en vain, à la reconduction de son mandat, lors du dernier conseil d'administration le 27 octobre dernier.*
>
> *Dans cette cacophonie, les syndicats, surtout du personnel au sol, laissent clairement entendre que grève et manifestations peuvent reprendre incessamment si la direction, choisie désormais par les pouvoirs publics qui lui laissent entière marge de manœuvre, ne plie pas. Alors que le programme de vols d'Air France (il remonte lentement avec 64 vols à Roissy mardi contre 200 habituellement) ne reviendra à la normale, pour des raisons techniques et opérationnelles, que samedi prochain.* [8]

Plutôt que le mot « chaotique », titre de cet article, faut-il voir dans cette description une situation classique de prénégociation.

8. Article de Olivier PROVOST dans « *La Tribune Desfossés* » du 3 novembre 1993.

L'exemple suivant illustre le fait que la négociation peut prendre des formes étonnantes pour ne pas dire folkloriques : cet article décrit la phase préalable à la grande négociation israëlo-palestinienne à Oslo :

> *« Shulamit avait rencontré un poète à Paris. Le voyage de Yossi au Maroc avait été fructueux, et on lui proposait de voir Nabil au Caire. Les Egyptiens suggéraient à Shimon un sommet au-dessus des nuages. Les signaux d'Oslo étaient bons (...). Les rabbins allaient hurler en apprenant que Shimon avait volé toute la nuit du Shabbat en direction de la Californie (...).*
> *Ces propos sibyllins jalonnaient tout simplement depuis le début du printemps les étapes d'un extraordinaire ballet de cette diplomatie secrète qui fut toujours la règle au Proche-Orient pour préparer les grands événements. »* [9]

➢ Avant, pendant et après la négociation

Maria Cengarle identifie trois grandes phases dans le processus global : la pré-négociation, la négociation et la postnégociation. [10]
Il est à noter que la première phase s'assimile plus à une phase de préparation qu'à un processus ; nous la donnons néanmoins, car elle illustre bien l'ensemble de la négociation.

Phase 1 – PRÉNÉGOCIATION

- Définition du problème/objet, analyse et diagnostic ;
- Recherche et évaluation des informations sur les problèmes/objets ;
- Collecte et avancement des revendications ;
- Explicitation des raisons de conflit entre les parties ;
- Définition des objectifs ;
- Identification des priorités ;
- Recherche des alternatives d'action pour atteindre les objectifs ;
- Vérification du degré de concordance entre objectifs, alternatives atteignables et problèmes à résoudre ;
- Analyse de la représentation : qui représente qui et qui représente quoi ?
- Vérification des consensus et des accords internes ;
- Evaluation du rapport de forces et de la légitimation avec la partie adverse ;
- Prévision des objectifs possibles, des stratégies et des priorités de l'autre partie ;
- Choix des négociateurs et attribution des mandats ;
- Evaluation des effets à court terme, moyen terme et long terme des points possibles d'accord par chacune des parties ;
- Planification de la négociation.

---

9. Article de Yves CUAU dans « *L'Express* » du 2 septembre 1993.
10. Maria CENGARLE : « *L'Uso delle Techniche di Simulazione nella Formazione dei Negoziatori* ». Séminaire international des Jeux de Simulation. Université de Venise, octobre 1985 (extrait du livre de Dimitri WEISS. *Opus Cité*).

Phase 2 – NÉGOCIATION
- Communication, usage du langage ;
- Gestion de l'anxiété ;
- Influence sur l'autre partie ;
- Propositions, contre-propositions, argumentations ;
- Evaluation des points d'accord possibles entre les parties.

Phase 3 – POSTNÉGOCIATION
- Evaluation de la corrélation entre les accords et les problèmes de départ ;
- Vérification de l'applicabilité de l'accord ;
- Vérification de l'applicabilité de l'accord dans le temps ;
- Degré de satisfaction des négociateurs.

Pour illustrer ce processus global de la négociation, nous reproduisons ci-dessous une partie de l'interview d'un ingénieur d'affaires dont l'activité est la vente d'armements français à l'étranger :

> *Après une phase I de « prospection », où le promoteur opérationnel rencontre le futur client, armé de brochures et de cassettes VHS, la phase II de « promotion » est lancée. Deux ans peuvent séparer ces deux temps de l'action commerciale, ponctuée d'agréments SIEMG, de réponses aux fiches de besoins des états-majors et de rencontres informelles à l'occasion de meetings (Singapour, Le Bourget,...). La phase III de « négociation » peut enfin commencer. Les offres techniques et financières sont faites ; les délais sont fixés avec les supports logistiques et les clauses d'off-set (de compensation NDLR). Compte tenu de la complexification des relations internationales, les services juridiques délèguent désormais des experts auprès des missions commerciales en phase finale.* [11]

□ Pendant la négociation

De nombreux auteurs ont identifié des phases distinctes dans le déroulement d'une négociation lors du « tapis vert ». Cela va de trois à cinq phases en général, avec quelques exceptions. [12]

➢ Tableau d'identification des phases de la négociation

Nous dressons, ci-dessous, un tableau des principaux auteurs ainsi que le nombre et la nature des phases qu'ils mettent en évidence. Certaines phases ou éléments de phase se recouvrent : le classement n'est pas toujours aisé. Néanmoins chaque colonne reprend la terminologie que chaque auteur a utilisée.

---

11. Interview d'un négociateur de la division Missiles du Groupe Aerospatiale dans « *Action Commerciale* » n° 122.
12. Pierre LEBEL identifie huit phases, mais ce sont, à notre avis, des sous-ensembles des phases principales.

L'ensemble des auteurs est d'accord pour reconnaître que de toute manière il y a une phase de concessions et/ou d'ajustements, autrement dit que les acteurs devront vraisemblablement échanger sous forme de concessions ou proposer des solutions nouvelles ; c'est un des points de différence avec les techniques de vente classique où la plupart du temps, les phases sont ordonnancées de la manière suivante :

– la prise de contact,
– la reconnaissance des besoins et motivations,
– l'argumentation,
– la réponse aux objections,
– l'annonce du prix,
– la conclusion.

PHASES	1	2	3	4	5
NOMS DONNÉS PAR LES AUTEURS	CONTACT RITUALISATION OUVERTURE INTRODUCTION CONTACT MONDAIN PROLOGUE	INFORMATION EXPLORATION CONSULTATION DÉCOUVERTE ANALYSE DES BESOINS EXPRESSION DES INTÉRÊTS EN JEU INVENTAIRE DES POINTS DE LITIGE DÉCOUVERTE ÉCHANGE D'INFORMATION CONNAITRE RECONNAIS. RAPPEL DES OBJECTIFS CLARIFICATION	MÉCANISMES D'INFLUENCE CONCESSIONS ET/OU AJUSTEMENTS CONSOLIDA-TION CONFRONTAT° ARGUMENT PERSUASION OBJECTIONS RECHERCHE DE SOLUTION RECONNAIS. DES POSSIBIL. DE NÉGOCIAT° PRÉCONCESS.	RAPPROCHE-MENT CONCILIATION OPTIMISATION CONVAINCRE CONCESSIONS	FINALISATION CONCLURE FORMATION DE L'ACCORD DÉNOUEMENT CONCILIATION AJUSTEMENT CHOIX DES ACTIONS CONCESSIONS ET ACCORD DÉCISION DÉNOUEMENT
H. FRAISSE	•	•		•	•
C. DUPONT	•	•	•	•	•
E. HERMAN A. KUHN R. SEEBER (1)	•		•		•
M. CATHELINEAU	•	•	•	•	•
P. LEBEL	•	•	•	•	•
GUILBERT	•	•	•		•
A. JOLIBERT	•	•	•		•
L. BELLENGER	•		•		•
D. XARDEL	•	•	•		•
C. VERMOT-GAUD		•	•		•
H. TOUZARD		•	•		•
R. B. MILLER S. E. HEIMAN T. TULEJA		•	•		•
D. GILBERT	•		•		•
M. LEROUX	•	•			•
G. MOLTENI		•	•		•
P. L. DUBOIS G. MANSILLON (2)	•		•		•
P. THUYSBAERT	•	•	•	•	•
M. HAMON	•	•	•	•	•

TABLEAU 1 : LES PHASES DE LA NÉGOCIATION.

1. Tous les auteurs de ce tableau ont déjà été longuement cités dans cet ouvrage, sauf Edward HERMAN, Alfred KUHN, et Ronald SEEBER, qui ont rédigé entre autres *« Collective Bargaining and Labor Relations »,* aux Editions Prentice Hall. (1982).
2. P. L. DUBOIS et Geneviève MANSILLON distinguent astucieusement des phases différentes pour les acheteurs et les vendeurs ; mais la différence apparaît surtout avant la négociation.

A partir de ce tableau, nous pouvons tenter deux types de synthèses, une lourde et une légère.

➢ Synthèse

Dans cette section, nous tenterons une synthèse et présenterons une méthodologie pédagogique. Dans un premier temps, nous reprendrons l'identification de Christophe Dupont que nous complèterons. [13]

Ritualisation

Pendant cette phase, les acteurs vont prendre contact, structurer le climat et réduire l'anxiété, éventuellement se mettre d'accord sur les procédures.
La durée de cette phase sera variable en fonction des types de négociation et des cultures ; certains auteurs désignent cette phase comme « contact mondain ».
Les atouts à mobiliser sont le sens du contact et de la communication, une bonne connaissance des « habitudes culturelles » et bien savoir manier les procédures lors des négociations lourdes (diplomatiques par exemple).

Information et Exploration

Cette phase va servir à réduire les incertitudes, à expliciter les objets de la négociation, à prendre connaissance des positions de l'autre ou des autres ; les enjeux respectifs et le rapport de force font leurs premières apparitions lors de cette phase.
Les négociateurs vont poser des questions, écouter, reformuler, commencer leurs argumentations, rappeler les objectifs, inventorier les points de litige, se reconnaître mutuellement.
Le temps du déroulement est en général assez long, car les négociateurs ont non seulement beaucoup de choses à se dire, mais ils argumentent sur leurs positions.
Les qualités nécessaires à cette phase sont de type : techniques de communication, savoir écouter, convaincre, reformuler, mesurer le « non verbal ».

Développement des Mécanismes d'Influence

Cette troisième phase va faire apparaître plus clairement les positions affichées des négociateurs, la justification des prétentions, des refus et/ou des réticences.
Il y aura un « mélange » d'arguments, d'objections et d'allusions à des ajustements ultérieurs possibles. Durant cette phase, les négociateurs vont mobiliser les techniques majeures de négociation qui vont être « parasitées » par tout un ensemble de tactiques.
La durée de cette phase sera très variable en fonction du nombre d'objets, des techniques et tactiques utilisées et de la présence initiale de zones d'acceptations mutuelles plus ou moins grandes.
Les négociateurs devront faire preuve de beaucoup de technicité en négociation, mais également de conviction et de gestion de leur stress. C'est un passage difficile, car il y a beaucoup « d'aller-retour » entre les points.

13. Christophe DUPONT : *Opus Cité.*

Rapprochement/Ajustements

Cette phase va faire émerger le jeu croisé des propositions/contre-propositions, des concessions et contre-concessions, des solutions originales non prévues au départ de la négociation ; les formules d'accord envisageables sont plus ou moins clairement exprimées.
Les techniques privilégiées vont être le maniement des concessions et des techniques d'échange et éventuellement la création de solutions nouvelles.
La durée sera relativement courte par rapport aux phases précédentes, mais les négociateurs ne sont pas à l'abri de retournements et/ou de surprises de dernière minute.
Les négociateurs doivent faire preuve de réalisme, de créativité, d'opportunité et de maîtrise de soi.

Formation de l'Accord

Les négociateurs, dans cette dernière phase, vont prendre des initiatives pour réduire les derniers points de divergence ; ils vont utiliser les tactiques terminales en essayant de « grignoter » quelques derniers petits avantages.
Ils vont également clarifier les résultats obtenus et les mettre en forme (en général par écrit).
Le temps de cette phase est en général assez court si les négociateurs maîtrisent bien le temps ; en revanche la rédaction des protocoles peut être longue, les négociateurs devant faire preuve d'habileté, d'autorité et de lucidité.

➢ L'Entonnoir

Certains auteurs et en particulier M.Hamon [14], schématisent le déroulement de la négociation comme la descente dans un « entonnoir » qui progresse par un rétrécissement, allant de la clarification au dénouement ; cet auteur distingue quatre grandes phases dans l'entonnoir :

1) Clarification
2) Préconcessions
3) Concessions
4) Dénouement

Un autre auteur, Pol Derrien [15] est encore plus concret, puisqu'il fait aboutir son entonnoir dans une bouteille censée représenter le protocole d'acord :

14. *Opus cité* (page 74).
15. Pol DERRIEN : *« Mener et Réussir une Négociation »*. Editions d'Organisation (1987).

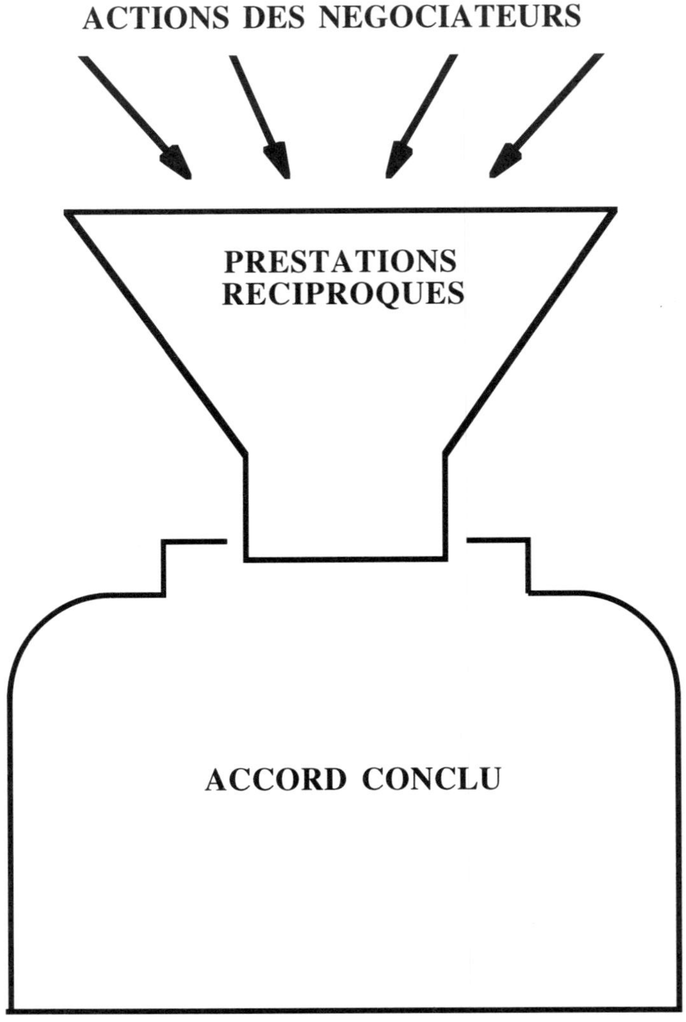

SCHÉMA 1 : ADAPTATION DU SCHÉMA DE POL DERRIEN.

Quant aux Américains [16], ils ont appliqué la métaphore de l'entonnoir aux ventes, avec trois grandes parties :

- le col de l'entonnoir : il est censé représenter le temps des études ;
- l'intérieur de l'entonnoir : c'est la période où les négociateurs vont analyser et comprendre les réactions de l'autre, se concentrer sur les écarts ;
- le bas de l'entonnoir : c'est la conclusion de la négociation.

Voici « l'entonnoir des ventes » :

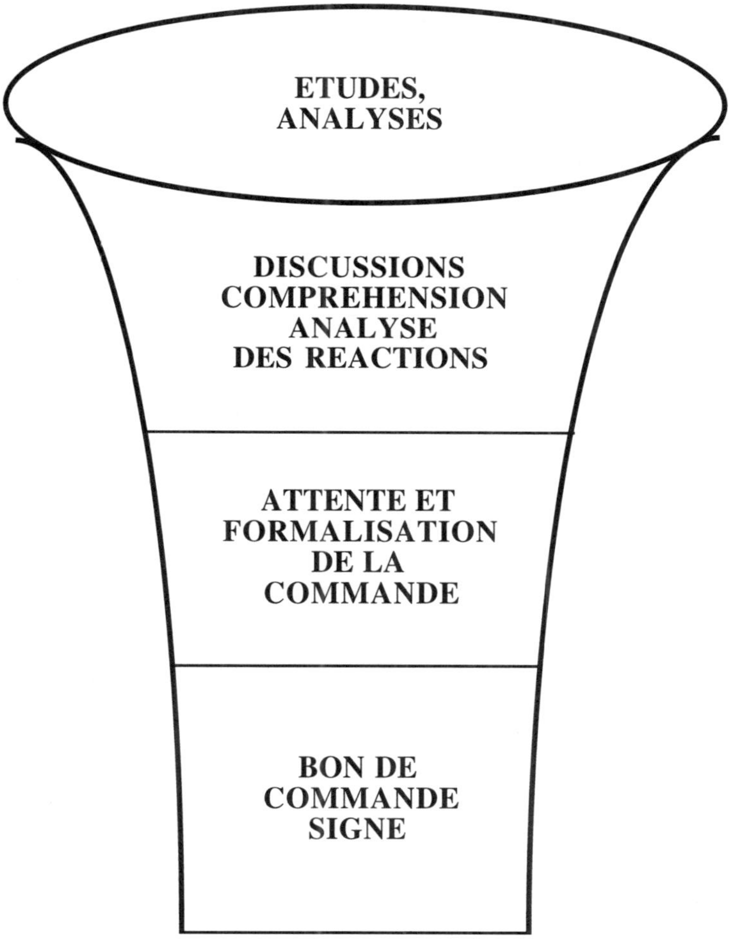

Schéma 2 : L'entonnoir des ventes, adapté de R.B. Miller.

16. Robert B. Miller, Stephen E. Heiman et Tad Tuleja : « *Stratégie de la Vente* ». Editions d'Organisation (1992).

La présentation en entonnoir est pédagogiquement intéressante, mais présente des inconvénients qui seront expliqués plus loin. La principale critique que l'on pourrait faire à ce concept serait de laisser croire que la dernière phase est moins importante que la première, ce qui est loin d'être le cas.
A l'entonnoir, nous préférons la présentation suivante :

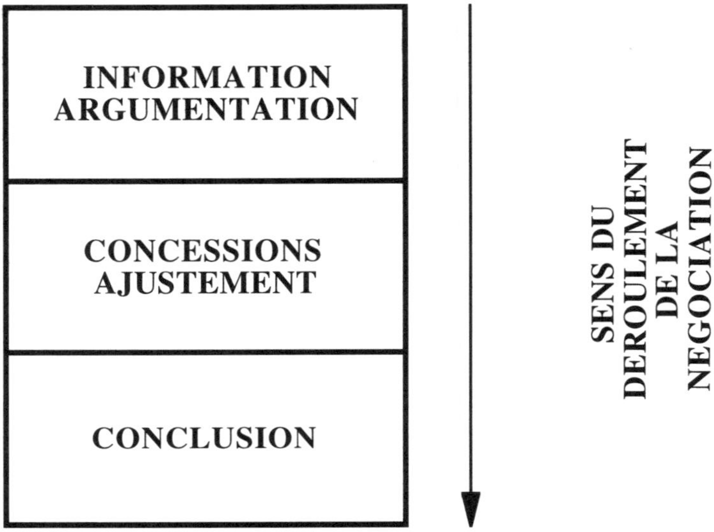

SCHÉMA 3 : LA DYNAMIQUE DES PHASES.

Information

Dans cette phase, l'objectif du négociateur ne sera pas l'obtention d'un accord, mais la collecte d'informations pour compléter sa grille d'analyse de l'objet.
Les négociateurs vont « planter le décor », délimiter « la cour de récréation » dans laquelle ils vont jouer.

– Quels sont les objets à discuter ?
– Quelles sont nos positions affichées respectives ?
– Quels sont nos degrés d'importance (vrais ou biaisés), objet par objet ?

Si les négociateurs n'arrivent pas à se livrer au moins leurs positions affichées respectives, ils vont avoir beaucoup de difficultés pour avancer, car ils ont besoin de « balises » de départ, autrement dit de l'étalonnement de la négociation.
C'est également pendant cette phase que l'argumentation va jouer son rôle en essayant de convaincre l'autre, de lever les doutes, de créer un début de confiance mutuelle.
Le rôle de l'argumentation va aller, dans la conduite de la négociation, en s'amenuisant pour arriver à être inutile, si ce n'est néfaste, en bloquant la situation alors que l'autre est, soit convaincu, soit attend autre chose (concessions et/ou solutions) qu'un argument.

Concessions/Ajustements

Nous développerons plus loin le maniement des concessions ; cette phase est cruciale dans la négociation, c'est elle qui va quasiment induire la suite et amener à l'accord ou à la rupture.
Par rapport à la position de départ des objets, cette phase représente le passage des positions affichées aux bornes du champ de la négociation (zone d'acceptation mutuelle).

Conclusion

C'est la phase terminale, où va se conclure l'accord ou le non-accord.
Par rapport aux positions de départ, les négociateurs sont aux bornes du champ de la négociation et vont essayer d'obtenir l'accord soit en maximisant – en essayant de se rapprocher le plus possible du point de rupture de l'autre –, soit en optimisant, la place optimum de l'accord dans le champ de la négociation n'étant pas forcément le milieu ; tout dépendra des enjeux et de la stratégie des différents acteurs.

En résumé

Chaque phase a un rôle bien distinct :

- phase 1 : obtenir et donner de l'information pour savoir ce que veut exactement l'autre partie, quelles sont ses priorités, si elle semble disposée ou non à arriver à un accord, quelles sont ses contraintes et le rapport de forces. L'échange d'information peut alors conduire à essayer d'établir un tableau des positions mutuelles, objet par objet.
- phase 2 : se rapprocher, par le jeu des concessions et/ou des ajustements, des positions affichées jusqu'aux bornes du champ de la négociation.
- phase 3 : conclure dans le champ de la négociation (zone d'acceptation mutuelle).

Chaque phase va mobiliser des techniques qui lui sont propres :

- phase 1 : les techniques de communication,
- phase 2 : les techniques de négociation,
- phase 3 : les tactiques terminales.

Bien évidemment, les techniques de communication s'appliquent à toutes les phases de la négociation, mais elles seront privilégiées dans la première phase : il en va de même pour les techniques mobilisées dans les phases suivantes.
Les autres tactiques développées dans le chapitre spécifique sont des outils à la disposition des négociateurs qui les mobilisent à leur souhait pendant tout le processus de la négociation.

Critique

Si l'approche des processus par la représentation de l'entonnoir paraît simple et a le mérite de clarifier la conduite de la négociation, elle n'est pas exempte de critiques, aussi bien théoriques que pratiques ; Christophe Dupont, lors d'un séminaire de recherche, en a fait une analyse pertinente.

3. « L'ENTONNOIR » EN QUESTION

La négociation est souvent présentée comme un « entonnoir » signifiant un resserrement au fil du déroulement. Il y a un bon usage de cette image en même temps qu'un danger réel d'utilisation (surtout en termes prescriptifs).

Ce qui est exact dans l'image de l'entonnoir :

La définition des problèmes et la recherche des solutions

Les négociateurs engagent souvent la négociation avec un certain flou, parfois même à propos de l'objet (c'est-à-dire des sujets /thèmes/ items) à débattre. La phase initiale de la négociation (après la phase de contact et de rite) permet souvent de « resserrer » le problème à résoudre. Par exemple, les négociateurs s'entendent pour ne retenir que six points à discuter sur un ordre du jour de dix ; les phases suivantes permettent de définir pour les différents points des gammes de solutions de plus en plus précises ; la phase de conclusion aboutit (en cas de succès) à une ou des solutions nettement délimitées.
Il y a donc « entonnoir » ; il faut cependant se méfier d'une simplification excessive :

1) souvent dans les négociations les problèmes rebondissent (d'où le contraire d'un resserrement),
2) l'analyse est difficile dans les négociations à épisodes : de nouveaux problèmes (item) sont constamment rajoutés ; c'est d'ailleurs souvent grâce à cela qu'il y a mouvement et finalement accord,
3) la technique de l'élargissement est antinomique à celle de « rétrécissement »,
4) peut-on vraiment parler d'entonnoir quand les négociateurs ont constamment recours à des options (alternatives) multiples, à des combinaisons d'options, à des reconfigurations successives ?

Ce qui reste donc valable dans le concept est la tendance au «resserrement» des problèmes vers une solution (accord total, partiel ou différé).

L'information

Ce flou de l'information de départ cède progressivement la place à une information plus sélective, plus filtrée. Mais il y a un paradoxe : plus la négociation avance et plus le quantum d'informations augmente (c'est le contraire d'un entonnoir).
On peut néanmoins retenir l'idée de filtre comme justifiant la métaphore de l'entonnoir.

Le rapprochement des « positions »

(c'est-à-dire l'entrée dans la plage de négociation et les va-et-vient dans cette plage)

Le point indiscutable est que les négociateurs abandonnent progressivement (par définition) les positions affichées initiales.
Mais c'est à peu près tout ce que l'on peut dire car le « resserrement » à l'intérieur de la plage est loin d'être linéaire et progressif. Il peut y avoir, par exemple, éloignement.

Ce qui est inexact ou dangereux

Trop souvent on présente l'entonnoir comme une démarche à plusieurs (trois ?) étages liée au mouvement des concessions, comme par exemple, dans la formulation la plus simplifiée : « préconcessions / concessions vers les positions d'objectifs / concessions vers les points de rupture ». Si on applique cette formalisation à sa propre position, force est de dire que l'on encourage le négociateur à céder tout au long de la négociation et en définitive à se contenter d'une utilité zéro.
Le danger est moindre si on applique la « prescription » au négociateur adverse, la négociation consiste à lui faire accepter son propre point de rupture, soi-même se cantonnant, par exemple, dans une zone proche à sa position d'objectif. Mais alors cette description est-elle générale ? Cela suppose une forte asymétrie des pouvoirs (y compris l'habileté) et une conception assez conflictuelle de la négociation.
Il est donc essentiel de ne pas lier concessions et phases de la négociation.
En premier lieu, il n'y a pas de « meilleure stratégie » de concessions dans le temps (c'est d'ailleurs – en contradiction partielle avec l'entonnoir – ce qui est dit au moment de la comparaison des modèles temporels des concessions). L'opportunité temporelle des concessions dépend de nombreuses variables dont celles de situation et de transculturalité.
En second lieu, il faut éviter de décrire la négociation comme un mouvement en termes seulement de concessions : c'est nier qu'il existe des formes parallèles, souvent supérieures (et d'ailleurs pouvant se combiner) aux concessions : la reconfiguration du problème (avec notamment les novations créatives et l'élargissement).
En troisième lieu, il faut abandonner la notion de « fixité » dans la situation de négociation. La négociation est avant tout une démarche dynamique qui modifie constamment la valeur des éléments en cause et transforme les perceptions et les attentes.
Dans cette approche, les concessions ne sont qu'un élément du processus et non nécessairement l'élément moteur. A l'extrême, on pourrait même dire que la négociation consiste à modifier suffisamment les perceptions et attentes liées aux points de rupture pour rendre possible un accord globalement et mutuellement acceptable. En d'autres termes, l'essentiel de la négociation est la manipulation des marges de manœuvre respectives et leur juxtaposition éventuelle. Ceci peut passer par des mouvements à l'intérieur des plages, mais très souvent aussi par une reconfiguration des données situationnelles de départ.

Conclusion

1) La notion « d'entonnoir » est valable – notamment pédagogiquement – comme la visualisation d'un processus d'abord flou et se resserrant vers une solution

d'accord. Elle se vérifie dans la plupart des simulations extrêmement simples (3 ou 4 variables au maximum, peu d'influence de l'environnement, durée courte et donc nécessité de resserrer vite pour « conclure » dans les temps impartis).
2) Une description plus réelle des négociations (en dehors de ces cas simples ou simplifiés) ressemblerait plutôt à des schémas empruntés au déroulement de projets.
3) La question du lien entre positions, plages de négociation, concessions et mouvements vers l'accord est compliquée et fait encore l'objet de recherches. Son exploitation pédagogique – adaptée à des auditoires surtout intéressés par des schémas simples et des recettes – reste encore à formuler.

4. LA PRISE DE DÉCISION

Que l'on soit d'accord ou non avec la représentation sous forme d'entonnoir, il est indéniable que les phases existent ; le problème, dans le processus de la négociation, est double : comment identifier la phase dans laquelle nous nous trouvons à ce moment, et comment passer de l'une à l'autre.
L'identification des phases vient de faire l'objet de la précédente section ; nous allons examiner maintenant les phénomènes et les techniques liés au passage d'une phase à l'autre, moment délicat où les négociateurs vont devoir prendre des décisions.

☐ PROBLÉMATIQUES DE LA PRISE DE DÉCISION

Prendre des décisions a toujours été (et sera toujours) le problème le plus important pour les managers, que ce soit dans l'embauche (« ai-je bien choisi l'homme ou la femme adéquat ? »), dans le choix d'investissement et/ou dans les politiques marketing.
De tout temps, la théorie a essayé de limiter, pour ne pas dire supprimer, les risques liés à la prise de décision. Le négociateur n'est pas exempt de ce dilemme, puisqu'entre les différents scenari, il devra prendre des décisions, à savoir changer de techniques et/ou accepter ou refuser les propositions de l'autre.
« L'absence d'alternative éclaircit singulièrement l'esprit » soutient Henri Kissinger. A titre d'exemple, nous citerons les théories du consultant américain William Oncken, inventeur du « Monkey management ».

Pour cet expert, le temps du cadre est réparti en quatre grandes séquences :
« Le temps régi par le supérieur hiérarchique ; le temps régi par l'organisation, c'est-à-dire ses pairs ; le temps régi par ses collaborateurs et le temps discrétionnaire, celui dont vous avez la maîtrise directe, les rares heures qui vous restent pour réfléchir, diriger, souffler. Et le singe ? C'est un animal omniprésent, baptisé suivant les circonstances « problème », « projet », « action », « décision », « tuile ». Il a pour particularité de sauter d'une épaule à l'autre pour se blottir dans les bras du plus accueillant des décisionnaires, par forcement le bon et rarement volontaire.

Celui qui n'y prend pas garde se trouve vite à la tête d'une ménagerie affamée qui lui rend la vie impossible.
Avoir un singe sur le dos, ce n'est rien d'autre que d'avoir la responsabilité de l'étape suivante... du suivi d'un dossier, du montage d'une opération, de la réalisation d'un projet. Le but du jeu n'est pas de se débarrasser de tous les singes, mais de ne garder que ceux qui relèvent strictement de votre périmètre. » [17]

La journaliste conclut : *« Dans nos entreprises, le culte du chef domine, « refiler le bébé » est un signe de faiblesse. Erreur : c'est le secret du pouvoir ! ».*

La métaphore des singes est néanmoins en partie confirmée par l'enquête faite par l'observatoire de la décision de Deloitte et Touche-Figaro Economie qui ont testé les dirigeants des 120 plus grandes entreprises françaises.

A la question : « A l'heure actuelle, quels sont parmi les critères suivants, les 5 qui influencent le plus vos décisions ? », les réponses ont été les suivantes :

Critères	Réponses	%
Votre réflexion personnelle	54	83
Le point de vue d'un membre de votre Direction Générale	36	55
Vos derniers résultats financiers	35	54
Le point de vue de votre actionnaire	34	52
Vos outils de prévision	33	51

Source : Deloitte et Touche-Figaro Economie (juillet 1998)

Suivent une trentaine d'autres critères, mais les cinq premiers sont, et de loin, les plus significatifs.

La prise de décision peut être néanmoins source de plaisir :
« Le combat politique obéit décidément à d'autres règles. Il faut constamment être sur ses gardes. Cela excite comme une femme. C'est un alcool dont Napoléon découvre qu'il grise. Il aime cette tension. C'est un duel où le coup d'œil, la rapidité de jugement, le corps autant que l'esprit sont mobilisés. Et la décision est une libération, comme une jouissance. » [18]

Dans l'histoire du management, les théoriciens de la finance ont construit des modèles cherchant à quantifier le risque et à l'intégrer dans les modèles de prise de décision.
La théorie de Modigliani-Miller relève du modèle rationnel de prise de décision [19] ; ce modèle s'appuie sur quatre hypothèses de base :

17. Article de Pascale-Marie Deschamps dans « L'Expansion » de juillet 1997.
18. Max Gallo « *Napoléon* » Editions Robert Laffont, (1997).
19. Analyse tirée de : « *Le Jeu de la Décision* » de Nadine Lemaître. Editions de l'Université de Bruxelles (1986).

1) Les objectifs du décideur sont clairs et peuvent être traduits en une fonction d'utilité (d'une manière simplifiée, l'utilité est le degré d'importance que l'on accorde à tel ou tel point ; ce sont les enjeux tels que décrits dans le Chapitre Préparation).
2) Le décideur, ayant par nature un comportement rationnel, choisira entre des solutions alternatives qui sont bien définies et qu'il connaît.
3) Le décideur connaît, avant la prise de décision, les conséquences de chaque alternative, autrement dit, il peut quantifier les avantages et inconvénients de chaque option par rapport à ses enjeux.
4) Le choix rationnel du décideur consistera uniquement à choisir l'alternative qui est la plus avantageuse pour lui.

Ce modèle théorique est évidemment une abstraction qui repose sur des hypothèses non observées dans la réalité mais qui, selon ces auteurs, trouvent des justificatifs pratiques pour les marchés dérivés [20]. Ces hypothèses sont les suivantes :

- le décideur connaît bien ses utilités,
- il recherche toutes les alternatives possibles,
- il est capable de mesurer les gains/coûts de chaque alternative.

Cette approche peut être transposée à la négociation :

- le négociateur connaît ses utilités mais ne connaît pas forcément celles de l'autre ou des autres,
- il n'a pas le temps ni les moyens de prévoir et d'identifier toutes les alternatives possibles,
- beaucoup de propositions et/ou solutions sont de type qualitatif, donc non quantifiables par nature, et le négociateur aura beaucoup de difficultés à mesurer les gains ou les coûts pour chaque partenaire.

Le négociateur va se retrouver dans un dilemme, surtout entre chaque phase, car il va devoir prendre des décisions sans pouvoir éliminer les risques d'erreur ; la seule possibilité du négociateur est de limiter les risques.
Devant ce type de dilemmes, les négociateurs vont se trouver en état de stress avant leur prise de décision et si nous suivons le modèle d'Henri Laborit, ils vont avoir trois grandes possibilités [21] :

1) Combattre
Agresser l'autre ou les autres, être intransigeant sur ses positions, ne lâcher sur rien, etc.
2) Fuir
Battre en retraite, se soumettre, accepter les conditions de l'autre.
3) Inhiber
Etre passif, ne pas accepter ou ne pas se soumettre, se fermer, garder le conflit à l'intérieur de soi.

Henri Laborit a démontré, grâce à des expériences sur des rats, que devant une situation conflictuelle, l'homme avait une de ces trois grandes réactions possibles : se

20. Marchés dérivés : options, MATIF, MONEP, etc.
21. Henri LABORIT : « *Eloge de la Fuite* ». Collection 10/18. Editions Seuil (1978).

battre, fuir ou inhiber [22]. Ce chercheur a mis en évidence que dans le cas du combat ou de la fuite, il pouvait y avoir des gains/pertes différents, mais qu'au niveau psychique de l'individu, il n'y avait pas de dégâts, car l'homme agit. En revanche, s'il inhibe le conflit, s'il le garde à l'intérieur de lui-même sans agir, cela peut se transformer en maladie pathologique, de la simple déprime à la névrose, en passant par l'ulcère à l'estomac et l'infarctus, jusqu'au suicide. La grande règle de Henri Laborit est là : en situation conflictuelle, il faut agir.

Lionel Bellenger a traduit cela d'une manière plus détaillée, en identifiant quatre types de décisions [23] :

1) Ne rien faire
Prendre la fuite, esquiver ; c'est une décision en soi.
2) S'engager impulsivement
Etre réactif, prendre la fuite en avant.
3) Hésiter
Rechercher la solution parfaite (syndrome d'utopie) ; cela devient une obsession névrosante.
4) Prendre en charge rationnellement la prise de décision
Trouver, avec méthode, une solution à un problème.

Si nous comparons les deux approches de base, à savoir la théorie moderne de la finance et celle de Henri Laborit, nous pouvons mieux comprendre la situation de dilemme dans laquelle se trouve le négociateur et particulièrement dans le passage des différentes phases ; autrement dit le négociateur sera consciemment ou inconsciemment obligé d'agir – s'il ne veut pas tomber dans l'inhibition avec tous ses inconvénients – dans une situation où il n'a pas toutes les informations nécessaires pour supprimer les risques.
Bien que dans de nombreuses négociations concrètes, les négociateurs soient susceptibles d'agir d'une manière irrationnelle ou en fonction des circonstances, il n'est pas inutile de préconiser l'usage de certains outils qui permettent de mieux appréhender la succession de prises de décision dans la négociation.

Le négociateur dispose, dans ce cas, de trois grands types d'outils :

• Mieux gérer son stress

c'est en particulier dans cette situation que les techniques décrites dans cet ouvrage vont trouver leur application.

• Appliquer quelques principes généraux, définis par Lionel Bellenger [24]

– il n'y a quasiment pas de situation avec une seule et unique solution parfaite,
– il vaut mieux toujours prévoir une solution de rechange,
– les solutions sont toujours subjectives,
– il vaut mieux évaluer avant les résultats d'une décision,

---

22. Théorie bien explicitée dans le film « *Mon Oncle d'Amérique* » d'Alain RESNAIS.
23. Lionel BELLENGER : *Opus Cité*.
24. *Opus Cité*.

– l'indécision va à l'encontre de la résolution de problèmes,
– les décisions collectives sont quasiment impossibles,
– il faut clarifier le niveau de responsabilité de chaque décideur.

• Utiliser des techniques et tactiques spécifiques

Si nous reprenons l'entonnoir décrit plus haut, nous pouvons identifier d'une manière très simplifiée quatre grands moments de prise de décision.

Voici ces quatre grands moments :

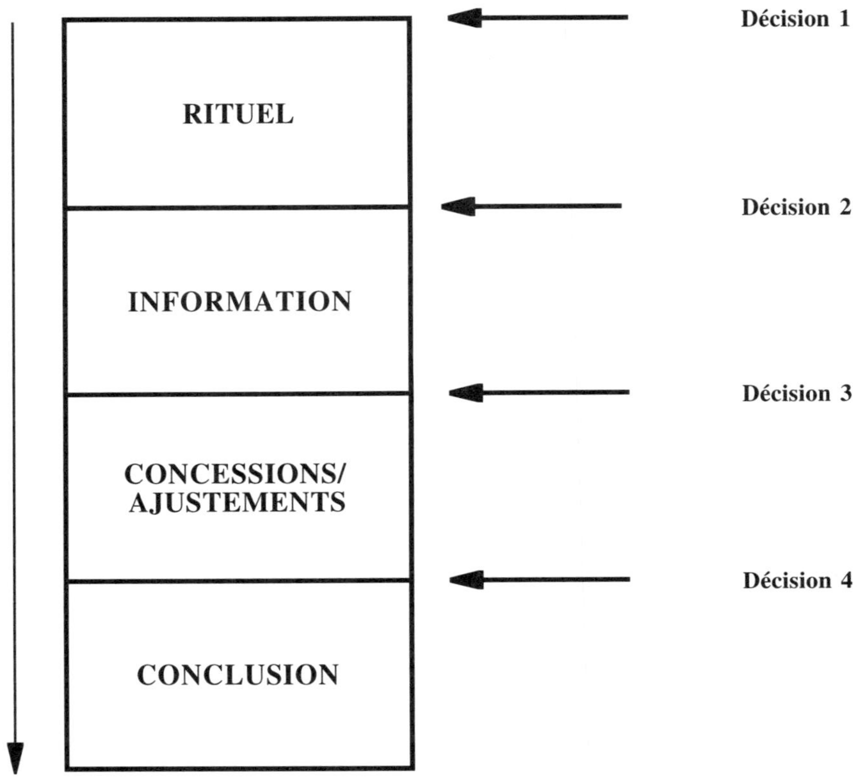

SCHÉMA 4 : LA PRISE DE DÉCISION DANS LE DÉROULEMENT D'UNE NÉGOCIATION.

Décision 1 :

Il s'agit de « rentrer » dans la négociation ; c'est le premier contact physique (pas dans le temps, car il se peut que plusieurs entretiens aient déjà eu lieu, mais dans le moment et le lieu), les négociateurs peuvent préparer une phase d'accueil et/ou une action : offrir du café, proposer que l'autre choisisse sa place [25], etc.

25. Il faut néanmoins faire attention à la disposition spatiale (voir Chapitre Jeux d'Acteurs) ; le négociateur pourra cependant utiliser la tactique « alternative » : il aura choisi préalablement deux places qui conviennent et demandera à l'autre « vous préférez cette place ou l'autre ? ».

Décision 2 :

Le rituel épuisé, les négociateurs sentent bien la nécessité de commencer réellement le processus de la négociation. Dans ce cas, le jeu des questions peut commencer : il vaut mieux alors avoir préparé quelques questions d'avance.
Dans certains types de négociations, sociales en particulier, un des partenaires va faire une déclaration préalable ; c'est aussi un bon moyen pour « entrer » dans la négociation.
Autre possibilité à ce niveau : proposer un ordre du jour, des règles (de durée, de prise de parole, etc.). Dans ce cas, vraisemblablement la négociation s'engagera sur ces règles ou sur l'ordre du jour ; l'important est d'avoir « enclenché » le processus de négociation.

Décision 3 :

C'est le passage, et de loin à notre avis, le plus difficile et le plus délicat dans la négociation, surtout dans les cultures latines. Les négociateurs ont argumenté (souvent jusqu'à plus soif !), objecté et donné à l'autre ou aux autres les informations qu'ils voulaient donner.
En général à ce moment, se passe un phénomène de saturation, les négociateurs ont l'impression de « tourner en rond », chacun ayant peur de faire un pas ; si aucun acteur n'agit, on retombe dans le stress et le climat peut s'avérer de plus en plus conflictuel.
L'hésitation, pour ne pas dire la peur, à ce moment précis vient de deux causes :
- la première, que nous avons explicité plus haut, vient de la prise de décision,
- la deuxième est la perception qu'ont les négociateurs que la première concession émise sera perçue par l'autre comme un acte de faiblesse.

Il est vrai que dans de nombreux cas, lorsque les négociateurs se sont « battus » (oralement bien sûr !) dans la phase d'information et d'argumentation, le premier qui fera une concession s'entendra répondre : *« c'est tout ce que vous donnez ? »*, autrement dit l'autre n'apprécie non seulement pas le geste mais en demande encore plus.
Dans cette situation, les négociateurs se trouvent devant un nouveau dilemme : *« nous sommes à la fin de la phase d'information, pour avancer dans la négociation il faudra bien qu'un des acteurs fasse un premier pas, autrement dit une concession, mais ce pas a de fortes chances d'être perçu comme un acte de faiblesse et exploité par l'autre. »*
Comment sortir de ce dilemme ? : en liant une proposition à une contre-proposition, utiliser le « si... alors... ». Faire une proposition conditionnelle ; demander systématiquement une contrepartie à son geste : *« Si je donne ceci... alors j'exige que vous me donniez cela... »*
Autrement dit, et ce point sera développé plus loin dans la partie consacrée au maniement des concessions, « il ne faut jamais rien donner sans obtenir de contrepartie. »

Faire une concession liée à une contre-concession présente deux avantages majeurs :
- cela permet de passer relativement facilement, en tout cas en limitant le risque, de la phase information à la phase concessions/ajustement ;

- le négociateur qui opère de la sorte « renvoie la balle dans le camp adverse » ; psychologiquement, il fait une proposition qui en général n'est pas acceptable pour l'autre, mais il a agi ; il n'a plus qu'à attendre une contre-proposition ; si l'autre reste dans la phase d'information en reprenant l'argumentation, par exemple, il sera aisé au premier de relancer en disant : *« je vous ai fait tout à l'heure une proposition à laquelle vous ne m'avez pas répondu. »*

L'autre, s'il décide d'avancer et de rentrer dans la phase concessions/ajustement se devra de faire une contre-proposition (concession liée à une contre-concession) et les négociateurs pourront alors mener à bien cette troisième phase.

Décision 4 :

A la fin de la phase concessions/ajustement, les négociateurs ont le sentiment, en général, qu'ils sont presque « au bout », pas très éloignés d'un accord.
Autrement dit, ils ont l'impression qu'ils sont arrivés aux bornes de la zone d'acceptation mutuelle.
A ce moment, va se produire un phénomène de lassitude, de fatigue et peut-être d'anxiété. Celui qui a été le plus « actif » dans la négociation, va consciemment ou inconsciemment se dire : « depuis le début je mène le débat, j'anticipe, je propose, je provoque le passage des phases et nous sommes presque à l'accord... Il faudrait peut-être que celui qui est en face de moi prenne enfin l'initiative, qu'il me dise d'accord ou pas d'accord, ou bien qu'il me fasse une proposition. »
Et, en général, celui qui a été plutôt passif ne bouge pas, attend encore l'initiative de l'autre. On constate, par expérience, que dans ce cas les négociateurs ont une forte tendance à prendre la fuite avec des phrases du genre : *« je vais vous laisser réfléchir. »*
Ceci peut souvent s'expliquer par une envie d'arrêter « le combat » et permet, s'il est mis en application, de supprimer le stress des partenaires ; mais cela risque aussi d'arrêter la négociation dans son entier et de passer à côté d'un accord qui paraissait peu éloigné. Pour pallier cette difficulté, les négociateurs pourront utiliser les tactiques terminales qui servent, avant tout, à conclure.

5. LES CONCESSIONS

☐ Introduction

Les concessions sont, à notre avis, l'un des éléments majeurs de la négociation ; il est étonnant que peu d'auteurs s'intéressent à cet aspect par rapport aux tactiques liées à la communication interpersonnelle.
Certains considèrent même les concessions comme une simple tactique :

> *« les concessions font partie des tactiques utilisées pour provoquer des concessions de l'autre partie. »* [26]

---

26. Alain JOLIBERT et M. VELAZQUEZ : *« La Négociation Commerciale, cadre théorique et synthèse »* dans la Revue de l'Association Française de Marketing, volume 4 de 1989.

D'autres y voient dans l'utilisation que l'on en fait, des avantages non négligeables :

> *« dans une négociation, la façon de faire des concessions est peut-être plus importante que les concessions elles-mêmes. En vérité, celles-ci sont susceptibles aussi bien de vous rapprocher de l'objectif final – signer le contrat – que de vous en éloigner. Tout dépend de la manière dont on opère. »* [27]

Une autre explication peut être donnée : dans nos cultures latines, faire des concessions peut être mal perçu ; cette action est considérée soit comme du marchandage, soit comme une imposition, soit comme un signe de faiblesse ; nous illustrerons ce fait par deux articles de presse :

1) Concernant la perception du marchandage :

> ***GATT***
> ***Paris dément tout marchandage agriculture-Airbus***
> *Le Ministère de l'Agriculture a* « démenti formellement » *hier l'existence de négociations entre la CEE et les Etats-Unis sur un* « marchandage » *entre le dossier agricole et celui d'Airbus ou d'autres secteurs dans les négociations de l'Uruguay Round. Cette information est* « complètement fausse », *selon le Ministère. La veille, le représentant américain pour le Commerce, Mickey Kantor, avait estimé qu'un compromis liant les dossiers agricoles et celui d'Airbus ou d'autres secteurs des négociations de l'Uruguay Round n'était pas impossible.* [28]

Alors que les négociateurs professionnels savent bien que l'on peut parfaitement lier les deux objets sans obérer la suite des négociations.

2) Concernant la perception de force ou faiblesse :

> ***DONNANT DONNANT***
> *Le dernier Conseil des Ministres a été riche en nominations, mais le poids de la cohabitation se fait particulièrement sentir. Bon nombre de ministres constatent que François Mitterrand ne leur cède rien et négocie tout.*
> *Le Chef de l'Etat n'accepte pas qu'une nomination qui nécessite son agrément ne soit pas assortie d'une proposition garantissant à la personne remplacée des ressources identiques.* [29]

Dans cet exemple, le journaliste s'étonne que François Mitterrand utilise son pouvoir institutionnel pour obtenir des compensations mais l'expérience prouve le contraire ; pour négocier et en tout cas pour arriver à un accord, l'échange et/ou l'ajustement sont non seulement nécessaires mais indispensables.

---

27. Gary KARRASS : *Opus Cité.*
28. Article dans « *La Tribune Desfossés* » du 4 novembre 1993.
29. Article dans « *Le Point* » du 7 août 1993 : n° 1 090.

Pour meilleure preuve, cette interview de Shimon Peres :

> *« à Oslo, Israël a obtenu plus que des mots. Nous avons obtenu des concessions sans lesquelles nous n'aurions jamais pu signer un accord. »* [30]

Ou bien cet article narrant les accords de libre-échange nord-américain (ALENA) :

> *JAMAIS UN PRÉSIDENT américain n'a été mis en minorité par le Congrès sur une loi ou un accord commercial. C'est dire si Bill Clinton joue gros cette semaine en soumettant le projet d'accord de libre-échange nord-américain (ALENA) à l'approbation de la Chambre des Représentants. Le vote aura lieu mercredi, et le résultat demeure très incertain. Les Démocrates ont beau être majoritaires sur les bancs de la Chambre basse du Congrès, le Président n'est pas encore assuré de rallier le nombre de voix nécessaire pour sauver l'ALENA – et, peut-être, sa présidence – de la débâcle.*
> *Si l'on en croit le vice-président Al Gore, il manquait dimanche soir une douzaine de voix à la Maison Blanche pour être tirée d'affaire. C'est peu et beaucoup à la fois, car le temps manque et les parlementaires hésitants seront difficiles à convaincre. Dans la bonne tradition des difficiles combats législatifs entre le Congrès et l'exécutif, Bill Clinton va s'attacher jusque dans les heures précédant le vote de la Chambre à* « monnayer » *– les promesses de subventions sont le plus souvent des arguments persuasifs- les suffrages qui lui manquent. La manœuvre s'annonce serrée et, quelque soit le résultat final du vote mercredi, la mort ou la victoire de l'ALENA sera très probablement acquise d'extrême justesse.* [31]

Où l'on voit bien que la concession « subvention » devient un « élément-clé » de l'accord.

La notion d'échange est même clairement exprimée dans les paroles et/ou les écrits des hommes politiques. Pour preuve :

> *Au cours de l'émission « L'Heure de Vérité » du 3 décembre 1986, Michel Rocard s'était prononcé pour* « un nouveau contrat social qui devrait maintenant inclure *un échange*, le risque contre la participation ». *Puisque les entreprises doivent être plus mobiles, plus flexibles, pour s'adapter à une crise durable, il faut, en contrepartie, que les salariés puissent se faire entendre s'ils acceptent des risques. La modulation du temps de travail ou la fragilisation du licenciement devraient pouvoir être accordées en échange de la possibilité d'avoir son mot à dire* « sur les programmes d'investissement et surtout la formation ». [32]

30. Interview de Shimon PERES dans « *L'Express* » du 2 décembre 1993.
31. Article dans « *La Tribune Desfossés* » du 15 novembre 1993.
32. Dimitri WEISS : *Opus Cité*.

☐ L'ÉCHANGE

L'échange, en théorie, peut être représenté par le schéma ci-dessous :

• les négociateurs A et B ont terminé la phase d'information et ils commencent leur première concession :

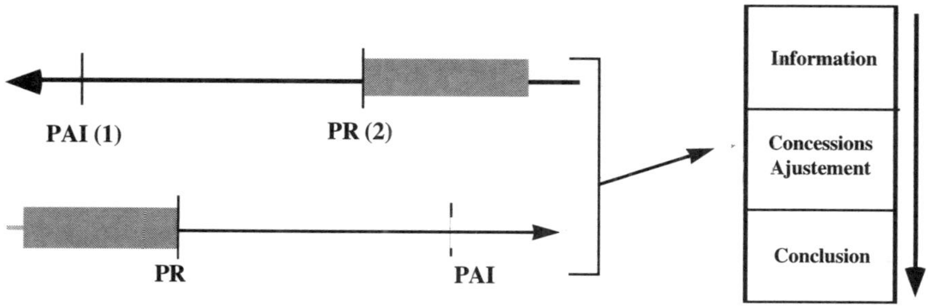

1. PAI = Position Affichée Initiale / 2. PR = Point de Rupture

SCHÉMA 5 : SITUATION DE DÉPART.

• dans un premier temps, A va faire à B la proposition suivante : « si vous me donnez (x), je vous donne (y) ». De par la phase d'information, A sait très bien que B ne peut accepter la position (x) et d'autre part, (y) représente la PAI de A.

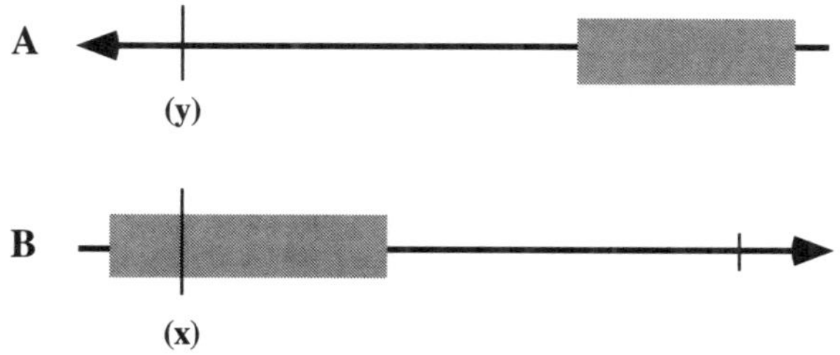

SCHÉMA 6 : PREMIÈRE PROPOSITION DE A.

Devant cette proposition, B a deux grandes options :

• soit réfuter carrément la proposition de A en argumentant et en objectant : dans ce cas, il va « tourner » dans l'entonnoir et bloquer le processus de la négociation ;

• soit refuser bien sûr la proposition, et faire une contre-proposition : « Monsieur A, votre proposition est inacceptable pour moi, mais laissez-moi vous faire une contre-proposition : si vous acceptez (x') alors je vous donne (z') », B se trouve dans la situation symétrique à la première proposition de A à savoir qu'il sait bien de par la phase d'information que (x') est inacceptable par A et que (z') représente sa position affichée.

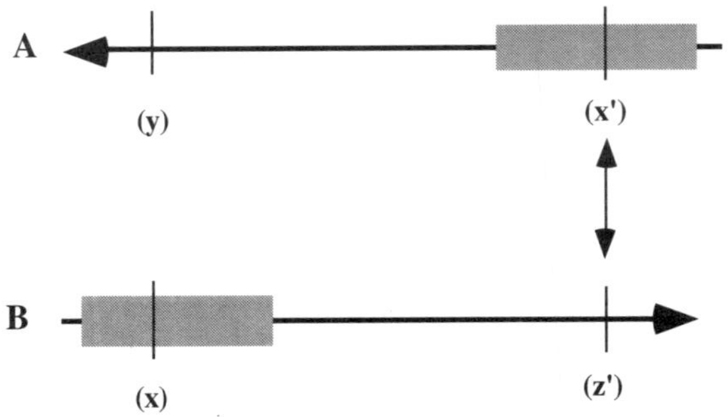

SCHÉMA 7 : PREMIÈRE CONTRE-PROPOSITION DE B.

A dispose lui aussi de deux grandes options :

- refuser et argumenter, autrement dit retomber dans la situation décrite plus haut.
- faire une contre-proposition : « Monsieur B, votre proposition est inacceptable mais laissez-moi vous faire une contre-proposition : « si vous acceptez (i), alors je vous donne (j) et A fait une concession, il se rapproche du point de rupture de B.

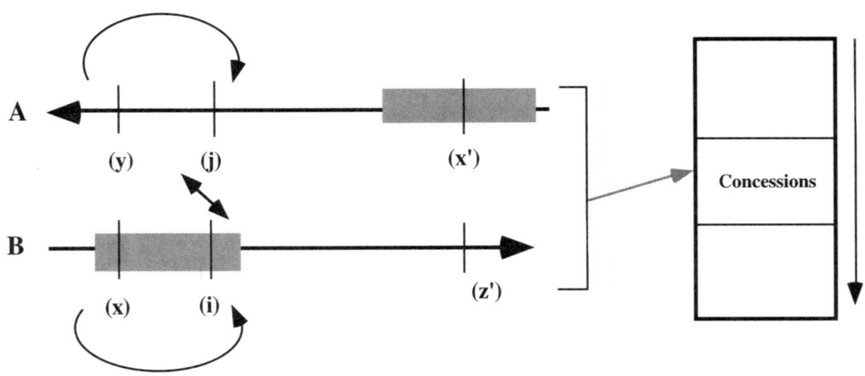

SCHÉMA 8 : DEUXIÈME PROPOSITION DE A.

Et par une suite de concessions, contre-concessions, les négociateurs vont se rapprocher des points de rupture, à savoir des bornes de la zone d'acceptation mutuelle.

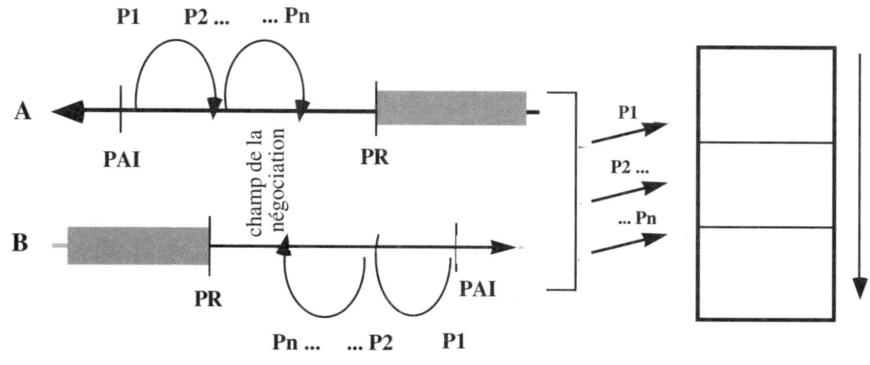

P1, P2,..., Pn représentent les concessions/ contre-concessions successives

SCHÉMA 9 : DYNAMIQUE DES CONCESSIONS.

Cette démarche amène les négociateurs à se poser trois grands types de questions :

– Que doit-on échanger ?
– D'où partir ?
– A quelle vitesse descendre dans l'entonnoir ?

➢ Nature de l'Echange

Pour qu'une concession soit de nature à induire une contre-proposition, il faut qu'elle soit crédible et équilibrée ; la situation idéale est donc la suivante :
Le négociateur A doit proposer au négociateur B d'échanger un objet qui a une priorité faible ou nulle pour lui et forte pour l'autre, contre un objet qui a une priorité forte pour A et faible ou nulle pour B.
Cet accord se fera à condition que les négociateurs ne fassent pas d'erreurs de comportement et/ou de communication qui viendraient « bloquer » le processus d'accord.
Ce modèle que nous venons de développer peut paraître théorique ou idéaliste ; il n'empêche que la réalité donne des exemples d'équilibre ou de déséquilibre d'échanges.

Tran Van Thinh, ambassadeur des Douze auprès du GATT a affirmé :

> *« les Américains sont prêts à nous donner une souris en échange d'un éléphant. »* [33]

Ou, plus compliqué pour les négociateurs, comment évaluer la valeur d'une concession par l'autre ; un passage de l'article de Thierry de Montbrial nous en donne l'éclairage suivant ; il s'agit de l'affaire de Blair-House entre les Français et les Américains :

33. Article dans « *La Tribune Desfossés* » du 30 novembre 1993.

Les Américains expliquent qu'ils ont déjà fait le maximum de concessions possibles et que leurs farmers n'accepteraient pas d'y revenir.
Les Français soulignent que juridiquement parlant un préaccord n'est pas un accord. (...) Il s'agit notamment du traitement des stocks et de l'extension de la « clause de prix ». Tout en continuant d'affirmer haut et fort qu'elle n'a pas de marge de manœuvre, l'administration américaine se demande en réalité quelle est celle du gouvernement français : Edouard Balladur pourrait-il se contenter d'un « petit geste » américain pour faire accepter un accord par sa propre majorité ?
Une combinaison comportant des concessions américaines limitées, un aménagement intra-communautaire des aides à l'agriculture (...) permettrait-elle au Premier Ministre de surmonter les difficultés auxquelles il se heurte actuellement ? [34]

Où la nature de la concession est directement liée à l'importance des enjeux...
La nature des concessions peut prendre des formes bien différentes, tel cet exemple pris dans l'armement :

« Sans parler des mesures de compensation directes ou indirectes, très en vogue pour soutenir les industries locales à l'heure de la baisse des budgets de défense et de la crise de l'aviation civile. Elles font partie intégrante de la négociation. » [35]

➢ Détermination de la Position Affichée

La détermination de la position affichée, au départ de la négociation, peut se révéler délicate ; si dans les affaires commerciales de type standard, c'est le devis ou le prix catalogue qui font office de position de départ, il n'en va pas de même dans les négociations internationales, surtout lorsque les problèmes inter-culturels viennent se greffer sur le processus de la négociation.
Prenons une image stéréotypée, mais significative : [36]

Une entreprise fabriquant des produits banalisés à faible valeur ajoutée (exemple : tuyau plastique standard) veut s'implanter dans deux marchés bien différents, le Moyen-Orient et les pays nordiques (Suède, Danemark, Finlande). Elle calcule ses coûts au plus juste et détermine son point de rupture, pour le prix, à 1000 ECUS la bobine.
Elle décide d'attaquer le Moyen-Orient avec une position affichée à 1050. Vraisemblablement, lors des négociations, elle ne sera pas crédible, car passer de 1050 à 1000 pour des pays latins ou arabes paraîtra un effort beaucoup trop faible et les négociateurs adverses resteront persuadés que cette entreprise peut encore facilement baisser ses prix !

34. Article dans « *Le Figaro* » du 9 novembre 1993.
35. Article dans « *Action Commerciale* » : n° 122.
36. Exemple inventé ne servant qu'à l'illustration du propos, les lecteurs ne doivent pas tenir compte du produit, des prix et des marges de négociation indiqués ici ; la réalité est beaucoup plus complexe !

Le fournisseur, ayant compris son erreur, attaque le marché nordique avec une position affichée de 1500, pensant de ce fait qu'il aura de la marge de négociation ! Fatale erreur, car pour un Nordique, passer de 1500 à 1000 est assimilé à du « bradage » de prix et le vendeur en perdra sa crédibilité.
L'expression « marchand de tapis » vient d'ailleurs, à notre avis de cette erreur : lorsque la position affichée est trop éloignée du point de rupture.
Dans la réalité, nous rencontrons souvent le cas : un fabricant de grues, avait comme fournisseur de vérins hydrauliques une société Allemande bien connue. L'acheteur de vérins avait l'intime conviction que les Allemands avaient l'habitude de mettre leur position affichée initiale, en tout cas en ce qui concerne les prix, très proche de leur point de rupture [37] ; il était persuadé qu'il n'y avait pas ou peu de « grain à moudre » sur les prix.
Il fallut plusieurs années pour que l'acheteur se rende compte que le fournisseur allemand sachant que le Français pensait cela de lui, augmentait régulièrement ses positions affichées sans que l'acheteur français ne réagisse !

Les normes

Le négociateur, lors de sa préparation, doit donc pour pallier ces inconvénients, s'informer sur les normes culturelles, sociales, commerciales de l'autre ; il est difficile, pour ne pas dire impossible, dans cet ouvrage, de dresser une liste exhaustive des normes en vigueur dans les différents métiers et pays où l'on doit négocier. De nombreux travaux ont été faits sur le sujet, et les banques de données, les chambres de commerce, les chargés d'affaires dans les ambassades ont, en général, la plupart des informations. Un simple exemple, toujours sur les prix : en Europe, il est assez facile de comparer les prix car ils sont presque toujours affichés dans les magasins ou les catalogues ; mais à l'étranger, c'est loin d'être le cas ; dans ces conditions, comment comparer ? [38]

Pour l'illustration, nous allons prendre des normes très simples et pourtant ce problème complique souvent la vie des négociateurs à l'international. Il s'agit du montant des pourboires à donner aux taxis suivant les pays.

La société NOKIA [39] donne à chacun de ses clients un document que nous reproduisons en partie ci-dessous :

37. Certitude confirmée par de nombreuses interviews que nous avons menées auprès d'acheteurs négociant avec des fournisseurs allemands.
38. Autre exemple concernant la France : il y a dix ans, un client sur 1 000 exigeait une remise sur l'achat d'une voiture neuve, aujourd'hui tout le monde le fait ; mais jusqu'où peut-on aller avec son concessionnaire ? Celui qui connaît la norme a un avantage certain.
39. Nokia donne une liste beaucoup plus complète de pays et le montant des pourboires à donner également dans les restaurants.

Pays	Montant
Afrique du sud	10 à 15 %
Algérie	5 à 10 %
Allemagne	5 à 10 %
Arabie Saoudite	A discrétion
Argentine	10 à 15 %
Australie	A discrétion
Autriche	5 à 10 %
Bahrëin	10 %
Belgique	Compris dans le prix
Brésil	10 à 15 %
Bulgarie	A discrétion
Canada	15 %
Chili	10 %
Chine	Pas de pourboire
Colombie	10 à 15 %
Corée du sud	Pas de pourboire
Costa Rica	10 %
Cuba	10 %
Danemark	Compris dans le prix
Egypte	10 %
Kenya	Laisser la monnaie
Koweït	5 %
Lettonie	Compris dans le prix
Libéria	10 à 15 %
Libye	Compris dans le prix
Lithuanie	Compris dans le prix
Luxembourg	Compris dans le prix
Malaisie	Compris dans le prix
Malte	10 %
Maroc	10 %
Mexique	10 à 15 %
Nigéria	Laisser la monnaie
Norvège	Compris dans le prix
Nouvelle Zélande	A discrétion
Oman	Laisser la monnaie
Pakistan	5 à 10 %
Paraguay	Compris dans le prix
Pays-Bas	Compris dans le prix
Pérou	Compris dans le prix

Source : Société Nokia

➢ Maniement des Concessions

Le négociateur peut se poser légitimement la question de la vitesse de descente dans l'entonnoir, autrement dit, a-t-il intérêt à faire le maximum de concessions au départ, ou bien rester inflexible jusqu'au dernier moment ?
Nous proposons ici trois grandes solutions qui ont chacune des avantages et des inconvénients [40] :

• Descente rapide

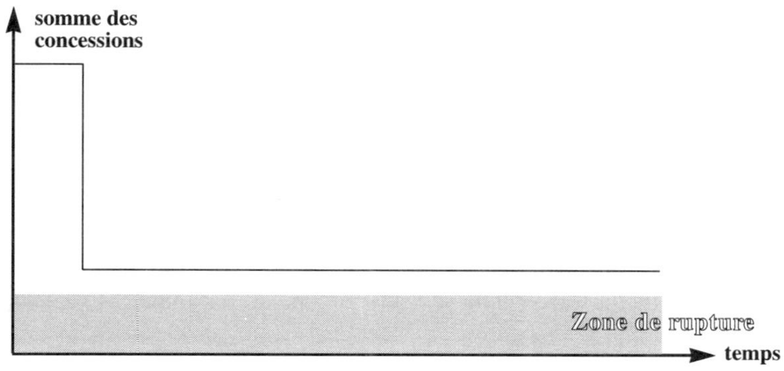

SCHÉMA 10 : MODE 1.

Nous entendons par somme des concessions, le montant global du coût des concessions et/ou le nombre de concessions que le négociateur est prêt à faire ou à donner. Dans ce cas, le négociateur va très rapidement concéder pour arriver très près de sa zone de rupture.

Avantages :

– le gain de temps pour obtenir l'accord peut être appréciable ; il est des situations où le temps est très important pour les négociateurs.

Inconvénients :

– le négociateur qui prend cette option perd peut-être par rapport à ce que l'autre était prêt à accepter ; autrement dit, il aurait pu s'arrêter avant (plus haut) pour obtenir l'accord ;
– cette rapidité peut être perçue soit comme de la faiblesse, soit comme du laxisme ; l'autre peut également penser que « comme il descend si vite, c'est qu'il peut aller encore plus loin ! ».

40. M. HAMON développe deux grands types de maniement des concessions – *« les petits pas »* et *« l'alternative »* qui se représentent par des entonnoirs inversés. *Opus cité* (pages 87 et suivantes).

• Rigidité

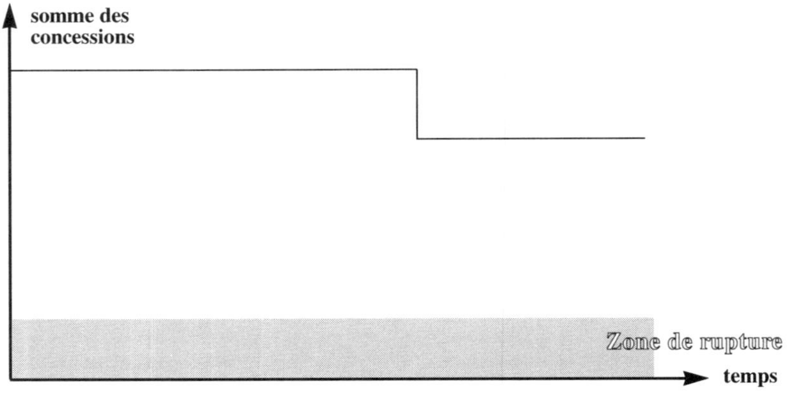

SCHÉMA 11 : MODE 2.

Dans cette option, le négociateur va garder une grande rigidité en ne « lâchant » qu'au dernier moment, lorsqu'il va se sentir proche de la rupture. Il va « jouer la montre ».

Avantages :

– par rapport à la descente rapide, le négociateur valorisera sa concession car il n'en a pas fait avant ; cela va (peut-être) lui permettre d'améliorer ses gains, car il n'est pas obligé de descendre plus bas (faire une concession plus importante).

Inconvénients :

– il risque la rupture à tout moment ; devant son inflexibilité, l'autre préférera peut-être se retirer du jeu plutôt que d'essayer d'obtenir un geste.

• Petits pas

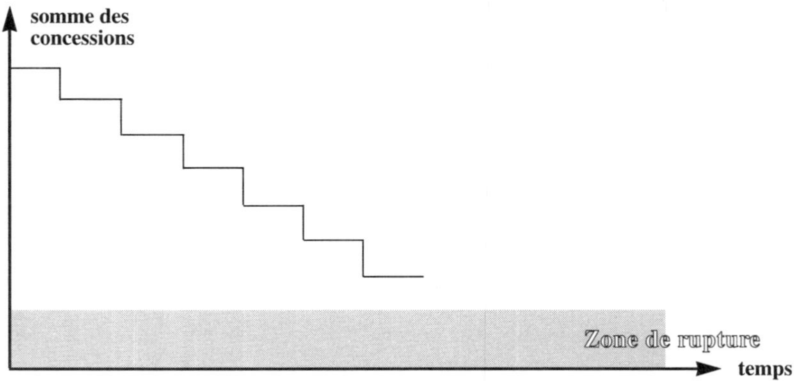

SCHÉMA 12 : MODE 3.

Le négociateur va descendre « pas à pas » dans l'entonnoir ; cette approche n'a pas d'avantages ni d'inconvénients majeurs à condition de ne pas se tromper dans les normes de départ et que l'autre accepte ce type de démarche.

➢ L'Ajustement

Le jeu des concessions n'est pas toujours, et loin s'en faut, le seul « outil » déterminant dans la négociation.
Nous avons vu qu'une idée originale [41], non prévue au départ de la négociation pouvait débloquer une situation paraissant désespérée. L'idée de départ est de penser : « et si nous faisions... » plutôt que de penser : « si vous faites ceci... alors je fais cela... »
Un exemple d'ajustement créatif nous est donné une fois de plus par les négociateurs israélo-palestiniens :

> ***L'ultime grain de sable***
> *Au mois de juin, un ultime grain de sable a bloqué la rédaction d'une « déclaration commune », pourtant rédigée dans la coulisse par les Américains. Mais c'est en juillet que va entrer en action la « boîte à idées » du gouvernement israëlien. Il s'agit de Yossi Beilin, vice-ministre des Affaires Etrangères, donc adjoint de Peres, mais qui dispose par chance de l'oreille de Rabin. C'est lui le véritable père de cette option « Gaza-Jéricho d'abord », qui va permettre la percée. (...)*
> *D'un côté, Jéricho, oasis de 15 000 habitants, à proximité de laquelle ne se trouve aucune colonie de peuplement juive. De l'autre, Gaza, devenue un infernal chaudron. Pourquoi, dès lors, ne pas tester l'autonomie palestinienne dans ces deux zones de moindre sacrifice, sans attendre le règlement définitif du dossier, et en échange de l'arrêt de l'Intifada comme d'une révision solennelle de la charte « caduque » de l'O.L.P. ?* [42]

Où les idées créatives permettent de débloquer le processus des concessions ...

➢ Recommandations

Nous terminerons cette partie en donnant quelques recommandations pour le maniement des concessions, sans approuver toujours complètement les propos des auteurs cités.

- ***Gary Karrass* [43] *retient 8 règles :***

1 – La façon de faire des concessions peut être plus importante que ce que l'on concède.
2 – Ne consentir des concessions qu'au compte-gouttes et, si possible, en les diminuant au fur et à mesure. Lâcher chaque fois un minimum.

---

41. Voir Chapitre Créativité.
42. Article dans « *L'Express* » du 2 septembre 1993.
43. Gary KARRASS : *Opus Cité*.

3 – Ne lâcher qu'avec parcimonie.
4 – S'arranger pour se donner un volant de négociation.
5 – Ne pas se croire tenu d'appliquer le principe du « prêté pour un rendu » et du « couper la poire en deux ».
6 – Ne pas le prendre de haut quand on vous fait une offre ridiculement basse.
7 – Ne pas faire le premier des concessions sur les points essentiels.
8 – Se garder de faire des concessions à outrance à l'approche de la date limite.

• ***Maurice Hamon*** [44] ***dégage cinq règles de base :***

1 – Ne pas confondre le coût et la valeur d'une concession.
2 – Toute concession appelle une contrepartie.
3 – Replacer chaque concession dans l'ensemble de la négociation.
4 – Ne pas confondre concessions et argumentation.
5 – Maîtriser le rythme et l'importance du jeu des concessions.

• ***Marc Cathelineau*** [45]***, quant à lui, donne 5 conseils pour faire des concessions :***

1 – Recenser les concessions possibles.
2 – Valoriser les concessions.
3 – Faire des concessions judicieuses.
4 – Obtenir des concessions en retour.
5 – Récapituler les concessions.

Nous allons terminer ce chapitre par un des éléments influençant le processus de négociation, à savoir le temps.

6. LA GESTION DU TEMPS

Pour Gary Karrass :

> *« le temps est le pouvoir ultime, il est la clé de tous les autres »* [46].

Nous ne pourrions nous-mêmes affirmer que le temps est l'élément le plus important dans une négociation, mais il est en revanche certain qu'il est un facteur fondamental du processus.
Il n'y a pas de « théorie » de gestion du temps, ni même de manuels expliquant la manière de l'utiliser ; il est donc difficile d'expliciter une méthodologie ou des techniques de gestion du temps ; nous pouvons simplement constater, à travers des exemples, ce qui se passe dans de nombreuses négociations.
Dans cette section, il n'y aura ni schémas ni techniques, mais de nombreuses illustrations tirées de la presse économique.
Néanmoins, nous pouvons identifier quatre grands paramètres de la gestion du temps dans la négociation :

44. *Opus cité* (page 85).
45. Marc CATHELINEAU : *Opus Cité*.
46. Gary KARRASS : *Opus Cité*.

– la durée de la négociation,
– la fixation et le respect d'une date limite pour l'obtention d'un accord,
– la perception culturelle de la notion du temps,
– les suspensions de séance.

□ Durée

Il faut s'entendre sur la notion de durée ; si l'on prend l'ensemble de la négociation, des études préliminaires à la conclusion de l'accord, ou si l'on mesure le temps passé par les acteurs autour du « tapis vert ». Par ailleurs, les négociateurs peuvent influencer la durée en fonction de critères stratégiques ou tactiques.

➢ Approche globale

La durée va dépendre des études techniques, des contacts à plus ou moins haut niveau, des essais, de l'établissement et/ou de la modification du cahier des charges, du climat politique et social, de l'évolution de l'économie.
Il n'y a pas de règles ; un contrat commercial peut se traiter en trois jours, mais aussi en dix ans ; pour preuve, cet extrait d'interview d'Ambroise Cariou, négociateur de GEC-Alsthom pour le TGV coréen :

> ***Les investissements directs français en Corée diminuent depuis deux ans. Le TGV aura-t-il un effet d'entraînement sur les industriels français ? Ou l'âpreté des négociations, qui ont duré plus de dix ans, les décourageront-ils plutôt ?***
> *J'espère qu'il y aura un effet d'entraînement. Les négociations sur le TGV n'ont pas duré plus longtemps que celles sur le métro du Caire (NDLR : de 1972 à 1981). Elles ont été dans l'ordre des choses pour ce type de grand contrat. Et je demeure persuadé que le marché coréen recèle des perles que les industriels français devraient exploiter davantage.* [47]

➢ Approche ponctuelle

Nous appellerons approche ponctuelle le temps de présence des négociateurs autour de la table de négociation. Dans ce cas aussi, la durée va être variable, en fonction des enjeux, du nombre d'objets, de la taille et du pouvoir des délégations.
Certains professionnels n'hésitent pas à affirmer que :

> *« la durée de la négociation met en évidence l'intérêt des négociateurs pour les négociations »*

Autrement dit, plus la négociation est longue, plus les négociateurs sont intéressés et/ou impliqués par la négociation.

47. Interview menée par Boris DURANDE dans « *La Tribune Desfossés* » du 15 septembre 1993.

Nous ne pouvons souscrire complètement à cette affirmation, car dans de nombreux cas, la durée de la négociation sera fonction du jeu des acteurs et de leur motivation ; néanmoins, la constatation suivante d'Alain Jolibert nous paraît beaucoup plus plausible :

> *« lorsque les négociateurs ont investi beaucoup d'efforts et de temps dans une négociation, ils hésitent beaucoup à sacrifier cet investissement et à repartir les mains vides ».* [48]

➢ Approche stratégique et tactique

Certains négociateurs décideront, sans bien sûr avertir leur(s) partenaire(s), de faire durer la négociation, autrement dit de « jouer la montre ».
Ce peut être le cas de celui qui attend un changement pour décider, ou qui sait que l'autre subit des pressions (heure limite pour reprendre un avion, par exemple).
Un négociateur pourra aussi faire durer la négociation pour l'image qu'il donnera auprès de son groupe de référence : les accords sociaux se font souvent la nuit ou le week-end ; dans ce cas, les salariés peuvent penser que leurs délégués « sacrifient » leurs congés et se battent d'arrache-pied pour les défendre.
Pour la petite histoire, il en est de même pour les ministres de l'agriculture des Douze qui obtiennent en général un accord dans la nuit du samedi au dimanche ; il ne serait pas de bon ton qu'ils signent le vendredi à 14 heures !
En fonction de la nature des enjeux et des pouvoirs des négociateurs par rapport à leur groupe de référence, la modulation et la gestion de la durée des négociations seront du domaine stratégique ou tactique.
Dans certains cas, les deux facteurs seront mélangés, et non préparés à l'avance ; Shimon Peres nous en donne un bon exemple dans ce récit des négociations israëlo-palestiniennes à Oslo :

> *Israëliens et Palestiniens dorment et mangent dans la même maison, isolée dans une forêt recouverte de neige. « Entre nous, l'atmosphère était détendue. On riait en écoutant les blagues des uns et des autres, dit-il. A table, on ne mangeait pas de viande de porc, mais beaucoup de chocolat. Les horaires étaient libres. Quand on commençait à discuter, cela pouvait durer des heures. Au fur et à mesure, on quittait nos vestes, on enlevait nos cravates, pour finir en bras de chemise. Je me souviens qu'une nuit on a mangé huit kilos de fraises en buvant du café !!*
> *(…) Parfois, la discussion était tendue. Alors, on s'arrêtait et on parlait d'autre chose devant la cheminée. Nous avions décidé de dépasser nos clivages pour rechercher d'abord les points positifs. (…) Au début, je pensais que ces rencontres ne mèneraient à rien. Au fil des mois, j'ai moi-même été surpris. Nous avancions !!* [49]

48. Article dans la *« Revue trimestrielle de Recherche et d'Application Marketing »*, volume 4 de 1989.
49. Article dans *« L'Express »* du 2 décembre 1993.

Cet article décrit, à notre sens :

- des pistes stratégiques :
  - décider de dépasser les clivages pour rechercher les points positifs,
  - rechercher le « matériel » pour les décideurs ;
- des pistes tactiques :
  - avoir des horaires libres,
  - s'arrêter si tensions ;
- et des pistes non prévues à l'avance qui font partie du relationnel et de la structuration des attitudes :
  - dire des plaisanteries,
  - retirer sa veste,
  - raconter des blagues.

Une autre forme d'approche stratégique ou tactique de la gestion du temps est souvent utilisée : lorsqu'un négociateur veut contrôler le temps et le type de questions abordées, il peut maîtriser l'ordre du jour ; dans ce cas, il est néanmoins nécessaire d'avoir un certain pouvoir pour imposer (ou influencer) cet ordre du jour [50].
Les négociateurs vont également, dans certains cas de figure, se servir du temps pour mener des manœuvres dilatoires, par exemple en faisant de l'évitement, du cantonnement préalable, en demandant des délais d'étude ou de consultation.
Le temps peut aussi servir à « user » l'autre ou les autres en multipliant le report des séances, en faisant attendre de manière indéterminée.

□ Date limite

Cette démarche est de plus en plus utilisée dans les grandes négociations, mais on la retrouve également dans celles de tous les jours. Une date limite peut-être fixée en fonction de la mise en route d'une nouvelle production, de l'échéance fixée par un banquier, de la date limite de livraison à laquelle on s'est engagé ou bien celle fixée par le client.
Une particularité de la date limite est de mettre « sous pression » les négociateurs qui sont forcés d'agir ; on constate d'ailleurs que le nombre de concessions est en général plus important lorsque l'on s'approche de la date limite.
Alain Jolibert [51] cite les travaux de Tedeschi et Bonoma qui ont démontré que l'existence d'une date limite conduit les négociateurs à utiliser des stratégies de négociation plus agressives que lorsque le temps n'est pas limité.
L'actualité nous a donné plusieurs exemples flagrants de ces affirmations. La négociation du GATT, en particulier, illustre bien ce processus :

50. Pour une étude exhaustive de ce sujet, voir : « *Personnalité du Négociateur et Structure de la Négociation* ». Thèse de doctorat – IAE Université de Lille – de Patrick AUDEBERT (1984).
51. Alain JOLIBERT : *Opus Cité*.

A mesure qu'on se rapproche de l'échéance du 15 décembre pour la signature d'un accord sur l'Uruguay Round, la tension monte entre les Etats-Unis et la Communauté Européenne, plus spécifiquement entre Washington et Paris. Alain Juppé déclare qu'« il n'y a pas un centimètre de progrès ou de concession » *et dénonce par avance la tactique qui consisterait à nous apporter in extremis* « un paquet tout ficelé, à prendre ou à laisser ».
Tout se jouera en fait entre le 17 novembre et le 15 décembre. La première date est celle du vote de la Chambre des Représentants sur l'Accord de libre-échange nord-américain (ALENA). Le 15 décembre, expire le fast-track [52], *c'est-à-dire que le Président des Etats-Unis perdra ses pouvoirs de négociation.* [53]

Ce sont les Etats-Unis qui ont imposé cette date du 15 décembre, mais comme le soulignait un journaliste :

« Certes, il s'agit bien d'une date américaine, mais tous sont au fond bien heureux de ce butoir qui a un peu "réveillé" *Genève ».* [54]

L'emploi des dates limites ne se borne pas aux négociations de ce type et l'on constate même que cette méthode a tendance à se généraliser. Nous citons, ci-dessous, pour illustrer ces propos, trois négociations de type très différents :

1) A propos de la négociation israëlo-palestinienne, où les négociateurs ont fixé eux-mêmes au départ les règles du jeu :

ISRAËLIENS ET PALESTINIENS vont tenter, pour la première fois, de définir les règles du jeu de leur future coexistence économique. Les discussions s'ouvrent aujourd'hui à Paris et devraient durer jusqu'à mercredi.
Trois journées qui ne suffiront sans doute pas à régler les profondes divergences. Seule certitude : le temps presse. Le calendrier très serré mis au point par Yitzhak Rabin et Yasser Arafat, le 13 septembre à Washington, prévoit en effet un transfert progressif des pouvoirs aux Palestiniens dans moins d'un mois. [55]

2) A propos d'une négociation juridique, où l'on constate que ce ne sont pas les négociateurs ou les directions générales qui ont fixé une date limite, mais l'autorité judiciaire :

Les négociations entre les groupes automobiles allemands Volkswagen AG et Adam Opel AG, filiale de General Motors, se poursuivent pour parvenir à un accord à l'amiable dans le cadre d'une procédure judiciaire impliquant

---

52. Le *« fast track »* est la procédure de *« voie rapide »* que le congrès peut accorder au Président des Etats-Unis, et qui permet au Président de présenter aux parlementaires un accord ficelé à prendre ou à laisser en bloc. Dans ce cas, le congrès avait fixé la date du 15 décembre 1993. Si l'accord n'avait pas été signé à cette date, les sénateurs auraient pu « dépecer » un éventuel accord, alinéa par alinéa et le vider de tout sens.
53. Article dans *« Le Figaro »* du 9 novembre 1993.
54. Article dans *« L'Express »* du 2 décembre 1993.
55. Article dans *« La Tribune Desfossés »* du 15 novembre 1993.

sept cadres du groupe GM passés chez VW, ont indiqué hier les deux sociétés.
Le tribunal de Francfort à donné à leur conseil de surveillance jusqu'au 16 décembre pour se prononcer sur cet accord amiable. Si les deux sociétés ne parviennent pas à un terrain d'entente, le tribunal tranchera. [56]

3) Lors de la négociation sur l'élargissement de la CEE ; les conséquences du non-accord à la date limite pourraient avoir des conséquences lourdes :

Des échéances très courtes
Selon le calendrier fixé par le Conseil européen, ces négociations devront être achevées le 1er mars et les adhésions intervenir le 1er janvier 1995. Les deux échéances sont, il est vrai, étroitement liées. Le Parlement européen doit donner son avis conforme aux traités d'adhésion avant de s'autodissoudre dans la perspective des élections de juin 1994. Le président Egon Klepch a précisé qu'au-delà du 10 mars son institution ne pourrait pas se prononcer avant son renouvellement. C'est-à-dire à l'automne, ne laissant aux Seize que deux ou trois mois pour procéder aux ratifications nationales, y compris par référendum dans les pays candidats. [57]

La fixation d'une date limite peut-être également « une arme » : elle a été utilisée de manière très efficace par les Coréens lors des négociations sur le TGV.
La date limite des négociations avait été fixée d'un commun accord le 31 décembre 1993. Trois jours avant l'échéance finale, les Coréens remettent tout en cause :

TGV : Les Coréens font monter les enchères
Le Gouvernement de Séoul repousse d'un an la conclusion du contrat avec GEC-Alsthom, et remet en course le tandem allemand Siemens-AEG.
Coup de théâtre hier, à Séoul où la direction chargée du train à grande vitesse au Ministère des Transports coréen a repoussé d'un an la conclusion du contrat en cours de discussion avec le groupe franco-britannique GEC-Alsthom (...). En même temps, cette direction a demandé au consortium allemand Siemens-AEG, concurrent jusqu'à présent malheureux de GEC-Alsthom, de maintenir son offre, ce qu'il a accepté de faire jusqu'en mars.
Un autre responsable coréen a déclaré qu'il reste « une série de divergences à aplanir dans les termes du contrat, notamment en ce qui concerne le prix, les transferts de technologie et le financement ». En d'autres termes, si tout est vrai, cela signifie qu'à trois jours de l'échéance qu'ils s'étaient fixée pour conclure, les négociateurs ne se sont accordés sur aucun des thèmes essentiels qui les occupent (...). [58]

56. Article dans « *La Tribune Desfossés* » du 17 novembre 1993.
57. Article dans « *La Tribune Desfossés* » du 21 décembre 1993.
58. Article dans « *Le Figaro Economique* » du 29 décembre 1994.

Où la gestion du temps fait partie intégrante de la stratégie :

– 20 août 1993 : les Coréens affirment que c'est le projet français qui est retenu,
– 28 décembre 1993 : tout (ou presque) est à refaire…

☐ Aspects culturels

Nous touchons ici un véritable problème qui ne peut être développé dans cet ouvrage : la perception différente qu'ont les négociateurs du temps en fonction de leurs origines et de leur culture. [59]
Plusieurs travaux ont été effectués dans ce sens, en particulier L. Hall (1976) a démontré que les Américains accordent plus de valeur au temps que les Japonais. Même en Europe, ou dans son propre pays, les perceptions peuvent être différentes ; nous ne résistons pas au plaisir de vous présenter un extrait du travail d'un écrivain britannique interprétant la notion du temps chez les Provençaux :

> *La mesure du temps, en Provence, est éminemment élastique, même quand elle emploie des termes clairs et spécifiques.* « Dans un petit quart d'heure » *signifie à un moment ou un autre dans la journée.* « Demain » *veut dire plus tard dans la semaine. Et le segment temporel le plus élastique,* « une quinzaine », *peut désigner trois semaines, deux mois ou l'année prochaine, mais jamais, absolument jamais quinze jours. Afin d'en savoir plus, il faut décoder le langage des mains qui accompagne toute discussion sur les délais. (…)* [60]

☐ Suspensions de séance

Cette technique est pratiquée en général dans les négociations internationales et sociales, et beaucoup moins dans les négociations commerciales.
La suspension de séance sert, au départ, à donner aux négociateurs de la même délégation la possibilité d'échanger des points de vue.

Deux autres utilités sont décrites par Dimitri Weiss [61] :

1) elle permet de rencontrer dans les coulisses le négociateur adverse, et d'entamer avec lui une conversation plus directe, franche et efficace qu'autour de la table de négociation,
2) elle permet aux parties engagées de prendre à témoin l'opinion publique à travers la mise à contribution des mass média, pour retourner ensuite à la table de négociation, forte ou non de l'appui de cette opinion.

---

59. Pour plus d'informations, voir les travaux et les publications de Bernard NADOULEK, professeur au CRC sur les civilisations comparées. Editions CNRS (1992).
60. Traduit de : *« A Year in Provence»* de Peter MAYLE dans *« Les Dossiers du Canard »* : n° 47.
61. Dimitri WEISS : *« Les Relations du Travail »*. Editions Dunod (1976).

M. Hamon [62] détermine cinq grandes fonctions pour les suspensions de séance :

1) Prendre du recul :
pouvoir analyser des informations nouvelles, préparer une concession, chercher des solutions en équipe ou individuellement.

2) Consulter :

se laisser la possibilité de consulter sa hiérarchie, les règles (articles de loi par exemple), les experts.

3) Débloquer :

souvent, lors d'un blocage, il vaut mieux demander et obtenir une suspension de séance afin de détendre la relation plutôt que de « s'enferrer » dans des arguments/objections/contre-objections qui font monter la tension.

4) Sauver la face :

il peut arriver qu'un négociateur apporte la preuve que l'autre a tort ou a menti ; cela s'appelle sortir le « lapin de son chapeau ». Il faut nécessairement sauver la face, soit la sienne, soit celle de l'autre. Dans tous les cas, une suspension de séance est un bon outil pour trouver la solution adéquate à cette situation.

5) Récupération :

la négociation est une activité fatigante et stressante. Un chapitre de cet ouvrage traite du stress, mais le meilleur moyen de se relaxer est encore en dehors de la salle de réunion et/ou de la table de négociation.

Difficultés :

Il est souvent difficile, pour les négociateurs débutants, de demander et d'obtenir des suspensions de séance ; deux grandes raisons à ce blocage peuvent-être identifiées :

a) Rupture de la négociation :

Les négociateurs ont peur, non seulement de freiner le processus de la négociation, mais aussi de « casser » la négociation : « si on s'arrête, on ne pourra plus jamais arriver à un accord ». Nous pouvons répondre à cette objection que, si les négociateurs sont entrés dans le processus, donc ont accepté de négocier, ils comprendront très bien la nécessité pour vous et/ou pour eux de faire une suspension. Il n'y a aucune raison logique d'avoir peur de la rupture.

b) Rupture du groupe :

Même lorsqu'ils sont deux face à face, les négociateurs ont peur, inconsciemment, de la rupture du groupe qu'ils forment.
Max Pages, psychologue, a bien démontré que lorsque des groupes s'affrontent, il y a néanmoins une relation charnelle et affective entre les membres, et que chacun ressent la peur de la séparation [63]. Ce chercheur estime que, dans tout groupe, à tout

62. Maurice HAMON documents CRC non publiés.
63. Max PAGES : « *La Vie Affective des Groupes* ». Editions Dunod (1984).

moment, il existe un sentiment commun, le plus souvent inconscient, qui gouverne la vie du groupe :

> *« au plus profond, il y a un amas universel éprouvé dans l'angoisse de la séparation se traduisant par une solidarité affective. »*

Remèdes :

Pour pallier ces deux difficultés, les négociateurs professionnels utilisent deux grandes règles :

a) Lors de la demande de suspension de séance, il faut toujours préciser ou obtenir le lieu, la date et l'heure de la prochaine rencontre.

b) C'est toujours le groupe qui a demandé la suspension de séance qui doit redémarrer la négociation, soit par un argument s'ils sont dans les premières phases, soit par une concession s'ils sont dans les phases centrales, soit par une proposition s'ils sont en phase terminale.

Par toutes ces raisons développées, il est dommage que les négociateurs commerciaux utilisent peu la suspension de séance, un outil qui peut leur être utile ou précieux dans les négociations.

Conclusion

Les processus de la négociation représentent la dynamique de la conduite d'une négociation ; l'ensemble des techniques et des tactiques vont « alimenter » le processus ; un négociateur efficient se doit de maîtriser en premier lieu les processus.

CHAPITRE 5

LES JEUX D'ACTEURS

« Les orgueils blessés sont plus dangereux que les intérêts lésés. »

Louis DE BONALD

INTRODUCTION

Dès qu'ils s'engagent dans une négociation, les protagonistes vont entreprendre un certain nombre d'activités et adopter divers comportements. En d'autres termes, ils vont devenir des acteurs d'un jeu dont ils attendent une solution à tout le moins acceptable.

Dans ce « jeu d'acteurs », il s'agira pour chacun d'eux d'influencer la partie adverse pour l'amener à entrer dans la zone d'accord possible de la manière décrite dans les chapitres précédents (Préparation et Processus) et d'arriver dans cette zone à un point correspondant au plus près possible à la « position réaliste d'objectif » que l'on s'était fixée au départ.

Cette tension vers l'objectif va canaliser l'énergie du négociateur sous diverses formes : mise en place du « décor » (dispositions spatiales de la négociation) ; gestion de l'équipe de négociation (si celle-ci prend forme de rencontres entre délégations) ; organisation ou régulation des rapports avec le(s) groupe(s) de référence s'il y a lieu (mandat) ; et surtout mise en œuvre et mobilisation des processus d'influence (utilisation des pouvoirs disponibles, manœuvres éventuelles telles que, les menaces, par exemple).

Bien que la panoplie des activités du négociateur recouvre en fait une grande variété d'initiatives et de comportements [1], ces quatre dimensions méritent une attention spéciale qui fait l'objet de ce chapitre.

1. LE LIEU ET LES DISPOSITIONS SPATIALES

Comme l'écrit un auteur, Gavin Kennedy :

1. Marc CATHELINEAU (1991) énumère quatorze comportements qui correspondent à autant d'activités (p 213). Beaucoup de celles-ci concernent les techniques de communication qui sont étudiées dans le chapitre IX de cet ouvrage.

> *« le lieu où la négociation va prendre place est souvent indifférent, mais occasionnellement cela peut devenir très important pour l'un ou l'autre négociateur »* [2].

Négocier chez soi peut donner des atouts au négociateur (sentiment de confiance accru, accès plus facile aux sources d'information, matériels accessibles sur place pour démonstration éventuelle, etc. ; possibilité d'agir en « hôte » pour influencer sur l'ambiance de la rencontre, toutes notions liées à l'avantage du « territoire »).
De même Bourdoiseau [3] rappelle qu'une « expérience immémoriale nous apprend que le fait de mener une transaction sur le territoire adverse nous place en situation d'infériorité ». Il est vrai « qu'aller chez l'autre » donne souvent un handicap psychologique.
Cependant il ne faut pas non plus généraliser trop rapidement. Par exemple, comme dit Bourdoiseau dans un style imagé, « mieux vaut un grand chez les autres qu'un petit chez soi ».
Il y a des cas où aller chez les autres peut être aussi avantageux quand, l'issue étant incertaine et demandant réflexion, on désire se garder la possibilité de retourner chez soi pour « consulter ».
Il peut y avoir aussi des situations où il est préférable d'aller chez les autres plutôt que de recevoir chez soi, par exemple parce que les « facilités » ne sont peut être pas à la hauteur ou qu'il y a des problèmes momentanés qu'il ne vaut mieux pas mettre en évidence (grèves, dysfonctionnements temporaires de l'informatique, etc.). C'est pourquoi il y a quelques fois une troisième solution : choisir un lieu neutre [4].
Deux remarques supplémentaires sont importantes. Premièrement, là où l'on se déplace (surtout dans certains lieux étrangers) il faut penser à sa propre organisation logistique (y compris à la question de l'interprétariat) et à son réseau de communication, mais avec la nécessité de se mettre à l'abri d'éventuelles indiscrétions ou « indélicatesses », voire de tentatives plus ou moins sophistiquées « d'espionnage » industriel ou autre.
Deuxièmement, le déplacement à l'étranger pose l'important problème d'un éventuel « déphasage culturel » et nécessite une attention soutenue pour éviter les maladresses, le non-respect de certains usages, la violation de tabous, etc.
Les négociateurs s'étant mis d'accord sur le lieu de la rencontre, se posent alors de nombreux aspects pratiques dont il ne faut pas négliger l'importance : la grandeur de la salle, le confort, la disposition des sièges, la disponibilité de services auxiliaires (pauses, facilités de communication, propreté des locaux, etc.).
Mais peut-être ce qui retient souvent l'attention et même fascine parfois les observateurs, c'est la question des « tables ». La table de négociation n'est pas qu'un vulgaire outil de travail, elle joue un rôle psychologique. Gavin Kennedy a dit :

2. Gavin KENNEDY : *Pocket Negotiator* (1987).
3. BOURDOISEAU : *« Savoir Négocier »*. Editions Retz (1976).
4. La diplomatie donne de nombreux exemples : Oslo récemment pour les rencontres entre Isrëliens et Palestiniens ; le Camp David pour la réunion entre Sadate et Golda Meir, etc.

« Une table entre vous-même et les autres négociateurs vous protège de la même manière que de placer vos bras par devant vous quand vous marchez dans l'obscurité » [5].

D'ailleurs, la disposition et la forme des tables, nous dit cet auteur, est elle-même un objet de négociation. Tout le monde a entendu parler des semaines qu'il a fallu pour résoudre la disposition, le nombre et la forme des tables pour les négociations de Paris relatives au conflit du Vietnam : une dizaine de solutions furent tour à tour examinées avant de retenir une seule table, mais ronde, chaque camp (Vietnam du Nord, Etats-Unis) décidant qui y prendrait place : l'enjeu sous-jacent étant la nature de la représentation des « parties » associées aux deux camps (Vietcong, Vietnam du Sud).
Roy Lewicki et J. Litterer présentent sur deux pages douze options relatives au nombre et à la disposition des tables [6]. Pour chaque cas, ils énumèrent les avantages et inconvénients, comme par exemple, l'influence sur le degré de formalisme, l'aspect psychologique (autorité, fonctionnement du groupe, facilitation ou non de l'usage des supports de discussion ou de démonstration, etc.).
La variété des possibilités est d'ailleurs très grande : tables rondes, ovales, rectangulaires, en forme de U, de V, etc.
Dans plusieurs ouvrages de négociation, on trouve des conseils pour obtenir une excellente « préparation matérielle » : insonorisation, éclairage, décoration, sièges, boissons, rétroprojecteurs, etc. Un exemple parmi d'autres est L. Laurent [7].
Un dernier point : les négociations se passent-elles toujours autour d'un « tapis vert » ?
La réponse est évidemment négative : il n'y a pas nécessairement de tapis, ni de couleur verte dans une salle de conférences ou une négociation en entreprise. Il y a des négociations qui se font au téléphone, etc. Mais la notion de « tapis vert » a pris une valeur symbolique qui explique qu'elle est devenue pratiquement synonyme de négociation et même de face-à-face.

L'organisation de la conférence de Rambouillet (Serbes/kosovars/Otan) donne une bonne illustration de la disposition spatiale et du temps :

« En fait, les Occidentaux espèrent venir à bout des réticences des uns et des autres en les cloîtrant à l'intérieur même du château, transformé en camp retranché, pendant une bonne semaine ». [8]

Et de la manière de négocier :

« Comment négocier ? A priori, ils ne vont pas accepter de se parler en face, remarque un diplomate. Dès son arrivée à Paris, le chef de la délégation serbe, Ratko

---

5. Gavin KENNEDY : *Opus Cité.*
6. Roy LEWICKI et J. LITTERER : *« Negociation »*. Editions Irwin Inc. (1985).
7. L. LAURENT : *« Comment mener adroitement discussions et négociations »*. Editions Dunod (1987).
8. *« La Voix du Nord »* du 6 février 1999.

Markovic, a ainsi prévenu : « Nous ne parlerons jamais avec des terroristes », en faisant référence aux représentants de l'UCK (l'armée de libération du Kosovo). Les trois représentants albanais indépendants – non liés à l'UCK – pourraient là peut-être jouer les intermédiaires en circulant à travers les multiples recoins du château. A moins que ce rôle n'incombe à Ibrahim Rugova, président des Kosovars, élu lors de scrutins clandestins en 1992 et 1998. « On va pouvoir mesurer le rapport de forces entre ces différents groupes », remarque un diplomate. Les trois médiateurs, mais aussi les deux coprésidents Robin Cook et Hubert Védrine pourront intervenir à tout moment ». [9]

On sait ce qu'il est advenu de cette négociation, le lieu, le temps et la manière de négocier n'ayant eu, finalement, aucune incidence.

Même dans une situation dramatique, l'humour trouve sa place ; après l'échec des négociations de Rambouillet, Bruno Masure, dans son « Débloc-Notes » écrit :

« Dix-huit jours de discussions-déceptions au château de Rambouillet, élégante bâtisse du XIVᵉ siècle. Fausse bonne idée de diplomate BCBG. Si on avait enfermé, jusqu'à ce qu'accord s'ensuive, Serbes et Kosovars à l'hôtel Formule 1 de Maubeuge, tout aurait été plié en trois jours ! » [10]

2. L'ÉQUIPE DE NÉGOCIATION ET LES GROUPES DE RÉFÉRENCE [11]

Outre ce qui a été mentionné dans le chapitre « Acteurs », un certain nombre de points peuvent être précisés à propos des équipes de négociation et des rapports entre négociateurs et groupes de référence (mandat).
Comme pour les dispositions spatiales, il y a beaucoup de variétés dans la composition d'équipes de négociation. L'équipe peut être réduite à deux personnes ; dans d'autres cas, la « délégation » peut être très nombreuse. Le problème essentiel de l'équipe de négociation est l'efficacité. Comment être le plus efficace dans la situation concrète dans laquelle on se trouve : être nombreux ou pas, se spécialiser par domaine de compétences ou être tous plutôt « polyvalents », répartir les rôles selon quels critères (hiérarchie, expérience et familiarité avec le sujet, capacités de communication ou relationnelles), etc.
Il n'y a pas de formule magique : tout dépend de la complexité de la négociation, des habitudes (si l'on sait qu'elles sont adaptées à la situation), et même de la stratégie ou des tactiques (le « bon » et le « méchant »), etc. Si les négociations sont destinées à être longues et fatigantes (séances de nuit, etc.), la résistance au stress devient un élément important (savoir se relayer tout en conservant un noyau de

9. « *Journal du Dimanche* » du 7 février 1999.
10. « *VSD* » du 4 mars 1999.
11. Cette section est détaillée dans le chapitre « Négocier en équipe ».

négociateurs assurant la continuité est une manière de faire comme les négociateurs diplomatiques ou internationaux).
Un point sur lequel il faut insister est la nécessité absolue d'une bonne répartition des rôles dès avant le début des séances ainsi que des formules à mettre au point pour une bonne coordination. La détermination de celui ou celle qui « conduira » la négociation à titre principal doit faire l'objet de beaucoup d'attention. Parfois le principal décideur jouera ce rôle, parfois non (restant en quelque sorte « en réserve » et pour n'intervenir qu'à de rares moments cruciaux).
Un observateur chargé de suivre la négociation sans y prendre une part active est parfois conseillé. Il y a aussi (avec les précautions d'usage) la nécessité de conserver trace de ce qui s'est dit, des points – problèmes, pré-accords, démonstrations techniques – délicats et dont on pourrait ne plus se souvenir, etc.
Roy Lewicki et J. Litterer [12] distinguent les notions suivantes : deux négociateurs face-à-face, équipe de plusieurs négociateurs, ensemble constitué par des mandants et des mandataires, et auditeurs (tout individu ou groupe qui ne sont pas directement impliqués dans la négociation mais à qui le négociateur adresse des messages dans le but d'influencer le cours de la négociation) et « tiers observateurs et spectateurs ». Ces diverses formes de négociation ont chacune leur dynamique propre.

3. LES POUVOIRS DANS LES JEUX D'ACTEURS

Les pouvoirs – c'est-à-dire les atouts et les ressources dont disposent les acteurs dans la négociation par rapport à leur vulnérabilité – tiennent un rôle important dans toute négociation. Ceci est vrai même dans les négociations coopératives car celles-ci – malgré leur caractère consensuel et la recherche objective d'un accord gagnant – n'excluent pas les tentatives du négociateur d'influencer la partie adverse pour obtenir dans la plage de négociation un résultat le plus proche possible de leur objectif. La différence du rôle du pouvoir dans les deux grandes catégories de négociation (coopératives/conflictuelles) est dans le choix des moyens utilisés et dans le type de maîtrise du rapport des forces (et donc des pouvoirs nets dont on dispose).
Dans les deux cas, les acteurs sont tendus vers un objectif à atteindre mais, dans le cas conflictuel, l'acteur pousse son pouvoir à la limite de l'acceptable pour l'autre partie (il tend la corde au maximum jusqu'au point où elle pourrait casser, mais il s'arrête juste avant, car si la corde casse, il n'y a plus négociation mais rupture et les acteurs se trouveront dans la situation d'affrontement du type « tout ou rien », « lui ou moi », « tout pour moi, rien pour lui », « malheur aux vaincus » (pour évoquer l'épisode de Vercingétorix !).
Au contraire, dans les négociations dites coopératives, l'acteur pousse ses avantages mais en acceptant que l'autre ait aussi une part des bénéfices de la transaction envisagée : il tire sur la corde mais sans chercher à – ni vouloir – déséquilibrer son interlocuteur. Il « maîtrise » sa force parce qu'il admet que les résultats doivent

12. Roy LEWICKI et J. LITTERER : *Opus Cité.*

être relativement équilibrés (« une bonne mesure pour moi, mais une mesure plus que minimalement acceptable pour l'autre »).
Pour arriver à cette sorte d'équilibre (non pas nécesairement à 50/50, mais à un partage qui « récompense » aussi le meilleur négociateur et aussi celui qui après tout a pu organiser un bon rapport de forces) le négociateur intégratif va utiliser des moyens qui vont plus dans le sens de « l'influence » que de « la pression » et encore moins de cette forme extérieure de la pression qui est « la coercition ».
En conclusion de cette entrée en matière : le pouvoir existe dans la négociation mais son contenu (les moyens utilisés) comme la manière dont il est utilisé varient selon le type de négociation. On verra ainsi que les vecteurs de pouvoir ne sont évidemment pas les mêmes selon les champs de la négociation : les pouvoirs sont différents par exemple dans une négociation sociale ou dans une négociation commerciale ou hiérarchique.

☐ Définition du pouvoir dans la négociation

Les auteurs d'ouvrages sur la négociation – et d'ailleurs d'une manière générale les auteurs à tendance disciplinaire (sociologues, politologues, etc.) – éprouvent une certaine difficulté à se mettre d'accord sur une définition du pouvoir dans les relations sociales. Nous pouvons retenir la définition du dictionnaire. Par exemple, le Robert nous dit (après avoir exploré les nombreux aspects du mot « pouvoir ») :

> *« Possibilité d'agir sur quelqu'un, quelque chose. Voir autorité, puissance. »*

Le mot autorité renvoie à une notion de capacité d'imposition et le Robert mentionne comme notions proches « l'ascendant, l'emprise, l'influence, le prestige » ; quant à puissance, ce mot est défini comme « l'état de celui qui peut beaucoup, qui a une grande action sur les personnes, les choses ; la domination qui en résulte » et aussi « le caractère de ce qui peut beaucoup, de ce qui produit de grands effets ».
Si on applique ces concepts à la négociation, on voit que le pouvoir est une capacité à agir, à obtenir des effets, voire à créer une domination. On pourra donc dire que le pouvoir d'un négociateur est l'ensemble des avantages dont il peut disposer pour agir sur son interlocuteur et pour influencer ses décisions.
Un sociologue comme Crozier évoque la capacité pour le détenteur de pouvoir de réduire sa propre incertitude et d'augmenter celle à laquelle l'autre doit faire face ; il en résulte pour le détenteur du pouvoir une augmentation relative de ses marges de manœuvre et une réduction corrélative de celles dont dispose l'acteur sur lequel s'exerce ce pouvoir.
Les analyses récentes du pouvoir ont tendance à mettre en évidence la dimension de la dépendance mutuelle. Un acteur A aura d'autant plus de pouvoir sur un acteur B que ce dernier dépendra de A. Si l'on transpose de nouveau cette idée dans la négociation, le négociateur A aura d'autant plus de pouvoir sur B que – pour obtenir un accord avantageux – B sera dans une plus grande dépendance vis-à-vis de A. Si par exemple B est un fournisseur dont 80 % du chiffre d'affaires dépend

de A alors que pour ce dernier (A) B n'est qu'un « petit chien parmi d'autres », alors on pourra dire que A dispose d'un bon rapport de forces.
Quand on parle de « pouvoirs » dans la négociation, il s'agit évidemment d'un rapport entre les pouvoirs nets des acteurs. Tout acteur dispose d'un certain quantum de pouvoirs même si celui-ci est relativement peu élevé et cela du simple fait qu'il existe. On connaît la réalité du « pouvoir du faible » de même que chacun dispose au minimum d'une capacité de nuisance. Il est donc important de comprendre que le pouvoir dont il s'agit dans la négociation est bien un rapport de forces, ce que l'on peut schématiser par :

(Atouts de A – Vulnérabilités de A) – (Atouts de B – Vulnérabilités de B).

ou encore :

différence dans la valeur des Atouts (A – B) moins inverse de la différence dans la valeur des Vulnérabilités (B – A).

soit, si X sont les atouts et Y les vulnérabilités :

$$R_F = (X_A - X_B) + (Y_B - Y_A)$$

Cette petite équation toute simple a le mérite de nous donner un guide non seulement pour analyser concrètement le rapport de forces, mais aussi pour le construire et le faire évoluer.

□ L'analyse du rapport de forces

Prenons l'exemple d'une négociation sociale : d'un côté l'employeur, de l'autre l'intersyndicale. Comment analyser le rapport de forces ?

Il s'agira de remplir le tableau suivant :

Employeur		Intersyndicale	
	Evaluation *		Evaluation *
Atouts		Atouts	
…	…	…	…
…	…	…	…
…	…	…	…
…	…	…	…
Vulnérabilités		Vulnérabilités	
…	…	…	…
…	…	…	…
…	…	…	…
…	…	…	…

* On pourra par exemple essayer de donner une cotation du type « fort », « moyen », « élevé », etc. On pourra aussi compléter cette évaluation par la mention de tendances : croissant, stable, décroissant.

TABLEAU 1 : EXEMPLE DE GRILLE D'ANALYSE DU RAPPORT DE FORCES.

On trouve dans la littérature de nombreuses grilles qui ont pour but d'analyser le rapport de forces. Par exemple, Maxime Leroux [13] propose de dresser un tableau des points forts et des points faibles dont l'analyse permettra au négociateur d'apprécier la nature et l'intensité des moyens de pression dont dispose le négociateur. Il s'agit des ressources et de leurs limites (argent, temps, sous-traitance disponible, etc.), et des contraintes.
Ces éléments peuvent être internes ou externes (appuis, alliances et soutiens, ou au contraire opposants).
Maxime Leroux distingue alors les moyens d'intervention directement opératoires (techniques, économiques, financiers ou budgétaires, administratifs, commerciaux, etc.) et ceux d'ordre normatif ou réglementaire.
Christophe Dupont (1994) souligne la multiplicité des sources du pouvoir. Le pouvoir peut tirer son origine des institutions (loi, hiérarchie), de l'action (force, pression) ou encore de l'appartenance à des groupes (par exemple coalitions) ou des caractéristiques personnelles (charme, compétence, capacité de persuasion, etc.). L'origine du pouvoir n'est pas sans lien avec ses formes d'exercice qui – elles aussi-sont multiples : on peut d'abord contraster une forme consistant à « faire faire » et une autre forme consistant à « empêcher de faire ».
Quant aux moyens, ils couvrent la coercition, les normes, l'influence et la sanction positive (récompense) ou négative (pénalisation).
Hubert Touzard [14] considère que le jeu du pouvoir est central au processus de la négociation. Dans les négociations de type distributif, un rôle important est joué par les processus de coercition dont surtout les menaces (voir section suivante), mais aussi le bluff, la surenchère, les comportements agressifs, les processus de dissimulation.
En revanche, dans les négociations de type coopératif, c'est la persuasion qui est le moyen par lequel le négociateur va mettre en œuvre son pouvoir. La persuasion sera accompagnée de processus d'accomodation et du jeu des relations interpersonnelles.
Pour Marc Cathelineau [15], le pouvoir dans la négociation est l'une des dimensions stratégiques à considérer. Il en fait même la base d'une grille stratégique où il croise pouvoir et confiance, comparant les « stratégies coopératives et compétitives ». Il estime que la ligne de partage est dans le choix privilégié de la « confiance avant tout » pour les premières et du « pouvoir déterminant » pour les secondes. En outre, Marc Cathelineau estime que [16] : *« ne pas bien percevoir le rapport de forces est l'une des neufs erreurs les plus fréquentes dans la négociation. »*

13. Maxime LEROUX : p. 151/154 (1992).
14. Hubert TOUZARD : p. 138 et suivantes (1977).
15. Marc CATHELINEAU : p. 105/106 (1991).
16. Marc CATHELINEAU : p. 46 (1991).

□ Le rapport de force dans la relation commerciale

Parmi les auteurs qui se sont interrogés sur le jeu du rapport de force dans la négociation commerciale, on peut citer Alain Jolibert [17]. Empruntant une classification élaborée par Tarondeau (1979), il propose un tableau où il met face à face les « forces du fournisseur » et les « forces de l'acheteur ».
Cet auteur rappelle en outre que les sources du pouvoir peuvent être regroupées en pouvoir de récompense ou de coercition, pouvoir de légitimité, pouvoir d'expertise et pouvoir de référence (lié aux relations qui peuvent exister entre les négociateurs).
Lionel Bellenger [18] qui, d'une manière générale rappelle « la prise en compte des rapports de force », en donne une illustration dans le domaine commercial quand il se réfère aux données conjoncturelles comme la percée d'un fournisseur sur un marché concurrentiel. Il propose aussi treize règles « de la tactique du pouvoir » [19] : on est ici à l'interface entre les techniques et les tactiques et le phénomène du pouvoir, et sans doute faut-il observer que certaines techniques de vente puissent être analysées dans les négociations commerciales comme des techniques d'utilisation du pouvoir, en particulier quand il s'agit de stratégies de « passage en force » (mais le pouvoir peut aussi se manifester dans le commercial par des stratégies de coopération comme le montre Marc Cathelineau avec des stratégies « d'ouverture » ou « de gain-gain »). D'ailleurs Lionel Bellenger dans son ouvrage parallèle étudie les « moyens d'exercer une influence » notamment par la recherche de la qualité d'adhésion [20].

Nous voudrions illustrer la structuration du rapport de forces par un exemple historique :

« Le 13 avril 1797, dans la petite ville de Loeben, les deux plénipotentiaires autrichiens demandent à être reçus. Napoléon les fait attendre, parce qu'il faut que ces deux « Messieurs », deux nobles élégants et raides, le général comte de Merveldt et le comte de Beauregard, comprennent qu'ils ne sont pas les maîtres de la négociation. A les imaginer qui s'impatientent malgré leur impassibilité, Napoléon éprouve le plaisir du joueur qui anticipe de plusieurs coups la marche de la partie. Il a appris, il apprend, à mettre ainsi les hommes, fussent-ils les plus avertis, dans une situation de déséquilibre. Tout compte, dans cette lutte d'homme à homme, de pouvoir à pouvoir, qu'est une discussion ». [21]

Remarques finales

Le pouvoir est donc bien présent dans les négociations. Il est donc nécessaire d'étudier en détail dans la préparation les éléments du rapport de force et éventuellement de penser en stratége comment le construire et le faire évoluer.

---

17. Alain JOLIBERT : *« La Négociation commerciale »*. p. 31 (1988).
18. Lionel BELLENGER : p. 12 (1990).
19. Lionel BELLENGER : p. 94 (1990).
20. Lionel BELLENGER : *« Les Outils du Négociateur »*. p. 124/125 (1991).
21. M. Gallo, *opus cité*.

Deux considérations que le négociateur ne devra jamais oublier sont que, d'une part, les pouvoirs sont rarement stables et que des évolutions, voire des renversements sont toujours possibles ; et que, d'autre part, comme beaucoup de phénomènes dans la négociation, c'est la perception du rapport de force qui est essentielle – et même plus que sa réalité.

4. Les menaces

Les menaces proférées par un négociateur constituent l'une des caractéristiques qui, dans le jeu des acteurs, différencie le plus nettement les négociations coopératives des négociations conflictuelles.
Dans son sens le plus général (par exemple dans le Robert), la menace est une « manifestation ou un signe par lequel un protagoniste fait comprendre à son adversaire qu'il a l'intention de lui rendre un mal que le protagoniste lui prépare ». Mais il y a des degrés dans les menaces à tel point que ce même dictionnaire renvoie aussi à « avertissement » qui est un « appel à l'attention, à la prudence ».
On voit donc que la marge est très large entre les deux concepts et c'est précisément à l'intérieur de cette marge que se situe (parmi d'autres choses) la séparation entre les deux types de négociation comme le montre le schéma suivant où apparaissent sur la diagonale les différentes étapes de la menace allant des plus neutres (que l'on peut accepter comme manœuvres qui ne sont pas exclues dans une négociation coopérative) aux plus conflictuelles.
Dans cette gradation (que l'on pourrait d'ailleurs faire commencer par les « rumeurs » ou les « allusions »), on passe ainsi des avertissements ou mises en garde à la dissuasion (« ne faites pas cela, sinon… »), aux pressions conditionnelles (« si vous ne faites pas cela, je ferai ceci… ») et finalement aux menaces directes (« je vous préviens que je ferai ceci… »).
Ces différentes formes peuvent être utilisées l'une à la suite de l'autre produisant par cette progression une évolution graduée de même que chacune peut évoquer ou mentionner spécifiquement des actions elles-mêmes graduées (ce qui a été à la base des stratégies des grandes puissances en matière nucléaire).

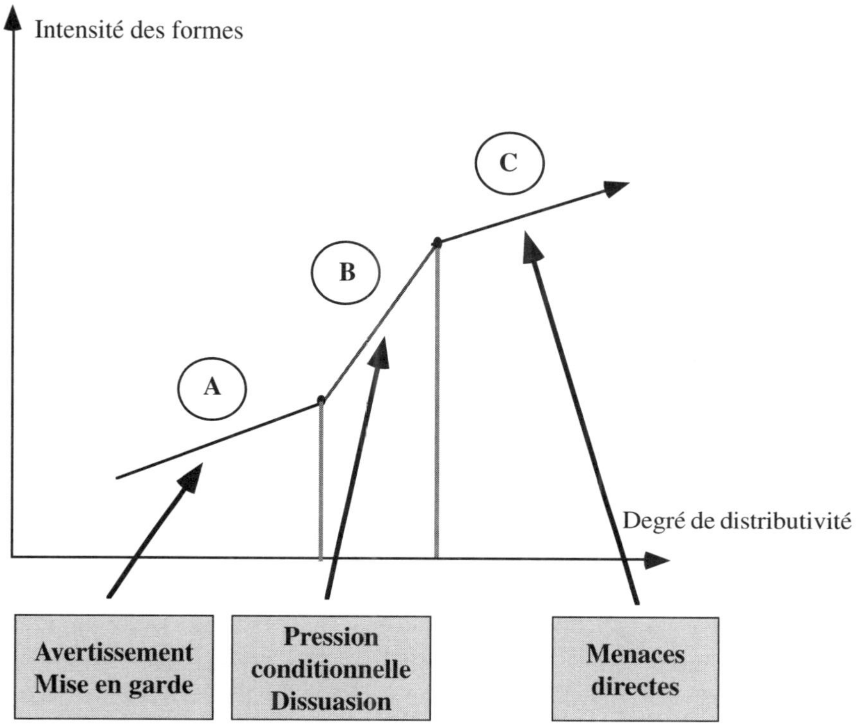

SCHÉMA 1 : TYPOLOGIE DES MENACES.

Les menaces directes peuvent prendre des formes variées. L'une d'entre elles est l'ultimatum par lequel une partie somme l'autre d'entreprendre une action donnée (ou de ne pas l'entreprendre) avant une date limite sauf à en subir les conséquences qui sont alors précisées.

Un exemple est la date-butoir du GATT du 15 décembre 1993 qui était une menace brandie à un moment donné par les autorités américaines de se retirer des négociations (et donc d'agir désormais d'une manière unilatérale dans le commerce international) si un accord ne pouvait pas être obtenu notamment avec les négociateurs européens, en particulier sur le volet agricole.

Une autre forme de menace courante dans les négociations dures est la menace de rupture[22]. Le recours aux menaces impose des choix très importants et souvent délicats aux négociateurs.

Du côté de la partie qui menace, certaines conditions doivent être remplies si cette partie veut assurer l'efficacité de cette forme de « pressoir » destinée à faire concéder ou céder l'adversaire. Il faut évidemment que la menace soit crédible (ce qui appelle un certain nombre d'exigences : réputation, psychologie, cohérence du décideur ; absence de contraintes de tout ordre ; existence de moyens eux-mêmes

22. Hubert TOUZARD : p. 140 (1977).

crédibles, etc.), que le décideur qui menace ait la volonté et la possibilité d'en accepter les conséquences ; il lui faut l'assurance que la cible (la partie menacée) reçoive et décode correctement le message, etc. ; et enfin que le coût de la menace ne soit pas disproportionné par rapport aux résultats escomptés.

Du côté de la cible (la personne visée par la menace), les problèmes ne sont pas moins nombreux. D'abord – en correspondance avec ce qui vient d'être dit – se pose la question d'évaluer la nature exacte de la pression (la forme de « menace », sa crédibilité : ne s'agit-il pas d'un bluff ou d'un chantage ?) et ensuite se pose la question de choisir la ligne de conduite appropriée : faut-il contre-menacer (et donc entrer dans une escalade) et si oui, sous quelles formes ? Faut-il ignorer ou dévaloriser l'efficacité supposée de la sanction évoquée (ceci exige d'en avoir les moyens et d'avoir la capacité de gérer la maîtrise de soi et du stress) ? Faut-il déjouer la manœuvre (éliminer la cause de la menace, transformer la situation, faire apparaître de nouveaux éléments comme un événement-surprise, rendre l'exécution très incertaine ou très coûteuse, utiliser l'intervention de tiers alliés ou coalisés, etc.) ou finalement se soumettre (parce que le rapport de force ne permet pas de faire autrement) quitte à ce que cette « soumission » ne soit que temporaire (« reculer pour mieux sauter », préparer la contre-attaque, etc.).

On voit donc que même dans ce cas la menace, qui peut être une cause de succès à court terme, peut se retourner ensuite à la manière d'un boomerang comme elle peut très bien réussir sans dommage trop grand pour l'avenir, tout ceci dépendant du contexte, des enjeux et des relations entre les parties qui négocient.

C'est ainsi que si elle est généralement une action ponctuelle et à ce titre relève des « tactiques », elle peut aussi entrer dans la définition d'une stratégie évidemment nettement distributive[23]. Dans ce type de stratégie distributive, la partie qui menace court donc éventuellement des risques qui parfois sont loin d'être négligeables. Elle peut ainsi perdre la face si la menace n'est en définitive « qu'un tigre de papier », si son exécution se heurte à des difficultés pratiques ou à une volonté stratégique de lui résister. Cette résistance peut prendre plusieurs formes dont l'une – qui n'est pas distributive dans son essence – est la « stratégie de rétorsion conditionnelle » qui a été, en particulier, étudiée par AXELROLD.

En conclusion, la menace est une manœuvre très souvent observée dans les stratégies conflictuelles alors que l'esprit même des stratégies coopératives est de s'en tenir à des pressions moins coercitives comme la simple mise en garde ou encore au recours à des réponses de « rétorsion conditionnelle » : celles-ci sont une manière de mettre en garde l'adversaire avec fermeté et réalisme contre toute pression manipulatrice ou coercitive, sans intention de nuire mais simplement en montrant concrètement que l'on ne veut pas être « dupe » ou « soumis » et que l'on dispose d'une capacité de réaction appropriée.

Une deuxième conclusion est qu'il faut replacer l'usage de la menace dans l'étude plus générale des pouvoirs dans la négociation. La capacité réaliste de menacer est une forme de pouvoir (évidemment de nature conflictuelle) de même qu'il n'est

23. SWINERS et BRIET (1993).

pas possible de menacer sans disposer d'un certain niveau de pouvoir (en tous les cas si non réels, du moins perçus sans ambiguïté pour la cible). Une étude détaillée des menaces avec de nombreuses illustrations se trouve dans le chapitre « Tactiques de négociation ».

☐ Le secret dans la négociation

La négociation est une activité qui est en général relativement « transparente » et ceci même si certaines négociations ont un caractère informel (absence de règles prédéterminées, de protocole, de publicité externe, etc.).
Mais cette tendance générale n'exclut pas l'existence de « négociations secrètes », de même qu'elle n'exclut pas non plus des éléments ou épisodes comme la confidentialité de certaines informations échangées, ni tout simplement la non-divulgation (et donc une forme de secret) de certaines informations de la part des acteurs.
La diplomatie mais aussi d'autres activités dans le monde des affaires ou des organisations connaissent des négociations qui se déroulent à l'abri de toute visibilité externe.
La diplomatie secrète a longtemps été cultivée par les Etats et ceci dans un but souvent stratégique (élaboration d'alliances, arrangements au détriment d'un tiers qu'il fallait placer devant un fait accompli, communication de faits ou d'intentions dont il fallait priver les autres Etats ou ses propres mandants, etc.).
Plus généralement, c'est pour se mettre hors du champ du dévoilement prématuré de certains accords (surtout des compromis) par rapport aux médias ou à l'opinion publique que les pourparlers se tiennent secrètement.
Parmi les nombreux exemples que l'on peut donner , on peut penser à « l'accord d'Oslo » entre les deux délégations israëliennes et palestiniennes en 1993, le titre de l'article suivant étant explicite :

> ***L'ÉQUIPE DES NÉGOCIATIONS SECRÈTES*** [24]
> *VSD peut révéler aujourd'hui les noms des principaux membres de l'équipe qui a participé, en coulisse, pour le compte des Palestiniens, aux négociations d'Israël.*

Un exemple historique qui est resté célèbre est constitué par les négociations secrètes entre le IIIe Reich et l'URSS pour la conclusion d'un accord qui a abouti à l'invasion et au partage de la Pologne en 1939.
Il est enfin de notoriété publique que de nombreux accords contiennent des clauses secrètes dont l'existence n'est révélée souvent que beaucoup plus tard par les faits ou par les historiens.
Dans le monde des affaires, les négociations secrètes ou semi-secrètes sont légion, bien que certainement moins nombreuses que les négociations « ouvertes » à la

24. In VSD n° 871 de mai 1994.

visibilité externe. Un exemple de négociation « semi-secrète » est donné par la référence suivante sur les négociations relatives à « l'affaire Lopez » entre VW et Opel.

> ***VOLKSWAGEN ET OPEL NEGOCIENT TOUJOURS*** [25]
> *Suivant une consigne de silence imposée par le juge chargé de l'affaire, les deux firmes se sont refusées à donner des détails sur les négociations. L'hebdomadaire Der Spiegel avait affirmé dans son édition de lundi que l'accord consisterait à interdire d'activité pendant huit mois quatre des cadres transfuges travaillant dans le service des ventes VW. Plusieurs autres procédures judiciaires concernent les deux constructeurs, notamment celle ouverte contre Ignacio Lopez de Arriortua, soupçonné d'espionnage industriel.*

La plupart des négociations – sinon toutes – relatives à la mise en œuvre de stratégies (par exemple fusions, acquisitions, créations de JV) sont par nécessité quasi-secrètes. Il y a donc beaucoup de négociations qui « se passent dans l'ombre ». A un degré évidemment moindre, on trouve aussi les « intermèdes » de négociation qui sont une forme atténuée de secret. Il s'agit de « conversations de couloir » mais aussi des véritables négociations parallèles qui se tiennent hors de la salle de conférences ou du « tapis vert ».

Une des fonctions des suspensions de séance est précisément de permettre ces « a parte » où les négociateurs se disent – en confidence – des éléments (allant de la simple information au dévoilement des intentions en passant par des ballons d'essai) qu'ils n'ont pas voulu communiquer en séance et dont d'ailleurs tout ne transparaîtra pas même dans la séance qui suivra et qui aboutira à l'accord.

Il y aura eu par exemple des échanges cachés, des promesses, des compensations, des projets de coalition, etc.

Le problème du secret dans la négociation se réfère à la visibilité externe. Il ne faut pas le confondre avec le problème du maniement contrôlé de l'information, encore moins avec celui des « arrière-pensées », ni avec un aspect formel des échanges qui est celui de la confidentialité entre négociateurs (procédures, par exemple, du « off the record », c'est-à-dire de l'entre-nous exclusivement et sans trace) mais aussi entre les négociateurs et leurs mandants.

Presqu'à l'opposé du secret, il y a les « fuites » (organisées ou non) et même les rumeurs. Enfin, il faut signaler les liens entre secret et confiance, et les questions liées à l'efficacité de ces négociations où l'on rencontre un autre dilemme du négociateur entre les mérites du secret et ceux de la transparence.

Une illustration de ce dilemne secret/confiance nous est donnée par la règle de confidentialité qui lie les avocats des parties adverses. Tout courrier échangé entre ces avocats n'est pas transmissible aux clients respectifs et ne peut être présenté à un tribunal. Cela permet bien souvent aux avocats de négocier afin d'arriver à un accord [26].

25. « *La Tribune Desfossés* » du 5 juillet 1993.
26. L'auteur remercie Maître François Hermary, avocat au barreau de Béthune qui a bien voulu expliciter et commenter cette règle.

Nous voudrions terminer ce chapitre par deux illustrations ; une dramatique, l'autre prémonitoire.

– La violation du secret de la négociation peut aller jusqu'au suicide d'un des partenaires ; pour preuve, cette affaire récente :

> *« Le ministre d'Etat turc chargé de l'Economie, Hikmet Ulugbay, a échappé de peu à la mort après une tentative de suicide au revolver dans la nuit de mardi à mercredi à son domicile d'Ankara. (...) Depuis mi-juin et jusqu'à vendredi dernier, M.Ulugbay avait mené de délicates négociations avec une délégation du Fonds Monétaire International (FMI) à Ankara en vue d'en obtenir un soutien très attendu par la Turquie. Il avait traversé une période de grande tension la semaine dernière en raison d'une fuite à la presse d'un document concernant les négociations entre le FMI et son ministère. »* [27]

Plus étonnant encore, la découverte dans nos archives personnelles d'un article vieux de 70 ans où il est question, non seulement du secret en négociation mais de diplomatie, en général. Bien que le personnage central de l'article ait mal terminé sa vie – (ce texte a été écrit en 1931 !), nous le reprenons *in extenso* car il illustre de nombreux points abordés dans ce chapitre.

La Diplomatie

« Jean Luchaire [28], directeur de « Notre Temps », nourri dans le sérail du Quai d'Orsay, en connaît les détours ; naturellement, ce moins de trente ans appartient à la jeune école qui traite avec quelque dédain la diplomatie d'avant guerre (celle de 14-18).

Il faut convenir d'ailleurs que Jean Luchaire sait manier l'ironie avec esprit et conter l'anecdote avec saveur et le voyage qu'on fait, en sa compagnie, soit aux rives du Bosphore, soit au bord du lac Léman, est un voyage d'agrément.

« Un diplomate, affirme un romancier contemporain, est ce qu'il y a de plus redoutable au monde ! » C'est un peu l'opinion du conférencier qui dessine, d'un trait aiguisé, la silhouette de quelques grands diplomates depuis Talleyrand jusqu'à Franklin Bouillon.

Il note d'ailleurs très justement la démarcation entre la diplomatie secrète et ce qu'on appelle la diplomatie ouverte ; autrefois, les diplomates préparaient des traités qui demeuraient secrets et, quand un conflit naissait, on ne savait pas pourquoi on se battait.

Aujourd'hui, les traités sont amorcés, suivant les mêmes méthodes, mais ils n'ont force de loi que lorsqu'ils sont approuvés par les Parlements et enregistrés à Genève. L'Assemblée des Nations à laquelle l'interprétation des traités est soumise lors-

---

27. « *La Voix du Nord* » du 8 juillet 1999.
28. Jean Luchaire dont il est question dans ce texte, a commencé sa carrière comme diplomate et a été, entre les deux guerres, un fervent défenseur du rapprochement franco-allemand. En 1927, il créa, avec l'appui d'Aristide Briand, le quotidien « Notre Temps ». Pendant la dernière guerre, il fût un des principaux dirigeants de la presse collaborationniste avec les occupants nazis.
A la Libération, il se réfugia à Sigmaringen puis en Italie (1944). Arrêté, jugé et condamné à mort par la justice française, il fût éxecuté.

qu'un litige paraît menaçant, peut intervenir utilement. Le temps peut arriver, en retardant le conflit, à l'éviter et de la discussion naît parfois l'apaisement.
Nous n'avons pas la prétention, en ce bref raccourci, de donner le suc de cette causerie colorée et documentée. M. Mercier, conseiller général, remercia d'une voix vibrante le conférencier et dit sa foi ardente dans la politique de M. Briand, sauvegarde de la paix mondiale.
Cette apologie fit dresser M. Allafort qui donna lecture d'un virulent réquisitoire contre M. Briand, dont il rappela la collaboration au parti socialiste révolutionnaire. En réponse, Jean Luchaire fit de M. Briand, dont il se dit le disciple, un portrait savoureux, parlant tour à tour du causeur étincelant, du tribun et du pacifiste. Dans une atmosphère apaisée, Maître de Lacrousille formula trois observations objectives :
– Jean Luchaire a parlé des traités secrets qui pouvaient entraîner des conflits ; il était un traité, que plusieurs chancelleries avaient enregistré et que le monde entier connaissait; on peut le résumer en une phrase : la Belgique est neutre et son territoire est inviolable. Ce traité n'a pas empêché l'Allemagne, qui se croyait alors sûre d'elle même, de violer le territoire belge pour nous abattre plus vite ; M. de Betmann-Hollweg déclara ensuite que les traités étaient des chiffons de papier et il reçut l'approbation d'une centaine de lettrés et de savants les plus qualifiés d'Allemagne.
– M. Luchaire s'est montré ému à la pensée que la carte d'Europe avait été refondue par les quatre. Si Clemenceau, Llyod George, Orlendo et Wilson avaient requis la collaboration de vieux diplomates, peut-être auraient-ils évité certaines erreurs. Pour constituer une nation, il faut en effet avoir des renseignements précis et tenir compte d'impondérables du point de vue ethnique, linguistique, historique ou économique. Si, après 1815, la France vaincue a pu reconquérir assez vite son rang dans le monde, elle le doit à ce que sa cause fut défendue à Vienne par un grand diplomate, descendant d'une vieille maison périgourdine, le prince de Talleyrand.
– M. Luchaire nous a affirmé que désormais il n'y avait plus entre les peuples que des controverses économiques ou juridiques, auxquelles des conférences techniques ou des juridictions internationales donneraient une solution rapide et pacifique. Après la guerre, la France a voulu s'affranchir, en Savoie, de la servitude des zones franches ; elle pensait qu'elle pourrait, comme le charbonnier, être maîtresse chez elle ; devant la résistance de la Suisse elle s'est rendue à La Haye.
Après de longs débats, qui se sont poursuivis pendant plusieurs années, la Cour de La Haye a refusé de prononcer sa sentence et a invité les Hautes Parties à s'entendre directement. M. Luchaire a répondu avec plus de souplesse que de fermeté : Il est vrai que l'Allemagne a violé la neutralité de la Belgique, mais c'est cet attentat qui a déclenché plus rapidement l'intervention de l'Angleterre ! Ce qui a manqué aux Quatre, ce ne sont pas les diplomates, ce sont les techniciens !
Quant à l'affaire des zones franches, elle n'aurait été remise par la Cour que pour éviter de donner tort à la France ! Il nous apparaît malgré tout qu'il ne faudrait pas s'endormir sur le mol oreiller de Genève ou de La Haye, à moins d'y dormir, comme le gendarme, un œil ouvert ! [29]

29. Article d'Amédée de Lacrousille, célèbre avocat périgourdin (70 ans de barreau !) dans « *Le Courrier du Centre* » du 24 février 1931.

CHAPITRE 6

LES STRATÉGIES DE NÉGOCIATION

« Les experts sont ceux qui se trompent dans les règles. »
Paul VALÉRY

1. INTRODUCTION

Durant cette dernière décennie, les managers, les enseignants et les consultants de tous ordres ont utilisé – et utilisent toujours pour certains – le mot « stratégie » qui paraît magique.
Les spécialistes de la négociation ne sont pas restés sur le « bord de la route » et ont transformé, en tout cas dans leur langage, les techniques et/ou les tactiques en approches stratégiques. Les différences stratégie/technique/tactiques sont développées dans le chapitre « tactiques de négociation ».
Il n'est pas, bien sûr, dans notre intention de revoir les approches en stratégie, mais bien de remettre les choses à leur place.
La négociation a des « pistes » stratégiques mais qui n'ont aucune valeur si elles ne « collent » pas aux stratégies commerciales ou sociales des organisations pour lesquelles elle doit opérer.
Nous voudrions tout de suite illustrer ce qu'est une (ou des) stratégie(s) dans les négociations d'affaires, à travers la guerre que se sont livrés GEC Alsthom et Siemens pour le TGV coréen.
La date de l'article correspond au moment où les Coréens, bien qu'ils aient choisi en août le constructeur franco-anglais et fixé la date limite de leur choix définitif, à savoir le 31 décembre de la même année, ont décidé de repousser à un an leur décision finale, et cela à deux jours de l'échéance !

> ***LA GUERRE SOUTERRAINE CONTINUE ENTRE SIEMENS ET GEC-ALSTHOM***
> ***Luttes d'influence, propagande et intoxication sont les armes de ce conflit pour l'obtention du contrat.***
> ***Pour les géants mondiaux du secteur, les milliards de dollars des futures infrastructures de transport en Asie sont en jeu.***
> *L'annonce, par le Ministère des Transports sud-coréen du report de la clôture de l'appel d'offres opposant le groupe franco-britanique GEC-Alsthom et l'allemand Siemens pour la construction du train à grande vitesse Séoul-Pusan, n'a entraîné aucune réaction officielle au siège du conglomérat de Munich. Le triomphalisme ne semble pas de mise, ce qui est surprenant de la part d'un groupe qui avait réagi de manière très virulente au choix de*

GEC-Alsthom comme « opérateur prioritaire » par les autorités sud-coréennes, le 20 août. Même la presse allemande, d'habitude prompte à dénoncer « l'interventionnisme » et les « manœuvres contraires à l'esprit du libre-échange » des industriels français, se contente de quelques entrefilets pour traiter ce qu'elle semble bien considérer comme un non-événement.
En fait, l'attitude « profil bas » qui prévaut en ce moment outre-Rhin fait sans doute partie d'une stratégie d'ensemble. Les négociateurs allemands ne se sont jamais avoués vaincus et ont multiplié les interventions dès la fin du mois d'août pour faire capoter le contrat avant la signature définitive qui devait intervenir à la fin de l'année. Sans reculer devant les contradictions, puisqu'ils sont allés jusqu'à proposer une coopération à GEC-Alsthom au début du mois de septembre, après avoir laissé entendre que le fabricant du TGV se serait livré à des pratiques illicites pour remporter le contrat coréen.
Nouvel échec.
Deux mois plus tard, à la mi-novembre, Siemens envoyait une lettre officielle au Ministère des Transports sud-coréen, dans laquelle il revoyait son offre à la baisse d'environ 10 %, pour parvenir à un montant d'environ 2,115 milliards de dollars, inférieur à celui de l'offre française (2,3 milliards).
Sans conteste, le contrat sud-coréen est au centre des grandes manoeuvres auxquelles les géants européens se livrent pour continuer à exister dans le ferroviaire à la fin de la décennie. En mars, l'Office allemand des Cartels a bloqué le projet de regroupement des activités ferroviaires de Siemens et d'AEG, alliance qui aurait donné naissance au leader européen du secteur, avec 22 500 salariés et 4,8 milliards de marks de chiffre d'affaires.
Le motif ? Le nouvel ensemble aurait occupé une position dominante dans les contrats passés avec la Bundesbahn (chemins de fer allemands). En raison de ce « nein », Siemens et la filiale de Daimler-Benz doivent désormais concentrer leur coopération dans des domaines précis, comme le train allemand à grande vitesse (ICE), et de préférence à l'étranger, là où l'alliance entre Allemands n'est plus un obstacle, mais au contraire une condition de la réussite.
L'exportation a beau peser la moitié du chiffre d'affaires de l'industrie germanique du matériel ferroviaire, l'ICE n'a pas encore réussi sa percée sur les marchés étrangers, et le contrat sud-coréen est perçu par le consortium allemand comme une chance unique de marquer ce premier point indispensable, d'où son acharnement. D'autant que, derrière la ligne Séoul-Pusan, s'en profile une autre, à Taiwan, et une troisième entre Pékin et Shanghai, d'une valeur de 10 milliards de dollars. Des enjeux qui font de l'Asie le terrain d'affrontement privilégié des géants mondiaux de l'industrie des transports. Un terrain où tous les coups sont permis. [1]

1. Article de Michel ROLAND dans « *La Tribune Desfossés* » du 30 décembre 1993.

Où l'on voit que la stratégie paraît simple lorsqu'elle est décortiquée ; mais que la situation n'en est pas moins délicate à gérer pour les deux concurrents !
D'une manière globale, nous définirons, à l'aide d'un grand « raccourci » la stratégie de la manière suivante :

> *« Si vous voulez cinq avis sur un problème économique, faites discuter quatre économistes ! »*

Cette phrase de A. C. Martinet[2] résume de manière humoristique les problèmes que pose la stratégie en général. D'une manière plus sérieuse, Alain Desreumaux[3] écrit :

> *« la maîtrise du destin d'une entreprise passe par la détermination d'une stratégie décrivant les états auxquels l'entreprise veut aboutir sur un horizon de moyen ou long terme et les trajectoires qu'il lui paraît judicieux de suivre pour y parvenir. »*

Plus facile à dire qu'à faire ; un exemple nous est donné en 1997 au sommet de Kyoto sur la réduction d'émissions de gaz par les pays industriels. Un point crucial reste en suspens :

> *« La création de permis négociables permettant à un pays d'acheter ou de vendre des réductions d'émissions à un autre pays. Les Etats-Unis, promoteurs de cet instrument de marché, ne souhaitaient pas l'encadrer par des règles, tandis que pour l'Union européenne, il n'était pas question d'accepter ces permis de polluer sans un minimum de contraintes (plafond et moyens de contrôle, entre autres). La version du protocole examinée la nuit dernière prévoyait de reporter la création de ces règles. »*[4]

Une autre problématique a été soulevée par l'élargissement de la CEE ; comment faire pour concilier des approches différentes pour ne pas dire contradictoires ? :

> *Une stratégie d'élargissement de l'UE contestée*
> *« La Commission a proposé d'entamer les discussions en 1998 avec cinq pays (Hongrie, Pologne, République tchèque, Slovénie et Estonie). Elle considère qu'ils sont mieux placés que les autres – sur les plans économique et politique – pour être intégrés.*
> *Les négociations s'ouvriraient ultérieurement avec les autres, en fonction de leur évolution. Cette stratégie, appuyée par l'Allemagne, a été vivement critiquée par d'autres pays, qui soutiennent que les négociations doivent être menées avec tous les candidats parallèlement, même si cela doit se faire à des rythmes différents. Les Scandinaves, notamment, critiquent le fait que l'Estonie et les deux autres républiques baltes (Lettonie et Lituanie) soient traitées différemment. »*[5]

---

2. A. C. MARTINET : *« Diagnostic Stratégique »*. Editions Vuibert Entreprise (1988).
3. Alain DESREUMAUX : *« Stratégie »*. Editions Précis Dalloz (1993).
4. *« Le Figaro »* du 11 décembre 1997.
5. *« Le Monde »* du 24 octobre 1997.

Mais, quand les Etats, et surtout leurs dirigeants, ont la volonté d'aboutir, cela peut donner de bons résultats.
A l'instar d'un Clinton ou d'un Khol, Jacques Chirac se transforme souvent en VRP pour les entreprises françaises :

« Si le chancelier allemand passe son temps à parcourir le monde, c'est qu'il a ses raisons, confiait Chirac lors de l'un de ses voyages. Nous avons les mêmes. Jusqu'à présent, nous vendions mal nos qualités, parce que nous n'allions pas les vendre sur place. Ce n'est pas dans notre culture. Ca le deviendra, et j'ai vocation à le faire. Le Président livrait même, clés en main, son mode d'emploi : Si l'on fait indéfiniment la diplomatie de la tasse de thé, c'est charmant mais ça ne suffit pas. J'entends pratiquer une diplomatie commerciale : si on fait une grimace à la France, elle fera une grimace en retour ; si on lui fait des fleurs, elle agira de même. Pour ce faire, l'Elysée a mis au point tout un dispositif. Avant d'aller en Chine en mai, Chirac avait envoyé pas moins de huit ministres (qui appartenaient alors à son camp) préparer le terrain. Le chef de l'Etat rencontre désormais systématiquement, avant le départ, les chefs d'entreprise qui l'accompagneront. Ceux-ci lui suggèrent ce qu'il devrait dire à ses interlocuteurs étrangers. Une réunion de debriefing a ensuite lieu pendant le voyage, ou après le retour à Paris. Principal maillon faible dans le dispositif : aucun bilan n'est dressé au bout de six ou douze mois. » [6]

2. STRATÉGIE DE NÉGOCIATION

Cette dernière définition pourrait parfaitement s'appliquer pour la négociation, ce que confirme Christophe Dupont [7] :

> *« en matière de négociation, la stratégie est d'abord réflexion (élaboration, mise en place) et ensuite action. La réflexion constitue un aspect important de la préparation, l'application se situe au moment du déroulement et se concrétise par l'exécution d'un certain nombre de choix. »*

La meilleure stratégie, ou stratégie gagnante est [8] :

> *« celle qui est la mieux adaptée à une situation donnée, compte tenu des objectifs que nous nous sommes fixés, et de la stratégie de notre interlocuteur. Nous n'adopterons pas en effet la même stratégie de négociation selon que nous sommes en situation de pouvoir dominant ou dominé, que nous souhaitons développer une relation de confiance à long terme avec notre interlocuteur ou que nous nous soucions uniquement de nos intérêts immédiats ».*

6. *« VSD »* du 26 décembre 1997.
7. Christophe DUPONT : *Opus Cité.*
8. Marc CATHELINEAU : *« Négocier Gagnant »*. Inter Editions (1991).

Dans cet ouvrage, la plupart des chapitres traitent chacun d'une partie de la définition stratégique, à savoir la fixation des priorités et des objectifs, le choix des moyens d'action et la fixation de solutions de rechange.
L'art de la stratégie de négociation sera de mettre en œuvre un certain nombre d'outils en fonction de ses orientations et intérêts propres, mais aussi en fonction des attitudes, du comportement et des intérêts et/ou orientations de l'autre ou des autres. Chaque négociateur aura donc le choix entre plusieurs actions : prendre l'initiative ou laisser venir, être frontal ou contournant, coopérer, ouvrir la négociation ou la fermer, répondre ou non aux stratégies adverses, chercher un accord complet ou partiel.

Le but de ce chapitre est de passer brièvement en revue les différentes options offertes aux négociateurs avec leurs avantages et inconvénients, et de les examiner sous trois angles différents :

1) Négocier en fonction de ses valeurs et croyances.
2) Négocier en fonction des comportements.
3) Négocier en fonction des stratégies commerciales ou sociales.

L'homme a des croyances, des valeurs qui sont bien enracinées dans sa personnalité. Ces valeurs induisent un certain nombre d'attitudes et le « croisement » des attitudes et de l'environnement, à savoir les événements extérieurs, et/ou les acteurs d'en face, vont faire naître des comportements et des actions.
Nous aborderons donc la stratégie à travers ces trois niveaux :

1) Sa propre philosophie, les tendances de fond : préférons-nous en général et d'une manière plutôt inconsciente la guerre ou la coopération ?
2) Les comportements : privilégions-nous par nature les attitudes coopératives ou conflictuelles ?
3) Les actions, les influences externes : en fonction d'éléments stratégiques extérieurs (clients, fournisseurs, groupe social, etc.), quels comportements induisent quelles actions ?

Pour illustrer quelques unes de ces options, nous reproduisons en partie l'article de Jeanne Assouly [9] sur les négociations qui ont abouti à l'accord fondamental entre le Saint Siège et Israël :

> *Le déclic se produisit avec la première conférence israélo-arabe de Madrid, le 30 octobre 1991. Le Vatican comprit alors que les choses changeaient, et, que pour reprendre l'expression du père Dubois, un Français devenu Israélien, « il existait un lien fondamental entre le peuple juif et Jérusalem ». Les choses s'accélérèrent avec la rencontre Rabin-Arafat, car, souligne un diplomate, Rome « ne voulait pas rater le train en marche ». De plus, la paix au Moyen-Orient pouvait remettre en cause les statuts et les propriétés de l'Eglise. Les négociations s'ouvrirent donc officiellement le 29 juillet 1992.*

9. Dans « *VSD* » du 29 décembre 1993 : n° 852.

Les éléments stratégiques peuvent être décodés comme suit :

1) Première conférence israélo-arabe de Madrid.
2) Prise en compte du lien fondamental entre le peuple juif et Jérusalem.
3) Rencontre Rabin-Arafat.
4) Remise en cause des statuts et des propriétés de l'Eglise.
5) Statut de Jérusalem.
6) Reconnaissance d'Israël par le Vatican.
7) Exclusion du statut de Jérusalem de manière temporaire.

3. APPROCHE « PERCEPTIONS »

Le terme « perceptions des valeurs et des croyances » n'est peut-être pas approprié mais nous souhaitons différencier ce qui peut être un « mode de vie » pour un négociateur de l'utilisation de techniques plus ou moins difficiles à mettre en œuvre.

☐ L'Ethique

L'éthique ou la déontologie des affaires est un élément fondamental dans les négociations. Chacun peut avoir une perception relativement différente de ce qu'est l'éthique, mais il y a, nous en sommes convaincu, une base commune quelle que soit la culture ou la position des partenaires.
Ce sujet demanderait à lui seul un ouvrage complet bien que de nombreuses questions de fond restent en suspend ; le problème ne date d'ailleurs pas d'aujourd'hui. Les jésuites avaient déjà réglé le problème à leur manière au XVIIIe siècle, en affirmant :

« Mentir, c'est cacher la vérité à quelqu'un qui en est digne ». [10]

Bel exemple de casuistique......
Néanmoins, nous nous bornerons ici à reprendre les avis d'un expert, Robert Papin professeur à HEC et celui des instances internationales.

Pour R. Papin [11], l'éthique ne se limite pas au bakchich et aux vols d'information mais va bien au delà. L'éthique définit le souci de respecter les individus « en évitant notamment de les considérer comme de simples outils destinés à satisfaire nos ambitions », ce qu'il appelle : la moralité dans les affaires.
L'auteur affirme :
« La plupart des dirigeants peu scrupuleux connaîtront tôt ou tard la solitude puis l'échec. Ces patrons sont généralement entourés de jeunes loups chargés de réaliser les mauvais coups. Si la chance leur sourit, alors ils voudront tôt ou tard se donner une virginité en se débarrassant de ces complices pour les remplacer par de jeunes cadres dynamiques au passé immaculé ».

10. Manuel des confesseurs jésuites au XVIIIe siècle. Cette définition nous a été donnée par Dominique FABRE, professeur à l'IEP de Lille.
11. Robert PAPIN *« De l'éthique des affaires » « Le Figaro Economique »* du 4 avril 1998.

Et il conclut :
« La générosité deviendra sans doute un facteur-clé de réussite, mais vous trouverez toujours, hélas, dans votre propre entourage, des frénétiques de la réussite qui voudront écraser les pieds d'autrui pour mieux réaliser leurs projets ».

Nous ne pouvons que souscrire à ces affirmations.
Dans un autre domaine, un journaliste [12] écrit :
« La communauté internationale, en particulier l'OCDE, Bruxelles, le FMI et l'ONU veulent moraliser les marchés internationaux. 29 pays, dont la France, ont signé en décembre 1997 une convention aux termes de laquelle ils s'engagent à poursuivre ou extrader les fonctionnaires ou responsables politiques qui auraient versé ou fait verser de l'argent pour obtenir un marché ».

Quant au FMI, il conditionne ses prêts au respect d'un minimum de critères déontologiques et poursuit systématiquement les détournements de fonds. L'association « Transparency International » [13], le barreau de Paris et Michel Camdessus, directeur général du FMI, ont affirmé lors d'un colloque :
« Il n'y a pas de prospérité durable sans gestion saine. Des études économiques ont démontré une corrélation entre la progression de la corruption et la baisse des investissements »
Le journaliste poursuit :
« Jean Cartier-Bresson, universitaire, relève que le prix de construction du métro romain est tombé de 300 milliards de lires au kilomètre à 150 milliards de lires, pendant l'opération mains-propres. Alors qu'en vingt-cinq ans le commerce international a été multiplié par quinze, l'éthique en affaires devient un problème économique à part entière ».

Ce problème étant posé, nous développerons la prochaine section à travers deux grandes approches qui sont radicalement opposées, à savoir la coopération ou la guerre.

□ La coopération

Un chercheur nord-américain très connu, Robert Axelrod [14] s'est posé la question suivante : *« Quand un individu doit-il coopérer ou au contraire se montrer égoïste dans une interaction suivie avec une autre personne ? »*
A partir d'un jeu de simulation, le « Dilemme du Prisonnier » [15], ce chercheur a lancé un appel d'offres auprès de spécialistes pour qu'ils proposent des stratégies

12. *« Les Enjeux »* avril 1998.
13. Organisation non gouvernementale à but non lucratif, Transparency International a été fondée en 1993 par des hauts fonctionnaires et des chefs d'entreprise. La branche française est présidée par Daniel DOMMEL, inspecteur général des Finances honoraire et Michel BON, président de France-Télécom.
14. Robert AXELROD a établi une théorie du comportement coopératif dans : *« Donnant-Donnant ».* Editions Odile Jacob (1992).
15. Ce jeu est expliqué dans la section 5 de ce chapitre.

différentes afin de faire un tournoi sur ordinateur avec un grand nombre de joueurs. Quatorze stratégies ont été opposées au hasard les unes aux autres. Le gagnant fut la stratégie « donnant-donnant » [16], qui par ailleurs était le plus simple des programmes sélectionnés.
La stratégie proposée par le programme « donnant-donnant » est la suivante : il faut commencer par coopérer, puis par imiter systématiquement le comportement que l'autre a eu le coup avant.
Devant ces constatations étonnantes, Robert Axelrod publia les résultats et décida de faire un deuxième tournoi. Il relança un appel d'offres, reçut plus de soixante programmes dont une amélioration de « donnant-donnant » proposée par le même auteur ; ce dernier programme remporta également le deuxième tournoi.
Robert Axelrod comprit qu'il tenait une piste très intéressante et il prit comme hypothèse que les propriétés qui assuraient la réussite de la stratégie développée dans le programme « donnant-donnant » pouvaient fonctionner dans les situations où toutes les autres stratégies étaient possibles ; *« si tel était le cas, alors la coopération fondée exclusivement sur la réciprocité semblait possible* [17] *».*
A partir de cette hypothèse, il fallut rechercher les conditions nécessaires pour favoriser la coopération, autrement dit pour savoir comment faire émerger la coopération parmi des égoïstes sans qu'il y ait une autorité supérieure qui puisse l'imposer, et il se posa les trois questions suivantes :

1) Comment une stratégie potentiellement coopérative peut-elle s'implanter dans un environnement composé principalement de non-coopérants ?
2) Quel type de stratégie peut prospérer dans un environnement hétérogène composé d'autres individus utilisant une grande diversité de stratégies plus ou moins complexes ?
3) Dans quelles conditions une telle stratégie peut-elle, une fois pleinement établie dans un groupe, résister à l'invasion d'une stratégie moins coopérative ?

L'analyse des résultats des deux manches fut édifiante, la stratégie de coopération se révélait la plus performante. L'auteur, démonstrations mathématiques à l'appui, établit alors les quatre règles nécessaires à la réussite d'une stratégie de coopération :

1) ne pas être envieux,
2) ne pas être le premier à faire cavalier seul,
3) pratiquer la réciprocité dans la coopération comme dans la défection,
4) ne pas être trop malin.

L'auteur explique la « robustesse » de la réussite de « donnant-donnant » par un mélange de quatre critères :

1) la bienveillance qui empêche le négociateur (joueur) de s'empêtrer dans des problèmes inutiles,

16. Anatole RAPOPORT a mis au point ce programme (Université de Toronto).
17. Robert AXELROD : *Opus Cité*.

2) la susceptibilité qui décourage l'autre camp de s'obstiner à faire cavalier seul,
3) l'indulgence qui contribue à restaurer la coopération mutuelle,
4) la transparence qui rend la situation intelligible à l'autre joueur, suscitant ainsi la coopération à long terme.

Que penser de cette expérience ?
Les deux « tournois » organisés par Robert Axelrod, sont basés sur un modèle de laboratoire, à savoir le « Dilemme du Prisonnier » ; c'est peut-être le plus connu, en tout cas le plus utilisé des jeux expérimentaux. Cette démarche n'est pas exempte de critiques, qu'elles soient générales ou spécifiques [18].

➢ Critiques générales

Hubert Touzard [19] voit dans ces expériences un problème de validité des transpositions de situations abstraites à la réalité.
Les joueurs sont placés dans des situations artificielles, ayant des comportements faussés par la simplicité des jeux, l'absence d'enjeux réels, des motivations très diverses et sans oublier le caractère très ludique de la tâche.

➢ Critiques spécifiques

Deux psychologues [20] concluent quant à eux sur l'impossibilité d'assimiler les jeux aux situations réelles de négociation en faisant quatre critiques de fond :

1) le dilemme du prisonnier n'aboutit pas à une décision commune,
2) par rapport aux négociations réelles, les joueurs connaissent l'ensemble des résultats,
3) les enjeux sont faibles et/ou arbitraires,
4) il n'y a pas de relation sociale (pas de passé réel, de présent réel et d'avenir) entre les joueurs.

Conclusion partielle

Nous avons vu que le grand reproche qui peut être fait à Robert Axelrod est la conclusion d'un choix stratégique efficient à partir d'une expérience de laboratoire ; Christophe Dupont [21] conclut à ce sujet :

> *« certains pourraient s'interroger sur l'intérêt d'une présentation théorique de la négociation alors même que, de toute évidence, les résultats ne sont encore que partiellement probants et que certaines des approches adoptées (théorie des jeux, expériences en "laboratoire" de psychologie sociale,*

18. Pour une étude détaillée des critiques des jeux, voir Christophe DUPONT : *Opus Cité* (p. 153 et suivantes).
19. Hubert TOUZARD : *« La Médiation et la Résolution des Conflits »*. Editions PUF (1977).
20. I. E. MORLEY et G. M. STEPHENSON : *« In the Social Psychology of Bargaining »*. Editions G. Allen et Unwin Limited (1978).
21. Christophe DUPONT : *Opus Cité.*

> *modèles quantitatifs) excluent délibérément des aspects pourtant essentiels de la réalité. »*

Le débat entre recherche théorique et réalité a toujours existé, et il serait vain d'essayer de départager les opinions ; et ce même auteur ajoute :

> *« il existe, en effet, une réponse au bon sens qui consiste à admettre que la meilleure connaissance d'une matière passe par un aller-retour continu entre une phase de conceptualisation et une phase d'adaptation à la réalité vécue ou observée. »*

A partir de ces remarques, les négociateurs peuvent partir du principe que négocier d'une manière coopérative n'est pas forcément, loin s'en faut, un mauvais choix ! Pour illustrer ce que peut être une philosophie coopérative, nous présentons ci-dessous un article retraçant l'aventure d'un PDG de type « donnant-donnant » ; dans ce cas, cette stratégie a été un échec, ce qui nous amène à présenter la deuxième approche : la stratégie guerrière.

> ***La Méthode Attali Désavouée***
> ***Bernard Bosson doit, à court terme, gérer en direct les négociations.***
> *L'insuffisance de dialogue social chez Air France aura causé la perte de son PDG. (...) Mais plus que ces raisons, c'est la méthode Attali qui se trouve finalement condamnée. Lui qui avait fait « ce que tous les patrons d'Air France ont toujours rêvé de faire sans jamais oser y parvenir », à savoir racheter UTA et Air Inter, concentrant ainsi plus de 95 % du pavillon tricolore entre les mains d'Air France, n'a pas pu empêcher ce nouvel ensemble de dériver vers un « Aeroflot à la française » selon ses détracteurs. « Au risque de supporter trois mois d'un conflit social dur, il fallait tout de suite supprimer 10 000 emplois. British Airways l'avait bien fait avec 37 000 postes réduits après son rapprochement avec British Caledonian », souligne un ancien ministre des Transports.*
> *A la méthode dure, le joueur d'échecs qu'est Bernard Attali aura préféré une option plus lente, avec deux plans de retour à l'équilibre successifs prévoyant au total 8 600 réductions d'emplois. Avec beaucoup de réunions avec les syndicats mais non sans une incompréhension croissante que le caractère secret, parfois cassant et souvent moqueur du personnage n'aura pas contribué à atténuer.*
> *Pour lui succéder, un des noms qui circulent est celui de Jean-Pierre Beysson, directeur du cabinet du Ministre des Transports et ancien directeur général des Aéroports de Paris que son ministre – hasard ? – a justement chargé depuis vendredi de mener les négociations.* [22]

Où le fait de jouer « donnant-donnant » doit être en accord avec le comportement du négociateur...

22. Article de Olivier PROVOST dans « *La Tribune Desfossés* » du 25 octobre 1993.

☐ La guerre

Autant Robert Axelrod ainsi que de nombreux spécialistes conseillent la coopération dans la négociation, autant d'autres préconisent le combat à outrance que nous appellerons « guerre » sociale ou commerciale.
Pour ces derniers, l'objectif n'est pas d'obtenir un accord gagnant/gagnant mais bien d'obtenir le maximum de gains au détriment de l'autre.
Afin d'expliciter cette approche, nous développerons rapidement les travaux de deux auteurs : Jean-Louis Swiners et Jean-Michel Briet [23] qui ont mis au point un concept nouveau , le *« warketing »* [24].

➢ Le Warketing

Les auteurs définissent le concept de la manière suivante :

> *« à la guerre l'ennemi est l'ennemi. Il ne fait pas partie de l'environnement. S'il vit vous mourez. Une guerre se fait sur des théâtres, des théâtres d'opération. Les nôtres, ce sont les marchés avec des concurrents dessus, qui se battent pour y rester et non en sortir. »*

Les règles d'application sont simples :
- il faut considérer les concurrents comme des ennemis ;
- il faut détruire leur offre, leur argumentation et ce qu'il en reste dans la tête des clients ;
- il faut conquérir des parts de marché.

Et ils concluent :

> *« le warketing est une pédagogie de survie, une plate-forme de mobilisation stratégique générale (...) pour aider ceux qui veulent encore être là demain et encore là après-demain. »*

Le programme est clair dans les affaires, mais on pourrait facilement extrapoler sur le plan social, international ou diplomatique, quand l'heure des négociations coopératives est terminée, il faut faire la guerre.

➢ Critique globale

Si on comprend bien ces auteurs, quand la fin est juste, peu importe les moyens. Mais qu'est-ce qu'une fin juste, le seul moyen à mettre en œuvre étant le combat, la guerre ?
D'ailleurs Philippe Guillaume [25] qui a préfacé l'ouvrage s'interroge :

---

23. Jean-Louis SWINERS et Jean-Michel BRIET : *« Warketing, une autre Vision de la Stratégie »*. Editions ESF (1993).
24. Le terme *« Warketing »* est une marque déposée.
25. Philippe GUILLAUME a été directeur de l'EBS (European Business Scholl), puis de France 2 et FR3.

« à quel type de société prépare cette économie de guerre pour laquelle il faudrait s'armer ? (...) La vie économique est devenue un combat opiniâtre qui fait des victimes en nombre croissant (...).
S'ensuit-il que le bon patron est celui qui favorise les licenciements chez les autres et le bon warketing reviendrait à inviter Renault à provoquer des licenciements chez Peugeot (...). Peut-on vraiment construire l'Europe sur des valeurs et des règles communes en impliquant que l'emploi chez Philipps suppose la disparition et l'exclusion sociale des salariés de Thomson ? »

Il n'empêche que de nombreux négociateurs utilisent ce type de démarche dans leurs négociations et considèrent le tapis vert comme un terrain de manœuvres ! Cela peut d'ailleurs donner de bons résultats.
Nous voudrions illustrer la philosophie *« warketing »* à travers plusieurs exemples de négociation :

1) ALENA/GATT

On se souvient que les Etats-Unis ont mené de front deux grandes négociations en 1993 : celle de l'ALENA (Traité de Libre-Echange avec le Mexique et le Canada) et celle du GATT avec le reste du monde.
Le président américain avait besoin d'avoir « les mains libres » sur l'ALENA pour négocier le GATT :

NÉGOCIATIONS
LA LUTTE CONTRE LA MONTRE
Au-delà de la volonté politique, les chances d'aboutissement de l'Uruguay Round à la date limite du 15 décembre relèvent maintenant de la lutte contre la montre. Les négociateurs européens chargés du dossier du GATT sont formels. Les délégués américains continuent d'arpenter les couloirs où se déroulent les négociations à Genève, leurs attachés-cases bourrés de documents. Mais l'impulsion politique n'y est pas.
Mickey Kantor, le représentant spécial du Président Clinton pour les négociations commerciales, et tous les décideurs restent accrochés au téléphone à Washington, avec une seule idée en tête, rallier des voix pour l'ALENA. La perspective que la Chambre des Représentants rejette le 17 novembre le traité de libre-échange nord-américain avec le Mexique et le Canada est suffisamment préoccupante pour que l'administration américaine consacre à la campagne pour le traité – un peu tardivement de l'avis de ses partenaires – toute son attention. Tout au plus, Mickey Kantor examine-t-il la possibilité de rencontrer le commissaire européen, Leon Brittan, au milieu de la semaine prochaine. Les négociations sur l'Uruguay Round restent donc suspendues à la date fatidique du 17 novembre. Mais le suspense pourrait se prolonger au-delà. Car, même si le Président Bill Clinton réussit à arracher in extremis un vote positif à une Chambre récalcitrante, il faudra encore attendre le vote du Sénat quelques jours après.

Les sénateurs sont en majorité des partisans de l'ALENA, mais l'administration ne pourra réellement s'occuper du GATT que quand la ratification de l'ALENA sera définitivement acquise.
Si la position américaine dans les négociations de Genève se singularise par son absence de propositions nouvelles, le président estime qu'il sert au mieux les intérêts de l'Uruguay Round en se battant pour l'ALENA. Aussi a-t-il déclaré vendredi que la ratification du traité « renforcera notre engagement et donnera beaucoup de courage à beaucoup de pays européens de vouloir faire la même chose ». Une déclaration qui laisse les négociateurs européens perplexes, tant les dossiers s'empilent et le temps s'écourte. [26]

Où l'on se rend compte qu'une négociation sert de « levier » à une autre et explique peut-être la dureté pour ne pas dire l'intransigeance des américains pour le GATT tant que l'ALENA n'est pas signé !

2) Contre-exemple du « Warketing »

Un deuxième exemple vient contredire le « *warketing* » : les trois plus gros producteurs agroalimentaires mondiaux se sont vraisemblablement « entendus » sans se battre pour se partager un beau gâteau, et ceci plusieurs fois ces deux dernières années.
En 1992, Perrier est à vendre. Nestlé rachète l'ensemble et revend « dans la foulée » Volvic à BSN, bien que Nestlé et BSN soient concurrents directs. En 1993, Miko-Ortiz est racheté par Unilever qui revend aussitôt Vivagel à BSN.
Personne ne pourra croire qu'il y a eu un combat mortel Unilever / BSN / Nestlé pour s'approprier des entreprises qui souhaitaient se vendre ! Tous les spécialistes reconnaissent qu'il y a eu accord de partage avant les négociations d'achat…
Enfin, il est des cas où la guerre ne marche pas et où les belligérants se voient souvent contraints et forcés de négocier ; la paix israélo-palestinnienne nous en donne un exemple flagrant, à travers un passage de l'interview de Shimon Peres :

« Le monde arabe avait adopté une stratégie de guerre ; l'OLP une stratégie de terrorisme. Les deux étaient arrivés à la conclusion que ni la guerre ni le terrorisme n'étaient les solutions. Il fallait choisir une autre voie. Nous, nous avons dit : si l'OLP change de stratégie – et il n'y avait aucune raison de ne pas envisager cela aussi – nous pouvons négocier avec elle. Le problème qui se posait alors, et qui reste très délicat, était : faut-il reconnaître avant ou reconnaître après ? Moi-même, j'étais parmi ceux qui pensaient que, si nous faisions une reconnaissance avant, nous perdions, les uns et les autres, un pouvoir de négociation. C'est pour cela qu'il fallait créer une situation de transit, une situation pas claire, pour que tout soit possible. D'autant que c'était un dialogue, mais un dialogue qui ne passait pas par les voies officielles. » [27]

26. Article de Blanca RIEMER dans « *La Tribune Desfossés* » du 8 novembre 1993.
27. Dans « *Paris-Match* » du 16 septembre 1993 : n° 2 533.

Où l'on peut mesurer la limite des stratégies de guerre et le passage gagnant à la coopération.
Les deux approches, la guerre et la coopération, peuvent être illustrées par « les plaideurs » et les conciliateurs. Les professionnels de la justice reconnaissent bien aisément qu'un mauvais accord vaut mieux qu'un bon procès.
Et pourtant, il existe des personnes qui systématiquement font appel à la procédure et ne veulent « lâcher » sur rien. Ce qui est paradoxal, c'est que lorsque ces mêmes personnes perdent (un procès, par exemple) elles continuent néanmoins, à la première occasion, d'attaquer.
Il est évident qu'un « plaideur » tel que nous le définissons ne rentrera que très rarement dans le champ de la négociation ; cet ouvrage ne lui est donc pas destiné !

4. LES ATTITUDES

Nous avons vu dans la première partie de ce chapitre que les valeurs et croyances individuelles qui forment les perceptions souvent inconscientes des négociateurs, les conduisaient par nature soit à faire la guerre, soit à coopérer.
Dans cette deuxième partie, nous allons développer les deux grandes attitudes qui en découlent, à savoir les attitudes coopératives et les attitudes compétitives [28].
On entend souvent, au cours des discussions ou lors d'interviews de vendeurs les affirmations suivantes :

– toute négociation est obligatoirement du type gagnant/perdant [29],
– il faut interpréter tous les événements comme une manifestation de force pour l'autre et de faiblesse pour soi,
– un négociateur agressif gagne toujours contre un négociateur coopératif.

Tout cela va dépendre des attitudes que les négociateurs vont avoir ; il faut savoir remettre en cause, nuancer et adapter ces propositions.

☐ La théorie des jeux [30]

Nous expliquerons ici cette théorie d'une manière très pragmatique. Cette approche identifie deux grands types de jeux : ceux à somme nulle et ceux à somme non nulle,

---

28. Cette distinction, capitale dans la compréhension de la négociation, a été faite pour la première fois par deux chercheurs américains : WALTON et Mc KERSIE. Pendant longtemps, les traducteurs ont utilisé intégratif pour coopératif et distributif pour conflictuel. Nous utilisons ces nouveaux termes pour des raisons de compréhension.
29. Il n'y a pas que les vendeurs qui s'expriment de la sorte : Ségolène ROYAL, ancien ministre, a affirmé au micro d'Europe 1 le 16 décembre 1993 que « dans les négociations, il y a toujours un gagnant et un perdant » (au sujet de l'accord du GATT).
30. La théorie des jeux a été initialisée par Von NEUMANN et MORGENSTEIN (1944). De nombreux chercheurs ont continué leurs travaux, en particulier John NASH, Reinhard SELTEN et John HARSANYI qui ont obtenu le prix Nobel d'Economie en 1994. (Pour l'explication détaillée de ces contributions, voir C. DUPONT page 164 et suivantes).

d'où le transfert « négociations à somme nulle » et « négociations à somme non nulle ».

➢ Négociations à somme nulle

Ce sont des négociations de type gagnant/perdant. Si nous représentons par un schéma le « gâteau » qu'ont à se partager deux négociateurs A et B, on obtient ceci :

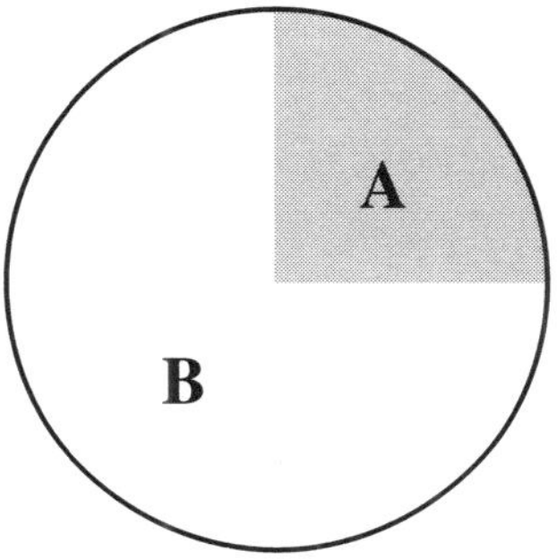

SCHÉMA 1 : LES NÉGOCIATIONS À SOMME NULLE.

A va avoir comme objectif d'essayer de prendre le maximum de part de gâteau à B et réciproquement. Tout ce que A prendra à B sera en plus pour A et en moins pour B, d'où un résultat à somme nulle.

➢ Négociations à somme non nulle

Ce sont des négociations de type gagnant/gagnant. Nous reprenons le même gâteau de départ, mais les négociateurs se disent : « plutôt que de nous disputer la part de gâteau existante, agrandissons le gâteau et nous aurons chacun une plus grande part » :

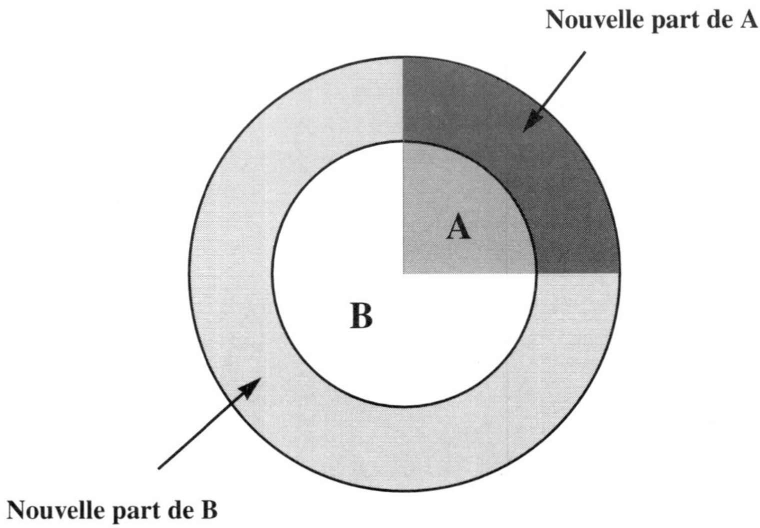

Schéma 2 : Négociation à somme non nulle.

On voit que pour arriver à jouer gagnant/gagnant, il faut trois conditions :

1) que les deux négociateurs acceptent d'agrandir le gâteau,
2) que cet agrandissement soit possible,
3) qu'ils soient d'accord sur le nouveau partage.

Il est bien évident que les négociations à somme nulle vont entraîner des attitudes conflictuelles, alors que par nature les négociations à somme non nulle vont faire naître des attitudes de type plutôt coopératif.

Nous pouvons lister par nature les caractéristiques de chaque attitude :

NEGOCIATION COOPERATIVE	NEGOCIATION CONFLICTUELLE
les acteurs acceptent une certaine forme de consultation	la négociation se déroule dans un contexte de rapport de force
la bonne foi et la rationalité sont admises	la bonne foi et la rationalité ne sont pas considérées comme des règles à respecter; les lignes de conduite sont l'intransigeance et le réalisme
les relations d'influence jouent parallèlement à celles de pouvoir	les négociateurs utilisent essentiellement les relations de pouvoir
le plus souvent, elles ont un caractère préventif; elles font jouer des mécanismes de régulation	elles ont un caractère de liquidation d'un conflit désormais stabilisé
elles ont souvent un caractère relativement institutionnalisé	elles ne sont pas institutionnalisées et peuvent prendre les formes les plus diverses
les négociateurs ont une optique totalement ou partiellement coopérative. Ils acceptent de tenir compte des objectifs de l'autre; ils en admettent la légitimité	les négociateurs ont une optique nettement conflictuelle; ils font peu de cas des objectifs adverses; ils contestent la légitimité profonde; ils refusent de prendre en compte les objectifs de l'autre
il y a, au moins partiellement recherche du consensus	elles se définissent par une recherche de victoire ou à la rigueur d'armistice
les pressions exercées sont souvent indirectes, elles restent dans le cadre de la légalité	les pressions sont exercées au maximum avec recours éventuel à l'illégalité; de nouvelles formes de pression sont éventuellement recherchées; les menaces sont systématiquement utilisées
il y a développement synergique du jeu commun	le progrès de la négociation passe par des phases successives d'expression du rapport de force avec renforcement des antagonismes et un faible jeu commun
l'argumentation joue un rôle important	l'argumentation est affaiblie par le rapport de force
l'issue considérée comme la meilleure est un compromis sauvegardant les intérêts essentiels et apparents des protagonistes	l'issue considérée comme la meilleure est la satisfaction maximum de ses propres objectifs sous la forme de compromis nettement avantageux et/ou de domination
négociation à somme non nulle	négociation à somme nulle

TABLEAU 1 : CORRESPONDANCE DES NÉGOCIATIONS COOPÉRATIVES - CONFLICTUELLES [31].

Il est néanmoins assez rare de rencontrer des négociations à orientation très typée ; des « dosages » intermédiaires se présenteront très souvent ; ces négociations sont appelées à orientation mixte.
Il n'empêche que l'on ne négocie pas de la même manière en coopération ou en conflit : les approches, les comportements, les finalités, les techniques utilisées et le climat créé seront différenciés.

□ La négociation raisonnée

Pour lutter contre des attitudes de type conflictuel ou plutôt pour en éviter les inconvénients, deux spécialistes américains William Ury et Robert Fisher [32] ont mis au

31. *Source :* d'après C. DUPONT (1978).
32. William URY et Robert FISHER : *« Comment Réussir une Négociation »*. Editions du Seuil (traduit de « Getting to Yes ». Editions Houghton Miflin Company, Boston) (1982).

point une approche originale dans la manière de négocier, à savoir la négociation raisonnée.
Le principe de base est simple à comprendre, mais plus difficile à mettre en application : *« il ne faut pas négocier sur des positions »*.
Autrement dit, il faut autant que faire se peut analyser de manière beaucoup plus rationnelle la situation et la conduite de la négociation, en laissant l'affectif dans la relation à un niveau différent des objectifs et buts.
Les auteurs ajoutent :

> *« la négociation raisonnée permet au négociateur d'être dur quant aux questions débattues et conciliant dans la relation avec la partie adverse. Elle exclut les trucages et les attitudes théâtrales. (...) Elle favorise l'honnêteté et la bonne foi des négociateurs tout en les protégeant contre une éventuelle exploitation de cette honnêteté et de cette bonne foi par un adversaire déloyal. »*

➢ La méthode

a) Il faut traiter séparément les questions de personnes et les différends

Il faut bien distinguer les deux « pôles » dans les négociations :

- le différend, qui est d'ordre commercial, social, international, etc. ; autrement dit la nature des objets et des enjeux de la négociation,
- les questions de personnes, c'est-à-dire la relation que les négociateurs vont avoir entre eux.

Il est vrai, et surtout dans les pays latins et arabes, que la relation humaine et les objets de la négociation sont souvent confondus.

b) Il faut se concentrer sur les intérêts en jeu et non sur les positions

Pour trouver une solution judicieuse, il faut concilier les intérêts et non pas les positions. Pour ce faire, les négociations devront déterminer conjointement les intérêts en jeu et aborder ces préoccupations.

c) Imaginer des solutions procurant un bénéfice mutuel

Il faut élargir le champ des possibles, rechercher constamment un bénéfice mutuel et faciliter la tâche de l'adversaire quand il devra se prononcer en proposant des solutions créatives et originales qui n'avaient pas été prévues avant le début des négociations.

d) Exiger l'utilisation de critères objectifs

Les auteurs distinguent deux grands types de critères objectifs : les critères d'équité et les procédures équitables.

- Critères d'équité

Ce sont ceux qui servent à évaluer et/ou à développer une solution ; ce sont en quelque sorte les normes du métier : règlements, cotations, taux d'indemnités.

• Procédures équitables

Ce sont les « savoir-faire » d'arbitres et/ou d'experts, les us et coutumes, les traditions.
Anne Macquin[33] définit cette dernière catégorie de la manière suivante :

> *« les procédures équitables servent principalement à trancher entre plusieurs solutions. Une telle procédure consistera, par exemple, au tirage au sort pour répartir entre héritiers les meubles d'une succession. »*

Et de conclure sur les deux types :

> *« les critères objectifs ont pour objet de faire reposer l'accord sur des bases indépendantes de la volonté des parties. »*

Les auteurs abordent à la fin de leur ouvrage trois thèmes intéressants, à savoir ce qui se passe lorsque la partie adverse est plus puissante, quand elle refuse de jouer le jeu, ou lorsqu'elle triche.

1) Partie adverse manifestement plus puissante
Les auteurs préconisent d'utiliser (en réserve) sa meilleure solution de repli possible[34], pour se protéger et tirer le meilleur parti de ses atouts.

2) Partie adverse refusant de jouer le jeu
Dans ce cas, il faut utiliser la procédure à texte unique.

3) Partie adverse trichant ou ayant recours à des moyens déloyaux
Dans ce cas, il faut discuter des règles de la négociation, faire la guerre psychologique, décoder et contrer les tactiques déloyales, refuser d'être une victime en mettant la pression.

➢ Critique

Que penser de la négociation raisonnée ?

Christophe Dupont[35] apporte l'éclairage suivant :

« le principal mérite (de la négociation raisonnée) est qu'elle a permis aux auteurs de formuler quelques règles simples par ailleurs déjà connues mais moins bien formalisées, qui rendront incontestablement service aux négociateurs en pratique. La proposition qu'elle apporterait "une solution de rechange" aux conceptions actuelles de la négociation semble, quant à elle, moins évidente. »

Cet auteur d'une manière très simple reconnaît le bien fondé des techniques proposées par William Ury et Robert Fisher, mais affirme à juste titre que ce n'est pas une panacée ; d'ailleurs, comme dans toute activité humaine, si des règles de fonctionnement évitant les échecs existaient, elles seraient connues depuis longtemps !

---

33. Anne MACQUIN : *« Vente et Négociation »*. Collection Gestion Plus. Editions Précis Dalloz (1993).
34. *« MESORE »*, Meilleure Solution de Repli est une traduction de la « BATNA ».
35. Christophe DUPONT : *Opus Cité*.

5. LES COMPORTEMENTS

Les attitudes des négociateurs sont souvent adaptées ou modifiées par des événements extérieurs qui vont plus ou moins induire les comportements des individus. Nous allons développer dans cette section trois grands types d'événements extérieurs qui vont influencer d'une manière fondamentale les négociations : l'attitude de l'autre (ou des autres), les stratégies commerciales et les stratégies sociales des entreprises et des organisations.

☐ L'attitude de l'autre

Il est évident, mais est-il bien nécessaire de le rappeler ici, que la négociation se fait au minimum à deux personnes et que les attitudes et les comportements de l'autre ou des autres ont une influence capitale sur le déroulement et le résultat des négociations.

Nous développerons rapidement le modèle de base du comportement en négociation, appelé « Dilemme du Prisonnier »[36].

Le « Dilemme du Prisonnier » est un modèle de recherche en psychosociologie mis au point par l'américain Tucker (1959), qui se présente comme suit.

Deux suspects sont arrêtés par la police qui les soupçonne d'un meurtre conjoint, et sont enfermés dans deux cellules différentes et ne peuvent donc pas communiquer.

Nous appellerons les suspects A et B. Il existe quatre situations possibles :

1) Si A et B nient, tous les deux prennent deux ans de prison.
2) Si A dénonce B et que B nie, A est libéré et B prend cinq ans de prison.
3) Si B dénonce A et que A nie, B est libéré et A prend cinq ans de prison.
4) Si A et B s'accusent mutuellement, tous les deux prennent trois ans de prison.

36. C'est un modèle que Robert AXELROD a utilisé pour ses recherches décrites dans la section 4 de ce chapitre. Depuis 1959, première apparition de ce modèle, plus de 1 000 articles et/ou livres lui ont été consacrés !

Nous pouvons mettre ces situations dans la matrice suivante :

		A	
		NIE	DEFONCE
B	NIE	Situation 1 A : 2 ans B : 2 ans	Situation 2 A : Libéré B : 5 ans
B	DEFONCE	Situation 3 A : 5 ans B : Libéré	Situation 4 A : 3 ans B : 3 ans

Schéma 3 : Matrice de résultats.

Individuellement, A a intérêt à dénoncer B et B à nier ; dans ce cas, A est libéré, B prend la peine maximum (situation 2).

La situation est réciproque si B accuse A et si A nie (situation 3).

Collectivement, A et B ont intérêt à nier tous les deux ; dans ce cas, ils en prendront pour deux ans chacun (situation 1).

Ils ont un troisième choix, c'est de s'accuser mutuellement ; dans ce cas la situation est moins bonne que la précédente mais meilleure que la première (situation 4).

Autrement dit, les négociateurs seront devant le dilemme suivant : s'ils veulent maximiser individuellement leurs gains, ils ont intérêt à choisir, suivant que ce soit A ou B, la situation 2 ou 3 ; s'ils veulent optimiser leurs gains, ils ne peuvent que choisir la situation 1 (préférable à la situation 4), mais on comprend bien que le résultat est fonction avant tout de la décision de l'autre.

Ce jeu peut se faire de deux grandes manières :

- soit plusieurs fois ; dans ce cas on cumulera les résultats de chaque tour pour obtenir le résultat final,
- soit une fois ; dans ce cas, la première décision donnera directement le résultat.

1) Plusieurs tours

Tout dépendra du fait que A et B puissent communiquer. S'ils ne le peuvent pas,

ils prendront leur décision de chaque tour en fonction de la dernière décision de l'autre et des *a priori* qu'ils auront.
S'ils communiquent, ils peuvent se convaincre, partager, obtenir la confiance ou la défiance ; de toutes manières, les expériences ont démontré que les résultats étaient meilleurs lorsque les joueurs pouvaient communiquer.

2) Un tour

Dans ce cas, c'est le réflexe, les croyances, les valeurs de chacun qui vont faire la décision.
Dans la réalité, on peut extrapoler à deux grands types de négociation :

– les négociations avec des partenaires que l'on est appelé à revoir ou avec qui on doit travailler (clients, groupes sociaux). Dans ce cas, le négociateur aura vraisemblablement intérêt à optimiser (situation 1) pour préserver les relations à long et moyen terme ;
– les négociations « one shot »[37], où l'on est quasiment sûr de ne pas avoir à faire avec l'autre dans l'avenir (vente d'une voiture, d'un appartement). Dans ce cas, le négociateur pourra se permettre (toutes choses égales par ailleurs) de maximiser ses gains. De toute manière la relation future, si elle devait exister, sera aliénée pour longtemps.

Si nous extrapolons ce modèle aux attitudes explicitées dans la section précédente, nous pouvons établir la matrice suivante :

		A	
		Attitude coopérative	**Attitude conflictuelle**
B	**Attitude coopérative**	Situation 1 Négociation coopérative	Situation 2 Négociation manipulatrice
	Attitude conflictuelle	Situation 3 Négociation exploitative	Situation 4 Négociation conflictuelle

Schéma 4 : Matrice des types de négociation.

37. « One shot » : un coup.

– Situations 1 et 4 :

C'est le même processus que pour le « dilemme du prisonnier » : dans un cas, A et B optimisent le résultat par des attitudes coopératives (situation 1), dans l'autre ils vont au conflit mutuellement (situation 4).

– Situation 3 :

Dans ce cas, A exploite la coopération de B et maximise son résultat au détriment de B (situation réversible pour B).

– Situation 2 :

Dans ce cas, A va « manipuler » B, en utilisant des techniques douces mais va néanmoins maximiser son gain (situation réversible pour B).
En conclusion, la situation 1 est de type gagnant/gagnant, les trois autres sont de type gagnant/perdant. Toutefois la situation 4 peut répondre à certaines nécessités et peut même aboutir à des résultats satisfaisants et/ou réalistes. Elle ne pose pas les mêmes problèmes (déontologie, honnêteté, éthique, etc.) que les situations 2 et 3.

6. LES MODÈLES STRATÉGIQUES À APPLIQUER À LA NÉGOCIATION

Le marketing, sous « les coups de boutoir » de la situation économique dans les pays industrialisés, est en pleine évolution. Une des avancées les plus originales de ces dernières années est la démarche « *business to business* » dont les chefs de file en France sont entre autres l'équipe de l'Ecole Supérieure de Commerce de Lyon [38].

☐ Evolution du Marketing

Jusqu'à présent, le marketing s'intéressait avant tout aux produits de la grande distribution et/ou aux services de type assurances ou banques.
Les produits industriels adaptaient à leurs spécificités les méthodologies, les techniques et les outils de la grande distribution [39].
Un des outils majeurs a été (et est toujours) le marketing-mix, à savoir un ensemble de techniques : prix, promotion, système de distribution, communication, publicité, etc. Lorsque la situation extérieure changeait, il suffisait de modifier un ou plusieurs paramètres du marketing-mix pour relancer la demande.

38. En particulier Robert SALLE et Hugues SILVESTRE, auteurs de « *Vendre à l'Industrie* ». Editions Liaisons (1992).
39. L'auteur n'étant pas un spécialiste de marketing n'engage que lui dans ce jugement « *à l'emporte pièce* ».

Aujourd'hui, en période de crise, ou plutôt de mutation, cette méthode s'avère moins performante et quasiment tout se recentre sur le prix [40].
Les entreprises doivent de plus en plus prendre en compte les relations avec non seulement leur environnement propre, mais aussi celui de leurs fournisseurs et de leurs clients.
Si nous tentons d'illustrer, de manière très schématique, les flux de communication existants ou non entre ces environnements, nous arrivons à l'organigramme suivant :

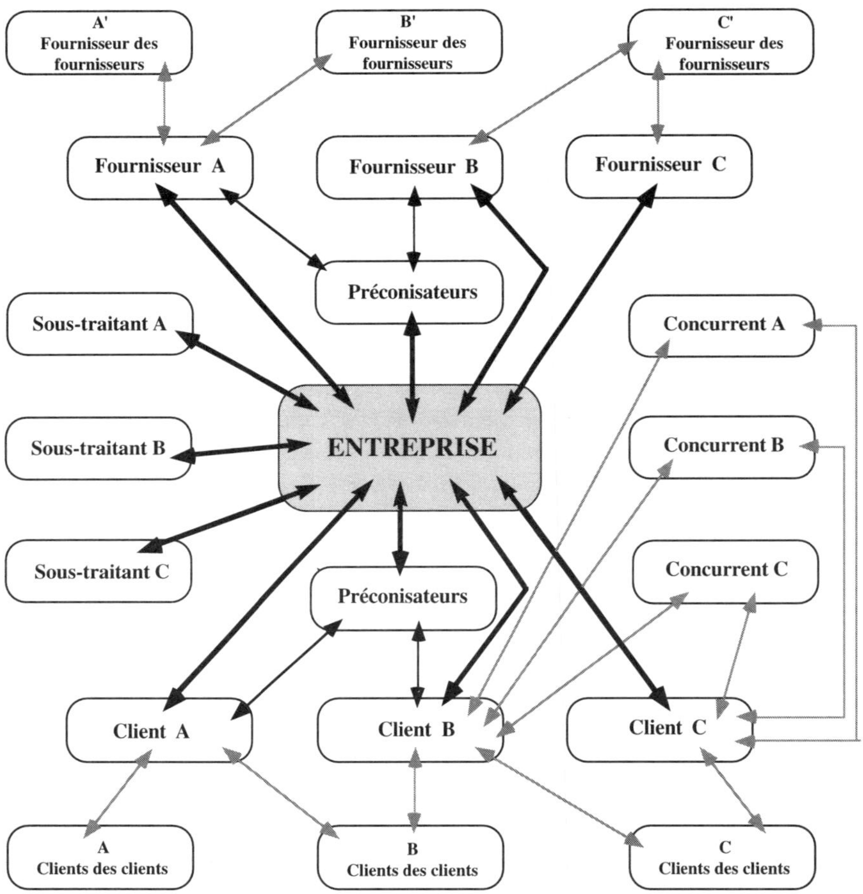

SCHÉMA 5 : LES RELATIONS EXTERNES DE L'ENTREPRISE.

Sur ce schéma, qui paraît très compliqué, mais où les relations d'affaires sont rarement simples, on constate deux choses : en général, une entreprise a des contacts

40. Les problèmes liés à la négociation du prix seront abordés à la fin de ce chapitre.

plus ou moins étroits avec ses fournisseurs et/ou ses sous-traitants directs et ses clients, mais elle n'en a quasiment aucun avec les fournisseurs de ses fournisseurs et les clients de ses clients[41].

A notre avis, l'avenir des entreprises est là, à savoir globaliser l'offre en collaboration avec l'ensemble des acteurs du marché, ce qui amènera les acteurs à conduire des négociations globalisées.

Il n'est pas dans notre intention de « tuer » le marketing actuel, et pour meilleure preuve, nous allons développer trois modèles stratégiques qui illustreront des stratégies de négociation.

□ Modèles Stratégiques de Base

➢ La Courbe de Vie du Produit

Ce modèle date de plus de quarante ans, mais des milliers d'expériences, d'articles et d'ouvrages ont prouvé, si besoin en était, que la plupart des produits et des services répondaient toujours à la même loi, à savoir la naissance, la vie et la mort, représenté comme suit :

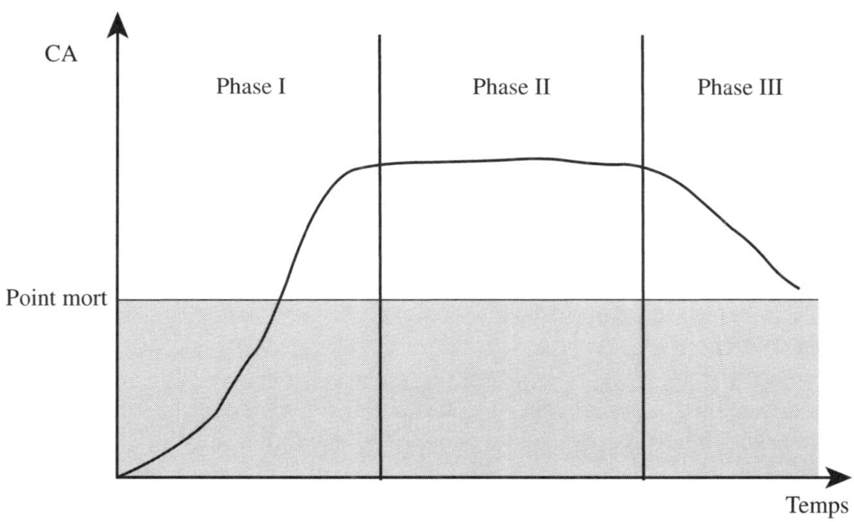

SCHÉMA 6 : COURBE DE VIE.

En ordonnées, on indique les ventes (chiffre d'affaires). En abscisses, on indique le temps (en mois, années, décennies). Le point mort est le montant de chiffre d'affaires minimum nécessaire pour arriver à une marge nulle.

41. Pour trouver un grand développement de cette idée, consulter l'ouvrage de SALLE et SILVESTRE, *opus cité*.

Phase I : Lancement du produit
Cela va de la conception à la mise sur le marché (distribution opérationnelle),

Phase II : Maturation du produit
C'est le moment qui produit le plus de cash-flow,

Phase III : Mort du produit,
Cela correspond à la fin de fabrication et/ou de distribution.
Il est évident que les problèmes de négociation et donc la manière de la conduire seront fonction non seulement de la phase dans laquelle on se trouve, mais aussi de la phase dans laquelle se trouve l'autre.

Exemple

L'entreprise A fabrique différents produits chimiques dont du bioxyde de titane. Ce produit, qui est un pigment blanc, sert avant tout à « teinter » les peintures blanches. Il se trouve que la société A a un gros stock de bioxyde et que ce produit se trouve en début de phase III.

L'entreprise B fabrique des « purées minute » ; elle a décidé de lancer une purée blanche pour répondre aux goûts de la clientèle. En catimini, elle a fait des essais avec le bioxyde de titane qui se sont révélés concluants. Ce nouveau produit, la « purée blanche », est en début de phase I ; il est primordial pour la société B que cette purée décolle et soit acceptée par les grandes surfaces.

Situation de départ de A et B :

- pour A, les enjeux sont de se débarrasser au plus vite de son stock, en cassant les prix par exemple ;
- pour B, les enjeux sont de lancer son produit pour atteindre la phase II, les prix d'achat des composants n'étant pas stratégiques dans cette première phase.

Si A n'est pas conscient des enjeux de B, il va « brader » ses stocks alors que B était prêt à accepter vraisemblablement des conditions plus dures pour lui.

Voici résumé et simplifié, un exemple d'inadéquation possible dans une négociation commerciale [42].

➢ Le BCG 1

Le modèle BCG 1 [43], abréviation de « Boston Consulting Group », a vingt ans et a fait les beaux jours des plus grandes entreprises internationales.

S'il ne répond pas toujours aux attentes des entreprises, il a au moins le mérite de segmenter les portefeuilles de produits de l'entreprise et d'amener les managers à se poser les bonnes questions.

42. Cet exemple est tiré d'une situation réelle : ce produit est interdit à l'usage alimentaire en France, mais utilisé dans les « purées minute » au Royaume-Uni.
43. On dit BCG1 car depuis quelques années un nouveau modèle est apparu, le BCG2 qui lui, segmente non plus les produits/services mais les métiers. Pour plus d'informations, voir *« Stratégie »* d'Alain *Desreumaux*. Editions Dalloz Gestion (1993).

Le BCG 1 segmente les produits et/ou les services en quatre grandes catégories, en fonction du taux de croissance du marché et du positionnement par rapport à la concurrence :

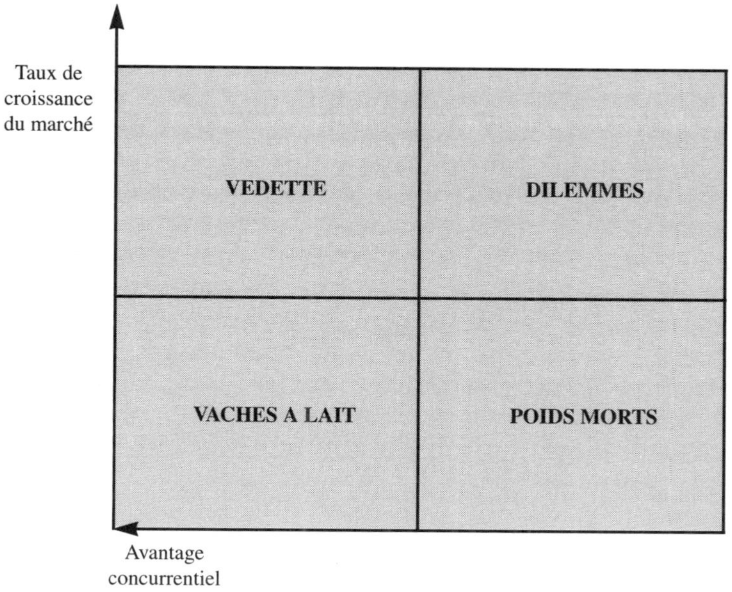

SCHÉMA 7 : LE BCG1.

En abscisses, on représente l'avantage concurrentiel qui est le positionnement du produit par rapport à la concurrence : à droite, il n'est pas sur le marché, à gauche il est en situation monopolistique.
En ordonnées, on représente le taux de croissance qui est celui du marché global et non pas son propre marché. Il n'y a pas de lien spécifique entre taux de croissance et rentabilité.

Segmentation

PRODUITS VEDETTES	Les produits sont en pleine ascension et dégagent du cash-flow, toutes proportions gardées (milieu et fin de phase I : voir courbe de vie).
PRODUITS VACHES À LAIT	Les produits sont en phase de maturation (phase II), ils rapportent du cash-flow mais vont inévitablement, un jour ou l'autre, entamer la phase III.
PRODUITS POIDS MORTS	Ces produits coûtent de l'argent, car ils sont en dessous du point mort (fin de phase III).
PRODUITS DILEMMES	Ces produits sont les plus délicats à manier (en général en début de phase I). Le manager peut prendre deux décisions radicalement opposées : - soit il arrête tout investissement : il transforme alors le produit dilemme en produit poids mort (avantage = on stoppe les coûts ; inconvénient = on ne récupère pas "la mise de départ"), - soit il essaye de transformer le produit dilemme en produit vedette en investissant (avantage = on peut gagner le "jack-pot" ; inconvénient = on n'est jamais sûr du résultat, et il faut, en général, beaucoup d'investissements supplémentaires.

TABLEAU 2 : LA SEGMENTATION.

Exemple
Une grande multinationale avait un produit miracle, la lessive X qui se trouvait segmentée dans les « vaches à lait » pour les hypermarchés. Cette multinationale décida de se diversifier dans les aliments pour animaux, avec le produit Z.
Le produit Z était au départ pour cette compagnie dans la segmentation des « dilemmes ». Elle mit au point une stratégie de négociation pour pouvoir lancer son produit Z. Dans les négociations avec les acheteurs de centrale, elle tint à peu près ce langage : « nous acceptons de vous livrer le produit X qui est une “vache à lait” pour vous, à condition que vous nous preniez également le produit Z qui est un “dilemme” pour nous ».
Elle a lié des produits « vaches à lait » à des produits « dilemmes ».

➢ La Matrice d'Ansoff

Igor Ansoff, professeur américain de stratégie et de marketing, a mis au point dans les années 70 la grille suivante qui reprend le couple produits/clients (ou marché).

		CLIENT	
		Ancien	Nouveau
PRODUIT	Ancien	1	2
	Nouveau	3	4

Schéma 8 : La matrice d'Ansoff.

CLIENT	- ancien	c'est celui que l'on connaît bien : on sait comment communiquer avec lui, comment il paye, etc
	- nouveau	c'est celui que l'on ne connaît pas
PRODUIT	- ancien	c'est celui dont on maîtrise la fabrication et/ou la distribution
	- nouveau	c'est celui avec lequel on en est au stade du lancement et que l'on ne maîtrise pas complètement

Tableau 3 : Le couple client/produits d'après Ansoff.

Stratégie

L'entreprise a intérêt, pour limiter ses risques, à saturer la case 1, soit anciens clients / anciens produits. Ensuite, elle doit se diversifier si elle veut assurer son développement. Elle peut le faire de deux grandes manières :

– soit en vendant des nouveaux produits à des anciens clients, (case 2 risque sur les produits mais pas sur les clients) ;
– soit en vendant des anciens produits à de nouveaux clients, (case 3 risque sur les clients et pas sur les produits).

La case 4, soit nouveaux clients / nouveaux produits, est en général très délicate, car elle cumule les risques[44].

44. C'est ce qu'ont fait, il y a quelques années, de nombreuses PME qui, n'arrivant plus à vendre dans leur propre région, se sont « ruées » sur l'export ; les Anglais et les Italiens n'achètent pas forcément comme les Français et les produits français à l'étranger rencontrent souvent des problèmes de normes (voir la bière française en Allemagne).

Exemple :

Le Club Med s'est retrouvé dans trois cases à la fois :

Case 1	Les villages classiques sont pour le Club Med, des anciens produits ; il maîtrise parfaitement l'installation et l'animation de ses clubs , ainsi que la communication avec ses clients
Case 2	La diversification par le client s'est faite il y a quelques années par le Club Med Affaire. Pourquoi ne pas faire venir les séminaires d'entreprise dans les clubs ? Le Club Med maîtrisait bien la gestion et l'animation des clubs (et la logistique des transports) mais il ne communique pas et il ne négocie pas de la même manière avec un client "touriste" et les services formation des entreprises
Case 3	C'est la diversification par les nouveaux produits, à savoir Club Med One et Two (les paquebots-villages). Il s'adresse alors aux anciens clients avec des méthodes de communication éprouvées (catalogues, mailings) mais il doit investir et gérer des produits qu'il connaît moins bien

TABLEAU 4 : EXEMPLE DU CLUB MED.

Remarques complémentaires

A travers ce résumé très schématique et simplifié de trois modèles stratégiques, nous n'avons pas eu la prétention d'expliquer la stratégie des entreprises, mais plus simplement de mettre en évidence que les négociations d'affaires ne peuvent se permettre d'ignorer non seulement les démarches stratégiques, ni la (ou les) stratégie(s) de ses clients.

Le négociateur devra les intégrer dans la préparation de sa propre négociation. Il devra, en fonction de la segmentation retenue, choisir entre autres quelles techniques de négociation privilégier, quel type et quel climat de négociation conduire, quelles informations échanger et quelles concessions proposer.

□ Application Directe

Les modèles stratégiques présentés ont tendance à privilégier les vendeurs au détriment des acheteurs ; nous présentons donc ici une grille d'analyse stratégique adaptée à un acheteur en fonction des produits recherchés :

Type de produit	Caractéristiques pour l'acheteur	Conditions à exiger du fournisseur
- Produits banaux - Risque faible ou nul pour l'acheteur	- Achat répétitif - Priorité au critère de compétitivité	**Politique de prix** - Recherche d'une compression maximale des coûts administratifs et commerciaux - Diminution des coûts de production, c'est-à-dire recherche d'un volume important **Politique de distribution** - Ouverture maximale du marché par un réseau de distributeurs indépendants
- Produits déterminants dans la production - Risque moyen ou élevé pour l'acheteur	- Exigence élevée en service et en assistance - Priorité aux critères de fiabilité et d'adaptabilité - Recherche et coopération - Tendance à la répartition des risques	**Contrôle de qualité sévère** - Développement de politiques avancées de services - Coordination entre le technique et le commercial (problèmes de délai) - Stratégie orientée vers les relations à long terme et basée sur une stratégie de clientèle réfléchie - Suivi des clients importants - Offre adaptée aux besoins de chaque client important
- Produits stratégiques - Risque très élevé pour l'acheteur	- Exigences élevées en information - Prise en compte de nombreux paramètres - Processus d'achat long et complexe - Processus formels d'évaluation des offres - Contrôle sévère	**Système d'information très développé** - Recherche d'une coopération avec le fournisseur dès que le besoin apparaît pour orienter éventuellement le cahier des charges - Multiplication des contacts avec le fournisseur à tous les niveaux - Grande honnêteté quant aux faiblesses éventuelles de l'entreprise

TABLEAU 5 : GRILLE STRATÉGIQUE POUR UN ACHETEUR [45].

45. Tableau inspiré de l'approche marketing industriel ; voir par exemple R. SALLE et H. SILVESTRE, *opus cité*.

Il y a une quatrième catégorie de produits ou de services : ce sont les « fournitures courantes », à savoir les produits services qui ont un prix et une qualité d'importance moindre.
Dans ce cas, la relation acheteur/vendeur est souvent éphémère, l'acheteur se sentant libre de basculer à tout moment vers la concurrence.
Très souvent, il n'y a même pas de négociation, l'acheteur envoie un bon de commande ou passe une adjudication.

□ Stratégie du Prix

Le facteur prix devient, dès que l'économie « se durcit », un des facteurs clés des négociations ; il ne faudrait pas néanmoins ramener toutes les négociations au prix ; si tel était le cas, il n'y aurait à la rigueur plus de négociation possible.
Néanmoins, certaines situations sortent du cadre de la négociation ou, tout du moins, c'est le prix, uniquement, qui fait la différence. Un cas extrême est illustré par les produits piratés. Ces copies illégales sont un des fléaux de l'économie actuelle. Christophe Châtelot a fait un reportage sur le sujet en Bulgarie. [46]

Dans cet article, Stephan Krawczyk, délégué de la Fédération internationale de l'industrie phonographique, affirme :
« La Bulgarie est en passe de rattraper la Chine et de devenir le plus gros pirate du monde. Les choses ne s'arrangeront pas à court terme. Quand on sait qu'un CD pirate est vendu 20 francs sur le marché de Sofia et que parallèlement les Polygram, Sony, BMG ou autres Virgin ne vendent, chacun, que quelques dizaines d'albums par an à des Bulgares qui n'imaginent pas de débourser l'équivalent de 20 % de leur salaire moyen (environ 500 francs) pour acheter un disque non piraté ».

Un autre exemple nous a été donné à Venise, il y a quelques mois. Le soir, devant le magasin officiel du bagagiste Vuitton, fermé mais vitrines allumées et prix affichés, des vendeurs à la sauvette proposent des copies à des prix défiant toute concurrence. La comparaison des prix est facile à faire !

Il n'empêche que le prix, s'il n'est pas fondamental, est souvent l'obsession des vendeurs.
Thierry Frontère, Directeur de la rédaction d'Action Commerciale, fait, tous les mois dans ses billets d'humeur, passer des messages importants dans un style humoristique ; par exemple :

« Poker menteur [47]

– Trop cher, mon vieux, beaucoup trop cher !

46. Article de Christophe CHÂTELOT dans « *Le Monde* » du 30 ocotbre 1997.
47. Thierry FRONTÈRE, « Action Commerciale » n° 173.

– Ah bon ! vraiment vous m'étonnez, parce que l'on a serré les prix au maximum. Vous savez, cette commande on y tient...
– Je sais bien, mais je ne peux que vous le répéter, vous n'êtes vraiment pas dans le coup, mais pas du tout !
– On est très loin du compte ? .... Vous pouvez me dire de combien ?
– Je vais à nouveau regarder leur offre, mais je sais d'avance que c'est inutile... C'est bien ce que je vous disais : vous êtes à cent lieues, il n'y a vraiment pas photo !
– Bon, écoutez, je le prends sur moi, je tiens vraiment à vous garder comme client depuis le temps qu'on travaille ensemble... Je vous fais 10 % de mieux.
– Toujours trop cher mon vieux !
– Alors là, désolé, je ne peux plus rien, je vous souhaite bonne chance avec votre nouveau fournisseur... au revoir et bonne journée.
– Mais non, attendez, une minute, moi aussi je souhaite continuer à travailler avec vous. Avec moins 10, ça ira.
– Non, non tant pis. J'espère être mieux placé la prochaine fois.
– Asseyez-vous je vous dis, on va s'arranger.
– Non, non, ce n'est pas grave, au revoir.
– Chéri, réveille-toi. Tu viens de faire un cauchemar, tu n'arrêtes pas de rigoler.
– Ce n'est pas un cauchemar, c'est un rêve : j'étais chez un client et pour une fois je n'ai pas cédé : il a bluffé, il a perdu !
– Ah, bon ???!!! »

La Poste n'est pas en reste avec une publicité illustrée par les fameux « Shadoks », l'image disant :
« Quand on voulait discuter des prix avec le chef Chadok, cela se terminait toujours par un long monologue... »

Il n'en demeure pas moins que dans de nombreuses situations, le prix est ou devient l'élément principal de toute négociation, et que cette démarche peut aller jusqu'au procès ; pour preuve, cet article mettant en cause un grand constructeur automobile :

AUTOMOBILE [48]
LES SOUS-TRAITANTS ATTAQUENT LES CONSTRUCTEURS AUTO ALLEMANDS
L'Office allemand des cartels va se pencher sur la manière dont les constructeurs automobiles exigent des rabais de leurs fournisseurs
L'Office fédéral allemand des cartels va enquêter sur une plainte des producteurs de pièces détachées automobiles accusant les constructeurs de faire peser sur eux le coût de leur propre restructuration à travers des procédés commerciaux déloyaux visant à faire baisser toujours plus le prix des pièces fournies.
Selon le « Financial Times », qui a révélé samedi cette information, l'Office des cartels a affirmé que les nécessaires restructurations de l'industrie auto-

48. Dans les *« Echos »* du 27 septembre 1993.

mobile devaient être effectuées dans le respect des règles du marché, sans distorsion de la concurrence. L'Office a donc demandé aux producteurs de pièces détachées de lui fournir des preuves détaillées des faits qu'ils dénoncent.

Nous allons, dans cette section, aborder le prix d'un point de vue économique et ensuite d'un point de vue stratégique.

➢ Le Point de Vue Economique

Nous nous appuierons, pour cet exposé, sur l'article de deux spécialistes Jean-Pierre Raman et Bernard Dervaux [49]. Les auteurs rappellent l'importance du crédit inter-entreprises dans le système français et proposent des critères de choix rationnels dans le cadre d'une application correcte de la théorie financière.
Notre propos n'est pas d'aborder les aspects financiers de la fixation des prix et/ou des crédits inter-entreprises, mais de faire un bref rappel, à partir de ces auteurs, de la relation prix/délais de paiement afin d'aider les négociateurs à mieux définir leur stratégie face à ces deux objets.
Dans la majorité des négociations commerciales, les négociateurs sont confrontés au délai de paiement et au prix [50]. La question de base est la suivante : les vendeurs et les acheteurs ont-ils les mêmes intérêts dans les prix et les conditions de paiement ?
Jean-Pierre Raman et Bernard Dervaux mettent en évidence des différences importantes de perception :

• Le point de vue de l'acheteur
Tout dépendra de ce que l'acheteur veut :

– maximiser son enrichissement immédiat
dans ce cas, il privilégiera les délais de paiement les plus longs possible, car cela lui permettra de ne pas mobiliser le capital personnel (ou celui de l'entreprise).
– garder le contrôle de son entreprise
dans ce cas, il évitera les délais longs car les fournisseurs étant créanciers obtiennent, en quelque sorte, un certain « pouvoir » sur leur débiteur.

• Le point de vue du vendeur
Le vendeur a une autre approche vis-à-vis des délais de paiement ; son comportement (sa décision) dépendra :

– du risque
plus il donne de délais (ou de nombres de délais) plus il prend des risques, en particulier de ne pas être payé.

---

49. Jean-Pierre RAMAN et Bernard DERVAUX : *« Le Concept de Prix, d'une Théorie de l'Ordre à une Pratique du Désordre »*, dans *« Direction et Gestion des Entreprises »* de octobre 1993 : n° 143.
50. Ne sont pas concernés :
    – les prix bloqués, fixés et/ou concertés souvent imposés par les pouvoirs publics ;
    – les conditions de paiement pour l'Administration, quoique ces dernières années l'Etat ait été amené souvent à modifier sa position.

– des coûts
ils sont de deux ordres : le coût du crédit et les coûts administratifs et de gestion des dossiers clients.

Les négociations devront prendre en compte les enjeux de l'autre afin d'optimiser la relation prix/délais de paiement.

➢ Le Point de Vue Stratégique

Nous nous appuierons, pour cette section, sur un article de Didier Pouquiry [51] qui fait un très complet compte rendu des journées annuelles du merchandising.

Cet article met en évidence que la guerre des prix ne peut apporter que des situations de type perdant/perdant.
Lors de ce colloque, Nicholas Le Chatelier, directeur général de SODIAAL a déclaré :

> *« quand on vend une calculette 8 francs, on fait perdre au consommateur le sens de la valeur des choses. Nous redoutons que tout le monde se focalise sur les premiers prix et bâtisse des assortiments en les prenant pour référence de base, alors qu'ils ne constituent qu'un composant mineur du marché. Si cela continue, dans cinq ans, nous roulerons tous en Trabant ! »*

Et le journaliste de conclure :

> *« Le prix est actuellement au centre de toutes les interrogations des équipes marketing, que ce soit dans l'automobile (baisse du coût du crédit), dans la charcuterie, dans la presse* (Le Times, L'Express, L'Expansion) *et bien sûr chez les distributeurs (15 % sur l'électronique grand public au BHV en décembre). Face à une consommation stagnante, faut-il casser les tarifs pour sauvegarder ses parts de marché ? Question subsidiaire : quand les consommateurs prennent l'habitude de promotions permanentes, le prix « en promotion » ne va-t-il pas devenir le prix normal ? »*

A la question : peut-on se contenter de baisser les prix directement ou indirectement ?, Olivier Gérardon De Vera, du cabinet SECODIP, répond :

> *« la promotion peut être une solution transitoire pour l'industriel qui réfléchit au repositionnement de ses produits et de leurs prix. Mais l'essentiel, c'est de les adapter au nouveau comportement du consommateur qui s'intéresse d'abord à leur valeur d'usage. »*

Autrement dit le client en veut « plus » pour son argent, ce qui va obliger les fabricants et les distributeurs à inventer ensemble un nouveau marketing car la guerre des prix n'est pas une stratégie tenable très longtemps.

---

51. Article « *Stratégies Marketing : la dangereuse obsession du prix* » dans « *La Tribune Desfossés* » du 17 décembre 1993.

Pistes d'avenir :

• Jean Di Sciullo [52] propose le concept du « marketisme », autrement dit le marketing de la valeur :

> *« le marketing de la valeur répond aux nouvelles tendances des consommateurs qui réclament pour chaque produit la meilleure combinaison entre qualité, prix et services. (...) Il implique que l'on offre davantage aux clients : un produit amélioré, avec des atouts supplémentaires et un service accru, tout cela au meilleur prix. »*

A titre d'exemple, l'auteur cite des garanties meilleures, des emballages pratiques, des modes d'emploi clairs et des coûts plus serrés, donc un besoin d'investissement dans des technologies de production plus performantes.
• Laurent Dupuis et Jean-Baptiste Coumau [53] ont mis au point le concept du « New Deal Marketing » qui répond à la stratégie de baisse des prix :

> *« depuis plus d'un an, les consommateurs sécurisent et rationalisent leurs comportements d'achat, ils recherchent du sens. Le premier objectif du marketing des années 90 est de gérer l'anxiété du consommateur. »*

Une stratégie « New Deal » est une opportunité pour un challenger de déstabiliser le leader en instaurant de nouvelles règles. C'est d'un nouveau service et d'un nouveau contrat qu'il s'agit, autant face au consommateur qu'au distributeur.
Les consultants donnent comme exemples les magazines *Capital* et *Femme Actuelle*, les téléviseurs Kaisui ou Saba, ou encore la série C de Mercedes. Le meilleur exemple français étant la Twingo, qui ne vaut que 55 000 francs et propose un nouveau concept de petite voiture.

Conclusion

En guise de conclusion partielle, nous souhaiterions aborder un sujet qui nous est cher : l'apprentissage par l'échec.

• L'apprentissage par l'échec

Il est souvent beaucoup plus facile d'analyser les échecs de négociation que les réussites et ceci pour deux grandes raisons :

– En général, mais c'est loin d'être la règle absolue, les échecs s'expliquent par des critères quantifiables (prix, qualité, délais, garantie, etc.) et les réussites par des critères qualitatifs (image de marque, confiance, sécurité, enjeux, etc.). Il est bien évident que le quantitatif est plus facile à analyser rationnellement que le qualitatif.

– L'homme, en général, n'aime pas reconnaître ses échecs, surtout vis à vis des autres et se valorise souvent par ses réussites, ce qui est, somme toute, naturel. Une idée très répandue chez les négociateurs pourrait se transformer en dicton :

52. Jean DI SCIULLO : « *Le Marketisme* » Editions Juris (1993).
53. Fondateurs du Cabinet « POLEMARQE », conseil en stratégie.

> *« Si j' échoue, c'est la faute de l'autre, quand je réussis, c'est grâce à mes talents personnels ».*

Une autre manière de voir le problème est celui des artistes ; dans un de ses ouvrages, l'écrivain Jean-Marie Rouart affirme : *« L'échec est un enseignement prodigieux ! »* [54] Dans une interview [55], il précise :

> *« Les hommes qui ont une très grande ambition ont toujours été des vaincus. Ceux qui ont fondé profondément la pensée, l'art, la religion et la politique ont été des vaincus. Le Christ est un vaincu, Alexandre le Grand et Napoléon aussi. Les grands écrivains comme Balzac, Stendhal ou Tolstoï portent en eux une part de défaite plus importante que la part aléatoire de la réussite sociale. On peut être grand écrivain et vivre à l'hospice comme Verlaine, mais aussi passer son temps dans les conseils d'administration et les ambassades comme Paul Claudel, ou en étant ministre comme Malraux. »*

A la question : « Qu'est-ce qui vous fascine chez les vaincus de la vie ? », l'écrivain répond :

> *« L'échec est un enseignement prodigieux. Le succès n'apprend rien. Tous les moments de ma vie où j'ai connu des échecs, m'ont finalement été utiles. L'adversité forge la personnalité. Dans la douleur, on communique avec l'universel. L'image du vaincu est omniprésente dans les mythes grecs. Si j'aime l'image de Napoléon c'est que ce génie a terminé sa vie à Sainte-Hélène, rejeté par le monde. L'échec éclaire sa vie d'une lumière qui n'aurait certainement pas été celle d'un vainqueur absolu. »*

Pour en revenir à la négociation, nous citerons deux cas d'échecs dus à des erreurs stratégiques :

• Le cas Servair/Wagons-Lits

> ***TGV SUD-EST : SERVAIR ÉVINCE LES WAGONS-LITS***
> ***Le renouvellement du contrat a été fatal à la compagnie des wagons-lits qui a présenté un recours à la SNCF***
> *A l'issue de l'appel d'offres qu'elle avait récemment lancé pour assurer la restauration à bord des rames du TGV Sud-Est, la SNCF a choisi un nouveau concessionnaire pour cinq ans à partir du 23 mars prochain, en l'occurrence la société Servair, filiale d'Air France.*
> *Depuis 1981, ce service était assuré par la Société de restauration de la nouvelle ligne ferroviaire (Sorenolif), filiale de la Compagnie des Wagons-Lits créée à cet effet.*
> *Pour assurer cette activité, elle dispose, dans les sous-sols de la gare de Lyon, à Paris, d'un commissariat hôtelier moderne dont les installations*

54. *« La noblesse des vaincus »* de Jean-Marie Rouart, Editions Grasset et Fasquelle, (1998).
55. *« Le Figaro Littéraire »* du 15 janvier 1998.

sont réparties sur six mille mètres carrés soit un investissement de cinquante millions de francs. Aujourd'hui, elle emploie près de 1 200 personnes, sédentaires et roulants, y compris celles assurant la restauration sur les trains classiques de ce réseau. Son chiffre d'affaires annuel est de deux cents millions de francs.
Le contrat actuellement en cours arrivait à expiration à la fin de l'année 1994. Mais souhaitant assouplir son mode de fonctionnement, la direction de la Sorenolif avait proposé à la SNCF de l'abréger d'un an afin de repartir sur de nouvelles bases pour une longue durée.

Nommer des experts
La décision est rude pour la Compagnie Wagons-Lits qui voit chuter d'un tiers ses activités en France. « L'ensemble de notre présence sur le marché français est remis en cause », déclarait, hier, Jean-Marc Simon, président de la Compagnie en précisant que 850 salariés sont directement concernés et deux mille par ricochet pour le reste des activités.
Jean-Marc Simon a d'ailleurs présenté un recours à la SNCF qui déclare avoir fait un choix purement commercial. Il demande que soient nommés des experts indépendants pour analyser les offres qu'il souhaite voir rendues publiques car il se demande si celle de Servair est réaliste.
Tout en s'étonnant que la SNCF reconstitue ainsi au profit de Servair un monopole qu'elle avait récemment supprimé quand les Wagons-Lits étaient seuls concessionnaires, Jean-Marc Simon demande également, si l'affaire en reste là, que le groupe Air France offre aux salariés qu'elle reprendra « les mêmes garanties d'emploi que les nôtres ». [56]

Quand tout semble perdu, il reste encore des possibilités :
– faire nommer des experts,
– rendre publiques les offres de la concurrence.

Reste à savoir si juridiquement le fournisseur évincé peut encore jouer…

• Le cas Dassault

Thomson, la Snecma, Dassault et Matra se sont livrés, à la demande du Plan, à un exercice inhabituel : examiner ensemble les raisons de l'échec, en 1992, de la vente de Mirage 2000 à la Finlande. Les conclusions seront publiées cet automne. Premières indications : la coordination entre les politiques et les industriels a été très mauvaise. Les Français pensaient concourir avec les F16 américains et ce sont des F18 qui l'ont emporté… [57]

Si cette information se confirmait, « la bourde » serait tellement énorme qu'elle n'appelle pas de commentaire !

56. Dans « *Le Figaro Economique* » du 24 décembre 1993.
57. Dans « *Le Point* » du 7 août 1993 : n° 1 090.

Dans un même ordre d'idées, Dassault aura-t'il une bonne stratégie pour Taïwan ? L'article suivant pose le problème :

> *« Taïwan achètera-t'elle une deuxième tranche de Mirage 2000-5 ? L'hypothèse, déjà évoquée lors de la signature du premier contrat en 1993, refait surface par la voix de deux ministres de Taipeh, Tsai Chang Wen (Affaires étrangères) et John Chang (sans portefeuille).*
> *Quand la France s'engage à ne pas vendre d'armes à Taïwan, comme vient encore de le faire Jacques Chirac, il faut comprendre : « sauf accord de la Chine....» Tout dépend en effet de la réaction au coup par coup de Pékin, qui ne s'était pas opposé, par exemple, à la vente très discrète à l'île de six frégates type La Fayette, mais avait fait connaître son désaccord sur un contrat de missiles Mistral. Selon certains observateurs, les Chinois pourraient consentir à la vente à Taïwan de Mirage 2000-5 dans l'espoir, par exemple, de les récupérer un jour... »* [58]

☐ Les stratégies sociales

Il existe malheureusement beaucoup moins de modèles stratégiques en social qu'en commercial, même si les stratégies sociales sont au moins aussi importantes que les commerciales.
Pour preuve, le début de l'éditorial de Remy Dessarts, rédacteur en chef de « VSD », au sujet de la grève des chauffeurs routiers :

> *« Pour une fois, réjouissons-nous ! Grâce à une gestion exemplaire du conflit des routiers, par la CFDT et les pouvoirs publics, la France a évité la rechute dans la sinistrose. Nicole Notat avait promis de gérer le mouvement à l'allemande, c'est à dire en fixant un ultimatum avant la grève et en évitant les surenchères démagogiques pendant celle-ci. Elle a tenu parole. »* [59]

Néanmoins des chercheurs, et en particulier Jean-Christian Fauvet [60] ont mis au point un modèle, la « socio-dynamique ».
Tout négociateur entre dans la négociation avec un niveau d'aspiration grâce auquel il mobilise de l'énergie. Cette énergie s'exprime à travers une volonté de conquête (obtenir quelque chose auquel s'oppose la partie adverse) ou de défense (refuser quelque chose qu'exige la partie adverse) pour quelque chose qui peut être aussi bien matériel qu'immatériel (par exemple une déclaration d'intention, de l'information, etc.). Le degré « d'attachement » du négociateur à obtenir ou à refuser va déterminer un comportement vis-à-vis de l'autre.

---

58. « *L'Expansion* » de juillet 1997.
59. « *VSD* » de février 1997.
60. Jean-Christian FAUVET est ancien vice-président de Bossard Consultants, professeur au CRC. Il a écrit « *Traiter les Tensions et les Conflits Sociaux* ». Editions d'Organisation (1975).

La « sociodynamique » va « expliquer » la dynamique engendrée par cette tension, en identifiant les deux dimensions de la tension entre les partenaires, l'antagonisme et la synergie ; ces deux dimensions vont mesurer la distance qui va séparer et rapprocher les négociateurs.

Dans la représentation socio-dynamique, l'antagonisme et la synergie sont définis chacun par quatre plages dans le sens croissant :

- l'antagonisme par la conciliation, la résistance, l'opposition et l'irréconciliation,
- la synergie par l'indifférence (ou inertie), l'intérêt, la coopération et l'engagement.

Ces différentes plages correspondent aux comportements suivants[61] :

- Antagonisme

Intensité / Composantes	**Conciliation**	**Résistance**	**Opposition**	**Irréconciliation**
Attitudes initiales vis-à-vis de la partie adverse	Affirmation des divergences mais appel à la compréhension mutuelle	Affirmation des divergences et annonce d'intention de la défense des positions	Affirmation de la contradiction entre les positions et refus d'abandon excepté si domination adverse	Affirmation de l'incompatibilité des positions et annonce du refus absolu de céder
Évolution envisagée (moyens)	Constance	Pressions sélectives et adaptées	Pression globale pouvant aller jusqu'à la coercition et menace de rupture	Rapport de force exclusif
Issue souhaitée	Négociation avec acquiescement, compromis équilibré, échange, compensations	Négociation avec compromis ou gain mutuel, échange, compensations	Négociation dure avec solution favorable	Affrontement (rupture de la négociation)

TABLEAU 6 : LES DEGRÉS D'ANTAGONISME SELON J.C. FAUVET.

61. Ces deux tableaux sont adaptés de Jean-Christian FAUVET.

• Synergie

	Inertie	Intérêt	Coopération	Engagement
Attitudes initiales	Réserve, circonspection	Ouverture en attente d'initiatives adverses	Initiatives en vue de solutions d'intérêt commun	Offre même unilatérale de participation entière à un projet de l'autre ou commun
Évolution envisagée (moyens)	Peu de changement ; "pourrissement" par apathie	Réponse sélective aux initiatives adverses	Recherche dynamique d'initiatives	Mise en commun de plus en plus complète
Issue souhaitée	Statique	Compromis/ échange	Gain mutuel ou dépassement du problème	Transformation progressive de la négociation vers la "concertation totale"

TABLEAU 7 : LES DEGRÉS DE SYNERGIE SELON J.C. FAUVET.

A partir du positionnement des plages d'antagonisme et de synergie, on peut dresser le graphique suivant qui va mettre en évidence trois grandes déterminations stratégiques[62] :

– les stratégies hautes,
– les stratégies intermédiaires,
– les stratégies basses.

62. Ce graphique est inspiré de Jean-Christian FAUVET.

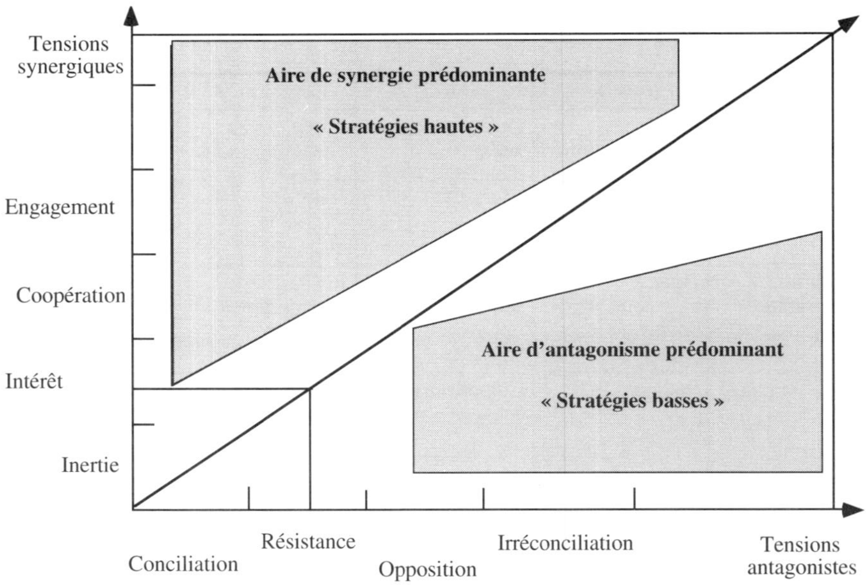

SCHÉMA 9 : GRAPHE DE LA SOCIO-DYNAMIQUE.

En fonction du positionnement des partenaires sur la grille socio-dynamique, le négociateur aura trois options stratégiques :

1) Option en situation synergique

Pour réussir, le négociateur devra :

- avoir un dessein et une éthique,
- faire partager et construire en commun,
- fonder plus sur la passion que sur la raison,
- consacrer deux tiers de son énergie à construire et un tiers à se défendre,
- prendre appui sur les événements.

2) Option en situation antagoniste

Il devra :

- avoir un plan avec des objectifs, une stratégie et des tactiques initiales, et le développer en évitant le piège des manœuvres de déstabilisation ;
- mettre en avant son jeu propre et ne pas faire de procès d'intention ;
- s'appuyer sur son pouvoir normatif (statutaire) ;
- résister à la « fascination » du plus antagoniste et mettre ses alliés à contribution,
- savoir dire « oui », savoir dire « non », savoir conclure.

3) Option en situation diagonale :

Il devra :

- clarifier son projet et celui des autres ;
- penser à créer et développer des scénarios ;

– équilibrer les échanges, le temps de parole, les concessions ;
– utiliser chacun des pouvoirs à sa disposition avec intelligence ;
– chercher un accord, mais pas à n'importe quel prix.

La socio-dynamique a été développée et mise en application dans de nombreuses situations, souvent avec de bons résultats ; elle connaît actuellement une rapide évolution dans le management des ressources humaines et la gestion par projets.

Le négociateur sera grandement aidé dans la préparation et la conduite des négociations sociales par la démarche logique de la socio-dynamique.

□ Synthèse

Est-il possible de faire une synthèse de ces trois grandes approches ?

Nous ne le croyons pas. Si tel était le cas, cela voudrait dire que d'une part les modèles stratégiques ont leurs règles de fonctionnement qui se révèlent « infaillibles » et que d'autre part, une théorie globale de la négociation aurait vu le jour.

Il faut se méfier des approches « miracle » qui démontrent, preuves à l'appui, qu'il suffit de suivre leur méthode pour arriver au résultat escompté.

Nous proposons néanmoins en conclusion de ce chapitre, deux approches originales de stratégie de négociation, à savoir les différents « modes de négociation », axés sur la manière de négocier et le modèle de Marc Cathelineau, centré sur la combinaison du pouvoir et de la confiance.

➢ Les trois Modes de la Négociation

Les trois modes[63] définissent la manière de conduire la négociation à travers plusieurs critères :

– le comportement, la manière d'être,
– la stratégie, les objectifs et l'organisation de l'action,
– les techniques privilégiées,
– le type d'argumentation à utiliser.

• Premier mode

Le négociateur est centré sur lui-même : « moi et mon objectif ». C'est le négociateur « samouraï » ; il actionnera toutes les ficelles de l'argumentation et de la démonstration, il utilisera des manœuvres de coercition, ce que les commerciaux appellent la vente à l'arraché.

• Deuxième mode

Le négociateur va se préoccuper de l'autre mais sans oublier son intérêt propre : « moi et mon objectif et l'autre et son objectif ».

63. Cette approche a été mise au point par Jean-Christian FAUVET et Gérard MOLTENI pour des négociateurs commerciaux, mais peut parfaitement s'appliquer, à notre avis, aux autres négociations.

Il va développer l'échange, le partage, la contrepartie, faire du marchandage et des manœuvres.
Il va se comporter et argumenter de telle manière que l'autre ne pourra pas répondre « non ».

- Troisième mode

C'est le mode « politique » : « moi et l'autre dans un devenir commun ». C'est une application directe de la stratégie du jeu de go[64] ; il va placer des jalons, connecter des territoires, faire de l'encerclement et du dépassement.
Nous résumons dans le tableau suivant les principales caractéristiques des deux premiers modes[65] :

Caractéristiques	Mode 1	Mode 2
Posture physique	Présence : "exister"	Attraction :"plaire"
Attitude vis-à-vis de l'autre	- Pression/harcèlement - Utilisation des tendances et préoccupations fonctionnelles	- Respect, courtoisie - Rites - Recherche des synergies
Langage	- Direct - Prise de parole - Répétition	- Ton courtois - "Dialogue" : aller et retour dans la discussion
Argumentation	- Unilatérale - Rythmée	- Persuasion plutôt que conviction - Souci des arguments justes, équilibres "construits" - Ajustements acceptés
Techniques spéciales	- Incidents - Bluff - Menace - Surenchère	- Manoeuvres souples, surprises, couloirs, replis, leurres, petits pas - Suspense - Utilisation des alliances - Importance des rites
Manière de conclure	- Oui ou Non	- Oui et Non - Compromis/marchandage
Stratégie	- Directe - Affrontement à la "clausewitz"	- Indirecte - Variée, souple - "Opportuniste" - "Réaliste"

TABLEAU 8 : LES DEUX PREMIERS MODES DE LA NÉGOCIATION.

Le troisième mode, de par sa démarche originale, ne peut être comparé aux deux premiers.

64. Développé dans le chapitre Techniques.
65. *Source :* Christophe DUPONT.

Les grandes règles d'applications seront les suivantes :

1) Se centrer sur l'ouverture, l'avenir et le dépassement
- tout préparer de loin ;
- utiliser le temps comme allié ;
- la négociation n'est qu'un moment ;
- il ne s'agit ni de « battre » l'adversaire (mode 1) ni de « se mesurer » à un partenaire avec efficacité (mode 2), mais de construire un avenir avec ou à la place de l'occupant (notion de territoire).

2) Utiliser des tactiques spécifiques au jeu de go, se diversifier en restant cohérent, jalonner, connecter, envelopper.
3) Avoir un comportement « metteur en scène », être un animateur, un inventif, un anticipateur.
4) Argumenter en fonction des trois premiers points.

➢ L'Approche de Marc Cathelineau

L'auteur[66] reprend les deux modèles extrêmes, à savoir d'un côté le « gain-gain » de type coopératif et de l'autre, le « maximisant » de type conflictuel.
Pour lui, la stratégie gagnante est :

> *« celle qui va nous permettre d'atteindre le plus efficacement possible nos objectifs. Ce peut être la compétition si cela s'impose, ou la coopération si cela est nécessaire. »*

Marc Cathelineau identifie deux variables explicatives du choix stratégique :

• Le pouvoir que chaque partenaire a sur l'autre et réciproquement. L'auteur indique les trois grandes sources de pouvoir qu'il a identifiées :
- le pouvoir institutionnel : celui du décideur que le négociateur représente, groupe de décideurs, entreprise, parti politique, etc. ;
- le pouvoir individuel : celui qu'a le négociateur dû à sa personnalité, son statut et/ou à l'information dont il dispose ;
- le pouvoir circonstanciel : celui qui est directement rattaché à la situation de négociation ; rapport de forces, maîtrises du processus, solutions de rechange, etc.

• La confiance entre chaque partenaire ; celle qui est déjà établie au début de la négociation et/ou celle souhaitée par les acteurs à moyen et à long terme. L'auteur affirme que l'utilisation seule du pouvoir nuit aux bonnes relations :

> *« la confiance se gagne lentement, dans les négociations de tous les jours. Elle se perd très vite. Elle nécessite des concessions. La décision ne peut plus être le fait d'un seul. C'est à ce prix que nous pouvons établir, dans nos négociations, de bonnes relations à long terme avec nos interlocuteurs. »*

66. Marc CATHELINEAU : « *Négocier Gagnant* ». Inter Editions (p. 85 à 106) (1991).

Marc Cathelineau fait dépendre les stratégies de négociation du niveau de pouvoir et du niveau de confiance dans toutes les situations où peuvent se retrouver les négociations. Il affirme :

> *« le négociateur qui opte pour les stratégies compétitives privilégie les enjeux au détriment de la relation. Celui qui choisit les stratégies coopératives, au contraire, est prêt à faire des concessions pour instaurer une bonne relation à long terme avec son interlocuteur. »* [67]

A partir de deux variables mises en évidence par cet auteur et du travail d'un groupe d'étudiants [68], nous avons pu établir le tableau 9 qui fait apparaître neuf grands types d'orientation stratégique.
Avant d'expliciter cette matrice, il convient de clarifier certains points et de poser des hypothèses :

* *Points à clarifier :*

• Le pouvoir
La notion de pouvoir est difficile à quantifier ; c'est le degré de dépendance dans lequel un acteur peut mettre l'autre [69].

• La confiance
Ce concept est encore plus difficile à quantifier que le pouvoir ; autant le pouvoir peut éventuellement se mesurer (statutairement, juridiquement, financièrement), autant la confiance est fonction de la perception de l'autre et de la nature de la relation.
Il faut distinguer deux axes :
– la confiance pure, ou le degré de confiance que j'accorde à l'autre, plus particulièrement avant et après la négociation ; c'est une prédisposition ;
– le climat de confiance ; celui qui se constitue et qui évolue en positif ou négatif pendant la relation, en particulier pendant la présence des acteurs autour de la table ; c'est une interaction.

* *Hypothèses :*

• Un négociateur qui a une confiance faible dans l'autre aura tendance à maintenir cette évaluation, mais la relation pourra néanmoins modifier le climat.
• Un négociateur qui a une confiance majeure dans l'autre essaiera d'élever ce niveau, c'est-à-dire d'aller vers une confiance plus grande dans l'autre.
• Un négociateur qui a une confiance élevée dans l'autre essaiera de la préserver pour l'avenir. S'il a un pouvoir fort, il cherchera à le maintenir.

---

67. Marc CATHELINEAU : *Opus Cité*.
68. Etudiants en DEA de Gestion à l'Université de Lille I au cours d'un séminaire de recherche sur la négociation.
69. D'après BARACHARACH et LAWLER (1981).

Pour bien comprendre ce tableau, il faut considérer deux grandes situations :
1 – Avant la négociation
Le négociateur A a une perception donnée du niveau de confiance qu'il accorde à son interlocuteur, par sa connaissance de l'autre, le fait d'avoir déjà négocié avec lui, sa réputation, etc.
2 – Pendant la négociation
Le négociateur A va modifier sa perception du niveau de confiance par l'interaction ; c'est le climat de confiance qui va évoluer en positif ou négatif par l'emploi de techniques et/ou de tactiques plutôt coopératives ou plutôt conflictuelles ou par la structuration des attitudes plutôt positive ou négative.
Nous nous situons ici dans un climat de confiance équilibré ; c'est-à-dire que nous préjugeons que les deux (ou plusieurs) négociateurs ont le même niveau de confiance au départ, ce qui donnera, en fonction des deux axes, des orientations stratégiques.
Bien évidemment le climat évoluant dans l'interaction, le négociateur devra éventuellement changer d'orientation stratégique. Dans la réalité, on peut trouver des situations déséquilibrées ; A aura, au départ, une grande confiance dans B, et B pas du tout dans A. Ce déséquilibre devra être identifié par les acteurs en particulier dans la phase de clarification de la négociation, au risque de choisir un axe stratégique non adapté à la situation.
C'est ce point crucial qui nous diffère du modèle exposé par Marc Cathelineau.

A/ Orientations stratégiques de pré-négociations

		POUVOIR		
CONFIANCE MUTUELLE		FAIBLE	EQUILIBRE	ELEVE
	FAIBLE	**1**	**2**	**3**
	MOYENNE	**4**	**5**	**6**
	ELEVEE	**7**	**8**	**9**

TABLEAU 9 : ORIENTATION STRATÉGIQUE DE PRÉ-NÉGOCIATIONS.

B/ Interprétation des techniques et tactiques à privilégier

1 – Le pouvoir et la confiance sont faibles : la négociation a toutes les chances de tourner en la défaveur du négociateur qui se retrouve dans cette position. Une possibilité est la fuite (à condition d'avoir une meilleure alternative possible), sinon il risque de se faire « laminer ».

2 – Le pouvoir est équilibré et la confiance est faible : la conviction, l'argumentaire sont de bons moyens pour emporter l'adhésion de l'autre.

3 – Le pouvoir est fort, la confiance faible : le négociateur va essayer d'imposer sa solution, éventuellement en pratiquant le chantage.

4 – Le pouvoir est faible, la confiance moyenne : c'est la « roulette russe », « ou ça passe ou ça casse ».

5 – Le pouvoir et la confiance sont moyens : pas de stratégie spécifique ; le négociateur va hésiter entre argumenter et diminuer sa confiance. Il décidera en fonction de la contingence de la situation. Il peut attendre (jouer le temps) faire des étapes.

6 – Le pouvoir est élevé, la confiance moyenne : le négociateur va « tester » l'autre au moyen de ballons d'essais et de concessions plus ou moins conséquentes ; cette situation se transformera souvent en marchandage ; le négociateur aura tendance à jouer « la carotte et le bâton », à faire des menaces.

7 – Le pouvoir est faible, la confiance élevée : le négociateur dans cette position aura tendance à « manipuler » l'autre pour gagner du pouvoir. Il risque néanmoins de se faire « laminer ».

8 – Le pouvoir est moyen, la confiance élevée : c'est une situation gagnante/gagnante, théoriquement la meilleure pour le long terme.

9 – Le pouvoir et la confiance sont élevés : le risque est de privilégier le pouvoir au détriment de la confiance. Le négociateur devra faire des ajustements mutuels en « jouant cartes sur table » par exemple.

Le négociateur ne se retrouvera pas devant un choix statique ; son choix stratégique devra évoluer avec l'environnement, l'autre et le temps.

Marc Cathelineau conclut :

> *« dans une négociation, nous devons toujours garder à l'esprit que nous ne jouons jamais seul et que les jeux ne sont jamais faits une fois pour toutes. »* [70].

□ Conclusion

De la stratégie choisie et/ou déterminée en fonction de critères rationnels et irrationnels, va dépendre le choix des techniques et des tactiques à privilégier ainsi que le mode de communication à utiliser.

Le négociateur ne peut ignorer les grandes tendances stratégiques développées dans ce chapitre, tendances qui doivent devenir le « moteur » du processus de préparation de la négociation.

70. Marc CATHELINEAU : *Opus Cité*.

CHAPITRE 7

LES TECHNIQUES DE NÉGOCIATION

« Qui veut choisir souvent prend le pire. »
Mathurin RÉGNIER

1. INTRODUCTION

Novembre 1996 ; les routiers paralysent la France. Comme dans tout conflit, les partenaires décident, au bout d'un certain temps, de négocier. Les revendications sont claires : retraite à 55 ans, amélioration des conditions de travail et augmentation des salaires ; en somme, rien de bien original. L'Etat s'engage dans la négociation en cédant sur la retraite et dans un deuxième temps sur les conditions de travail. Les routes restant bloquées, l'Etat et le Patronat sont bien obligés de transiger sur le dernier point, à savoir les salaires.

Bien malin ce client qui, souhaitant s'équiper de micro-ordinateurs pour un montant de 8 millions de francs, a lancé un appel d'offres auprès de six fournisseurs. Il a demandé aux fournisseurs des prix séparés pour chaque composant (mémoire, écran, disque dur, processeur, etc.) et il a finalement acheté les composants les moins chers en faisant monter ses micros par un autre fournisseur. Résultat : 2 millions de francs d'économie.

Il y a quelques années, le ministre des Universités de l'époque, François Bayrou, déclarait : « Il faut traiter point par point tous les problèmes concrets ». A la même époque, les belligérants ex-yougoslaves négociaient la paix de Dayton ; un négociateur occidental affirma, entre deux séances : *« Huit, neuf puis dix points cruciaux sur quatorze ont trouvé une solution »*.

Quel est le point commun de toutes ces histoires ? Les négociateurs ont, dans chaque cas, utilisé la technique du « salami », à savoir négocier « point par point ».
Cette technique fascine les latins et plus particulièrement les français car elle est d'un emploi simple et correspond bien à notre culture cartésienne.
Une autre technique a la faveur de nombreux négociateurs :

> *« Le lendemain, une délégation française placée sous la direction de l'amiral rencontrait le seigneur de Howard ainsi que d'autres envoyés anglais. Les instructions de Louis XI étaient simples : il était prêt à étudier toute*

proposition, mais plutôt que de céder un pouce du sol français, il préférait jouer sa couronne et sa vie. Le même soir, ses représentants étaient de retour. Pour la forme, les anglais avaient commencé par réclamer la couronne de France, ou pour le moins, la Guyenne et la Normandie. Devant le refus de leurs interlocuteurs, ils avaient rapidement passé à des offres plus sérieuses et avaient demandé une somme d'argent comptant, un subside annuel à verser durant un certain laps de temps et un mariage destiné à sceller le nouvel accord. A l'annonce de cette nouvelle, Louis eut merveilleusement grande joie et convoqua ses conseillers dont aucuns furent d'avis que ce n'était qu'une tromperie et une dissimulation de la part des anglais. Cependant, au Roi semblait le contraire ; aussi, le lendemain 15 août, la délégation française se mit-elle en route avec pour ordre d'accepter la proposition des anglais et d'élaborer avec eux un traité d'alliance » [1].

La technique utilisée dans ce cas de figure est le faux pivot, appelé également pivot factice.

Le donnant/donnant, autre technique, est le fait de lier une proposition à une contre-proposition : *« Je te donne ceci si tu me donnes cela »*. Lors des derniers accords israélo-palestiniens, Netanyahu a obtenu un accord de réciprocité ; bien qu'ils aient signé l'accord global, ce qui les engage au niveau international, les Israéliens ont voulu se garantir d'un retournement éventuel des Palestiniens ; Israël respectera ses engagements à condition que les Palestiniens en fassent autant.

> *« Pas de nouvelle baisse des charges patronales pour la filière textile-habillement sans engagement précis, formulé entreprise par entreprise, en termes d'emplois et en particulier d'embauches pour les jeunes »* [2].

Quant à la globalisation, elle permet de mettre « tout dans le même panier » ; des choses acceptables pour l'autre, mais aussi des choses moins acceptables qui n'auraient pas été acceptées si elles avaient été présentées séparément.
L'utilisation de ces quelques techniques (l'ensemble des techniques est détaillé dans la suite de ce chapitre) est, dans de nombreux cas, relativement simple ; mais le problème va se complexifier lorsque les négociateurs vont mélanger les techniques. L'exemple suivant illustre bien la manipulation exercée par certains partenaires :

Lors de la vente d'une aciérie de la banlieue de Caen, qui, une fois démontée, devait être expédiée et remontée en Chine Populaire, ce qui a représenté la manipulation de plus de 500 000 pièces, les partenaires chinois et français ont commencé par négocier l'ensemble du budget, utilisant la technique de globalisation ; mais c'est une fois l'accord conclu que les difficultés ont commencé : les chinois voulaient en plus les toitures, les voies ferrées et toute la câblerie électrique, sans oublier la centrale à oxygène et la station de traitement des boues, tout le matériel de bureau,

1. Paul Murray KENDALL « Louis XI » Editions Fayard (1974).
2. *« Les ECHOS »* du 14 février 1996.

les réfrigérateurs, les placards, les cuvettes des toilettes... chaque demande faisant l'objet d'un accord séparé. Ils firent, en quelque sorte, du salami dans la globalisation sans oublier le donnant/donnant : *« Si vous nous donnez la centrale à oxygène, alors nous laissons les toitures »*.

Dans ces situations critiques, il n'y a pas de techniques propres pour contrer mais le décodage des différentes techniques et la bonne connaissance des avantages et inconvénients de chacune d'elle par le négociateur lui permettra de ne pas se laisser « embarquer » vers des rivages où il ne souhaite pas aller.

Avant de détailler les différentes techniques, nous allons clarifier ce que nous entendons par « technique ».

Les spécialistes de la polémologie [3] et *a fortiori* ceux du management expliquent avec plus ou moins de clarté la différence entre « stratégie » et « tactique » ; la stratégie étant l'art d'organiser le combat, les tactiques étant les moyens et/ou méthodes pour appliquer la (ou les) stratégie(s).

Dans la négociation, les spécialistes ont très vite introduit, en plus de ces notions, celle de « techniques ».

Parmi les conseils que l'on peut trouver dans les ouvrages sur la négociation comme « guides pratiques » se trouve un ensemble de modèles, méthodes, principes, règles et recettes variés.

Derrière cette variété, deux concepts ont graduellement émergé : celui de « techniques » et celui de « tactiques » ; l'un et l'autre étant souvent employés concurremment.

Si l'on prend comme base de départ Walton et Mc Kersie [4], le mot « modèle » (qui par la suite pourra être interprété comme « stratégie ») est celui qui convient : le modèle définit deux grandes catégories de négociation et pour chacune il est question de « positions », « plage de négociation », de « stratégies » et de « tactiques », mais le mot « technique » n'apparaît pas ; par contre, l'ouvrage d'Altman [5] s'intitule : « Les Techniques de la Négociation » et l'auteur propose un certain nombre de techniques qu'il appelle aussi « méthodes » (par exemple, la méthode du bilan, des quatre marches, du compromis, etc.).
Le mot « techniques » apparaît aussi dans l'ouvrage de Moulinier [6] mais il s'agit plus de conseils pour mieux communiquer.

3. De « polemos », art de la guerre.
4. « A behavioral Theory of Labor Negotiations » de R.E WALTON et R.B. Mc KERSIE, Editions Mc Graw HILL, (1965).
5. « Les Techniques de la négociation » de J.C ALTMAN, Editions Weka, (1980).
6. « Les Techniques de la vente » de R. MOULINIER, Editions d'Organisation, (1979).

2. LES DIFFÉRENTES TECHNIQUES DE NÉGOCIATION

Nous n'aborderons, dans ce chapitre, que les techniques qui ont comme fonction l'échange des objets (qualitatifs ou quantitatifs). Certains auteurs y ajoutent des techniques liées au pouvoir ou à la relation.[7]
Pour notre part, ce ne sont pas à proprement parler des techniques mais des axes stratégiques (le pouvoir) ou des tactiques (la relation). Nous avons développé ces deux derniers points dans des chapitres distincts.

☐ Techniques liées au maniement de l'objet

Bien qu'elles aient toutes le même objectif, à savoir se servir des objets pour négocier, ces techniques sont classifiables en trois grandes catégories :

– les techniques majeures,
– les techniques secondaires,
– les techniques spécifiques.

Classification des Techniques liées à l'Objet :

TECHNIQUES MAJEURES	TECHNIQUES MINEURES	TECHNIQUES SPECIFIQUES
- point par point - donnant/donnant - élargissement - faux pivot	- globalisation - bilan - quatre marches	- encerclement - petits pas

TABLEAU 3 : TYPOLOGIE DES TECHNIQUES LIÉES À L'OBJET.

– Les techniques majeures sont, en général, les plus utilisées ; le négociateur se servira occasionnellement des techniques mineures, qui seront d'ailleurs souvent « combinées » avec une (ou des) techniques majeures.
– Les techniques spécifiques ne sont pas, à proprement parler, des techniques qui ne manient que les objets, elles introduisent souvent des notions philosophiques et/ou stratégiques, ou bien elles font appel à d'autres notions telles que la gestion du temps.

Suivant les auteurs, le nom des techniques diffère mais « l'esprit » reste le même ; à titre d'exemple, C. Dupont [8] donne Point par Point ou Salami, Paquet ou Donnant/Donnant, Elargissement ou Donnant/Donnant additionnel, Retournement ou Faux Pivot ou Objectif-leurre. M. Hamon [9] utilise les termes de Jalonnement, Salami, Donnant/Donnant, Pivot Factice, Globalisation et Elargissement.

7. Voir M. HAMON pages 62 et suivantes.
8. *Opus cité* (pages 77 et suivantes).
9. M. HAMON *« Négocier avec succès »* Editions Nathan 1994 (pages 62 et suivantes).

➢ Les Techniques Majeures

La Technique du Point par Point

a) Explications

Cette technique, appelée plus communément « Salami » par analogie à des « tranches » que l'on coupe, consiste soit à découper la négociation par objets, c'est-à-dire que l'on discute chaque objet les uns après les autres, soit à couper correctement un objet en une suite de petits objets que l'on va négocier également point par point ; dans ce dernier cas, on parlera de fragmentation de l'objet.
Autrement dit le « Point par Point » consiste à traiter chaque point de la négociation (chaque objet) séparément et successivement sans établir de lien entre eux ; ce qui peut être illustré par le deuxième principe du philosophe Descartes :

> *« diviser chacune des difficultés que j'examinerai en autant de parcelles qu'il serait requis pour les mieux résoudre. »*

Cette technique est très utilisée dans la culture latine et plus particulièrement par les français parce qu'elle correspond bien à notre culture très cartésienne et à notre éducation.
En effet, les études en France, qu'elles soient scientifiques, juridiques ou managériales, sont basées sur le même principe : on prend un gros problème que l'on découpe en une suite de petits problèmes que l'on règle les uns après les autres.
Il en est ainsi de la comptabilité analytique, de l'informatique, de la mécanique et de l'électronique par exemple.
Les français utilisent beaucoup les raisonnements logiques surtout quand ils sont sur un mode linéaire ; les arbres de décision, les organigrammes sont des outils fort appréciés.
Un exemple de négociation en « Point par Point » nous est donné par l'illustration suivante : il s'agit de la retranscription d'une négociation réelle entre un vendeur quasiment débutant et les acheteurs d'une centrale d'achats d'une chaîne d'hypermarchés [10] :

> *« Bonjour messieurs, Philippe X de la société Y. L'objectif de notre entretien est le référencement de notre gamme pour l'année à venir. A cet effet, je vous ai envoyé le dossier de nos conditions, et j'aimerais connaître votre avis à ce propos. »*
> *Je n'obtins en guise de réponse qu'un vague sourire complice des cinq acheteurs.*
> *Un des acheteurs répondit :*
> *« Est-ce que vous nous prenez pour des débutants ! C'est à vous de défendre votre dossier si vous voulez passer cette année ! »*
> *La discussion s'annonçait mal ! (...)*

10. Dialogue retranscrit par des étudiants du DESS COMEX de l'Université de Lille I.

« Si je vous ai bien compris, nos conditions ne vous apparaissent pas satisfaisantes ! » (...)
Personne ne répondit, et l'atmosphère devint glaciale.
Je continuai :
« Ecoutez, jouons cartes sur table et examinons point par point le dossier... »
Je discutai alors le dossier de A à Z, insistant sur les points importants. Ce fut ensuite leur tour de parler : je subis un réquisitoire exhaustif démontant toutes les conditions de référencement, avec en guise de conclusion :
« Vous faites ces conditions à tout le monde, or nous ne sommes pas tout le monde. Qu'allez vous faire de spécial pour nous ? »
Je répondis :
« J'aimerais que nous puissions travailler ensemble. »
Ma réaction déclencha quelques rires entendus :
« Monsieur, nous avons examiné votre dossier ainsi que celui de vos concurrents. L'analyse du marché est saine et vos propositions correctes dans l'ensemble. Nous demandons cependant à votre société un plan promotionnel de 30 % supérieur de façon à pouvoir développer votre pénétration dans nos magasins, principalement dans les supermarchés. »
Je répondis :
« C'est entendu, et je vous remercie de votre confiance... »

Ceci est un bel exemple de négociation en Point par Point induite d'ailleurs par le vendeur.
Il arrive que les négociateurs pensent à faire un échange, bien qu'ils soient toujours en Point par Point : c'est la fragmentation.
On entend par fragmentation le fait de découper un objet en tranches, comme expliqué plus haut ; c'est une technique classique en négociation commerciale lorsqu'on échange du prix par des quantités : *« plus vous en achetez, moins c'est cher ! »*
Le prix peut être considéré comme un objet mais sera, bien souvent, étroitement lié aux quantités ; il n'y a pas de marges de négociation ; c'est de la fragmentation d'objet [11].
En négociation sociale, le Point par Point est très souvent induit par l'ordre du jour qui est établi avant la négociation, parfois, âprement discuté en début de négociation ; mais lorsque les partenaires sont d'accord sur l'ordre du jour, ils ont une forte tendance à discuter point par point.
D'ailleurs l'ordre dans lequel vont être discutés les différents points fait aussi souvent l'objet de négociations.
Le mode d'application de cette technique peut se résumer en deux règles :

1 – On discutera le point n° 2 lorsque l'on sera d'accord sur le point n° 1, et le point n° 3 lorsque l'on sera d'accord sur le point n° 2 et ainsi de suite...

11. Ceci n'est pas toujours vrai : un vendeur peut avoir 3 tarifs en fonction des quantités :
A. pour 1 à 10.
B. pour 11 à 20.
C. pour supérieur à 20.
Il peut aussi offrir le tarif B pour des offres inférieures à 10.

2 – On ne revient pas en arrière : si les partenaires en sont au point n° 9, cela veut dire qu'ils sont d'accord sur les points 1 à 8 ; si l'un des deux partenaires met en balance son accord sur le point 9 contre une concession de l'autre sur le point 3, l'autre partenaire pourra lui rétorquer que ce n'est pas la règle, et qu'en plus il est de mauvaise foi puisqu'il avait déjà accepté avant le point n° 3 ; et il aura raison...

Autrement dit on avance pas à pas et on ne peut pas revenir en arrière.

Il y a bien sûr des formes évoluées de Point par Point, sans parler des interactions de techniques que nous évoquerons à la fin de ce chapitre.

Voici un autre exemple de Point par Point :

> ***NÉGOCIATIONS UNEDIC : DIFFICILE REPRISE***
> *Syndicats et patronat ont repris hier la négociation sur l'assurance chômage. Objectif, trouver avant le 22 juillet, date à laquelle les négociateurs doivent une nouvelle fois rencontrer Michel Giraud, 20 milliards de francs pour compléter la mise du gouvernement (8 à 10 milliards) conditionnée à un accord des partenaires. Une autre réunion est d'ailleurs prévue avant cette date.*
> *D'entrée de jeu, le CNPF a posé comme* « préalable » *la discussion en priorité de l'organisation de l'Unedic, pour doter l'échelon central d'un « exécutif fort » qui soit en capacité de contrôler les différentes Assedic et l'application de la réglementation. Dans la même perspective, le CNPF exige une meilleure coordination Unedic-Anpe-Etat : il y voit un moyen propice au contrôle du bien-fondé des allocations versées ; les syndicats sont beaucoup moins enthousiastes. Première difficulté donc, car les syndicats, encouragés sur ce point par le ministre, entendaient discuter* « prioritairement » *des ressources nouvelles (l'extension du champ de l'Unedic aux mandataires sociaux apporterait 3 milliards par an) et de la hausse de cotisation (0,6 % apporterait 10 milliards par an).*
>
> ***Les économies***
> *En confirmant sa volonté de discuter d'abord réforme de structures, organisation, contrôle, puis sujet qui y est lié, économies, le patronat a voulu reprendre en main une négociation dont le cours, quelque peu dessiné par le ministre dans sa lettre aux négociateurs (nos éditions d'hier), ne lui seyait guère.*
> *Deuxième difficulté : l'examen des prestations et des pistes d'économies possibles. Entre la meilleure gestion, le contrôle et le* « reprofilage des prestations » *(dégressivité accrue des prestations ou meilleure cohérence entre durées de cotisation et de prestation), le CNPF fixe la barre des économies nécessaires à 10 milliards, ce qui paraît* « inenvisageable » *aux syndicats quelles qu'en soient les modalités. En dépit du souhait du gouvernement qui voudrait éviter une nouvelle ponction sur la consommation des ménages, les syndicats préféreraient une hausse de cotisation plus forte (0,8 % par exemple) payée pour moitié par les salariés, plutôt que de demander un*

> *effort trop considérable aux chômeurs. De même exigeront-ils que soit garantie par l'Etat la dette de l'Unedic aux régimes de retraite complémentaire qui atteindrait 23 milliards fin 93.*
> *Autre difficulté en perspective : le fameux* « système de pilotage » *envisagé par Michel Giraud* « pour permettre un ajustement automatique des dispositions de l'accord aux aléas de la conjoncture ». *Le CNPF qui sait le mal qu'il va avoir pour faire admettre une hausse de cotisation patronale à ses mandants, entend que celle-ci intervienne pour* « solde de tout compte » *pendant trois ans. Si nouveau dérapage il devait y avoir, l'ajustement ne pourrait se faire, selon lui, que par des économies ou un nouvel apport de l'état. Ce qui, en filigrane, pose la question évoquée à demi-mot par le ministre, de la présence de commissaires du gouvernement au sein de l'Unedic, chose que les syndicats, attachés au paritarisme, ne sont pas près d'accepter. Mais de cela, ils parleront le 22 juillet avec le ministre.* [12]

Pour le patronat :

– on discute en premier de l'organisation de l'UNEDIC,
– il faut une coordination ANPE / ETAT / UNEDIC.

Pour les syndicats :

– trouver des ressources nouvelles,
– ne pas pénaliser les chômeurs.

b) Formes évoluées

• La première consiste à mettre en avant les points de divergence entre les partenaires et soutenir que la négociation ne pourra se dérouler que lorsque ce ou ces points seront réglés.

Un bon exemple en est donné par la négociation du GATT entre Européens et Américains :

> *« les ministres (de la CEE) ont surtout mis en avant leur réprobation commune des sanctions appliquées par Washington contre les exportateurs européens d'acier. (...) Il serait inconcevable, avait indiqué Alain Juppé, de poursuivre des discussions sur les réductions tarifaires au moment où les Etats-Unis mettent en œuvre des droits anti-dumping et anti-subventions sur l'acier européen. (...) Ces mesures sont inacceptables, non fondées et risquent d'avoir un effort négatif pour ce qui est de la conclusion heureuse d'un accord multilatéral sur l'acier.»* [13]

Autrement dit, tant que les Américains ne lèveront pas les sanctions (premier point) on ne négociera pas sur les autres.

12. Article de Béatrice TAUPIN dans « *Le Figaro* » du 14 juillet 1993.
13. Extrait de « *La Tribune Desfossés* » du 5 juillet 1993.

Dans le même ordre d'idées :

> *« la France exige l'inclusion de l'agriculture dans les négociations multilatérales. »* [14]

Si on ne négocie pas sur l'agriculture, on ne négocie par sur le reste.
Ce type de démarche est fréquente dans les négociations sociales : un des partenaires met un objet en « ultimatum » [15] et refuse de négocier tant que ce point de départ ne sera pas réglé.

• La deuxième consiste à faire exactement le contraire : le partenaire propose à son partenaire de mettre de côté, dans un premier temps, les points très divergents et de ne parler que des convergences et/ou des mini-divergences. Autrement dit on règle d'abord les points qui nous rapprochent et nous ne parlerons des divergences qu'à la fin.

Cette technique peut permettre, si elle est acceptée par l'autre, d'avancer très vite dans la négociation, et de créer une synergie d'accord ; dans ce cas, les derniers points qui apparaissent comme « durs » au début de la négociation seront, en quelque sorte, gommés par la coopération.
L'inconvénient est de règler tous les points sauf le plus dur que l'on garde pour la fin et, arrivé à ce dernier point, ne pas se mettre d'accord ; l'enjeu étant très important, les négociateurs auront un risque de blocage, l'ensemble des concessions possibles ayant été faites sur les autres points.

c) Opportunités

Hormis le fait souligné plus haut que les Français, pour des raisons culturelles, utilisent en priorité cette technique, le « Point par Point » peut néanmoins s'utiliser sans inconvénients majeurs dans différentes situations :

- si tous les objets sont de grande importance pour chacun des partenaires, autrement dit quand tous les objets sont de même importance et qu'ils ne sont pas trop nombreux ; dans ce cas, quelle que soit la technique utilisée, le résultat dépendra plus des marges de manœuvre (champs de la négociation) que de la manière de négocier les objets.
- si sur un ou sur l'ensemble des points, un des partenaires a un rapport de force très favorable ; dans ce cas, le négociateur, s'il veut maximiser ses gains, aura intérêt à faire du point par point et obtenir un maximum de concessions de la part de l'autre sur chaque point.
- si un des partenaires veut « verrouiller » un point important avant d'aborder les autres ; c'est l'exemple du GATT décrit plus haut : il est fondamental pour les Français que l'agriculture soit renégociée ; si ce point n'est pas accepté par l'autre, la négociation s'arrête.

---

14. Dans « *Les Echos* » du 2 juillet 1993,
15. Ce peut être la reprise du travail demandée par la Direction, en cas de grève, ou la suppression de sanctions exigée par les salariés.

– si un négociateur est en situation de grande faiblesse, il peut avoir intérêt à se battre sur tous les points quitte à accepter une rupture ; c'est le cas de certains vendeurs de biens de consommation courante qui vendent à « l'arraché » ; ils peuvent obtenir une commande à « l'usure », mais s'il y a rupture avant, ce n'est pas fondamentalement important d'un point de vue stratégique pour leur entreprise.
– lorsque le négociateur veut négocier en « faux pivot » [16] ; dans ce cas l'utilisation du « Point par Point » est quasiment obligatoire.

d) Avantages / Inconvénients

Cette technique, comme toutes les autres, a des avantages et des inconvénients :

• Avantages :
– C'est, et de loin, la technique la plus simple à utiliser ; elle permet de « découper » un gros problème en une suite de petits problèmes plus faciles à règler.
– Elle permet de segmenter les problèmes par ordre d'importance et/ou de difficulté ; le négociateur poura donc essayer d'imposer un ordre de discussion, ordonnancer la séquence des actions.
– Elle évite la dilution et/ou le dérapage de la négociation, le négociateur peut concentrer ses forces sur les points les plus importants pour lui ; il peut ainsi mieux contrôler la négociation.
– Elle favorise le négociateur en situation de force, ce qui lui permet de maximiser ses gains ; mais elle permet aussi à celui en situation de faiblesse « d'user » l'autre et de jouer le « tout ou rien ».
– Elle est utilisable aussi bien en attaque qu'en défense ; elle permet d'ouvrir des brèches où le négociateur pourra marquer des points là où il se sent le plus fort.
– Elle permet l'utilisation de tactiques de nature très différente en fonction de chaque point.
– Elle peut permettre à l'autre de concéder sur un certain nombre de points mineurs mais dont la somme des gains sera très importante.
– Elle permet d'obtenir une issue sélective pouvant aboutir à un compromis limité.

• Inconvénients :
– Elle a tendance à durcir la négociation, ce qui peut conduire à des blocages, voire à la rupture.
– Les résultats sont souvent médiocres, les intérêts communs faibles pour ne pas dire nuls.
– Elle ne permet pas de faire des ouvertures, elle empêche la créativité et l'innovation.
– Elle induit par nature, un climat de type conflictuel.
– Elle consomme beaucoup de temps et d'énergie.
– Elle aboutit souvent à un succession de compromis dont la somme peut être insatisfaisante, voire sous-efficiente.
– Dans les négociations internationales, il y a risque de choc avec des cultures qui sont non logiques et de déduction de type extrême oriental.

16. Voir plus loin la technique du *« faux pivot »*.

e) Parades

Bien évidemment, en cas de rapport de force relativement équilibré la première parade sera de négocier également en « Point par Point » ; mais si le négociateur veut pallier les inconvénients de cette méthode, il pourra alors utiliser éventuellement les méthodes suivantes :

- faire ressentir constamment à l'autre que leur intérêt commun est de lier les objets pour en tirer un plus grand profit ; l'amener à négocier en « donnant donnant » ;
- argumenter sur la nécessité de s'entendre rapidement et globalement sur une solution d'ensemble ; l'amener à négocier la globalisation ;
- user la partie adverse sur les premiers points en discussion ; brouiller la discussion en les liant à un autre point ;
- si cela est possible, mettre en évidence les risques de blocage et même de rupture ; argumenter sur le côté néfaste des scénarios-catastrophe ;
- essayer d'introduire du conditionnel sur chaque point ; c'est-à-dire refuser le sous-accord définitif et amener la décision finale en global ;
- faire appel à de nombreuses tactiques pour faire dévier le scénario du « point par point » ; tactiques soit de type « menace », soit de type coopératif, émotionnel et/ou d'utilisation du temps.

f) Récapitulatif du « Point par Point »

Opportunités	Avantages	Inconvénients	Parades
- Tous les objets sont d'égale ou de grande importance - Rapport de forces très favorable - Si l'on veut verrouiller un point - Rapport de forces très défavorable - Gain ou rupture - Utilisation du Faux Pivot	- Simple à utiliser - Evite la dilution, les dérapages -Segmente les problèmes par ordre de difficulté / d'importance - Imposition de l'ordre de discussion - Ordonnance la séquence des actions - Favorise le négociateur en situation de force - Maximisation des gains - Utilisable en attaque ou en défense - Peut ouvrir des brèches -Permet la concession sur une multitude de petits points - Permet d'obtenir un compromis limité	- Rigidifie la négociation - Conduit au blocage, à la rupture -Résultats souvent médiocres - Pas d'ouvertures ni de créativité - Induit un climat conflictuel - Consomme beaucoup de temps et d'énergie - Somme des points d'accord insatisfaisante - Choc des cultures	- Contrer en utilisant la même tactique - Mettre en évidence l'intérêt commun, négocier donnant donnant - Argumenter globalement, négocier en globalisation - User l'autre sur les premiers points - Brouiller la discussion en liant à un autre point - Mettre en évidence les risques de blocage - Verrouiller sur un ou deux points

Tableau 4 : Synthèse de la technique du Point par Point.

La Technique du Donnant/Donnant ou « Paquet »

a) Explications

La technique du « Donnant/Donnant », appelée aussi technique du « Paquet », consiste à aboutir à la définition d'une solution d'ensemble, obtenue par un échange de concessions et/ou d'avantages et/ou de répartition des coûts ou des risques en tenant compte des priorités différentes des parties.
Pour arriver à cette solution d'ensemble, les négociateurs devront établir des liens entre les problèmes et les objets en discussion ; par exemple, le prix est aussi bien lié à la qualité du service qu' aux conditions de paiement, etc.
Autrement dit le « Donnant/Donnant », par rapport au « Point par Point » qui négocie point par point, va lier deux ou plusieurs objets entre eux, d'où le nom de technique du « Paquet ».
Un bon exemple de « Donnant/Donnant » nous est donné par la négociation entre le Minsitre des Transports et les compagnies maritimes :

> ***LE PAVILLON DES KERGUELEN ÉTENDU AUX NAVIRES DES LIGNES RÉGULIÈRES***
> *« Pour permettre le maintien d'une flotte marchande française, le gouvernement a décidé d'étendre aux navires de lignes régulières la possibilité d'être immatriculés sous le pavillon des Kerguelen qui offre des conditions d'exploitation plus avantageuses que le pavillon national. Mais, en contrepartie, 70 % de l'équipage devra être de nationalité française contre 35 % auparavant. »* [17]

Autrement dit, le ministre propose aux armateurs : « si vous prenez 70 % de marins français sur vos bateaux battant pavillon français, alors j'accepte que vous les passiez sous le pavillon des Kerguelen. »
Cet exemple illustre le lien entre deux objets, mais l'accord peut se faire aussi avec un ensemble d'objets quantitatifs et/ou qualitatifs, sous forme de « paquets ».
Le 7 juillet 1993, les représentants des Etats-Unis, du Japon et de la CEE tiennent un sommet économique à Tokyo. Ils négocient et signent un préaccord sur l'accès aux marchés.

17. Dans « *Le Figaro Economique* » du 16 juin 1993.

Ce préaccord se présente sous la forme de quatre « paquets » qui seront renégociés non plus produit par produit, mais secteur par secteur :

Le pré-accord sur l'accès aux marchés	
4 types de traitements, pour les 18 secteurs industriels en cause	
A - Elimination totale des droits de douane (options 00)	
- Pharmacie *- Equipements de construction* *- Equipements médicaux* *- Acier (sous réserve d'un accord multilatéral spécifique)* *- Bière* *- Meubles ———)* *- Equipements agricoles———)* *- Spiritueux ———)*	Trois secteurs où il —— existe des exceptions par produits
B -Harmonisation des tarifs à niveau réduit	
- Produits chimiques	
C - Réduction de moitié des "pics tarifaires" (droits supérieurs à 15%)	
- Céramique *- Verre* *- Vêtements* *- Textiles*	
D - Réduction d'un tiers (au moins) des droits actuels	
- Equipements scientifiques *- Bois* *- Papier* *- Métaux non ferreux* *- Electronique*	
Ont été momentanément exclus du pré-accord l'agriculture et les services.[18]	

TABLEAU 5 : ILLUSTRATION DE LA TECHNIQUE DONNANT/DONNANT.

18. Extrait de *« La Tribune Desfossés »* du 8 juillet 1993.

Le journaliste d'ajouter :

> *« la situation est claire en cas d'exonération totale ; mais les pourcentages de réduction constituent une moyenne sectorielle et la vraie négociation portera sur chaque produit. »*

Et il conclut :

> *« la conséquence de ce pré-accord sera la création de 1,4 million d'emplois aux USA, 750 000 pour l'Europe, 500 000 pour le Japon et 120 000 pour le Canada. »*

Cette négociation, néanmoins assez lourde et compliquée, peut s'analyser sommairement de la manière suivante :

- Négociation en « donnant/donnant » sur les secteurs pris par grande famille
- Mise au point et accord sur quatre paquets
- L'avenir sera de négocier les objets dans chaque paquet, et les négociateurs pourront le faire par différentes techniques, pas forcément par le « Donnant/Donnant ».

b) Opportunités

L'utilisation du « Donnant/Donnant » est plus délicate que celle du « Point par Point » pour un certain nombre de raisons ; autrement dit, ce ne sont pas, à proprement parler, des opportunités qui vont décider de l'emploi de cette technique, mais des conditions nécessaires pour que le « Donnant/Donnant » soit efficient.
Conditions nécessaires :

1 – Les priorités (degrés d'importance, utilité) doivent être complémentaires ; l'échange idéal ne pourra se faire qu'entre un objet peu important pour le négociateur A mais important pour le négociateur B et un objet peu important pour B mais important pour A.
2 – Les négociateurs doivent avoir une bonne connaissance de leurs intérêts réciproques, autrement dit des priorités de l'autre (voir point 1) pour pouvoir bien équilibrer l'échange.
3 – Il est quasiment obligatoire que le climat soit plutôt coopératif ; dans un climat conflictuel, le « Donnant/Donnant » peut passer soit pour de la manipulation, soit pour de la faiblesse.
4 – Les parties doivent être animées d'une forte volonté d'accord, pas à n'importe quel prix, certes, mais dans le cas contraire, c'est le rapport de forces qui mobilisera la négociation.
5 – Le rapport de forces doit être relativement équilibré ; dans le cas contraire, les négociateurs ont une forte tendance à utiliser le « Point par Point ».
6 – La valeur d'ensemble du « Paquet » doit être supérieure à la valeur d'une autre solution (solution de meilleure alternative à un accord).
7 – Plus la négociation est complexe, plus le « Donnant/Donnant » peut jouer son rôle ; s'il y a peu d'objets, il n'y a quasiment pas de possibilités « d'accrochage » entre objets ou en tout cas peu de combinaisons possibles.

c) Avantages / Inconvénients

- Avantages :

– En principe, le « Donnant/Donnant » induit un climat plutôt coopératif dans la négociation ; chacun y a gagné quelque chose mais ceci n'est pas nécessairement vrai ; on peut faire du « Donnant/Donnant » dans un climat de type conflictuel. (avec le danger souligné au point 3 ci-dessus)
– Cette technique donne de la fluidité et des marges de manœuvre ; autant le «Point par Point» a tendance à rigidifier la négociation, autant le « Donnant/Donnant » permet de « l'oxygéner ».
– Elle permet de mieux connaître les préoccupations de chacun, car elle oblige les partenaires à mettre en valeur la recherche d'informations et leur perspicacité.
– Cette technique est, en général, assez rapide ; on gagne du temps.
– Elle donne des résultats combinés assez favorables aux partenaires ; c'est souvent du « gagnant/gagnant ».
– C'est parfois le seul moyen de sortir d'un blocage, surtout lorsque l'on négocie en Point par Point.
– Le « Donnant/Donnant » correspond bien à la notion « moderne » de la négociation : parvenir à un accord mutuellement acceptable, efficient, supérieur à de simples compromis.

- Inconvénients :
– L'utilisation de cette technique demande des priorités, des utilités et des enjeux qui sont complémentaires, donc d'importance inversée.
– Elle peut être très difficile à jouer si tous les points sont d'égale importance pour les négociateurs et/ou s'il y a des préalables inacceptables.
– La bonne foi et l'habilité sont fondamentales pour l'ensemble des partenaires ; il faut donc qu'ils « jouent le jeu ». Si un des négociateurs ne jouait pas le jeu, il pourrait relativement profiter de la situation : la négociation deviendrait manipulatrice dans ce cas.
– Nécessite que les plages de négociation (zones d'acceptation mutuelle) soient assez larges pour pouvoir échanger, par exemple, « pas à pas ».
– Dans certains cas, il est préférable ou plus facile de segmenter un objet en sous-objets que de le lier à un autre objet.
– L'évaluation d'un « Paquet » peut être délicate, surtout lorsqu'il y a liaison d'objets quantitatifs et qualitatifs ; on peut se laisser entraîner dans un accord d'ensemble peu satisfaisant.

d) Parades

Le mot « parade » est délicat à utiliser dans le cas du « Donnant/Donnant » puisque, par nature, cette technique entraîne plutôt un accord de type « gagnant/gagnant » avec un climat coopératif, qui est basé avant tout sur la confiance mutuelle.
Dans certains cas, le négociateur aura intérêt (enjeux fondamentaux, instructions précises du mandataire, volonté de maximiser le résultat, manque de confiance dans l'autre, etc) à contrer le « Donnant/Donnant » utilisé par l'autre.

Pour ce faire, il pourra :

– revenir constamment au point par point ; soit il « laminera » celui qui continue à négocier en Donnant/Donnant, soit il obligera l'autre à changer de technique ;
– déséquilibrer les propositions d'échange, en inversant les ordres de priorité et/ou en choisissant sciemment de lier des objets très importants pour tous les partenaires ;
– proposer systématiquement une globalisation en refusant soit les paquets, soit l'échange de deux ou plusieurs objets ;
– imposer des exceptions, des préalables comme en Point par Point ;
– utiliser le faux pivot, par exemple, faire semblant d'accepter un échange et l'abandonner pour proposer un échange différent ;
– prendre le devant et imposer un autre scénario, par exemple, utiliser la technique du bilan ou des quatre marches.

e) Récapitulatif du « Donnant/Donnant »

Opportunités	Avantages	Inconvénients	Parades
- Les priorités des objets doivent être complémentaires - Cas de négociations lourdes et/ou complexes - Présence d'un climat coopératif (utilisable également en conflictuel) - Valeur du paquet supérieure aux autres solutions - Rapport de forces relativement équilibré - Volonté d'arriver à un accord très forte - Bonne connaissance des intérêts réciproques	- Induit un climat coopératif (en principe) - Donne de la fluidité et des marges de manœuvre - Permet de mieux connaître l'autre - Rapide, gain de temps - Résultats assez favorables pour l'ensemble des partenaires - Sortie d'un blocage - Notion "moderne" de la négociation	- Besoin de priorités et d'utilités complémentaires - Blocage si les utilités sont d'égale importance - Bonne foi des partenaires indispensable - Demande une grande habileté - Plages de négociation nécessairement conséquentes - Le Point par Point est préférable dans certains cas - Evaluation de l'échange délicate	- Utiliser systématiquement le Point par Point - Déséquilibrer les propositions d'échange - Proposer constamment une globalisation - Imposer des exceptions, des préalables - Utiliser le faux pivot -Imposer un autre scénario

TABLEAU 6 : SYNTHÈSE DE LA TECHNIQUE « DONNANT/DONNANT ».

La Technique de l'Elargissement

L'élargissement peut s'entendre de deux grandes manières. D'une part les négociateurs peuvent ajouter aux objets de la négociation existants des clauses complémentaires et/ou supplémentaires non prévues dans la négociation initiale ; ils peuvent également rechercher des contreparties ou des compensations qui ne sont pas nécessairement liées aux objets. D'autre part, les partenaires pourront dépasser les difficultés par une redéfinition du problème, des procédures ou des normes ; autrement dit le négociateur va changer les règles du jeu, imposer une « nouvelle donne ».

L'élargissement peut aller beaucoup plus loin à tel point que l'objet même de la négociation subit une véritable mutation ; dans de nombreux cas, des entreprises qui discutaient d'un contrat commercial ont transformé l'issue de la négociation en une alliance ou une joint-venture.

D'une manière simplifée, la technique de l'élargissement fait entrer dans la négociation des éléments qui n'étaient pas inscrits ni inclus dans le domaine initial de la négociation.

Mettre en application cette technique demande un certain nombre de conditions, mais l'outil de base reste l'innovation. Le négociateur devra faire preuve de créativité, être capable de proposer des solutions nouvelles et originales.

Nous ne nous étendrons pas sur la manière de trouver des solutions originales puisqu'un chapitre de cet ouvrage est consacré à l'utilisation des techniques de créativité.

Nous illustrerons ces propos par deux exemples pris dans le monde industriel :

- Le premier concerne Airbus Industrie et Boeing [19] :

> *« Depuis 1970, Airbus Industrie essaie sans grand succès de pénétrer le marché américain du transport aérien qui est "la chasse gardée" de Boeing.*
>
> *E. Borman, président d'Eastern Airlines, doit, pour des raisons de restriction, opter pour un nouvel avion gros porteur, susceptible de maintenir les capacités de trafic de la compagnie au départ de Miami mais moins gourmand en carburant que ses trimoteurs Tristar.*
>
> *Sa rencontre avec R. Beteille, président d'Airbus à l'époque, à Miami est décisive. E. Borman est impressionné par la démonstration rigoureuse de l'ingénieur français et décide sur le champ d'ouvrir les négociations avec le constructeur européen ; mais il formule une exigence inacceptable par Airbus : qu'on lui reprenne ses Tristar et il achètera le même nombre de A 300. On imagine la réaction des partenaires d'Airbus Industries ; pour placer ses appareils, Airbus devrait se transformer en marchand d'avions d'occasion, ce qui n'était pas dans la stratégie de la société.*
>
> *Il faut trouver un autre moyen d'appâter E. Borman sans se compromettre. D'où l'idée de R. Beteille de proposer la location de quatre avions pendant six mois pour permettre à Eastern Airlines de tester l'appareil sur ses lignes en grandeur réelle. L'idée est audacieuse ; E. Borman se laisse convaincre par l'offre et abandonne son exigence de reprise des Tristar.*
>
> *En prenant le risque de louer des avions, Airbus a mis "un pied dans la porte" ; peu importe que l'avion soit loué au vendeur, une compagnie américaine l'a choisi ; la location est un remarquable aiguillon. »*

19. Ce cas est tiré d'un mémoire sur la négociation établi par des étudiants du DESS COMEX International de l'Université de Lille I.

L'idée originale était là ; transformer une vente en location pour modifier les exigences du client.
Pour la petite histoire, il a fallu neuf mois à Airbus pour que l'essai soit transformé ; neuf mois de combats tous azimuts pour déjouer les traquenards tendus aux USA, négocier les termes d'un accord financier satisfaisant, convaincre enfin les partenaires et les Etats européens d'accepter les risques pris.

• Le deuxième exemple concerne une entreprise industrielle spécialisée dans l'emballage [20] :

> *« La Société Bourgeois, filiale d'un groupe agroalimentaire international fabrique des flacons en verre pour les autres filiales du groupe.*
> *Cette société a entre autres fournisseurs de biens d'équipement la Société Antonelli qui lui fournit, depuis plusieurs années, un certain type de fours à recuire. Jusqu'à présent, Bourgeois n'a jamais eu de problèmes majeurs avec ce fournisseur ; le directeur technique, ayant besoin d'une nouvelle ligne de recuit, a fait appel tout naturellement à la Société Antonelli.*
> *Le fournisseur proposa, avec un four classique de sa fabrication, un nouveau type de tapis roulant fabriqué par un de ses propres sous-traitants. En confiance, le directeur technique de Bourgeois accepta.*
> *Au bout d'un mois de fonctionnement, des palettes entières de flacons se révélèrent défectueuses ; malheureusement, ce sont les clients utilisateurs de ces flacons qui s'en sont rendu compte et ont demandé des dédommagements à Bourgeois.*
> *Une expertise assurée par des spécialistes extérieurs aux deux sociétés ne mit pas clairement en évidence la responsabilité d'Antonelli, mais il était évident que ce tapis roulant ne correspondait pas aux besoins du client ; d'un autre côté, Bourgeois n'avait pas identifié ses critères technologiques ; de ce fait, sa responsabilité s'en trouva donc en grande partie engagée.*
> *Sans tenir compte pour Bourgeois de l'impact sur l'image de marque et des pénalités de retard sur livraison, la situation économique se présentait de la manière suivante :*
>
> – *Coût pour Bourgeois : indemnités + frais versés aux clients : 350 KF. Bourgeois avait également bloqué 110 KF en retenue de garantie.*
> – *Antonelli s'était retourné contre son assureur pour vices cachés, mais son contrat excluait ce type d'accident.*
>
> *Les deux partenaires décidèrent, dans un premier temps de ne pas mettre en route de procédure judiciaire mais de négocier. Antonelli annonça qu'il pourrait, dans un geste commercial, prendre en charge 120 KF au maximum, mais en réalité il avait fixé son point de rupture à 170 KF. Bourgeois, tout en ayant une part de responsabilité, demanda néanmoins 350 KF de dédommagements mais fixa son point de rupture aussi à 170 KF.*

20. Les noms, lieux et chiffres ont été modifiés pour assurer la confidentialité.

A première vue, la seule possibilité d'accord serait de 170 KF. Accord très difficile à obtenir (pas de marges de manœuvre) et, même en cas d'accord, il y aurait vraisemblablement eu frustration des deux partenaires et induction d'un climat plutôt négatif pour l'avenir de leurs relations.
Les deux partenaires firent preuve, dans la négociation, de créativité et ils utilisèrent la technique de l'élargissement ; l'accord obtenu fut le suivant :
– Changement du tapis roulant à la charge d'Antonelli
– Levée de la retenue de garantie par Bourgeois
– Engagement d'Antonelli à faire, lors de la prochaine installation une remise exceptionnelle de 150 KF et un différé de règlement de 70 KF.
Les gains pour Bourgeois s'élèvent à 220 KF et Antonelli perd 150 KF mais est sûr d'avoir la prochaine commande.
Cet accord a également permis la sauvegarde et même le renforcement de la relation entre les partenaires !
Et pour la petite histoire, Antonelli changea d'assureur, obtint une meilleure couverture pour un prix moindre...

a) Opportunités

- Dans toutes les négociations.
- Lorsqu'il y a eu des blocages importants ou des difficultés qui paraîssent insurmontables.
- Lorsqu'il apparaît que, par la créativité, le contenu d'un accord peut être amélioré et/ou la relation renforcée pour l'avenir.

b) Avantages / Inconvénients

• Avantages :

- L'accord est, en général, facilité ; il donne de « l'oxygène » aux négociations.
- Une proposition originale peut être le point de départ d'une meilleure entente entre les partenaires.
- Permet de faire jouer la créativité des partenaires, faire de l'innovation dans un intérêt mutuel.
- Oblige le négociateur à prévoir des options nouvelles, des alternatives originales et créatives.
- En général, l'élargissement rend les négociations plus efficientes.

• Inconvénients :

- Il faut contrôler sérieusement le processus pour éviter que la négociation se détourne des vrais problèmes ; que les nouvelles idées n'occultent pas ou n'escamotent les enjeux fondamentaux des partenaires.
- Le gain obtenu par un nouvel objet ou une nouvelle ouverture peut être difficile, voire impossible à mesurer.
- L'élargissement peut parfois faire surgir de nouvelles difficultés ; par exemple, relancer des discussions tendues sur la valeur réelle de nouvelles compensations et/ou contreparties.

– L'autre peut considérer que l'élargissement qu'on lui propose est un « écran de fumée » destiné à masquer la réalité, soit à le « rouler dans la farine » ; autrement dit l'élargissement pourra être perçu comme une manœuvre de déstabilisation.

c) Parades

Les mêmes que pour le donnant/donnant, à savoir :

– Utiliser systématiquement le Point par Point.
– Déséquilibrer les propositions d'échange.
– Proposer constamment une globalisation.
– Imposer des exceptions, des préalables.
– Utiliser un autre scénario.

d) Récapitulatif de la Technique d'Elargissement

Opportunités	Avantages	Inconvénients	Parades
- Dans toutes les négociations - En présence de blocages - En présence de difficultés insurmontables - Si l'accord peut être amélioré - Si la relation peut en être renforcée	- L'accord est facilité - Point de départ d'une meilleure entente - Intérêt mutuel de l'innovation - Options nouvelles, alternatives originales - Rend les négociations plus efficientes	- Contrôler le processus - Détournement des vrais problèmes - Mesure de la nouvelle proposition - Discussions tendues sur les nouvelles propositions - Perçu comme un manœuvre de déstabilisation	- Utiliser systématiquement le Point par Point - Déséquilibrer les propositions d'échange - Proposer constamment une globalisation - Imposer des exceptions, des préalables - Utiliser le faux pivot - Imposer un autre scénario

TABLEAU 7 : SYNTHÈSE DE LA TECHNIQUE « ELARGISSEMENT ».

La Technique du Faux Pivot

Appelée également « Pivot Factice, « Retournement » ou « Objectif-Leurre », cette technique « *consiste à faire apparaître des prétentions ou des objectifs secondaires, voire factices, formulés d'une manière exigeante, qui, face à la réticence ou au refus de la partie adverse d'offrir les concessions importantes de plus en plus coûteuses, sont ensuite abandonnés au bénéfice des véritables objectifs* ».[21]

Exprimé d'une autre manière, le Faux Pivot est la technique par laquelle le négociateur, après s'être assuré de l'importance d'un objectif déterminé pour la partie adverse alors que cet objectif est relativement secondaire pour lui, crée l'apparence

21. Christophe Dupont : *Opus Cité.*

de se battre pour l'obtention de cet objectif afin de l'abandonner abruptement en échange de l'obtention d'un deuxième objectif qui, en réalité, est son objectif principal.

Francis Walder [22], dans un ouvrage célèbre, raconte d'une manière romancée la négociation entre les représentants catholiques du Roi de France Charles IX et la délégation des Huguenots pour tenter de mettre fin à la guerre de religion de la fin du XVIe siècle.

La négociation portait, en particulier, sur la cession par les Catholiques de villes fortes. Ceux-ci souhaitaient conserver Angoulême et acceptaient de céder éventuellement Sancerre.

Le négociateur royal ouvre les pourparlers en « faisant mine » de céder Angoulême, mais en assortissant cette « base de discussion » de conditions de plus en plus contraignantes pour la partie adverse.

> *« Il faudra s'entendre sur des limitations d'influence administratives et commerciales», puis un peu plus tard – seconde exigence – « ne pas céder la fabrique de poudre ».*
> *« Ni privilèges, ni poudre », rétorquent les Huguenots.*
> *« J'aimerais encore mieux dans ces conditions voir abandonner Sancerre et garder Angoulême.*
> *« Je vous prends au mot » et le négociateur catholique de conclure : « Sancerre, mais alors rien d'autre ».*

Le négociateur du Roi s'était battu, dans un premier temps pour garder Sancerre et avait lâché Angoulême ; mais il assortit tellement de conditions inacceptables pour les autres (les privilèges, la poudre) qu'il lâcha Sancerre et conserva Angoulême...

Un autre exemple nous est donné en négociation internationale :

> ***TACTIQUE • Taïwan aurait simulé l'envie d'acheter des Kfir pour obtenir les F-16***
> *Les Industries Aéronautiques Israéliennes (IAI) ont la nette impression d'avoir été manipulées par Taïwan. Le projet de vente de 40 avions de combat Kfir a été annulé par Formose, peu après l'annonce de la vente par les Etats-Unis de 150 avions F-16 américains.* « En fait, Taïwan n'a jamais vraiment eu l'intention d'acquérir des avions en Israël »*, estime Moshe Keret, directeur général des IAI.* « Ils ont tout simplement lancé l'idée pour faire pression sur Washington et obtenir les F-16 qu'ils souhaitaient depuis le début. » *Selon lui, ce genre de pratique se répand de plus en plus avec la contraction des commandes aéronautiques civiles et militaires dans le monde.* « Les clients étrangers nous pressent comme des citrons pour faire baisser nos prix de revient»*, constate Moshe Keret.* [23]

... Belle illustration d'un Faux Pivot réussi.

22. Francis WALDER : *« St Germain ou la Négociation »*. Editions Gallimard (1958).
23. Dans *« La Tribune Desfossés »* du 24 septembre 1992. En outre, cet article met en évidence *« la tactique du lièvre »* qui consiste à se servir d'un fournisseur pour faire baisser les conditions d'un autre.

a) Opportunités

Il n'y a pas, à proprement parler, d'opportunités pour utiliser cette technique ; néanmoins il apparaît qu'il est très dangereux de l'utiliser en fin de négociation car on risque la rupture qui peut être définitive.
Cette technique est quand même très employée par les négociateurs professionnels ; elle doit être, à notre avis, plus utilisée pour « tester » la résistance de l'autre et/ou obtenir des informations sur ses enjeux et sur les degrés d'importance qu'il donne aux objets.
On peut l'utiliser jusqu'à la conclusion, les deux exemples cités le démontrent, mais il faut toujours penser à l'avenir ; si l'autre se rend compte plus tard qu'il a été manipulé, il peut souhaiter légitimement se venger.
La paix de St Germain a été signée en 1569 et trois ans après, c'était la St Barthélémy !
Il serait légitime de mettre en doute l'efficience de cet accord…

b) Avantages / Inconvénients

• Avantages :

– Peut surprendre la partie adverse et obtenir le résultat souhaité.
– Permet, dans certains cas, de maximiser son gain sur un ou plusieurs objets.
– Permet de tester la résistance de l'autre.
– Permet la mesure des utilités.

• Inconvénients :

– Technique manipulatrice.
– Risques si la manœuvre est découverte par l'autre après coup.
– Demande une grande habileté pour l'exécuter correctement.
– Perte éventuelle de crédibilité.
– Etre sûr que le pivot est très important pour l'autre.
– Le rapport de forces ne doit pas être trop déséquilibré.

c) Parades

– Décoder la manœuvre et le faire savoir.
– Enfermer le négociateur dans son propre jeu.
– Accepter, sans condition, de lui donner l'objet qu'il convoite.

d) Récapitulatif de la Technique du « Faux Pivot »

Opportunités	Avantages	Inconvénients	Parades
- Pas d'opportunités - A utiliser de préférence en début de négociation	- Surprend l'autre - Maximise le gain -Teste la résistance de l'autre - Mesure les utilités	- Technique manipulatrice - Risques de rupture - Demande une grande habileté - Perte éventuelle de crédibilité - Etre sûr de l'importance du point pivot pour l'autre -Inutilisable si le rapport de forces est fortement déséquilibré	- Décoder la manœuvre - Le faire savoir - Enfermer l'autre - Donner rapidement l'objet pivot

TABLEAU 8 : SYNTHÈSE DE LA TECHNIQUE « FAUX PIVOT ».

3. LES TECHNIQUES MINEURES

Il s'agit de la technique de globalisation, du bilan et des quatre marches. Nous les avons surnommées techniques mineures, non pas qu'elles soient moins importantes ou qu'elles donnent de moins bons résultats que les techniques majeures, mais simplement parce qu'elles sont rarement employées d'une manière unique dans la négociation et quand même nettement moins utilisées que les majeures.
En réalité, ces trois techniques se situent entre les techniques et les tactiques ; elles sont utilisées temporairement, sur des « coups » précédant, suivant et/ou associées à d'autres techniques et/ou d'autres tactiques. Il n'empêche que le bon négociateur se doit de les connaître, ne serait-ce que pour pouvoir les décoder quand elles lui sont appliquées par son partenaire.
Il n'y a pas non plus d'opportunités, d'avantages ou d'inconvénients spécifiques à ces trois techniques, puisque tout dépendra de la technique majeure et/ou mineure qui y sera liée ; seule l'habileté du négociateur pourra permettre de saisir les opportunités.

☐ La globalisation

La globalisation consiste à convertir l'ensemble des objets dans une mesure unique, une enveloppe globale. Cette technique sera souvent utilisée lorsque les objets seront à majorité quantifiables, c'est-à-dire transformables en coûts et/ou en prix. Dans ce cas, les avantages et les coûts seront calculés et les arbitrages entre objets de la négociation seront ensuite négociés à l'intérieur de l'enveloppe sur laquelle les négociateurs se seront mis d'accord.

Autrement dit, les négociateurs vont agir en général en deux temps : en premier, ils vont discuter et se mettre d'accord sur une enveloppe globale (par exemple un budget, un projet) et ensuite ils vont faire de la répartition (affectation de ressources) à chaque objet contenu dans l'enveloppe globale.
La globalisation peut prendre néanmoins une dimension stratégique ; pour illustration, cet article de journal :

BOIS TROPICAUX :

> « LES NÉGOCIATIONS REPRENDRONT À GENÈVE EN OCTOBRE »
> *« Une troisième phase de négociations sur le commerce des bois tropicaux se tiendra du 4 au 8 octobre prochain à Genève sous les auspices de la Conférence de l'ONU sur le commerce et le développement (CNUCED). Une session de travail s'était tenue la semaine dernière toujours à Genève ; à cette occasion, le porte-parole des pays producteurs, Amha Bin Buang (Malaisie) a déclaré que la plus grande priorité, pour son groupe, était d'élargir la portée de l'accord à tous les bois, c'est-à-dire aussi aux bois des forêts tempérées et boréales. L'accord existant, qui date de 1983 et qui expire en 1994, ne concerne que les bois tropicaux. Plusieurs pays consommateurs, notamment le Canada, qui possède de très grandes étendues de forêts tempérées, ont réitéré leur opposition à l'extension demandée. »* [24]

En somme, la Malaisie, qui ne produit que des bois tropicaux, veut globaliser avec les bois tempérés, ce que le Canada, producteur lui-même, ne veut pas.
Et si c'était, de la part du négociateur malais un faux pivot pour obtenir de meilleures conditions pour ses propres productions ? Seul l'avenir, éventuellement, le dira....

☐ Le bilan

C'est une technique ingénieuse qui permet au négociateur qui l'utilise, de dresser « pas à pas » la balance entre les coûts des concessions qu'il fait et les avantages qu'il reçoit. En évaluant habilement les uns et les autres, il réclame à son partenaire un équilibrage.
Christophe Dupont va encore plus loin dans l'analyse [25] :

> *« la forme la plus sophistiquée de cette technique est celle qui consiste à faire établir par l'autre partie les prétentions de celle-ci et de les traduire immédiatement en termes valorisateurs d'avantages pour elle et en termes pénalisateurs pour soi. »*

Cette première partie du bilan constitue en quelque sorte «l'actif» de la partie adverse : vient alors la seconde phase de la négociation où la partie ayant pris l'ini-

24. Dans « *La Tribune Desfossés* » du 5 juillet 1993.
25. Christophe Dupont : « *La négociation* ». Editions Dalloz (1994).

tiative du bilan décrit le « passif » de la partie adverse sous la forme de l'équilibrage nécessaire entre les coûts recensés et les contreparties à accorder.
Le bilan – ainsi présenté – risquant d'être déséquilibré, le négociateur demande à la partie adverse de revoir ses prétentions et/ou d'accorder les contreparties voulues ».
Lionel Bellenger en donne un éclairage supplémentaire [26] :

> *« la discussion va évoluer vers une issue. Cette issue sera commandée par les éléments de la discussion.*
> *Au minimum, il y aura un statu quo mais on devra au moins « tomber d'accord sur le sens du désaccord. »*
> *Au mieux, on aura établi un compromis ou un consensus par ajustements réciproques (…). On veillera à bien énoncer ce qui est acquis, décidé et ce qui ne l'est pas. (…) »*

Cette technique exige une très bonne préparation, notamment dans l'anticipation des demandes adverses et de l'évaluation à prévoir en termes de contreparties avantageuses et mutuellement acceptables.
Pour illustrer cette technique, nous avons repris, telle quelle, l'information suivante :

> *CEE – JAPON • DIFFICILES NÉGOCIATIONS POUR LA RÉVISION DE L'ACCORD AUTOMOBILE*
> ***La Commission européenne se prépare lundi à Bruxelles à une difficile négociation avec les Japonais pour les amener à réduire leurs exportations d'automobiles vers la CEE en 1993.***
> *La réunion avec les représentants du Ministère japonais du Commerce et de l'Industrie (MITI) est prévue sur trois jours et devrait rester très technique, a-t-on souligné de source communautaire à Bruxelles.*
> *La Commission européenne ne cache pas son jeu. L'objectif est de faire accepter aux Japonais une nouvelle réduction de leurs exportations de voitures particulières vers la CEE en 1993.*
> *Tokyo avait accepté en avril de limiter ses exportations à 1,089 million de véhicules sur l'année, soit une réduction de 9,4 % par rapport à l'année 1992.*
> *Les négociateurs de la Commission européenne tablaient à cette époque sur une baisse du marché automobile communautaire de 6,5 % en 1993. Ils reconnaissent aujourd'hui que cette prévision était « un peu optimiste ». La Commission européenne se refuse pour l'instant à rendre publiques ses prévisions sur la baisse du marché automobile dans la CEE en 1993. L'Association des Constructeurs Européens d'Automobiles (ACEA) l'estime pour sa part à 15,8 %.*
> *Les chiffres publiés la semaine dernière par l'ACEA montrent une chute de 17,8 % des immatriculations de voitures particulières sur six mois (janvier-*

26. Lionel BELLENGER : « *Qu'est-ce qui fait Vendre ?* ». Editions PUF (1984).

juin), avec un total de 5,6 millions contre 6,8 millions en 1992, soit plus d'un million de véhicules en moins.
Tous les pays européens, à l'exception notable du Royaume-Uni, enregistrent des baisses sensibles des achats de voitures et poussent la Commission européenne à se montrer ferme.

Marge étroite
Sa marge de manœuvre sera toutefois étroite. Les constructeurs japonais connaissent eux aussi une période difficile. Tokyo est conscient de la détérioration du marché européen, mais un conseiller pour le commerce et l'industrie de l'ambassade japonnaise à Bruxelles a estimé que les importations japonaises n'étaient pas les seules responsables de cette situation.
« Nous venons pour entendre ce que la Commission européenne pense », a-t-il déclaré, en précisant que le MITI considérait toujours comme « prématurée » une renégociation d'un accord « conclu il y a deux mois et demi ».
Les constructeurs européens sont plus précis. « Nous souhaitons que les Japonais acceptent en 1993 de ne pas dépasser la part du marché européen qu'ils avaient en 1992, soit 11,3 % », a indiqué James Rosenstein, un des porte-parole de l'ACEA à Bruxelles.
La Commission européenne souligne que les exportations japonaises se sont réduites moins vite que le marché communautaire sur les quatre premiers mois de l'année et qu'il est temps d'infléchir cette tendance. [27]

Il est clair que les Européens, s'ils raisonnent en termes de « bilan » ont des coûts supplémentaires dus à la baisse rapide du marché, mais les Japonais aussi ont une baisse sur le marché intérieur... Il n'empêche que la technique du bilan serait peut-être efficiente dans ce cas de figure.

☐ Les quatre marches

Cette technique, qui s'apparente plus aux techniques de vente qu'à une technique de négociation demande la construction d'un ou plusieurs argumentaires bien charpentés ; le négociateur va jouer d'une part sur la solidité de ses arguments non discutables et sur l'affectif, puisque la base de la relation sera dans un premier temps de développer l'antagonisme du partenaire et dans un deuxième temps de lui faire peur, et enfin de proposer une solution intermédiaire.
Autrement dit, le négociateur présentera les deux scénarios-catastrophe, c'est-à-dire intolérables, d'abord pour lui puis pour l'autre. Devant l'intolérabilité de ces deux scénarios, il proposera une deuxième marche plus équilibrée en conservant, en repli, la troisième marche.

27. Tiré de *« la Voix du Nord »* du 10 juillet 1993.

Les quatre marches peuvent être définies de la manière suivante :

• à l'extrême :

– marche 1 : solution idéale pour le négociateur qui utilise cette technique ; elle est vraisemblablement en dehors de la zone d'acceptation mutuelle en tout cas très difficile à faire accepter par l'autre.

• à l'autre extrême :

– marche 4 : solution plus qu'idéale pour l'autre ; le négociateur lui donne tant et plus ! C'est à la limite une proposition ironique.

• entre les deux :

– marche 3 : solution qui est peu avantageuse pour le négociateur mais parfaitement acceptable pour l'autre (elle est quasi-maximisante pour lui).

– marche 2 : solution optimisante, acceptable pour les deux parties.

Le négociateur commencera par la marche 4 qui déstabilisera l'autre ; puis la marche 3 en argumentant d'une manière très négative. Il sautera rapidement sur la marche 1 ce qui mettra son partenaire sur la défensive et concluera avec la marche 2.

En voici une illustration :

En 1963, de Gaulle rejetait l'entrée de la Grande-Bretagne dans la CEE ; Adenauer n'apprécia pas ce refus. Néanmoins, un projet franco-allemand fût ratifié mais les Allemands y faisaient dépendre leur participation dans l'OTAN à l'adhésion de l'Angleterre au marché commun.

> ***QUAND DE GAULLE METTAIT LA ROSE AU POINT***
> *(...) De Gaulle, assez colère, menaça de déchirer le parchemin tout neuf. « Les traités sont comme les roses et les jeunes filles, dit-il. Ils ont leur temps ». Il savait ce qu'il disait : Adenauer avait une passion, qui était de tailler ses rosiers dans sa jolie maison des bords du Rhin. En bon diplomate, il fit remarquer au Président français que les roses sont sans doute fragiles, mais pas les rosiers, qui repoussent toujours.*
> *De Gaulle et Adenauer décidèrent alors de comparer le traité à un rosier. Et l'incident diplomatique – qui ne manquait pas de piquant – fut clos.* [28]

Technique qui pourrait être interprétée de la manière suivante :

1) les Allemands veulent absolument que la Grande-Bretagne rentre dans la CEE, les Français y sont hostiles ;

2) la France a fondamentalement besoin d'un accord (traité d'amitié) avec la RFA ;

3) les Allemands conditionnent l'accord à l'entrée de la Grande-Bretagne dans la CEE ;

4) Accord de la France, à la suite d'un argument de poids [29] : « les traités sont faits pour être rompus ».

28. Tiré des *« Dossiers du Canard »* : n° 47.
29. C'est la valeur de l'argument qui a fait l'accord et non une concession, un ajustement ou une solution originale comme à l'habitude dans la négociation (quoiqu'entre de Gaulle et Adenauer, il y ait peut-être eu une concession secrète !).

4. LES TECHNIQUES SPÉCIFIQUES

Nous avons classé dans cette catégorie deux techniques d'inégale importance mais qui ne sont pas directement rattachables aux deux premières catégories décrites précédemment.
Elles ont comme particularité de ne pas s'intéresser seulement au maniement de l'objet ; pour l'une, les « petits pas » il s'agira d'utiliser la gestion du temps comme arme principale ; pour l'autre « l'Encerclement », c'est à la philosophie extrême orientale et à une forme de stratégie guerrière qu'elle fera appel.

☐ Les petits pas

Cette technique fut rendue célèbre par Henri Kissinger qui l'utilisa dans les négociations Israélo-arabes qui aboutirent à l'accord du Camp David.
Le principe est d'avancer pas à pas, en mettant éventuellement des ultimatums et/ou des dates butoir ; la gestion du temps et le relationnel vont beaucoup jouer dans le maniement de cette technique.
Une illustration est donnée par l'article suivant qui dresse les tâches à réaliser à condition que « chaque pas » soit négocié et accepté par l'autre :

> *HAÏTI : LE PRÉSIDENT ARISTIDE SIGNE UN ACCORD AVEC LES MILITAIRES*
> *Le président haïtien, Jean-Bertrand Aristide, a signé un accord avec les militaires destiné à rétablir la démocratie dans son pays et prévoyant son retour au pouvoir le 30 octobre.*
> *La première étape prévue par le plan consiste en un « dialogue politique » aboutissant à la nomination, par le président Aristide, d'un nouveau Premier Ministre. Ce n'est qu'ensuite que le Conseil de Sécurité lèvera son embargo sur les armes et sur le pétrole et que l'OEA retirera toutes ses sanctions politiques. Il est également prévu la création de nouvelles forces de police, ce qui suppose la démission de leur chef actuel, Joseph-Michel François, qui avait participé à l'éviction du Père Aristide, et l'application d'un programme de professionnalisation de l'armée.* [30]

Toutes les étapes sont loin d'être acquises définitivement ; dans ce genre d'accords, les situations changent très souvent entre chaque étape. C'est bien une démarche « pas à pas ».

☐ L'encerclement

A l'inverse de la technique des quatre marches qui s'apparente aux techniques de ventes, l'Encerclement se rapprocherait plus de la stratégie que de la technique pure.

30. Dans « *Les Echos* » du 6 juillet 1993.

Cette technique est inspirée d'un jeu de société trois fois millénaire : le jeu de GO. C'est en Chine que fut inventé le « Wei-Qui » ou échecs par encerclement. Ce jeu, très en vogue chez les lettrés chinois, s'est diffusé ensuite en Corée puis au Japon où il devint le jeu de GO.
Il y a similitude de jeu entre le GO, les échecs et les dames, car ils se jouent sur un damier mais une grande différence dans la philosophie du jeu : aux échecs ou aux dames, l'objectif est de « tuer » l'autre, il y a un vivant (le gagnant) et un mort (le perdant) d'où les expressions « échec et mat » et « manger la dame ». Dans le GO, la règle est de dessiner des territoires sur le damier avec ses pions. L'objectif n'est pas de « tuer » l'autre mais de le laisser vivre, éventuellement de l'aider à faire des territoires ; le gagnant est celui qui a les plus grands territoires.
On retrouve les deux approches dans la polémologie :

- d'une part celle de Clausewitz, général autrichien contemporain de Napoléon qui a rédigé un « Art de la Guerre » toujours enseigné dans les écoles militaires : c'est la guerre frontale, l'écrasement ;
- d'autre part celle de Sun Tzu, général chinois, ayant vécu deux mille ans avant JC[31], qui a aussi rédigé un traité sur l'art de la guerre : les historiens le reconnaissent comme l'inventeur de la guerilla, de l'encerclement, de l'intox.

Si l'on compare, sommairement certes, les principaux conflits armés depuis deux siècles, on constate que ces deux grandes stratégies se sont toujours affrontées, et que ceux qui ont suivi les principes de Clausewitz n'ont pas toujours, et de loin, gagné.
Ce qui permet à B. H. Lidell Hart d'écrire :

> *« bon nombre des dommages infligés à la civilisation lors des guerres mondiales de ce siècle auraient pu lui être épargnés si, à l'influence des tomes monumentaux de Clausewitz intitulés "De la Guerre", lesquels ont modelé la pensée militaire de l'Europe pendant l'ère précédant la Première Guerre mondiale, s'était mêlée, en la tempérant, la connaissance de l'essai de Sun Tzu intitulé "L'Art de la Guerre". »*
> *Le réalisme et la modération de Sun Tzu contrastent avec la tendance de Clausewitz à mettre en relief l'idéal rationnel et l'absolu, sur lesquels ses disciples ont achoppé en développant la théorie et la pratique de la "guerre totale" au-delà de toutes les limites du bon sens. »*[32]

Nous ne développerons pas ici les stratégies du jeu de GO appliquées aux stratégies guerrières et/ou aux stratégies d'entreprise mais nous rappelerons les deux règles de base du GO applicables à la négociation :

- l'encerclement : il s'agit d'une manière détournée et non frontale « d'encercler » l'adversaire ;

31. Des spécialistes mettent en doute l'existence de ce général ; l'important pour les négociateurs étant la philosophie qui porte son nom.
32. Il n'y a pas si longtemps, les conflits du Golfe et des Balkans ont été menés par les Occidentaux à la « *clausewitz* », notent les auteurs et que dire des deux dernières guerres mondiales !

– le jalonnement : pour réussir l'encerclement, on place des « jalons », qui ne sont pas importants en eux-mêmes, mais qui, reliés en réseaux, assureront l'encerclement.

Une recherche [33], tout à fait intéressante sur le parallèle entre jeu de GO et négociation, donne en résumé les résultats suivants :

– en début de partie, les joueurs placent des pions un peu partout mais pas au hasard, afin de « tâter le terrain ». Cela permet de découvrir les intentions et les positions de l'autre ;
– en milieu de partie, phase la plus complexe à gérer, les joueurs doivent faire des compromis avec l'autre ; c'est dans cette phase que les techniques sont le plus opératoires ;
– en fin de partie, il s'agit de clôturer le travail entrepris en délimitant les frontières ; c'est dans cette phase que les résultats de la stratégie apparaissent [34].

Voici un exemple d'utilisation d'Encerclement dans une négociation :

> *Plusieurs coopératives fabriquant des produits laitiers avaient décidé de se grouper en une seule unité pour obtenir une taille critique vis-à-vis du marché et pour diminuer leurs charges de structure.*
> *Le futur PDG avait chargé une équipe de consultants de mettre au point le projet et de les aider à le réaliser ; ce PDG avait imposé une contrainte forte aux consultants : l'ensemble du personnel des six coopératives, soit environ deux mille salariés, devait être partie prennante du projet. Autrement dit aucune décision intermédiaire ne devait être prise sans, au minimum, informer les salariés et dans la mesure du possible, les faire participer.*
> *Au départ, seules deux coopératives avaient une structure syndicale fortement représentative. Par le fait de communiquer et de travailler au projet entre coopératives, la Direction Générale s'est retrouvée deux ans après le début du projet avec six sections syndicales fortes, une par coopérative.*
> *Lors du premier Comité d'Etablissement tenu juste après la fusion, se déroula la scène suivante :*
>
> – *Syndicaliste de l'ex-coopérative A : « Monsieur le PDG, en venant à cette réunion, j'ai discuté avec mon collègue de l'ex-coopérative B et il m'a appris qu'ils avaient une sixième semaine de congés payés ! Vous nous aviez bien dit que nous faisions partie dorénavant de la même société... Quand aurons-nous, pour l'ensemble du personnel, la sixième semaine ? »*
> – *Syndicaliste de l'ex-coopérative B : « Monsieur le PDG, mon collègue de l'ex-coopérative A m'a appris qu'ils avaient obtenu un 13e mois. Quand l'ensemble du personnel aura-t-il cet avantage ? »*

Et le PDG comprit, mais il était trop tard, la manœuvre : les six responsables syndicaux, étant au courant et partie prenante de toutes les phases du projet et pour

33. Recherche faite par des étudiants de l'ESC Lille : *« La Stratégie de Négociation des Firmes Japonaises »*. Mémoire établi dans le cadre du cours de négociation.
34. On retrouve ici les trois grandes phases de la négociation développées dans le chapitre Processus.

cause, communiquaient continuellement entre eux et avaient monté un plan : avant la fusion, ils avaient négocié et obtenu chacun dans leur coopérative un avantage différent et complémentaire des autres ; l'objectif étant de demander l'ensemble des avantages pour tout le personnel lorsque la fusion serait faite.
Nous avons, dans ce cas, un exemple typique d'Encerclement et pour la petite histoire, la Direction générale dut céder à la plupart des revendications...
Quelques années plus tard, le marché devenant plus difficile et l'ensemble des revendications accordées pesant lourd sur la productivité, l'entreprise dut licencier et revendre une partie de ses investissements !
L'Encerclement reste néanmoins une technique (stratégie ?) qui correspond peu à notre culture occidentale ; elle est difficile d'application et nécessite du temps – parfois sur plusieurs années – et une stratégie globale à long terme pour avoir des chances de réussir.

□ Conclusion

Nous avons, dans cette section, décrit un ensemble de techniques, avec pour les principales, leurs opportunités, avantages, inconvénients et parades.
Cette analyse et ces recommandations sont assez simples lorsque les partenaires appliquent les mêmes techniques ; le problème va se compliquer lorsque les négociateurs vont mélanger, consciemment ou inconsciemment les techniques.
Dans ce cas, les négociateurs devront décoder l'ensemble des techniques utilisées et en tirer les conséquences.
Nous en donnons ici trois exemples :

A – Lors des prénégociations sur le GATT en juin 1993, Edouard Balladur déclara aux représentants de la CEE :

> *« il n'y aura d'accord sur rien tant qu'il n'y aura pas d'accord sur tout ».*

Formule d'ailleurs reprise par les représentants des Etats lors de la Conférence de Tokyo en juillet 1993. Le Premier Ministre clarifiait ainsi la situation : *« vous voulez négocier en Point par Point, nous exigeons de négocier en global ».*

B – Un autre exemple de confrontation de techniques se retrouve dans le conflit Eurotunnel / TML pour le tunnel sous la Manche.
Eurotunnel veut négocier uniquement sur la date d'ouverture du tunnel, TML veut lier cette négociation aux surcoûts financiers :

> ***BTP***
> ***Deux conciliateurs nommés pour Eurotunnel***
> *Les gouvernements français et britannique vont nommer chacun un «monsieur Bons Offices» en vue de «concilier les points de vue» dans le conflit opposant le concessionnaire du tunnel et le consortium des constructeurs Trans Manche Link (TML). On devrait connaître leur identité la semaine prochaine. Cette décision a été prise afin que la mise en service de l'ou-*

vrage, déjà retardée de près d'un an, ne le soit pas à nouveau. L'inauguration du tunnel par le président François Mitterrand et la Reine d'Angleterre est actuellement programmée pour le 6 mai 1994.
Dans une interview publiée jeudi par le quotidien « Le Figaro », le président d'Eurotunnel, André Bénard, se déclare favorable à un « monsieur Bons Offices » mais en bornant sa mission à des négociations sur la date d'ouverture. Le consortium réclame une ouverture phasée, prévoyant de faire passer au début de 1994 d'abord les trains-navettes transportant les poids lourds, puis les trains de marchandises, un peu plus tard dans l'année les navettes transportant les automobilistes, et enfin les trains de voyageurs.
Si les constructeurs sont favorables à la médiation, il n'y a pas pour eux deux conflits, un sur le coût des équipements fixes et un autre sur la date d'ouverture, mais un seul. [35]

Encore une fois, conflit entre « Point par Point » et « Donnant/Donnant ».

C – Enfin une confrontation encore plus subtile : jouer un faux pivot tout en plaçant des jalons :
En juin 1993, Jacques Attali est remercié de son poste de Président de la BERD (Banque Européenne pour la Reconstruction et le Développement) à la suite de péripéties politico-affectivo-économiques. La France, pour des raisons de stratégie politique, voulait que le futur président soit français, le siège de la banque ayant déjà été concédé aux Britanniques. Le Président de la République et le premier ministre se sont entendus sur Monsieur de Larosière comme candidat.

Voici la manière dont la presse relata la situation :

De Larosière candidat pour la Berd
(...) Pourtant, sa candidature peut étonner. Mais derrière ce choix se joue un coup à plusieurs bandes. « Si Larosière est refusé, alors que c'est le meilleur candidat possible, on aura un argument pour gagner les autres batailles à venir, explique une source gouvernementale, d'autres prestigieuses institutions attendent un président ». La bataille à venir, c'est celle de l'Institut Monétaire Européen (IME) (...) Cette candidature donne, en tout cas, le signal d'un vaste marchandage. (...) A l'époque, en 1990, Londres et Paris s'étaient entendus en marge d'un sommet du FMI pour se partager le gâteau : « à toi le siège, à moi la présidence ». Les Pays-Bas devraient faire entendre leur voix. Le Danemark a officiellement choisi hier son poulain pour la Berd : c'est Henning Christophersen, l'actuel commissaire européen chargé de l'économie qui obtiendra le soutien de la Suède, la Norvège, l'Islande. Si *de Larosière emporte cette bataille, une autre partie s'ouvrira en France pour sa succession. Et un joli jeu de chaises musicales.* [36]

35. Tiré de « *La Tribune Desfossés* » du 2 juillet 1993.
36. Article de Armelle THORAVAL et Pascal RICHÉ dans « *Libération* » du 2 juillet 1993.

Voilà un bel exemple de mélange d'Encerclement avec du Faux Pivot, ce que les journalistes appellent d'une manière plus imagée « le jeu des chaises musicales » !

CONCLUSION

Ce chapitre a explicité les grandes techniques de négociation qui doivent être impérativement complétées par les tactiques détaillées au chapitre suivant.

CHAPITRE 8

LES TACTIQUES DE NÉGOCIATION

« On peut tout faire avec des baïonnettes sauf s'asseoir dessus »

TALLEYRAND

1. INTRODUCTION

La tactique ou les tactiques, terme générique ou spécifique suivant son utilisation, sont un des éléments incontournables du processus de négociation.
Tous les auteurs spécialisés citent, avec plus ou moins de détails, un ensemble de méthodes, outils, démarches qui se regroupent sous le terme de tactique ; une analyse de la bibliographie francophone (et même, dans une certaine mesure, anglophone) laisse néanmoins apparaître que les tactiques, ou tout du moins les ouvrages qui leur sont consacrés, sont beaucoup plus nombreux que ceux traitant de l'ensemble des phénomènes de la négociation.

Nous avons souhaité, dans ce chapitre, approfondir leur rôle et tenté, d'une part, d'en faire une typologie et d'autre part, montrer, à l'aide de quelques exemples, la convergence et/ou la divergence entre l'approche théorique des tactiques et leur utilisation dans les négociations réelles. Enfin, toutes les tactiques répertoriées sont décrites et illustrées dans la dernière partie de ce chapitre.

Si la littérature est très abondante sur le sujet, les principaux auteurs remettent en quelque sorte « à leur place » ce que ne sont, dans la réalité de la négociation, que des « outils secondaires ». Les Américains, avec leur pragmatisme habituel, vont même jusqu'à comparer les tactiques à des « maquignonnages » :

La preuve :

> *« LES GRANDES MANŒUVRES et petits maquignonnages du processus budgétaire américain s'intensifient à l'approche des vacances parlementaires d'été (6 août). Les négociateurs du Congrés, chargés de « concilier » les propositions de loi du Sénat et de la Chambre des Représentants, reprennent leurs travaux aujourd'hui. Durant de fiévreuses négociations à huis clos, ils s'efforceront de fondre les propositions des deux chambres en un texte unique respectant, en principe, l'objectif fixé par Clinton en février (réduction du déficit cumulé de 500 milliards de dollars sur cinq ans), mais pas forcément les moyens proposés par le Président. Simultanément, les républicains, exclus des tractations, cherchent à saboter le processus. L'administration Clinton,*

enfin, essaie de convaincre le Congrès de ne pas trop défigurer son plan, en lançant une campagne de relations publiques visant à prouver que son programme budgétaire créera entre 7 et 9 millions d'emplois sur quatre ans. » [1]

Les tactiques vont concerner la manière d'agir, en fonction des circonstances, de l'opportunité, de l'improvisation. Utiliser des tactiques revient à « faire des coups ».

2. DÉFINITIONS

☐ Définition générale

Le mot « tactique » est apparu dans la langue courante au 17e siècle ; il est dérivé du grec taktikos qui se traduit littéralement par : « Qui a trait à l'ordonnance des rangs des guerriers ». Il est lui-même issu de tattein, mettre en rangs [2].
La grande majorité des dictionnaires et/ou encyclopédies [3] développent le concept de tactique par la guerre : « Art de diriger une bataille en combinant par la manoeuvre l'action des différents moyens de combat en vue d'obtenir le maximum d'efficacité » [4].
Les tactiques sont même divisées en trois grandes familles, terrestres, navales ou aériennes [5] et certains vont encore plus loin dans le détail : « Le bataillon est l'unité tactique de l'infanterie » [6].

Les synonymes de tactique nous donnent néanmoins d'autres pistes d'application que la guerre : « Conduite, manoeuvre, marche à suivre, plan, procédé » [7] ou « Ensemble de moyens utilisés pour obtenir le résultat voulu » [8] ou bien : « Marche qu'on suit et moyens qu'on emploie pour réussir dans quelqu'affaire » [9].
Au fil des années, la notion de tactique s'est donc appliquée dans de nombreux domaines tels que :

- la tactique parlementaire,
- la tactique politique,
- la tactique de conduite (automobile par exemple),
- la tactique sportive,
- etc. [10]

---

1. Article de J. Marie MACABRET, « *La Tribune Desfossées* » du 20 juillet 1993.
2. Dictionnaire étymologique de J. MATHIEU-ROSAY.
3. Littré, Larousse, Robert, *Britannica et Universalis.*
4. Lexis.
5. Thésaurus de Larousse.
6. Encyclopédie Trousset.
7. Dictionnaire des synonymes Robert.
8. Lexis.
9. Trousset.
10. Même la chansonnette illustre ce propos : Bourvil a eu un grand succès avec « *La tactique du gendarme* ».

La ou les tactiques sportives peuvent être illustrées par cette remarque de Joë Frazier, célèbre boxeur :

> « *Il peut arriver que l'on mijote une tactique de combat ou une tactique de survie et au moment de passer à l'action, les choses ne se déroulent pas vraiment comme prévu. On se retrouve alors à la merci de ses seuls réflexes, autant dire de l'entraînement suivi. Si vous avez mégoté sur l'effort dans les petits matins blêmes, c'est sous la cruelle lumière des projecteurs que ça vous retombera dessus* » [11].

Il est paradoxal de constater que de nombreux chercheurs en gestion ont repris bien souvent la terminologie et les démarches issues de la polémologie pour développer leurs concepts. Il y a une dizaine d'années, un des best-sellers s'intitulait : « *Les stratégies militaires appliquées aux affaires* » [12] avec comme sous-titre : « *Et si Napoléon avait été patron d'entreprise* » et une préface du général Marcel Bigeard.

D'autres auteurs ont carrément transplanté le champ de bataille sur le terrain des affaires. J.L. Swinners et J.M. Briet [13] sont les inventeurs du *Warketing*[14], marketing de combat. Ils dressent, entre autres, une liste des dix facteurs-clé pour être sûr de la défaite à la guerre et dans les affaires « – correspondances directes ou facteurs rigoureusement communs – (...) le parallélisme est saisissant » [15].

□ Définition spécifique

De la gestion en général à la négociation en particulier, il est également possible de comparer les techniques et tactiques appliquées par les militaires et les négociateurs. Le tableau suivant nous en donne un exemple :

ÉCHECS MILITAIRES	ÉCHECS de NÉGOCIATION
Sous-estimation de l'ennemi	Mauvaise analyse du rapport de forces
Ignorance du terrain	Manque d'informations sur les enjeux de l'autre et sur l'environnement
Confiance dans la météo	Penser que demain « ça ira mieux«
Mépris des renseignements	Faiblesse, manque ou mauvaise interprétation des informations
Incapacité à décider rapidement	Problèmes liés à la prise de décision
Attaque frontale	Utilisation de la force
Refus d'adapter les plans	Manque de souplesse
Rivalités internes	Mauvais fonctionnement de la délégation
Perte de l'initiative	Manque de solutions créatives

Adaptation des échecs de guerre à la négociation, d'après Swinners et Briet.

11. In « *Déraciné* » de J. HALLYDAY, éditions Michel Lafon, 1996 (page 59).
12. De David ROGERS, éditions First, 1988.
13. « *Warketing, une autre vision de la stratégie* » éditions ESF, 1993.
14. Marque déposée.
15. (page 44).

Les négociateurs vont donc utiliser bien souvent la même démarche que les spécialistes en management, à savoir les approches et surtout la terminologie – stratégie – technique – tactique.
Aussi étonnant que cela puisse paraître, il n'existe pas, à notre connaissance, de définition propre pour le concept de tactique en négociation, que ce soit dans la littérature anglo-saxonne ou européenne ; la plupart des auteurs définissent les tactiques par rapport à la stratégie et/ou aux techniques de négociation.

C. Dupont [16] approche néanmoins la notion intrinsèque de tactique en écrivant : *« Le déroulement ponctuel de la négociation fait apparaître des procédés plus fragmentaires (par rapport aux techniques n.d.l.r) plus localisés, plus liés à telle ou telle circonstance, à telle ou telle action, ou à telle phase de l'argumentation. Ces procédés peuvent être regroupés sous l'appellation générales de tactiques afin de mettre en évidence leur caractéristique toute d'exécution et leur inspiration souvent spontanée, toujours proche de l'événement ».*

Quant à L. Bellenger [17], il soutient : *« La tactique est l'art de la manœuvre au service d'une stratégie (attaquer ou contrôler). Elle consiste à définir un plan d'action, un canevas. Elle relève d'un calcul et d'une anticipation. »*

Les outils à notre disposition ne permettant pas de définir stricto sensu ce qu'est une tactique de négociation, nous allons affiner notre approche par itération, à savoir par la comparaison des notions de stratégie/technique/tactique.

La délimitation des trois concepts n'a fait son apparition que récemment – en gros dans les années 1980 – et la distinction est devenue plus précise grâce aux apports des américains Lax et Sebenius [18]. Graduellement, l'idée s'est formée que les stratégies concernaient les grandes orientations de la négociation (par exemple coopération ou compétition) que les techniques concernaient la manière de traiter les objets (par exemple séparément ou ensembles) et que les tactiques s'adressaient surtout aux initiatives, manières de faire et d'être (comportements) d'ordre ponctuel.
Ces distinctions apparaissent chez des auteurs comme M. Cathelineau (1991), C. Dupont (1982, 1994) et P. Goguelin (1993).

C. Dupont définit d'ailleurs les trois éléments de la manière suivante [19] :

> *« La stratégie est axée sur les cibles à atteindre et les cheminements cruciaux pour y parvenir (...), les techniques correspondent aux manœuvres et*

16. Christophe DUPONT *« La Négociation »* 4ᵉ édition, éd. Dalloz, 1994 (page 85).
17. Lionel BELLENGER *« Stratégies et tactiques de négociation »* ESF éditeur, 1990 (page122).
18. D.A. LAX et J.K. SEBENIUS *« The manager as negotiator »* Free Press éditions, 1986.
19. DUPONT, *opus cité*, (page 70).

les tactiques aux démarches opportunistes et ponctuelles. La stratégie répond à la question : que faire ?, les techniques à celle : comment faire à partir des objets de la négociation ? , les tactiques à celle : comment faire à ce moment précis compte tenu des circonstances immédiates ? »

A partir de ces approches, nous pouvons clarifier les concepts de la manière suivante :

– la stratégie définit les grandes orientations, les actions majeures, la cible à atteindre ;
– les techniques définissent la manière dont le négociateur va traiter du sujet, dont il va manier les objets de la négociation ;
– les tactiques sont des initiatives ponctuelles pour lesquelles le négociateur saisit les opportunités de circonstance et contourne les obstacles.

NIVEAU	FONCTIONS	ACTIONS
STRATÉGIQUE	– Grandes orientations – Options – Cibles	– Je pense à ma cible et je supporte celle de la partie adverse. – Comment atteindre cette cible ?
TECHNIQUE	– Manière de traiter l'objet	– Je cherche à faire avancer mes prétentions ou à organiser ma défense. – Choix de la technique.
TACTIQUE	– Actions ponctuelles et opportunistes.	– J'agis sur le champ en fonction des circonstances, de l'opportunité, de l'improvisation. – Je fais des « coups ».

TABLEAU 1 : SYNTHÈSE.

Tableau récapitulatif :

Exprimé d'une autre manière, nous pouvons dire qu'il y a un nombre limité de stratégies dans la négociation, une dizaine de techniques et plus de deux cents tactiques. Le tableau suivant donne des définitions tirées de l'art de la guerre et des exemples de négociation.

Tableau récapitulatif :

NIVEAU	DÉFINITIONS	EXEMPLES
STRATÉGIQUE	- Grandes manœuvres	– offensive – défensive – directe–indirecte (contournement) – coopération – conflit – globalité – petits pas
TECHNIQUE	- Manœuvres classiques	– point par point – troc/échange – globalisation – le faux pour le vrai – scénarios – encerclement
TACTIQUE	– Escarmouches – Actions de commando	– menaces – fait accompli – ancrage – bluff – promesses – ballon d'essai – mise entre parenthèses – accords contingents – alternative – chaise vide

TABLEAU 2 : DIFFÉRENCES ENTRE STRATÉGIE, TECHNIQUE ET TACTIQUE.

En conclusion, le négociateur va se trouver confronté à trois grands choix :

– Stratégique : 5 à 6 grandes options,
– Techniques : environ 10 options,
– Tactiques : plus de 200 options.

Que nous pouvons schématiser de la manière suivante :

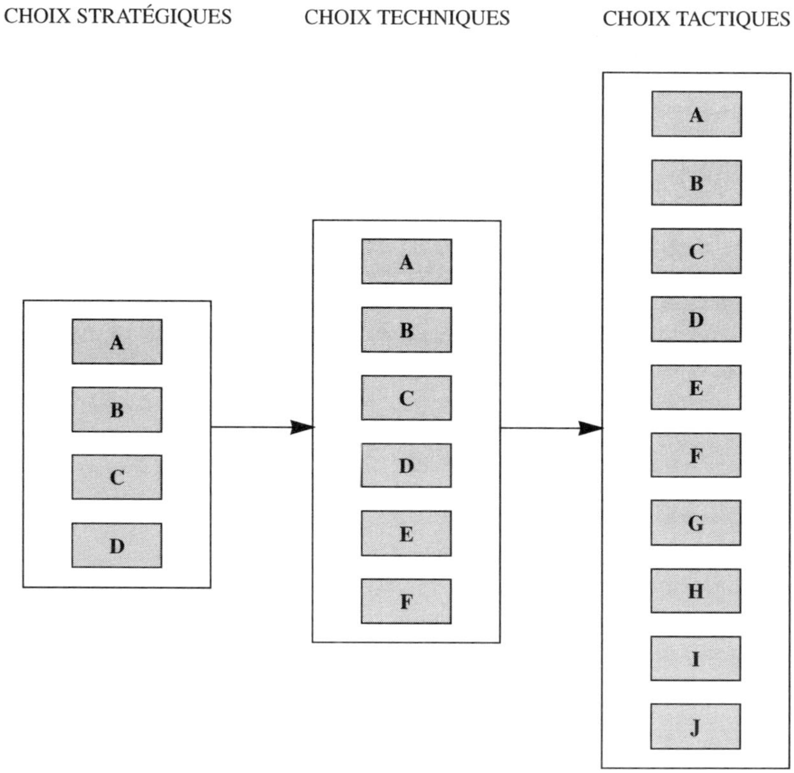

SCHÉMA 1 : DÉROULEMENT D'UNE NÉGOCIATION.

Néanmoins, dans le processus de négociation, on constate que les frontières peuvent être difficiles à tracer, car les stratégies, techniques et tactiques peuvent se superposer; utiliser constamment la menace ou la dissuasion pendant toute la durée de la négociation peut prendre des aspects stratégiques alors que ces deux outils conflictuels (menace et dissuasion) sont considérés, en général, comme des tactiques.

Un autre problème vient encore compliquer la situation : il peut y avoir confusion entre les techniques et les tactiques avec d'autres aspects de la négociation ; citons, par exemple :

– l'utilisation du rapport de forces et la structuration des attitudes qui sont du domaine des jeux d'acteurs ;
– l'utilisation du temps et des concessions qui sont du domaine du processus ;
– l'argumentation qui est du domaine de la communication.

Nous avons, dans cette section, montré, d'une part l'origine des tactiques avec comme source l'art militaire et d'autre part, la place des tactiques par rapport à la stratégie et aux techniques.
Nous allons, dans la section suivante, identifier les typologies des tactiques.

3. LES TYPOLOGIES EXISTANTES

□ Problématique

Il y a un nombre impressionnant de tactiques identifiées; une centaine avec presque deux cent variantes, certaines tactiques en ayant plusieurs.
Dans la littérature spécialisée, qu'elle soit anglo-saxonne ou française, il y a des esquisses de typologies qui, tantôt se recoupent, tantôt diffèrent. De plus, la majorité des listes existantes sont surtout développées dans les ouvrages traitant des techniques de vente.
Les listes et/ou les typologies sont hétérogènes, dépendent du contexte et il est délicat de dégager des critères explicatifs.

Nous allons, dans cette section, citer les principales typologies existantes, sélectionner quelques critères et proposer une esquisse de typologie spécifique.

□ Typologies existantes

Parmi les principaux auteurs qui se sont intéressés au problème du classement des tactiques, citons : C. Dupont, P. Goguelin, H. Touzard et P. Audebert-Lasrochas.

D'autres auteurs, les anglo-saxons H.-M. Goldmann, G. Karras, G. Nierenberg, W. Ury et R. Fisher ou les français L. Bellenger, M. Corcos, Y. Negro, D. Xardel et C. Vermot-Gaud, pour ne citer que les plus importants, ont fortement développé la notion de « tactique » en donnant des listes, des explications et des applications pratiques mais aucun de ces auteurs ne propose de typologie.

➢ Typologie de C. Dupont [20]

Cet auteur distingue deux grandes familles de tactiques, celles axées sur la pression (combatives) et celles axées sur le rapprochement (coopératives).

Il précise : *« Dans la plupart des cas, la distinction se fait sans ambiguïté, la nature de la tactique la plaçant clairement dans une catégorie ou dans l'autre. Dans quelques cas, une tactique peut être utilisée dans les deux orientations ».*

C. Dupont décompose les tactiques de pression en quatre grandes familles et celles de rapprochement en une seule famille ; il justifie ce choix : *« Il est frappant de constater que la liste des tactiques d'essence coopérative est moins bien fournie que celles des tactiques d'essence distributive (combatives n.d.l.r). La raison en est que la coopération est moins affaire de manoeuvres que d'un état d'esprit et d'un climat relationnel donné ».*

20. DUPONT, *opus cité*, (pages 84 et suivantes).

TACTIQUES DE PRESSION				TACTIQUES DE RAPPROCHEMENT
Axées sur le mouvement [21]	Axées sur le temps	Axées sur la communication	Divers	Promesses crédibles
Menaces	Suspensions répétitives	Désinformation	Violation de la confidentialité	Réciprocité
Fait accompli	Faux prétexte	Division, mépris, ironie	Dramatisation	Ballons d'essai
Ultimatum	Remise en cause	Fausses rumeurs	Logistique tronquée	Propositions innovantes
				Mise entre parenthèses
				Etablissement de règles du jeu mutuellement acceptées

TABLEAU 3 : TYPOLOGIE DES TACTIQUES SELON C. DUPONT.

➢ Typologie de P. Goguelin [22]

Pour cet auteur, « *Les tactiques, en négociation, vont être utilisées dans le cadre de la stratégie arrêtée pour arriver au but qu'on se propose d'atteindre, afin de faciliter à tout moment cette atteinte* ».

Pour expliciter les différentes tactiques (et stratégies) possibles en négociation, P. Goguelin a analysé, d'une manière très fine et élégante, le fameux ouvrage de F. Walder [23]. Il distingue cinq grandes familles de tactiques qui se subdivisent elles mêmes en plusieurs catégories.

21. DUPONT, *opus cité* (pages 84 et suivantes).
22. Pierre GOGUELIN « *La Négociation, frein et moteur du management* » éditions ESF, 1993 (pages 114 et suivantes).
23. Francis WALDER « *St Germain ou la négociation* » éditions Gallimard, 1958.

TACTIQUES	CATÉGORIES	EXEMPLES [24]
1 – Mettre l'adversaire en situation d'infériorité	Par la domination	Profiter de toute défaillance Placer l'autre en situation d'infériorité Se plaquer un masque sur le visage
	Utilisation des forces de pression	Menacer de suspension de séance Rappeler l'existence de tiers absents Menace d'événements dramatiques
	Utilisation des faiblesses psychologiques de l'autre	Par la flatterie Exploiter l'orgueil de l'autre Obtenir par la séduction
2 – Déstabiliser le camp adverse	Par des changements rapides	Changer d'attitude Sauter du coq à l'âne Suggérer une autre solution
	Brouiller les cartes	Approuver ce que dit l'autre Faire celui qui a mal compris Nier l'évidence
	Avoir un niveau élevé d'exigences	De temps De lieu De valeurs de règlement
3 – Désunir le camp adverse	Induction des conflits	Mettre en évidence des contradictions Discuter les dossiers litigieux point par point Attaquer la cohésion de l'adversaire
	Exploitation des failles	Ne pas considérer le camp adverse comme monolithique Créer des jalousies Choisir le moins solide
	Infiltration	Utiliser des sous-marins Retourner les intermédiaires
4 – Renforcer la cohésion de son propre camp	Affermissement préparatoire	Savoir jusqu'où on peut aller Se persuader de son bon droit Bien choisir ses collaborateurs
	Consolidation permanente	Se déjuger Réaffirmer le point de vue de son camp Reformuler dans le sens de son camp
5 – Manipuler le camp adverse	Connaissance de l'autre	Veiller aux fuites Choisir le président dans son bord Connaître les intentions de l'autre
	Induire l'autre en erreur	Plaider le faux pour le vrai Refuser une suggestion intéressante Faire courir des rumeurs

TABLEAU 4 : TYPOLOGIE DES TACTIQUES SELON P. GOGUELIN.

24. Nous n'avons repris, pour chaque catégorie, que quelques exemples pour l'illustration ; l'auteur en donne beaucoup plus.

➢ Typologie de H. Touzard [25]

Cet auteur, qui est avant tout psychosociologue de formation, décrit la situation de négociation à partir de la classification des sources du pouvoir de French et Raven (1959).
Il note : « *Il en va de même pour la négociation qui est également la mise en œuvre d'un pouvoir qui est fondamentalement un champ clos où chaque partie tente d'influencer l'autre ou les autres afin d'en tirer le plus grand avantage possible. Mais, à la différence du conflit, la négociation suppose des règles qui stipulent que chacun ne pourra pas vouloir exercer un contrôle total sur le comportement d'autrui : règle de bonne foi, de flexibilité, de réciprocité de concessions, de non-agression d'autrui* ».

L'auteur ne parle pas clairement de « tactiques » mais de « processus » à l'œuvre dans la négociation. Il les rattache systématiquement aux différents pouvoirs. Dans ce cas, le mot « processus » peut être assimilé à des techniques et des tactiques, tels que les définissent les autres auteurs (voir les définitions dans la première section).

H. Touzard distingue quatre grandes tactiques (processus) :

TACTIQUES	CATÉGORIES
COERCITION	Menace Bluff Surenchère Comportements agressifs Rupture
DISSIMULATION	Information Compétence cache-cache
PERSUASION	Argumentation Séduction Division de l'adversaire Aspects formels
ACCOMODATION	Reporter à plus tard les questions épineuses Marchandage Relations interpersonnelles

TABLEAU 5 : TYPOLOGIE DES TACTIQUES SELON H. TOUZARD.

25. Hubert TOUZARD « *La médiation et la résolution des conflits* » éditions PUF, 1977 (pages 138 et suivantes).

➢ Typologie de P. Audebert-Lasrochas

L'auteur a relevé dans la littérature spécialisée et auprès de négociateurs professionnels plus de deux cent soixante dix tactiques différentes, dont les deux tiers sont des variantes plus ou moins proches. Pour la plupart d'entre elles, elles sont réversibles, c'est-à-dire utilisables dans tous les types de négociation : sociales, commerciales, internationales, hiérarchiques, etc.

Il précise également : *« Certaines sont plus qu'à la limite de l'escroquerie ou de la torture psychique »* ; il a décidé de les décrire afin que le lecteur apprenne à les reconnaître si elles lui étaient appliquées par la partie adverse.

L'auteur a classifié les tactiques en quatre grandes familles :

TACTIQUES	EXEMPLES
D'influence	Alibi Bon et méchant Cascade
D'objet	Division Enchères à l'envers Grignotage
Terminales	Alternative Peau de l'ours Poire en deux
De prix	Amortissement Balance Sandwich

TABLEAU 6 : TYPOLOGIE DES TACTIQUES SELON P. AUDEBERT-LASROCHAS.

4. NOUVELLE TYPOLOGIE

Lorsque l'on examine les quatre principales typologies décrites dans la partie précédente, certaines familles ou catégories se recoupent, d'autres divergent et il est très difficile d'en faire une synthèse.

☐ Méthodologie

Nous avons pris, une par une, les familles et les catégories identifiées par les auteurs et nous avons essayé de les placer dans chaque typologie ; certaines catégories y trouvent leur place, par exemple la menace :

TYPOLOGIE	FAMILLE
Dupont	Pression
Goguelin	Situation d'infériorité
Touzard	Coercition
Audebert	Influence

TABLEAU 7 : PLACE DES TACTIQUES DE MENACE.

Il n'en va pas de même avec les tactiques qui utilisent le temps :

TYPOLOGIE	FAMILLE
Dupont	Temps
Goguelin	Déstabilisation ?*
Touzard	Accommodation ?*
Audebert	Inexistant

TABLEAU 8 : PLACE DES TACTIQUES DE TEMPS.

* Goguelin et Touzard identifient les tactiques de temps mais les classent avec d'autres tactiques qui n'ont rien à voir avec le temps (exigence de lieu, de valeurs de règlement pour Goguelin et marchandage pour Touzard), alors que Dupont identifie clairement les tactiques de temps.

Si l'on prend maintenant les tactiques terminales, celles qui servent spécifiquement à conclure une négociation ou celles qu'utilisent les négociateurs commerciaux pour conclure au niveau des prix, une seule typologie les met clairement en évidence.

La problématique était délicate, car il fallait que chaque famille ou catégorie établie par les auteurs trouve sa place dans cette nouvelle classification.
Nous proposons donc une nouvelle typologie globale qui comprend 10 catégories. Pour l'établir, nous avons repris la liste la plus exhaustive possible des tactiques identifiées et nous les avons reclassées dans cette nouvelle typologie, ce qui donne le tableau suivant :

Menace	Destabilisation	Manipulation	Comportements négatifs	Comportements positifs	Réciprocité	Argumentation	Terminales	Temps	Prix
Carte gardée	Absence	Bon et méchant	Double langage	Décompression	Croque-mitaine	Désamorçage	Topons là	Usure	Addition
Harcèlement	Alibi	Démoralisation	Marinade	Machine arrière	Et...si	Jouer sa faiblesse	Poire en deux	Tortue	Adéquation
Lièvre	Cascade	Disqualification	Provocation	Dévoilement	Marchandage	Accouchement sans douleur	Grignotage	Coup de pouce	Alternative
Mise en garde	Domination	Dissimulation	Retraite simulée	Diviser pour régner	Porte au nez	Argumentation utopique	Engagement irrévocable	Action immédiate	Amortissement
Intimidation	Maladresse	Dossier ouvert	Sphinx	Pied dans la porte	Rien sans rien	Globalisation tactique	Alternative	Dernière chance	Balance
	Mensonge délibéré	Douche écossaise	Surdité	Déplacement		Judo	Rupture réelle ou simulée	Dernière objection	Boule de neige
	Bouledogue	Induction	Fait accompli	Dominos		Prévisions prospectives	Minimisation	Peau de l'ours	Chiffon rouge
	Butoir	Infiltration	Usure	Mise en garde		Promesse inconditionnelle	Accord cadre	Suspension	Division
	Division	Recours à un tiers	Temps	Point de détail		Intentions sujettes à caution	Action immédiate	Faux prétexte	Minimisation
	Eclaireur	Amorçage	Disque rayé	Solution provisoire			Bilan final	Remise en cause	Miroir
	Enchères à l'envers	Bluff		Dépouillement			Bobine de ficelle	Limitation	Sandwich
							Client vendeur		Soustraction
	Escalade	Contre-pied					Comparaison		Comparaison à un coût familier
	Surprise	Grignotage							
	Tir en fourchette	Moderato cantabile					Coup de pouce		Confidence
		Manipulation					Demande excessive		Dépouillement
							Dernière chance		Multiplication
							Dernière confidence		Progression
							Dernière objection		Sortir du cadre
							Détournement		
							Conclusion		
							Conditionnelle		

Tableau 9 : : Nouvelle typologie des 100 principales tactiques répertoriées

Ne sont pas reprises dans ce tableau les variantes des principales tactiques ; toutes les tactiques et leurs variantes sont détaillées et illustrées à la fin de ce chapitre.

5. LES TACTIQUES DANS LA THÉORIE ET DANS LA PRATIQUE DE LA NÉGOCIATION

☐ Les tactiques dans la théorie de la négociation

Etant donné l'hétérogénéité des tactiques, il est nécessaire de se concentrer sur un petit nombre de tactiques qui ont la double caractéristique d'être représentatives (de l'ensemble ou d'un grand nombre de négociations) et reconnues, par les théoriciens et les praticiens, comme ayant une influence active sur le déroulement d'une négociation.
Aussi paradoxal que cela puisse paraître, les tactiques les plus souvent citées par les théoriciens ou reconnues utilisées par les praticiens sont celles qui se regroupent sous le terme générique de « menace ». C'est pour cette raison – que nous reconnaissons en partie arbitraire – que nous avons choisi cette famille de tactiques pour tenter une comparaison théorie/pratique.

La littérature spécialisée relève, dans le domaine des menaces, les concepts suivants que nous avons classés par ordre, du plus conflictuel au plus coopératif : agression, intimidation, chantage, surenchère, bluff.

Définitions :

– Agression
« Un demi siècle d'efforts dans le cadre de la Société des Nations puis des Nations unies, ont permis de parvenir à une définition juridique de l'agression, considérée comme l'emploi de la force armée par un Etat contre la souveraineté, l'intégrité territoriale ou l'indépendance politique d'un autre Etat ou de toute autre manière incompatible avec la charte des Nations unies » [26].

– Intimidation
« Même diplomatique, l'intimidation est une forme de recours à la force puisqu'elle repose sur l'usage de la peur comme moyen de contrainte (...) » [27].

– Chantage
« Pression malhonnête exercée sur quelqu'un, soit par des paroles, soit par des faits, soit par la menace de révélations scandaleuses, en vue de lui extorquer de l'argent » [28]*. C'est une forme de menace assortie d'une contrepartie.*

---

26. Alain PLANTEY, « *La Négociation Internationale* » éditions CNRS, 1994 (page 39).
27. PLANTEY, *opus cité* (page 35).
28. Encyclopédie Larousse 10 volumes.

– Surenchère
« La surenchère consiste, devant l'intransigeance de l'adversaire, à demander encore plus » [29].

– Bluff
« Lorsqu'une menace n'est pas mise à exécution, c'est le bluff » [30].

☐ Définition globale des menaces

Si nous reprenons les différents points définis ci-dessus, nous pouvons globaliser les menaces de la manière suivante :

> *« La menace consiste à tenter de dissuader l'adversaire de persister dans son comportement, son intransigeance, en lui prédisant des sanctions, des dommages et des pertes qu'on lui infligera s'il ne se soumet pas aux exigences que l'on formule »* [31].

Pour qu'une menace puisse être opérante, il faut que certaines conditions soient remplies :

> *« L'effet de la menace résulte de la situation comparée des protagonistes, c'est à dire, au premier chef, de la force et de la résolution de son auteur. Son succès dépend non seulement des moyens qui l'appuient, mais aussi de la probabilité de leur emploi »* [32].

C. Dupont [33] identifie trois grands types de menaces : *« Il faut faire une distinction entre la menace non contingente (je vais faire X) et deux formes de menaces contingentes; la menace d'injonction (je ferai X à moins que vous ne consentiez à faire Y) et celle de dissuasion (si vous faites Y, je ferai X). En outre, il y a lieu de tester simultanément crédibilité (objective ou subjective) et amplitude ».*

Un autre auteur dresse une typologie des menaces en fonction de l'intensité des formes et du degré de conflictualité. Cela va de l'avertissement (mise en garde), à la pression conditionnelle (dissuasion), et jusqu'aux menaces directes. [34]

De nombreux autres chercheurs, en particulier les psychosociologues, se sont penchés sur le rôle des menaces dans la négociation et ceci depuis plusieurs décennies. La plupart de leurs travaux ont été faits à partir de simulations et/ou de jeux expérimentaux. Certains auteurs (entre autres Kelley, Shomer et Davis [35] (1966), Touzard

29. TOUZARD, *opus cité* (page 141).
30. TOUZARD, *opus cité* (page 141).
31. TOUZARD, *opus cité* (page 139).
32. PLANTEY, *opus cité* (page 35).
33. DUPONT, *opus cité* (page 227).
34. AUDEBERT-LASROCHAS, *« Les tactiques dans la négociation »* in *« Cahiers de recherche »* de l'ESC Lille, 1998.
35. En particulier, la première expérience décrite ci-après (Deutsch et Krauss) a fait l'objet de nombreuses polémiques qui ont été synthétisées par Michel Plon in : *« A propos d'une controverse sur les effets d'une menace en situation de négociation »* Bulletin de Psychologie n° 23, 1970, (pages 268 à 282).

(1977) et Dupont (1995)) émettent de nombreuses réserves sur l'application de ces résultats aux situations réelles, du fait même des méthodes d'expérimentation.

Ces deux derniers auteurs précisent :

> *« Nous avons donc pris le parti d'inclure malgré tout dans notre essai de validation des modèles théoriques un certain nombre d'études basées sur les jeux expérimentaux, tout en gardant à l'esprit les grandes réserves que nous avons faites quant à leur adéquation »* [36].

Exprimé d'une manière plus générale : *« Jeux expérimentaux abstraits, simulations et scénarios ont joué un rôle capital dans le développement des théories actuelles de la négociation. Il s'agît là d'une double approche, très originale mais de validité limitée, dont le mérite a été d'ouvrir des voies de recherche nombreuses et stimulantes »* [37].

☐ Expériences spécifiques

Les principales contributions ont été les suivantes, par ordre chronologique :

➢ **Deutsch et Krauss** [38] (1960) ont testé les effets de l'utilisation de menaces dans une négociation. La forme de l'expérience est un jeu à somme non nulle (jeu des camions Acmé-Bolt). [39]

Leurs conclusions sont les suivantes :

– les deux joueurs optimisent leurs profits lorsqu'ils n'ont pas la possibilité de se menacer mutuellement ;
– lorsque la menace est unilatérale, c'est le joueur qui a la possibilité de menace qui a le meilleur gain ;
– lorsque les deux joueurs ne peuvent se menacer, le profit individuel de chacun est supérieur à celui obtenu par le joueur menaçant dans la situation unilatérale.

➢ **Komorita et Barnes** [40] (1969) ont vérifié les effets des pressions (menaces) destinées à conclure un accord.

Résultats obtenus :

– les concessions et les tentatives d'accord sont directement liées aux pressions exercées,

---

36. TOUZARD, *opus cité* (page 208).
37. DUPONT, *opus cité* (page 166).
38. Morton DEUTSCH et Robert KRAUSS : *« The Effect of Threat upon International Bargaining »* in *« Journal of Abnormal and Social Psychology »* , volume 41 n° 2, 1960, (pages 181 à 189).
39. Pour une étude détaillée des procédures de ce jeu, voir P. AUDEBERT-LASROCHAS, thèse de doctorat, IAE, Université de Lille, 1984.
40. S. KOMORITA et Marc BARNES : *« Effects of Pressures to reach Agreement in Bargaining »* in *« Journal of Personality and Social Psychology »* volume 13 n° 3, 1969, (pages 245 à 252).

– les pressions mutuelles pour parvenir à un accord impliquent des concessions réciproques, ce qui n'est pas le cas lorsque les pressions sont unilatérales car celui qui n'est pas sous pression concède moins que l'autre partie.

➢ **Shortell et Epstein** [41] (1970) ont mesuré les effets d'une agression manifeste ou voilée si le sujet croyait que lui-même et ses adversaires avaient, dans leurs possibilités, une punition qui serait nettement plus dévastatrice que les autres.

(Dans l'expérimentation, les sujets s'envoient des décharges électriques dont l'intensité varie de 1 à 5 ; la moitié des participants disposaient d'un bouton spécial – appelé bouton 10 – qui envoie une décharge nettement plus violente que les autres).

Résultats obtenus :

– le choix de la punition à administrer à l'autre est significativement différent selon que l'on dispose du bouton 10 ou non. Ceux qui disposent de cette possibilité de vengeance massive ont donné des punitions en moyenne plus basses que les autres ;
– dans tous les cas, le choix des punitions est directement affecté par les intentions précédemment affichées par le vis-à-vis ;
– la défaite ou la victoire n'affecte pas significativement le choix de la punition suivante.

➢ **Holmes** [42] (1971) a testé les comportements de compensation à la suite de menaces portant sur « l'ego » de la personne ; ensuite, on a demandé aux sujets de définir eux-mêmes l'intensité de la punition.

Résultats obtenus :

– le groupe ayant subi une menace concernant l'ego a demandé à recevoir une punition significativement plus forte que le groupe témoin ;
– ce même groupe, lors d'une deuxième expérience, s'est plus « puni » que le groupe de référence.

➢ **Faley et Tedeschi** [43] (1971) ont déterminé l'impact des menaces en négociation en fonction du statut des négociateurs. Ils ont utilisé la célèbre matrice du « Dilemme du prisonnier » (Tucker 1959).

Résultats obtenus :

– plus la crédibilité de la menace augmente, plus les sujets obéissent aux menaces,

41. James SHORTELL et Seymour EPSTEIN : « *Instigation to Aggression as a fonction of degree of Defeat and the Capacity for Massive Retalialtion* » in « *Journal of Personality* » volume n° 38, 1970 (pages 313 à 327).
42. David S. HOLMES : « *Compensation for Ego Threat : two experiments* » in « *Journal of Personality* » volume 18, n° 2, pages (234 à 237).
43. T. FALEY et James T. TEDESCHI : « *Status and Reaction to Threats* » in « *Journal of Personality and Social Psychology* » volume 17 n° 2, 1971, (pages 192 à 199).

– plus l'importance de la punition associée à la menace est grande, plus les sujets obéissent aux menaces ;
– les sujets de statut bas obéissent plus souvent aux menaces des sujets de haut statut qu'à ceux de bas statut ;
– les sujets de statut haut confrontés à un expérimentateur simulant un sujet de bas statut, ont plus souvent exploité leur vis-à-vis que dans les autres situations ;
– l'autorité perçue de celui qui profère les menaces est directement liée à la crédibilité de ses menaces.

➢ **Heilmann** [44] (1974) a enquêté sur les conséquences que peuvent avoir les promesses et les menaces sur la réputation d'un négociateur et sur sa crédibilité.

Résultats obtenus :

– les personnes qui font des menaces sont moins bien perçues que celles qui font des promesses qui paraissent plus crédibles ;
– ces impressions ont été maintenues lorsque les sujets apprirent que les engagements avaient été tenus mais altérés dans le cas inverse ;
– les actions passées sont importantes dans la perception de la crédibilité ou du manque de crédibilité de la personne avec qui on négocie.

Manifestement, les auteurs spécialisés en négociation ont intégré ces travaux expérimentaux dans leurs démarches dont les grands traits sont explicités dans la première partie de cette section ; néanmoins, nous souhaiterions avancer deux conclusions temporaires :

– l'usage de la menace doit être replacé dans l'étude plus générale des « pouvoirs » dans la négociation. La capacité réaliste de menacer est une forme de pouvoir (évidemment de nature conflictuelle) de même qu'il n'est pas possible de menacer sans disposer d'un certain niveau de pouvoirs, en tous les cas s'ils sont non réels, ils doivent être perçus sans ambiguïté par la cible ;
– quelles sont les applications pratiques dans les négociations réelles que nous pouvons tirer de ces apports théoriques ? Cette question fait l'objet de la prochaine section.

☐ Les tactiques dans la pratique de la négociation

Nous séparerons cette section en deux sous-sections ; d'une part nous examinerons l'utilisation des menaces dans la pratique pour compléter l'approche théorique précédente et nous reviendrons sur la pratique globale des tactiques dans les négociations réelles.

44. Madeline E. HEILMAN : *« Threats and Promises : Reputational Consequences and Transfert of Credibility »* in *« Journal of Experimental Social Psychology »* n° 10, 1974, (pages 239 à 246).

➢ Sous-section 1 : Les menaces dans la pratique de la négociation

Nous souhaiterions, dans cette sous-section, « illustrer » par des exemples réels, les grandes règles que nous donnent les principaux auteurs dans la section précédente.

1 – Menace non contingente
« La Grèce a les moyens de faire face au nationalisme turc agressif et les emploiera sans hésiter » [45].

2 – Menace de dissuasion
« Le Président du groupe public italien IRI, Michaele Tedeschi, a envoyé samedi une lettre au Président d'Alitalia, Renato Riverso, l'avertissant que, si les négociations en cours avec les syndicats n'aboutissaient pas, il faudrait se résoudre à un sévère plan de restructuration et à une réorganisation profonde de la compagnie aérienne » [46].

Ou bien :
« En 1946, Hô Chi Minh avait prévenu le ministre français des Colonies Marius Moutet : Cette affaire peut se régler en trois mois ou en trente ans. Si vous nous acculez à la guerre, vous me tuerez dix hommes quand je vous en tuerai un. A ce prix, c'est encore moi qui gagne... » [47].

3 – Menace d'injonction
« Le vice-président de la commission européenne, sir Leon Brittan, a réitéré hier sa demande aux autorités japonaises de ne pas chercher à régler le contentieux sur l'automobile avec les Etats-Unis en faisant à ces derniers des concessions préjudiciables aux intérêts européens : Si vous voulez la sympathie de l'Europe, ne faites pas un accord sur notre dos » [48].

4 – Contre menace
« Louis Viannet [49] *juge que : le gouvernement et le patronat ne comprennent que le rapport de forces. Devant les perspectives de croissance qui font l'Arlésienne, il ne faut pas s'étonner si cela débouche sur des ripostes longues et unitaires »* [50].

Ou bien :
« Washington a d'abord présenté hier une liste des produits du secteur textile et électronique chinois susceptibles d'être frappés par de très lourdes sanctions. Aussitôt, la Chine a répliqué en annonçant ses propres mesures de rétorsion » [51].

---

45. Le Figaro du 30 janvier 1996.
46. La Tribune Desfossés du 22 janvier 1996.
47. Hélie de SAINT MARC : *« Les Champs de Braise »* éditions Perrin, 1995, (page 134).
48. La Tribune Desfossés du 6 juin 1995.
49. Secrétaire général de la CGT (jusqu'en 1998).
50. Le Figaro du 8 janvier 1996.
51. La Voix du Nord du 16 mai 1996.

5 – Crédibilité

« L'IG Metall [52] *menace d'annuler le pacte pour l'emploi si l'on ne maintient pas le droit à la préretraite à 55 ans dont 15 000 salariés de la métallurgie bénéficient déjà. De quoi effrayer le gouvernement qui – du chrétien démocrate Blüm au libéral Rexrodt – mise totalement sur ce pacte, seule panacée pour résorber le déficit d'emploi »* [53].

Ou bien :

« Les Etats-Unis possèdent des instruments de politique commerciale efficaces. L'utilisation de la section 301 sur le commerce a toujours été payant » [54].

6 – Menace utilisée comme technique de négociation

« Après une négociation menée sous la menace de sanctions commerciales brandies de part et d'autre, l'accord signé en fin de journée à Pékin, dimanche 26 février, permet pour le moment aux américains et aux chinois de garder la tête haute » [55].

7 – Menace utilisée comme outil stratégique

« Depuis trois semaines, des maisons de négoce actives sur l'Algérie reçoivent des menaces (...) A priori, ces mises en garde comminatoires destinées aux partenaires commerciaux de l'Algérie paraissent émaner des extrémistes islamistes du GIA (...) Cependant, à Alger, un haut responsable du ministère du Commerce ne croit pas totalement à l'hypothèse du GIA (...) Il semble plutôt que ces menaces doivent en partie se lire comme l'un des volets d'une féroce bataille que se livrent dans l'ombre différents groupes d'intérêts qui cherchent à imposer leurs fournisseurs occidentaux » [56].

8 – Bluff

« Info ou intox ? Alors que les négociations entre la Russie et le monopole sud-africain du diamant De Beers sur un nouvel accord de commercialisation sont au point mort, (...), Moscou annonce la création dans les semaines qui viennent d'une bourse du diamant qui offrira sur le marché mondial des pierres brutes et taillées » [57].

9 – Menace créative

« En brandissant la menace de la création de nouvelles organisations patronales, dégagées des obligations fixées dans les conventions collectives, les patrons remettent en cause le principe d'unité tarifaire qui est la base de la paix sociale en Allemagne » [58].

---

52. Syndicat ouvrier majoritaire dans l'industrie allemande.
53. Le Figaro du 20 février 1996.
54. La Tribune Desfossés du 27 juin 1995.
55. Le Monde du 28 février 1995.
56. La Tribune Desfossés du 20 février 1995.
57. La Tribune Desfossés du 29 décembre 1995.
58. Le Monde du 22 mars 1996.

➢ Sous-section 2 : Les tactiques dans la pratique de la négociation

Dans les deux premières sections de cet article, nous avons détaillé les définitions et les typologies existantes dans la littérature spécialisée. Paradoxalement, les tactiques se retrouvent dans presque toutes les publications sous forme de listes – la plupart se trouvant d'ailleurs dans les ouvrages traitant des techniques de vente – mais peu en donnent le mode d'emploi ou des conseils d'utilisation.

Nous exposons ici les travaux qui traitent de l'utilisation des tactiques dans la négociation :

C. Dupont [59] dresse un tableau d'évaluation simplifiée de quelques tactiques sélectionnées

	AVANTAGES	INCONVÉNIENTS	PARADES
Menaces	faire pression	durcir la négociation	débusquer
Bluff	peut ébranler les anticipations de la partie adverse	fait courir des risques	scepticisme
Derniers wagons	généralement peu de risques	peut irriter la partie adverse	refuser
Promesses	fait jouer le temps	oblige à tenir ses engagements	exiger des garanties
Ballons d'essai	peut procurer de l'information	peut être perçu comme manipulateur	faire justifier
Accords contingents	joue sur les perceptions différentes	peut conduire à des malentendus	voir « promesses »
Mise entre parenthèses	permet de segmenter	peut être refusé	en refuser le principe

Sources : C. Dupont

Karras [60] donne les recommandations suivantes pour utiliser les tactiques :

– vous avez le droit à l'erreur,
– vous pouvez hésiter,
– vous avez le droit de poser des questions auxquelles l'autre ne peut pas répondre,
– vous pouvez « empoisonner » autrui avec persévérance et obstination,
– vous pouvez faire le sourd,
– vous avez le droit d'être un disque rayé,
– vous pouvez être obtus.

59. DUPONT, *opus cité*, (page 89).
60. Gary KARRASS : « *Marché Conclu* » éditions Rivages/les Echos, 1985, (pages 212 à 216).

Laurent [61], d'une manière plus sérieuse et surtout plus constructive, donne les conseils suivants :

– il faut se méfier du succès qui peut griser dans l'excitation de la discussion ;
– il faut constamment apprécier, supporter les limites de l'autre (jusqu'où peut-il aller ?) ;
– avoir toujours en tête ses propres limites (jusqu'où puis-je aller ?) ;
– créer constamment un climat de confiance :
  - avec les raisonnables, être raisonnable,
  - avec les calmes, rester calme,
  - sécuriser les désécurisés,
  - donner des images, illustrations, exemples à ceux qui en ont besoin,
  - harceler ceux qui en ont besoin pour bouger.

Durand [62] propose aux négociateurs, lorsqu'ils utilisent des tactiques, d'employer constamment des mots positifs :

MOTS NÉGATIFS	MOTS POSITIFS
Coût	Investissement
Dépense	Gain
Problème	Recherche de solutions
Un peu, petit	Simple, seulement
Mais	et, justement

Source : J.P. DURAND

Ghazal [63] insiste beaucoup sur les tactiques déloyales qu'il répartit en trois catégories : les trucages, les attaques et l'obstruction; il explique ensuite que les manipulateurs qui utilisent ces tactiques les distillent en trois phases :

1 – vous conditionner pour mieux vous dominer,
2 – tenter de construire un accord totalement en leur faveur,
3 – chercher à conclure selon leurs exigences et conditions.

L'auteur conclut : *« Rien qu'en identifiant ces stratagèmes, vous serez en meilleure posture pour décider soit de les ignorer, soit de les contrer »*.

Malgré toutes ces recommandations, il est délicat d'identifier les avantages, inconvénients et parades pour les tactiques et ceci pour plusieurs raisons :

– leur nombre considérable,
– leur nature différente et néanmoins complémentaire,

61. Louis LAURENT : « *Comment mener adroitement discussions et négociations* » éditions Dunod, 1987, (pages 150 à 152).
62. Jean-Paul DURAND : « *Le Langage des Achats* » éditions Méthodes et Stratégies, 1995, (page 101).
63. Michel GHAZAL : « *Réussir vos négociations* », miméographie, (page 26).

– certaines tactiques sont les parades d'autres tactiques,
– certaines se « cannibalisent » entre elles,
– telle tactique utilisée avec telle technique a certains avantages qui deviennent inconvénients avec l'emploi d'une autre technique,
– le nombre de combinaisons possibles est astronomique.

Nous voudrions illustrer ces affirmations par un exemple tiré de la presse économique :

> Le service du Trésor du ministère des Finances français a subi, ces derniers temps, de nombreuses attaques, en particulier pour les « dérapages » constatés lors des dernières privatisations; le journaliste explique la tactique utilisée par ce service contre le pouvoir politique :
>
> *« A l'égard des hommes politiques ou des autres administrations, la résistance du Trésor se fait, bien souvent, plus subtile. Sa méthode : répondre de façon tardive et obscure aux notes qui lui parviennent, se faire représenter dans les réunions par un fonctionnaire dont l'échelon hiérarchique est inférieur à celui des autres membres. Une tactique qui permet au Trésor de gagner du temps, le jeune énarque envoyé ainsi « pour se faire les dents » pouvant toujours se retrancher derrière l'avis de sa hiérarchie. »* [64]

Lorsque l'on connaît les pesanteurs administratives et les arcanes ministérielles, il est évident que les recommandations d'utilisation des tactiques faites dans cette sous-section paraissent peu efficaces...

6. LISTE DES TACTIQUES AVEC EXPLICATIONS ET ILLUSTRATIONS

Nous allons dans cette partie, lister l'ensemble des tactiques connues à ce jour, avec, pour chacune d'elle, une définition sommaire et une illustration.

Beaucoup de tactiques sont des variantes d'autres ; nous avonc donc repris les tactiques suivant la nouvelle typologie proposée dans ce chapitre, en listant les tactiques et leurs variantes à la suite.

Quelques tactiques ou variantes s'appliquent à deux catégories à la fois ; par exemple aux tactiques de temps et de conclusion. Elles sont reprises dans chaque catégorie.

Nous ne citerons pas le nom des auteurs tactique par tactique comme nous l'avions fait dans la première édition de cet ouvrage, mais ils sont tous répertoriés dans la bibliographie spécifique de ce chapitre.

Certaines tactiques portent le même nom car elles sont reprises par différents auteurs. Ils en donnent des définitions ou illustrations plus ou moins convergentes.

---

64. Article de M.L. BONAVITA et S. ROQUELLE in le *Figaro Economie* du 7 janvier 1997.

☐ Les tactiques de menace

N°	TACTIQUE	OBJECTIFS – DÉFINITIONS – EXEMPLES
1	Carte gardée	– Faire sentir à l'autre que l'on est imprévisible, voire capable d'un coup de tête ; il aura peur de vous pousser à bout ; les chances qu'il renonce deviennent alors beaucoup plus grandes. – Etre clair et net sur presque tout ; imprévisible quant aux décisions ultimes. *« Il ne faut jamais permettre à l'ennemi de savoir ce que l'on fera, mais il est plus important encore de ne jamais lui laisser deviner ce qu'on ne fera pas. »* D. Eisenhower
2	Harcèlement	– Tenir l'autre en haleine, le harceler, l'impressionner, le fatiguer. – Fatiguer l'autre physiquement, en maîtrisant : • les horaires, la durée des séances, l'enchaînement des entretiens, l'occupation des loisirs, • constituer un programme très dense, usant, harassant, propre à épuiser les plus résistants, • chicaner les moments de détente, rogner les nuits. – Mettre en place un système de relais pour ne pas avoir la même pression que l'autre. Harceler par les climats (froid pour les gens du sud et inversement), par des repas lourds et le bruit (ex. : hôtels bruyants).
3	Lièvre	– Annoncer qu'un autre client est aussi intéressé par l'affaire ou l'article négocié. – Consulter un fournisseur étranger qui est moins disant sur chaque poste pris séparément. – Garder en lice un fournisseur très bien techniquement mais totalement hors course financièrement. – Comuniquer aux entreprises soumissionnaires à un appel d'offres, les meilleurs postes techniques et financiers de leurs concurrents.
4	Mise en garde	Les mises en garde se distinguent des menaces en ce sens que les risques ne proviennent pas des acteurs, mais de phénomènes qui leur sont extérieurs (loi économique, évolution sociologique, menace par une entité extérieure). La mise en garde essaie de convaincre de la réalité et de l'importance de ces risques.
5	Intimidation	– Consiste à présenter les solutions de façon péremptoire : *« C'est cela ou rien du tout ! »*. – Vous pouvez élever la voix, taper du poing sur la table, feindre l'indignation, vous lever,... bref, faire jouer dès le départ le rapport de forces.
6	Petit pas	– Faire évoluer le comportement d'une personne (notamment dans des cas de conflits ouverts où les attitudes sont exacerbées) ; s'appuie sur une démarche qui consiste à multiplier les points de passage obligés et, à chaque fois, à mettre le marché entre les mains de l'autre.

N°	TACTIQUE	OBJECTIFS – DÉFINITIONS – EXEMPLES
		En d'autres termes, on procédera par petites tranches successives : petites modifications de comportement demandées à l'autre, aussi petites que possible. – En face de ces petites modifications de comportement, on proposera des « termes de l'échange » aussi déséquilibrés que possible, et une démarche de type « tout ou rien » : *« Ou tu acceptes cette petite modification de comportement, ou je ne répond plus de rien, je met fin à l'entretien, etc. ».* – Plus la modification de comportement demandée est petite, plus les termes de l'échange sont déséquilibrés, plus l'évolution est probable.

☐ Les tactiques de destabilisation

N°	TACTIQUE	OBJECTIFS – DÉFINITIONS – EXEMPLES
7	Absence	Simuler l'indifférence, l'absence, voire simuler le mépris ; physiquement participant à la discussion, effectivement ailleurs (et s'arrangeant pour ne rien perdre) ou feindre d'avoir l'esprit ailleurs, de penser à tout autre chose, de n'être là pour personne : – Yeux au plafond. – Paupières baissées. – Simuler une sieste. – Feuilleter un document consacré à une thème différent. – Bavarder avec son voisin.
8	Alibi	– Faire une dérobade, quitter le jeu. – Faire entrer une secrétaire pour un message urgent. – Faire une comédie personnelle (simuler un malaise). – Faire tomber ses papiers et les ramasser. – Renverser un verre sur la table.
9	Absence, retard	Pour jouer sur la patience de l'adversaire, ou pour lui montrer que ses exigences sont excessives, le négociateur arrive volontairement en retard, et/ou ne vient pas à la réunion prévue.
10	Cascade	– Faire intervenir plusieurs niveaux hiérarchiques. – Introduire un échelon dans la négociation (banque centrale, administration, ministère, etc.). – Avoir recours à un négociateur absent des discussions jusqu'à présent.
11	Sous-fifre paravent	Après avoir discuté avec le vendeur, vous vous entendez sur un prix ; c'est alors qu'il vous dit : *« Oh, au fait, il faut le feu vert du directeur ! »* Et le vendeur revient avec une contre proposititon du directeur.
12	Autorité mal définie	Laisser croire que l'on a un mandat qui confère toute lattitude de prendre les engagements alors qu'on ne l'a pas en réalité.

N°	TACTIQUE	OBJECTIFS – DÉFINITIONS – EXEMPLES
13	Partenaire têtu	Se réfugier derrière un partenaire présenté comme intraitable (ex. : *« personnellement je n'ai pas d'objections, mais jamais ma femme n'acceptera ! »*).
14	Aisance	– Sous estimer l'interlocuteur. – Lui laisser croire qu'il n'est pas représentatif. – Lui laisser croire qu'on pourrait passer au-dessus de sa tête pour aller négocier avec son patron. – Jouer le doute, la condescendance polie, avoir un léger scepticisme. – Dans une délégation, s'adresser systématiquement aux moins gradés, garder dans l'ignorance les dirigeants.
15	Domination	– Profiter de toute défaillance, y compris physique, de l'autre ; la lui faire ressentir. – Placer l'autre en situation d'infériorité : • utiliser un langage difficile à suivre pour l'autre (cela peut aller jusqu'à chuchoter pour que l'autre doive tendre l'oreille), • se plaquer un masque sur le visage (visage de bois, sourire perpétuel et impénétrable) voire un vrai masque, • placer l'autre en position géographique défavorable (face à la lumière en étant soi-même de dos, plus « bas » que soi, du mauvais côté de la table, etc.), • choisir un lieu de rencontre favorisant votre camp, • se faire assister de nombreux conseillers, • impressionner l'autre en se référant à des autorités, à ce que dit et pense un personnage puissant, • obtenir par la flatterie, en exploitant l'orgueil de l'autre (« le corbeau et le renard » de la Fontaine).
16	Culpabilité	Attaquer son adversaire, lui demander des explications dès sa première faute ; lui montrer, en dramatisant, l'ampleur du dommage causé ; lui rappeler en même temps l'importance de la mission à laquelle tout le monde doit œuvrer.
17	Pressions	– Faire pression sur un adversaire, soir par un discours fortement moralisateur, soit par des promesses et/ou menaces voilées. – Les pressions s'exerceront, non pas pendant le face à face lui-même, mais à l'occasion des suspensions de séances, ou bien indirectement (en influençant l'époux(se) de cet adversaire, par exemple).
18	Maladresse	– Lorsque l'on a affaire à plusieurs adversaires, concentrer les coups sur les plus faibles d'entre eux. – S'acharner sur les personnes les plus falotes. – Diviser pour régner, mettre en péril le monolithisme.
19	Divisions artificielles	Consiste à accorder unilatéralement des avantages à certains des adversaires seulement, en espérant la jalousie des autres et la création de suspicions de trahison parmi les adversaires. Le négociateur-manipulateur peut, par exemple, accorder une prime, ou satisfaire les revendications pour une partie seulement des adversaires.

N°	TACTIQUE	OBJECTIFS – DÉFINITIONS – EXEMPLES
20	Tactique de Talleyrand	Diviser les alliés en exploitant leurs dissensions, leur jalousie et leur crainte ; se gagner des alliés en soulignant les intérêts communs.
21	Désunion	Induire des conflits dans le camp adverse. – Attaquer l'adversaire quant à sa cohésion et/ou sa cohérence : • au niveau individuel en jouant sur les motivations de chacun, • au niveau du groupe de négociateurs en mettant en évidence des contradictions (même minimes). *« Il faudrait que vous vous entendiez, nous avons l'impression que vous n'êtes pas toujours d'accord entre vous, cela rend la discussion difficile, alors que nous, nous désirons avancer »*, • faire perdre de vue les objectifs de la négociation en faisant naître et en entretenant entre les négociateurs des conflits de point de vue, de motivations, de prestige, qui vont permettre de les jouer les uns contre les autres.
22	Trahison d'un allié	Dans les négociations multipartistes, un allié, après avoir commencé des discussions officielles, demande et obtient un accord secret avec l'adversaire, afin d'obtenir pour lui-même, le maximum d'avantages.
23	Mensonge délibéré	Donner de faux renseignements sur des faits, sur l'autorité dont on est investi ou sur ses intentions.
24	Faux renseignement	Faire une déclaration mensongère : *« Cette voiture a 8 000 kms au compteur ; elle appartenait à une vieille dame de la campagne qui ne dépassait jamais le 60 à l'heure ».*
25	Bouledogue	Lorsque l'interlocuteur laisse échapper un argument, une ouverture ou quoi que ce soit qui paraît de nature à faire évoluer, voire basculer le débat, insister, questionner, reformuler sur cet argument ou cette ouverture pour forcer l'autre à clarifier sa position, donc à donner des informations.
26	Butoir	Demander une condition avec un objet de base, les quantités minimum par exemple, ou le prix pour un objet simple, puis modifier la demande en compliquant l'objet mais en maintenant les conditions de départ. *« Vous m'aviez dit que ce produit se vendait par 10, et maintenant que je vous le demande d'une autre couleur, vous en exigez 20 minimum ; votre quantité était de 10 au départ, donc je reste à 10 ».*
27	Division	Affaiblir l'adversaire en créant ou en utilisant des dissensions dans son camp. – Accorder des avantages à certains des interlocuteurs (cadeaux, primes, relations gratifiantes). – Accueillir un opposant chez nous. – S'allier avec un concurrent minoritaire de la coalition adverse.

N°	TACTIQUE	OBJECTIFS – DÉFINITIONS – EXEMPLES
28	Eclaireur	– Faire défiler un ou plusieurs négociateurs successifs avant que ne vienne le négociateur principal. Les premiers ne sont là que pour obtenir le maximum de concessions partielles, détachées du contexte d'ensemble. – Ils obtiennent également de nombreuses informations.
29	Enchères à l'envers	Convoquer l'ensemble des fournisseurs potentiels dans un même endroit, puis les recevoir les uns après les autres ; le fait qu'ils se sentent pris les uns après les autres va leur faire baisser automatiquement leurs propositions.
30	Renversement des rôles	Demander à l'autre le prix et/ou les conditions qu'il serait suceptible d'accepter et vendre au plus offrant.
31	Escalade	Quand l'autre est d'accord sur un point, remettre en cause ce point et demander plus.
32	Exigences sans cesse croissantes	– Le négociateur augmente ses exigences sur un point chaque fois qu'il fait des concessions sur un autre. – Relancer une question que l'on croyait réglée.
33	Surenchère	Procédé qui consiste à augmenter ses exigences, ses revendications, face à l'intransigeance de l'adversaire.
34	Surprise	– Par le changement de leader, en montant ou en descendant hiérarchiquement. – Par le changement de stratégie : • pouvoir dire : *« jusqu'à présent nous avons été bons princes... »*. – Faire alterner carotte et bâton (il faut que ce soit une vraie carotte et une vrai bâton !). – Ne pas passer d'une proposition énorme et inacceptable à un offre dérisoire. – Rupture, recul, faux abandon. • déblayer le terrain des difficultés minimes pour pouvoir se consacrer ensuite aux vrais problèmes. – Absence : de l'abstention d'une partie ou de la totalité d'une délégation de négociateurs est un événement qui se remarque. Rien de plus déprimant ni de plus inquiétant que de trouver des fauteuils vides en face de soi.
35	Changement de négociateur	Créer la surprise par le changement de négociateur ; voire, remettre en cause les accords partiels, potentiels, le nouveau négociateur n'étant pas censé être au courant.
36	Tir en fourchette	« Comment mettre dans le mille ». Expression empruntée au vocabulaire de l'artillerie d'autrefois : Le premier boulet devait frapper au-dessus de l'objectif, le deuxième au-dessous et ensuite cette fourchette était réduite jusqu'à ce que l'on obtienne la position exacte de l'objectif.

☐ Les tactiques de manipulation

N°	TACTIQUE	OBJECTIFS - DÉFINITIONS - EXEMPLES
37	Le Bon et le Méchant	– Destabiliser l'autre en soufflant le chaud et le froid. – Mélanger des tactiques dures et des approches douces. – Faire négocier côte-à-côte, un négociateur « dur » et un gentil ». – Remplacer subitement un négociateur « gentil » par un négociateur « dur » et réciproquement.
38	Le Gentil et le Méchant	Exemple des films policiers d'Hollywood. Un inspecteur « dur » cuisine un suspect pendant plusieurs heures. A ce moment, un « gentil » inspecteur remplace le « dur ». Pour se venger du méchant, le suspect avoue tout au « gentil ».
39	Le Tortionnaire et le Bon Samaritain	Les deux comparses forment un couple dans lequel chacun joue un rôle bien défini. Le Premier a pour tâche d'aller jusqu'au bout de la brutalité du rapport de forces en essayant de faire plier l'adversaire sans ménagement. Le second se pose sournoisement en allié de la victime, soit pour recueillir ses confidences après l'agression, soit pour le convaincre de continuer à traiter au cas où le tortionnaire aurait été un peu trop loin.
40	Le Bon et le Méchant	Forme de pression psychologique qui s'apparente à de la tricherie. Les partenaires simulent une dispute entre eux.
41	Diversion	– Une équipe s'occupe des séances de mise en condition, d'escarmouche et de diversion, égare la vigilance des autres, détourne son attention et sa volonté. – Une deuxième équipe arrive pour obtenir le consentement véritable sur le fond du problème.
42	Le Bon et le Méchant	Le méchant permet de pousser l'offensive résolue à l'égard des positions de l'autre sans craindre la rupture, puisque le « bon » sera là pour tempérer en temps utile ses positions extrêmes et ce que la forme de son langage aura eu de trop abrupt. Dans le cas de négociations à plusieurs, les « méchants » pourront se spécialiser : – méchant technicien – méchant juriste – méchant financier Les « bons » peuvent se répartir de trois manières : – Le « bon temporisateur » : « ne nous énervons pas, cela ne sert à rien, nous allons bien arriver à nous entendre. » – Le « bon faux-arbitre » : il y a du vrai dans ce que vous dites, ce serait dommage ! – Le « bon concluant » : bon sortons-en !
43	Douche Ecossaise	Bien choisir les négociateurs et répartir éventuellement les rôles, selon les caractères de chacun : celui ou ceux qui seront gentils, conciliants, arrangeants et celui ou ceux qui seront attaquants, stricts et sans concession.

N°	TACTIQUE	OBJECTIFS – DÉFINITIONS – EXEMPLES
44	Double jeu	L'un des négociateurs joue l'intransigeant ; il essaie de sauvegarder les intérêts de son groupe ; un autre négociateur du même groupe joue le conciliant et assure ainsi la poursuite de la négociation.
45	Démoralisation	– Jouer au « chat et à la souris ». – Faire traîner les conversations, ressasser les mêmes phrases. – Revenir sur ce qui passait pour acquis. – A chaque reprise de séance, faire comme si rien auparavant ne s'était passé.
46	Disqualification	Mettre une parcelle de vérité dans un océan de mensonges. – Provoquer un scandale ou ridiculiser l'autre face à des tiers. – Lancer une accusation (corruption, calomnie). – Mettre l'accent sur les faiblesses et les insuffisances de l'autre. – Blesser l'autre dans sa personne et son intégrité.
47	Exigence	– Tout doit être prétexte à paraître mécontent, réclamer, voire plus. – Rien n'est admis comme satisfaisant, bien, commode, convenable ou agréable. – Trouver la table mal disposée, les documents mal présentés, la température trop chaude ou trop froide, l'horaire peu pratique, la secrétaire inefficace ; réclamer à boire quand personne n'a soif ; partir à pieds quand la voiture attend ; demander à visiter l'usine suivant un itinéraire différent de celui prévu.
48	Hostilité	Harceler par des attaques impersonnelles dirigées glogalement contre le groupe adverse ; faire pression sur l'adversaire en l'obligeant à réagir émotionnellement.
49	Dissimulation	– Les adversaires se cachent les informations techniques, ainsi que leurs intentions véritables, et ne les dévoilent que partiellement et seulement au fur et à mesure des nécessités de l'argumentation. – Une variante consiste à masquer certaines informations délicates dans une masse d'informations plus banales. C'est la pratique des clauses restrictives inscrites en petits caractères ou au verso du contrat.
50	Dossiers ouverts	L'interlocuteur laisse traîner des informations sur son bureau (informations qui sont biaisées bien sûr) et sort comme par hasard de son bureau pour que l'autre en prenne connaissance.
51	Fuite organisée	– Faire passer un message sans pour autant avoir à en assumer la responsabilité. – Confier, sous le sceau du secret, ses pensées les plus profondes à l'une de ces personnes qui éprouvent une véritable jouissance à colporter sans délai les confidences qu'elles ont reçues. – Se faire adresser des messages par un comparse qui en dévoilera le contenu par inadvertance. – Faire de la désinformation (Intox).

N°	TACTIQUE	OBJECTIFS – DÉFINITIONS – EXEMPLES
52	Douche écossaise	L'objectif est de dérouter l'autre. – Laisser partir la négociation d'une manière linéaire, à savoir laisser suivre à l'autre un cheminement globalement discernable vers la conclusion qu'il est en droit d'espérer ; puis couper « cette navigation sur mer d'huile » par des boutades, incartades, rebuffades, galéjades. – Donner des informations inattendues, choquantes, illogiques, incongrues, bizarres, sans rapport avec le sujet. – Faire des jeux de mots, des plaisanteries. – Faire des interruptions sur le temps, sur le prix du beurre. – Donner des considérations d'actualité sur la politique, la bourse, en heurtant, si possible, les convictions de l'autre. – Porter un regard indiscret sur l'autre, sa carrière et/ou sa vie privée.
53	Changements rapides	– Changer d'attitude. – Sauter du « coq à l'âne » : passer de façon impromptue d'un point non-élucidé à un autre. – Changer de position brutalement sur un sujet, inverser son point de vue, modifier les urgences. – Suggérer une autre solution. – Changer de lieu : passer du lieu officiel public de la négociation à un endroit plus officieux, plus intime. – Etre très agressif et soudain aimable et complètement détendu (ou l'inverse). – Alterner l'acceptation apparente et le refus le plus total. – Changer un de ses négociateurs ou dépêcher à l'autre camp un négociateur officieux.
54	Surprise	Cette tactique réclame un brusque changement de méthode, d'arguments, ou de manière d'aborder le sujet. Le changement est en général énergique et spectaculaire, bien que cela ne soit pas indispensable. Quelquefois, en fait, le changement peut être annoncé par quelque chose d'aussi insignifiant qu'une modification dans le ton de la voix au cours d'une négociation. Quand on a gardé la même voix calme et posée tout au long, un éclat peut en effet se révéler décisif.
55	Effet de surprise	Changer de tactique, d'attitude et d'objectif en cours de négociation : – être bon prince puis intransigeant, – être prêt à tout discuter puis tout contrer et imposer un point de vue.
56	Induction	– Prêcher le faux pour savoir le vrai. – Donner à l'autre l'impression que l'on rentre dans son jeu et le faire espérer, alors qu'il va se retrouver devant une opposition catégorique. – Faire courir des bruits, des rumeurs et observer les réactions. – Reformuler les déclarations de l'autre pour que, gardant le même contenu apparent, elles changent de sens. (La bouteille à demi-vide n'est pas égale à la bouteille à demi-pleine). L'accord se fait alors parfois sur une ambiguïté qu'il n'est de l'intérêt de personne de remettre en cause.

N°	TACTIQUE	OBJECTIFS – DÉFINITIONS – EXEMPLES
57	Infiltration	Consiste à introduire dans le jeu de l'adversaire des éléments que l'on maîtrise, et cela sans qu'il s'en apercoive. Le moment venu, on lui révèle la présence de cette « cinquième colonne » et l'on profite de l'impact psychologique pour obtenir des concessions. Exemple : utiliser une masse d'informations tellement énorme qu'elle ne saurait être maîtrisée par vos partenaires (il est bien rare qu'on lise la totalité des articles d'un contrat de vente ou d'assurance). L'interlocuteur est prêt à se laisser guider dans cette masse de mots et de chiffres par les indications que vous voudrez bien lui donner ; et, parmi celles-ci, vous appuierez sur ce qui confirme votre point de vue : *« nul n'est tenu d'être complet ! »*.
58	Manipulation	– Nouer des relations personnelles avec les négociateurs de l'autre camp, hors du cadre formel de la négociation pour mieux connaître psychologiquement chacun d'eux et aussi découvrir ce qui pourra les opposer. – Provoquer des conversations de couloir hors lieux officiels. – Observer les comportements des autres négociateurs : les non-dit, les messages non-verbaux, entre les individus.
59	Négociations de couloir	On dit quelques fois : *« il se négocie plus de choses dans les couloirs que dans les salles de réunions »*. Si ce comportement est connu, admis et pratiqué par tous les partenaires, il est une possibilité parmi d'autres de négocier. Il devient une manipulation lorsque les règles du jeu ne prévoient que l'existence d'un face-à-face ouvert en réunion pleinière. Les communications téléphoniques préalables à la réunion, à certains participants seulement, ou les négociations de couloir excluant la majorité des participants sont alors des manipulations. Des réunions de concertation sont ainsi « pipées » par des accords occultes, préalables ou en cours de négociation.
60	Double langage	Adopter un langage et une attitude conciliante en réunion publique pour se donner une image favorable, mais son langage en privé est celui de la menace ; le manipulateur s'arrange pour que son discours privé parvienne aux oreilles de son adversaire pour faire pression sur lui.
61	Recours à un tiers	Se faire représenter par quelqu'un qui conduit la négociation à votre place. La tactique consiste à ne donner à celui qui vous représente dans une négociation que des pouvoirs limités ou à lui lier les mains à l'aide d'instructions très précises qu'il n'osera pas dépasser. Souvent, la partie adverse, en voyant que le mandataire est tenu de se conformer aux instructions reçues, fera preuve d'exigences moins grandes.
62	Amorçage	Consiste à conduire l'interlocuteur à accepter une condition en lui cachant certains inconvénients ou en lui faisant miroiter des avantages fictifs.

N°	TACTIQUE	OBJECTIFS - DÉFINITIONS - EXEMPLES
		Une fois celle-ci acceptée, l'interlocuteur a souvent tendance à ne pas remettre en cause l'acceptation, même si les inconvénients ou l'aspect fictif des avantages lui sont alors révélés.
63	Bluff	– Faire croire à des perspectives futures alors qu'il n'y en a pas *« Si vous acceptez cette condition... alors je me charge de vous augmenter les commandes à l'avenir »*. – Augmenter ses exigences, faire croire à des perspectives futures, rupture simulée, agiter une menace que l'on n'utilisera pas (représailles, résiliation du contrat).
64	Feintes, diversions	Il faut faire un mouvement apparent dans une direction pour détourner l'attention du véritable but ou objet recherché. Il peut aussi se présenter une situation où on donne à l'adversaire la fausse impression que l'on a plus de renseignements ou de connaissances que l'on en a en réalité.
65	Bluff	Consiste à faire croire à une menace que l'on sait par avance ne pas vouloir appliquer, soit à faire croire que l'on dispose de ressources (moyens, pouvoirs), ressources en fait fictives.
66	Contre-pied	Feindre de tirer à droite et tirer à gauche. Exemple : afficher un prix très intéressant sur un produit d'appel et dire que l'on en a plus.
67	Offre mirobolante	Annoncer verbalement une offre sous-cotée. Lorsque l'acheteur en formule l'acceptation, le vendeur explique qu'il y a eu incompréhension sur le prix ou que la qualité n'est pas exactement la qualité habituelle.
68	Offre fantôme	Idem que contre-pied.
69	Coup bas	Faire du dumping pour emporter le marché.
70	Grignotage	– Ne pouvant obtenir tout d'un coup, il s'agit de détailler la progression en une suite de petits succès partiels sur des objectifs limités, où l'on pense créer très temporairement un avantageux et décisif déséquilibre des forces. – Pour obtenir un résultat d'ensemble, le seul cheminement possible n'est donc pas nécessairement la mise bout à bout de tous les accords partiels constituant l'accord général.
71	Salami	« Petit à petit, l'oiseau fait son nid ». Consiste à prendre quelque chose, morceau par morceau, de manière à finir par s'emparer de tout. Matyas Rakosi, Secrétaire Général du Parti Communiste Hongrois est celui à qui on attribue la paternité de cette appellation. Il en donnait la définition suivante : *« Quand vous voulez vous saisir d'un salami que défendent énergiquement vos adversaires, il ne faut pas essayer de le leur arracher. Il faut commencer par vous en couper une tranche mince ; le possesseur du salami ne s'en apercevra pas, ou du moins il ne s'inquétera pas trop. Le lendemain, vous vous en couperez une*

N°	TACTIQUE	OBJECTIFS – DÉFINITIONS – EXEMPLES
		autre tranche, puis une autre encore. Et ainsi, petit à petit, le salami tout entier passera dans vos mains. »
72	Moderato cantabile	Proposer, au départ, un prix très bas, mais le prix final, grévé par des frais supplémentaires, des changements par rapport à l'article initialement présenté, est plus élevé qu'au début. Exemple : Ceux qui promettent de payer à dix jours et qui payent trois mois plus tard !
73	Renégociation	Demander un supplément pour une chose acquise. La victime perd pied sur ses acquis en recommençant la négociation sur une base de départ défavorable, puisque amputée de toutes les concessions déjà faites.

☐ Les tactiques conflictuelles

N°	TACTIQUE	OBJECTIFS – DÉFINITIONS – EXEMPLES
74	Marinade	Laisser planer le doute sur ses intentions réelles, sans confirmer ni démentir aucun bruit. Son objectif, en laissant ainsi « mariner » les autres, est de les amener à dévoiler leurs intentions, tout en maintenant chez eux des interrogations génératrices d'inquiétudes. Exemple : 1 – annoncer à l'avance un plan de licenciement. 2 – laisser planer le doute sur le nombre sans donner aucune information. 3 – annoncer le nombre de licenciés qui paraîtra beaucoup plus faible que prévu.
75	Provocation	– Faire preuve de mauvaise foi. – Engager une polémique. – Faire un procès d'intention. – Lancer une attaque personnelle.
76	Culpabilisation	Consiste à mettre le partenaire au banc des accusés et à profiter du nouveau rapport de forces pour l'obliger à modifier son comportement ou ses propositions.
77	Attaques personnelles	– Faire des commentaires sur les vêtements ou l'apparence physique : *« On dirait que vous n'avez pas fermé l'œil de la nuit ; ça ne va pas au bureau en ce moment ? ».* – Faire attendre à un rendez-vous. – Interrompre brusquement la négociation pour s'occuper d'autre chose. – Suppositions malveillantes : montrer que l'on considère son interlocuteur comme un ignorant. – Refus systématique d'écouter pour le contraindre à répéter ce qu'il vient de dire. – Ne jamais le regarder dans les yeux.

N°	TACTIQUE	OBJECTIFS – DÉFINITIONS – EXEMPLES
78	Retraite simulée	Cette tactique se compose de patience, de maîtrise de soi et d'un peu de tromperie. Le but est de convaincre l'adversaire que vous vous êtes retiré mais sans qu'il sache que vous gardez la direction de la situation.
79	Fausses sorties	Les fausses sorties, les fausses ruptures, les faux abandons, les *« après-tout, débrouillez-vous ! »*, apparaissent dans les négociations tendues où l'on cherche à éprouver la résistance de l'interlocuteur.
80	Ruptures, fausses sorties	La rupture brève, pour indiquer qu'une position est inacceptable, est compatible avec le déroulement d'une négociation coopérative. Ce n'est pas le cas d'une rupture de longue durée qui est alors un moyen de pression et de coercition qui ne peut s'envisager que dans un contexte conflictuel.
81	Sphinx	Demeurer aussi silencieux et impénétrable que possible.
82	Longanimité	– Attendre dans la « hâte ». Rarement employée par les jeunes ou les gens sans grands moyens financiers. Les circonstances qui en justifient l'emploi comportent des éléments qui d'ordinaire provoqueraient la colère et la violence. – Le contraire de cette attitude est le « coup de tête », l'action inconsidérée ; c'est d'ailleurs plus un comportement tactique.
83	Observation	Avoir une attitude de retrait et de silence, tactique qui s'avère souvent utile car le manque d'écoute et d'observation est source de malentendu et d'échecs.
84	Surdité	Organiser un dialogue de sourds. – Physiquement : on fait comme si on n'avait pas entendu. – Imaginé : on comprend tout de travers, on interprète mal.
85	Evitement	Aussi bien refuser de répondre que faire comme si on n'avait pas entendu et parler d'autre chose, faire des réflexions anodines du type « pluie ou beau temps ».
86	Brouiller les cartes	– Faire celui qui a mal compris ce qu'a dit l'adversaire et le reformuler de façon plus favorable. – Affirmer que l'on n'a pas dit ce que l'on a dit, que l'autre a mal compris : • on a dit « on pourrait », mais on n'a pas dit que l'on était d'accord, • nier l'évidence.
87	Temps	Jouer systématiquement sur le temps pour forcer l'accord. – Donner un délai. – Donner un ultimatum. Exemples : *« Je n'aurai plus la dispostion des fonds destinés à ce marché après le 30 juin ! ».*

N°	TACTIQUE	OBJECTIFS – DÉFINITIONS – EXEMPLES
		« Mon patron doit donner son accord et il part demain pour l'Europe. Il ne rentrera que le mois prochain ». *« L'année fiscale se termine pour nous le 30 mars ».* *« Ce sont des dates qui me sont imposées ; si vous ne pouvez les respecter, je serai contraint de m'adresser ailleurs ».*
88	Usure	– Faire durer la négociation le plus longtemps possible sans la rompre par les manœuvres dilatoires les plus variées. – Entretenir le flou dans les propositions. – Faire des propositions à la limite de l'acceptable. – Ajouter des conditions de dernière minute. – Différer ses réponses par des demandes de précisions nouvelles. – Augmenter sensiblement les enchères. – Faire prendre conscience à la partie adverse que sa situation s'est dégradée et qu'elle continuera à se dégrader.
89	Temporisation	Reporter la conclusion d'un accord à une date jugée plus favorable.
90	Surprise (tactique du Prince Electeur Maximilien)	Etablir un emploi du temps précis ; ne faire part à personne de son opinion ; placer son adversaire sous la contrainte du temps et de l'action en lui faisant croire qu'il y a une occasion à saisir ou un danger à conjurer.
91	Implication	Repose en grande partie sur la notion du temps. Si vous donnez à vos interlocuteurs l'impression d'avoir tout votre temps, eux, petit à petit, s'investissent de plus en plus dans la négociation et ne voudront plus quitter la table sans avoir obtenu quelque chose ; or, plus quelqu'un a envie d'aboutir, plus il investit. Les chances sont grandes pour que, finalement, vos partenaires se contentent de moins que prévu, simplement pour en terminer.
92	Délai	Les négociateurs peuvent, d'un commun accord, se fixer un délai pour aboutir. Le temps pourra devenir un ennemi commun qui poussera à l'accord ; quitte, comme on le voit quelquefois, à arrêter les pendules pour la négociation au « finish ».
93	Fait accompli	Coincer l'autre en le prenant de vitesse : – Introduire un élément totalement nouveau dans la négociation (changement de méthode de travail, nouvel argument). – Annoncer une initiative unilatérale. – Consulter la hiérarchie de l'autre sans avoir prévenu ce dernier.
94	C'est à prendre ou à laisser	Mettre l'alternative : *« Je paie tant... et rien de plus ».* *« Vous avez augmenté vos prix, je paye à l'ancien prix ».* *« Vous savez jusqu'où nous sommes prêts à aller. Inutile d'argumenter, je n'ai pas le temps d'écouter ; si vous êtes d'accord sur nos conditions, vous aurez la commande ; sinon ce sera quelqu'un d'autre qui l'aura ; décidez-vous ! ».*

N°	TACTIQUE	OBJECTIFS – DÉFINITIONS – EXEMPLES
95	Fait accompli	Il n'est pas commode de défaire ce qui a été fait. – si la commande est signée à 900 et que le client envoie un chèque de 860 ? Que faites-vous ? – si il y a accord sur un escompte et que le client paye à 30 jours en défalquant un escompte de 2 %. Que faites-vous ?
96	Refus de négocier	– Consiste à placer d'emblée l'adversaire dans une position où lui et lui seul sera en mesure de faire des concessions. – Le refus de négocier peut constituer un premier argument pour obtenir d'emblée une concession sur le fond.
97	Blocage	Attitude qui consiste à prendre des engagements tels que l'on est dans l'incapacité de céder un pouce de terrain. D'une manière paradoxale, on renforce sa capacité de marchandage en se privant de la maîtrise de la situation. Exemple : Le délégué syndical prononce un discours enflammé dans lequel il promet à sa base, au risque de démissionner, qu'il n'acceptera pas une augmentation inférieure à 15 %.
98	A prendre ou à laisser	Placer la partie adverse en face d'un choix tranché.
99	Le camion fou	– La perversité du fait accompli oblige l'adversaire à choisir lui-même une conduite qu'on lui impose par son propre comportement délibérément irréversible. Exemple : Pour la négociation des dates de congé, un cadre dit qu'il a déjà versé des arrhes pour une location en août. – Cette tactique ne peut que réussir, sauf si l'adversaire commet la folie de sacrifier son propre intérêt. – Ce qui constitue la force de cette tactique, c'est qu'elle s'appuie sur le fait qu'il est toujours difficile de détourner le cours d'une action après qu'elle ait été engagée et que cela suppose des efforts ou des dépenses exagérément élevés par rapport à l'intérêt qu'on aurait de changer ce cours.
100	Pression	C'est la tactique ultime lorsqu'il ne reste plus aucun recours pour espérer résoudre tel ou tel problème particulier. Exemple : *« Eh bien, puisque vous ne voulez pas que nous discutions des horaires variables, je vais organiser une consultation générale du personnel pour recueillir son avis ! ».*
101	Disque rayé	Opposer inlassablement, pratiquement dans la même forme, le même argument, la même prise de position.
102	Disque fêlé	Taper sur le même clou peut aussi ébranler l'acheteur qui sera fortement impressionné par votre conviction.
103	Disque rayé	– Répéter inlassablement le même argument, répandre une rumeur.

N°	TACTIQUE	OBJECTIFS – DÉFINITIONS – EXEMPLES
		– Faire accepter une vérité par lassitude de ceux qui y sont exposés. – Faire croire à une information grâce aux recoupements de « source sûre » opérés par ceux qui la reçoivent.
104	Usure	Tout bloquer, tout refuser, noyer une négociation dans la dissension et céder au dernier moment de son propre chef sur un point convenable sert à valoriser ce qui n'aurait pu apparaître que très faible. Cela donne l'impression aux partenaires d'avoir « gagné à l'usure ».

☐ Les tactiques coopératives

N°	TACTIQUE	OBJECTIFS – DÉFINITIONS – EXEMPLES
105	Décompression	Les acteurs auront quelques échanges plus informels, hors tension, voire hors emprise du statut, de l'enjeu, de l'objectif, de manière à réinscrire l'échange parfois intense dans le cadre plus large des relations courantes (vie conjugale de l'autre, relations de travail). Cette phrase laisse libre de parler de soi, de ce que l'on ressent. Elle est une occasion de redécouvrir une connivence parfois altérée par un affrontement sévère.
106	Machine arrière	Reconnaître ses erreurs pour désarmer son adversaire.
107	Dévoilement	Le négociateur essaie d'être le plus clair possible sur ses objectifs, ses intentions. Il dévoile ses informations, ses ressources, ... Il met son jeu sur la table dès le départ. C'est un pari sur la confiance ; si les circonstances s'y prêtent, c'est ordinairement un pari gagnant, car la confiance appelle la confiance.
108	Diviser pour règner	Cette tactique s'applique en deux temps : 1 – Rechercher le plus petit dénominateur commun entre les partenaires ; quand on fait paraître au grand jour ce qui rassemble des individus divers, ils ont tendance, en face d'un tiers, à réduire leurs divergences. 2 – Rechercher le plus grand diviseur commun : c'est souvent le cas dans des négociations sociales : la Direction recherche les convergences de tous les syndicats et ensuite lance la bataille en axant sur leurs plus grandes divergences entre elles.
109	Division	La division des partenaires pour mieux régner est bien connue ; elle affaiblit, complique le jeu, crée des tensions. Il s'agit de chercher le plus grand commun diviseur entre les partenaires.

N°	TACTIQUE	OBJECTIFS – DÉFINITIONS – EXEMPLES
110	Pied dans la porte	Consiste à obtenir l'acceptation d'une concession peu coûteuse. Celle-ci est suivie d'une requête qui incite à une nouvelle concession beaucoup plus coûteuse et qui n'aurait eue que peu de chances d'être acceptée immédiatement.
111	Diversion	Permet de faire croire à des accords possibles sur des points secondaires ou au contraire sert à exagérer des désaccords. Elles « embarquent » les partenaires dans des détours déductifs ou inductifs malsains.
112	Déplacement	– Déplacer la discussion vers un autre thème sur lequel on se sent plus à l'aise. – Peut être utilisé pour écarter un refus de l'autre et/ou pour écourter une situation périlleuse que l'on sent venir. – Il faut changer d'objet dans la discussion ; abandonner si possible ceux qui vous sont imposés.
113	Dominos	– Consiste à entretenir chez le partenaire, l'illusion que vous avez renoncé parce que vous faites porter les revendications sur un aspect particulier de la négociation. En fait, ce point détermine une succession d'évènements qui permettront de garder le contrôle de l'ensemble : un « domino » tombe, il entraîne tous les autres dans sa chute. – Il vaut mieux transiger sur un point pour ne pas avoir à les examiner tous : on choisit le moindre mal, la solution la plus économique ; les compagnies d'assurances préfèrent payer les ravisseurs d'objets volés pour qu'ils les restituent plutôt que de rembourser les légitimes propriétaires. Dans ce cas, une illégalité vaut mieux que l'exécution d'un contrat légal (c'est le point de vue des assureurs !).
114	Mise en garde	Le vendeur procède en supposant une situation antérieure agréable ou désagréable à laquelle son offre aurait pu apporter une solution efficace. Il peut aussi évoquer une situation future.
115	Avenir	Expliquer les conséquences liées à une éventuelle réaction négative.
116	Chantage	*« Si vous ne signez pas aujourd'hui, nous serons amenés à réviser nos prix ! ».*
117	Lacune	Mettre en évidence la perte, pour le client, à ne pas prendre sa décision.
118	Point de détail	Rechercher l'accord du décideur sur un point de détail. S'il est d'accord, on peut passer sur un autre point pour arriver jusqu'à la décision globale.
119	Victoire Intermédiaire	Il faut parvenir à un accord sur un point sans réelle importance en apparence, mais susceptible d'entraîner par la suite les conséquences recherchées.
120	Questions obliques	Elles court-circuitent la vraie question (Est-ce que vous êtes d'accord… ?) en préférant interroger sur des points de détail concernant l'offre.

N°	TACTIQUE	OBJECTIFS – DÉFINITIONS – EXEMPLES
121	Bagarre annexe	Ne lâcher qu'après une résistance valeureuse sur un point annexe ; la simple discussion entraîne l'adhésion au principal.
122	Solution provisoire	Jouer sur les notions provisoires car elles effraient moins que la solution définitive ; alors que l'expérience montre quotidiennement que le provisoire est presque toujours définitif.
123	Solution provisoire	*« Marchons comme cela provisoirement ! ».* Le provisoire est bien souvent définitif et ne présente rien d'effrayant.
124	Dépouillement	Retirer tout le superflu pour réduire les coûts.
125	Avalanche	Partir d'un prix élevé et descendre en rappel avec les composants (options).

☐ Les tactiques de réciprocité

N°	TACTIQUE	OBJECTIFS – DÉFINITIONS – EXEMPLES
126	Croque-mitaine	Abonder dans le sens de l'autre : *« La solution que vous me proposez me plaît beaucoup mais dépasse mon budget ; dommage que je ne puisse l'accepter ».*
127	Avocat de l'ange	Recevoir des idées que nous savons banales ou mauvaises (ou non pertinentes) en les faisant passer pour originales. *« Ce que j'aime dans votre idée c'est ... ».*
128	Edredon	Refuser la discussion en donnant acte à l'interlocuteur de ses déclarations par des réponses faites d'indifférence.
129	Et ... si	– Dans un premier temps, demander la condition de base, puis augmenter la demande et revenir sur la meilleure offre avec ses propres conditions. – Permet de connaître les points de rupture de l'autre. Exemple : *« Si j'achète 1 000 pièces, quel en est le prix ? Si j'achète 10 000 pièces quel en est le prix ? Et si je vous paye au comptant, me faites-vous les conditions de 10 000 pour 1 000 ? ».*
130	Marchandage	Demander systématiquement un petit avantage. Exemple : demander une réduction dans un magasin (famille nombreuse, C.E., association sportive, fonctionnaire, etc.).
131	Marchandage	– Consiste à prendre l'initiative de la discussion en poussant progressivement ses avantages jusqu'à la limite de rupture. – Dans le marchandage, ce sont les chiffres, et les chiffres seuls qui s'opposent. On ne débordera pas sur le terrain miné des opinions.

N°	TACTIQUE	OBJECTIFS – DÉFINITIONS – EXEMPLES
		– Seuls les sentiments des uns et des autres viennent colorer la discussion ; ils jouent alors le rôle d'exutoire salutaire des passions.
132	Marchandage	Demander plus pour admettre et obtenir moins. Tout le jeu de la négociation consiste alors à chercher jusqu'où peuvent aller les concessions réciproques.
133	Porte au nez	– Mode de concession qui consiste à exploiter les normes de réciprocité qui existent dans nos sociétés. Celles-ci correspondent au fait que chaque personne tend à rendre une faveur accordée et donc qu'une concession accordée entraîne une concession chez le partenaire. – La pratique de la « porte au nez » consiste à partir d'une position extrême produisant un refus de l'interlocuteur, pour ensuite effectuer une requête moindre qui accroît, en raison des normes de réciprocité, la probabilité d'acceptation.
134	Rien sans rien	– Se faire payer le prix de son «bon vouloir». – Ne rien concéder à son adversaire sans obtenir quelque chose en retour. *« Les concessions unilatérales pour faire preuve de notre bonne volonté sont une chose stupide et dangereuse ».* H. Kissinger

☐ Les tactiques d'argumentation

N°	TACTIQUE	OBJECTIFS – DÉFINITIONS – EXEMPLES
135	Désamorçage	Destiné à faire baisser la tension, à éviter que les passions ne prennent le dessus. – Rendre l'autre penaud ; le culpabiliser un peu. – Refuser de discuter sur le fond, faire appel à la raison, à la gentillesse, à la courtoisie. *« Croyez-vous que c'est en disant cela que vous ferez avancer notre discussion ? ».*
136	Jouer sa faiblesse	Le plus faible fait remarquer qu'il lui est impossible de revenir les mains vides, car ses mandants et/ou l'opinion publique le désavoueraient.
137	Accouchement sans douleur	Faire « accoucher » son partenaire de la solution que nous souhaitons, lui faisant découvrir par lui-même les avantages.
138	Argumentation utopique	Le négociateur met en valeur les conséquences positives de l'utopie commune du projet commun, en se projetant dans un futur lointain *« dans lequel vos petits-enfants pourront se promener heureux et tranquilles ».*
139	Globalisation tactique	Consiste à affirmer que la discussion ne sera possible que si toutes les revendications reçoivent une solution car « tous les

N°	TACTIQUE	OBJECTIFS – DÉFINITIONS – EXEMPLES
		points se tiennent », alors même qu'ils pourraient être l'occasion de compromis indépendants. C'est donc un moyen d'obliger l'adversaire à tout discuter, quand on anticipe sa tentation de faire l'impasse sur un aspect délicat pour lui.
140	Judo	Consiste à pousser l'interlocuteur jusqu'aux conséquences les plus extrêmes de sa position, à l'enfermer dans sa propre logique. – Repousser les revendications dont les partisans n'ont pas bien mesuré toutes les incidences. – Enfermer un vendeur dans les contradictions de ses propres faiblesses. Exemple : Vendeur : *« Si vous m'achetez cette voiture, je reprend la vôtre 5 000 Frs.* Acheteur : *Vous tirerez beaucoup plus de 5 000 Frs de ma voiture !* Vendeur : *Ça ma coûte 2 000 Frs pour la faire prendre à la casse !* *Acheteur : OK, je garde ma voiture, et vous me faites une remise de 5 000 Frs + 2 000 Frs ! ».*
141	Prévisions prospectives	Rien de tel que de montrer par des prévisions sérieuses ce que seront les problèmes futurs communs aux parties, pour les convaincre de resserrer les rangs, de développer le projet commun.
142	Promesses inconditionnelles	Le négociateur s'engage à réaliser quelque chose de positif pour le partenaire, sans y mettre la moindre condition.
143	Intentions sujettes à caution	– Quand on n'est pas sûr que l'adversaire respectera ses engagements, on peut mettre au point des amendements. – Rajouter des amendements, des conditions de garantie (cautions, retenue de garantie, clauses de propriété, reconnaissance de tribunaux, etc.)

☐ Les tactiques terminales

N°	TACTIQUE	OBJECTIFS – DÉFINITIONS – EXEMPLES
144	Topons là	Accord de maquigon ; on se « tape » dans la main ; les partenaires déclarent oralement qu'ils sont d'accord.
145	Conclusion directe	Termine tout à fait logiquement un entretien bien conduit.
146	Accord	*« Oui ou non ? ».* Pas bien malin, mais immense progrès par rapport au sempiternel « Refléchissez ! ».
147	Poire en deux	Couper la poire en deux, c'est prendre la moyenne arithmétique entre les deux dernières positions affichées. *« Vous êtes à 2 000, moi à 1 600, coupons la poire en deux à 1 800 ! ».*

N°	TACTIQUE	OBJECTIFS – DÉFINITIONS – EXEMPLES
148	Grignotage	Demander systématiquement un « petit plus » pour donner son accord.
149	Acceptation conditionnelle	Demander systématiquement une « cerise ». La cerise est ce que l'on met sur le gâteau pour faire beau.
150	Avantage supplémentaire	Donner un avantage supplémentaire pour enlever les dernières hésitations en laissant percevoir que cet avantage est exceptionnel ou est un geste amical du vendeur. Il arrive fréquemment que le client, de peur de voir cet avantage retiré, accélère lui-même la décision.
151	Engagement irrévocable	*« Ceci est mon ultime proposition, sachez que je ne pourrai pas aller plus loin ».* Dire, ou laisser croire, que l'on est sur ses points de rupture.
152	Alternative	Poser une question alternative qui demande un choix, une prise de décision entre deux solutions, toutes deux favorables à celui qui les propose.
153	Aiguillage	Faie comme si on avait obtenu l'accord de l'interlocuteur et lui proposer une alternative.
154	Alternative	Proposer une solution alternative laissant à son interlocuteur la possibilité d'effectuer un choix entre deux ou plusieurs positions positives.
155	Alternative	Consiste à laisser le choix an client entre deux solutions conduisant toutes deux à l'achat.
156	Alternative	Consiste à stimuler « illusoirement » le libre arbitre dans un choix restreint de solutions.
157	Alternative	*« Oui comme si, oui comme ça ».* Elimine partiellement le non.
158	Rupture réelle ou simulée	Pratiquer la politique de la chaise vide ; quitter la séance sur le champ.
159	Accord cadre	Les négociateurs définissent seulement les grandes lignes de l'accord, sur un point difficile, et évitent ainsi de se bloquer sur des détails délicats, remettant l'étude des applications à plus tard (ou à une commission).
160	Action immédiate	Engager une action précise, immédiate. Cela engage l'interlocuteur à l'action et le met en position d'utilisateur ; elle permet de balayer les dernières hésitations et aide les prospects inquiets de prendre une décision qui fait peur ou qu'ils ont tendance à reporter à plus tard.
161	Crochet	Avoir un argument efficace en réserve et le sortir au dernier moment.

N°	TACTIQUE	OBJECTIFS – DÉFINITIONS – EXEMPLES
162	Avantage de dernière minute	Lâcher un dernier argument que l'on veut décisif et qui va entraîner l'accord définitivement.
163	Effet Colombo	Consiste à sortir au dernier moment un nouvel avantage, une raison supplémentaire d'acheter.
164	Avantage supplémentaire	Après lui avoir laissé prendre conscience de son hésitation, rajouter un argument de poids gardé en réserve.
165	Bilan final	Faire l'inventaire des objections faites par le client et des réponses satisfaisantes apportées. Si une objection n'a pu être résolue, il faut également l'énoncer en l'opposant à tous les avantages que le produit apporte. On lui demande alors ce qui lui semble le plus important.
166	La pesée	Le vendeur amène son client à comparer les avantages du produit et ses limites et à en déduire que les premiers l'emportent de manière significative.
167	Bilan	On résume les objections faites par le client et les réponses qu'on leur a données, puis on récapitule les avantages du produits.
168	Bobine et ficelle	Consiste à « ficeler » le client, pas à pas, en obtenant des « oui » à une succession de questions de contrôle.
169	Synthèse finale	Consiste à obtenir l'accord du client tout au long de la vente si bien que la récapitulation apparaît comme la conclusion logique du raisonnement.
170	Synthèse	Résumer pour le client, point par point, tout ce sur quoi nous sommes parvenus à un accord.
171	Client vendeur	Consiste à demander au client quelles raisons et quels avantages le décideraient à adopter le produit ou la solution proposée. Le client, en auto-argumentant, renforce sa propre conviction.
172	L'excuse	Permet de mettre au jour les erreurs des vendeurs et/ou l'objectif final du client.
173	Vente manquée	Dans le cas d'une situation bloquée, le vendeur fait appel aux conseils du client (Pourquoi ai-je échoué ?). Cette dernière carte peut faire apparaître une objection non formulée jusqu'à présent, et la situation peut se débloquer.
174	Vendeur	Transformer le client en vendeur, en le faisant argumenter à ma place sur l'intérêt qu'il porte à cette action et sur les solutions.
175	Inversion	Consiste à transformer le client en vendeur : *« Quels sont les avantages auxquels vos utilisateurs seront le plus sensibles ? ».*
176	Opinion	Faire énoncer l'opinion du client par rapport à l'avantage offert par le produit.

N°	TACTIQUE	OBJECTIFS – DÉFINITIONS – EXEMPLES
177	Comparaison	Tenter d'influencer en trouvant une comparaison ou une analogie ; décrire une situation exemplaire à celle du client à travers laquelle on découvre l'intérêt de la décision d'achat.
178	Coup de pouce	Rendre la décision urgente ; permet d'accélérer la décision et d'enlever l'affaire sur le champ ; elle consiste à montrer au client qu'il perdra un avantage en reportant à plus tard sa décision.
179	Invitation indirecte	Faire comprendre au client que s'il ne prend pas sa décision sur le champ, il va se priver d'un avantage particulièrement important.
180	Avantage perdu	Le vendeur signale au client qu'il risque de perdre un avantage s'il ne se décide pas immédiatement.
181	Avenir	Décrire, point par point, le plan d'action qui va suivre et obtenir plus que l'accord du client, c'est à dire en engagement sur un programme avec des dates.
182	Décision suggérée	*« Pourquoi ne pas décider aujourd'hui des dates de démarrage de notre programme ? ».*
183	A saisir	*« Dites oui tout de suite, ou vous perdrez un avantage important ».*
184	Demande excessive	L'interlocuteur pressent que le vendeur va demander beaucoup ; puis, brusquement, ses prétentions se rabaissent à un niveau proportionnellement ridicule. L'interlocuteur accepte avec soulagement.
185	Dernière chance	Lorsque toutes les autres techniques ont échoué, on peut dans certains cas essayer de tenter le tout pour le tout.
186	Forcing	Présenter le bon de commande et dire : *« Appuyez fort, il y a un carbone ! ».*
187	Dernière confidence	Echanger la décision d'achat contre la suppression d'un point perçu négativement.
188	Purge	Dégonfler les objections en les laissant s'exprimer de manière à faire diversion par un : *« A part cela, rien d'autre ? ».*
189	Conclusion conditionnelle	*« Si telle difficulté est supprimée, serez-vous d'accord ? ».*
190	Dernière objection	Consiste, après avoir répondu à une objection et alors que le client réfléchit encore à la réponse, de demander au client : *« Je crois avoir répondu à toutes vos remarques ; avez-vous peut-être encore une dernière question ? »* ou bien : *« est-ce le dernier point qui vous fait encore hésiter ? ».*

N°	TACTIQUE	OBJECTIFS – DÉFINITIONS – EXEMPLES
191	Dernière objection	Pour préparer ou hâter la conclusion, il peut être utile de dire : *« Je crois avoir répondu à vos remarques ; peut-être avez vous une dernière question ? ».*
192	Détournement	Ne pas chercher à obtenir un « oui » immédiat de la part du client, mais détourner son esprit du produit et centrer la décision sur un élément annexe.
193	Accessoire	– Prendre une décision ferme que l'on fait accepter, même tacitement, sur l'accessoire de la proposition. – C'est conclure sur des points accessoires ou encore grâce à des alternatives.
194	Détail	Obtenir l'accord sur différents points de détail avant de proposer un accord définitif sur la vente elle-même.
195	Conclusion	Conditionnelle Le vendeur concentre la négociation sur une seule dimension du produit et n'est pas tenu de procéder à une étude approfondie des avantages de l'offre en général.
196	Concentration	Concentrer l'offre sur un avantage unique.
197	Minimisation	– Comparaison avec d'autres produits – Allongement des conditions de paiement – Présenter la marge en pourcentage.
198	Comparaison à la concurrence	Montrer les avantages que le produit donne en plus.
199	Soustraction	Soustraire les avantages perdus du fait d'un autre choix.

☐ Les tactiques de temps

N°	TACTIQUE	OBJECTIFS – DÉFINITIONS – EXEMPLES
200	Temps	Jouer systématiquement sur le temps pour forcer l'accord. – Donner un délai. – Donner un ultimatum. Exemples : *« Je n'aurai plus la disposition des fonds destinés à ce marché après le 30 juin ! ».* *« Mon patron doit donner son accord et il part demain pour l'Europe. Il ne rentrera que le mois prochain ».* *« L'année fiscale se termine pour nous le 30 mars ».* *« Ce sont des dates qui me sont imposées ; si vous ne pouvez les respecter, je serai contraint de m'adresser ailleurs ».*
201	Usure	– Faire durer la négociation le plus longtemps possible sans la rompre par des manœuvres dilatoires les plus variées.

N°	TACTIQUE	OBJECTIFS – DÉFINITIONS – EXEMPLES
		– Entretenir le flou dans les propositions. – Faire des propositions à la limite de l'acceptable. – Ajouter des conditions de dernière minute. – Augmenter sensiblement les enchères. – Faire prendre conscience à la partie adverse que sa situation s'est dégradée et qu'elle continuera à se dégrader.
202	Temporisation	Reporter la conclusion d'un accord à un date jugée plus favorable.
203	Surprise (tactique du Prince Electeur Maximilien)	Etablir un emploi du temps précis ; ne faire part à personne de son opinion ; placer son adversaire sous la contrainte du temps et de l'action en lui faisant croire qu'il y a une occasion à saisir ou un danger à conjurer.
204	Implication	Repose en grande partie sur la notion du temps. Si vous donnez à vos interlocuteurs l'impression d'avoir tout votre temps, eux, petit à petit, s'investissent de plus en plus dans la négociation et ne voudront plus quitter la table sans avoir obtenu quelque chose ; or, plus quelqu'un a envie d'aboutir, plus il investit. Les chances sont grandes pour que, finalement, vos partenaires se contentent de moins que prévu, simplement, pour en terminer.
205	Délai	Les négociateurs peuvent, d'un commun accord, se fixer un délai pour aboutir. Le temps pourra devenir un ennemi commun qui poussera à l'accord ; quitte, comme on le voit quelquefois, à arrêter les pendules pour la négociation au « finish ».
206	Tortue	– Multiplier et reporter les séances de négociation. – Prendre beaucoup de temps pour arrêter une décision. – Après avoir longtemps temporisé, fixer une échéance ultime très rapprochée (occasion à saisir, décision à prendre rapidement). – Laisser pourrir une situation.
207	Scorie	Ne pas réagir à une proposition ; laisser le temps pour que l'autre ait peur et fasse des concessions.
208	Coup de pouce	Rendre la décision urgente ; permet d'accélérer la décision et d'enlever l'affaire sur le champ ; elle consiste à montrer au client qu'il perdra un avantage en reportant à plus tard sa décision.
209	Invitation directe	Faire comprendre au client que s'il ne prend pas sa décision sur le champ, il va se priver d'un avantage particulièrement important.
210	Avantage perdu	Le vendeur signale au client qu'il risque de perdre un avantage s'il ne se décide pas immédiatement.
211	Avenir	Décrire, point par point, le plan d'action qui va suivre et obtenir l'accord du client, c'est à dire en engagement sur un programme avec des dates.

N°	TACTIQUE	OBJECTIFS – DÉFINITIONS – EXEMPLES
212	Décision suggérée	*« Pourquoi ne pas décider aujourd'hui des dates de démarrage de notre programme ? ».*
213	A saisir	*« Dites oui tout de suite, ou vous perdez un avantage important ».*
214	Action immédiate	Engager une action précise, immédiate. Cela engage l'interlocuteur à l'action et le met en position d'utilisateur ; elle permet de balayer les dernières hésitations et aide les prospects inquiets de prendre une décision qui fait peur ou qu'ils ont tendance à reporter à plus tard.
215	Crochet	Avoir un argument efficace en réserve et le sortir au dernier moment.
216	Avantage de dernière minute	Lâcher un dernier argument que l'on veut décisif et qui va entraîner l'accord définitivement.
217	Effet Colombo	Consiste à sortir au dernier moment un nouvel avantage, une raison supplémentaire d'acheter.
218	Avantage supplémentaire	Après lui avoir laissé prendre conscience de son hésitation, rajouter un argument de poids gardé en réserve.
219	Dernière chance	Lorsque toutes les autres techniques ont échoué, on peut dans certains cas essayer de tenter le tout pour le tout.
220	Forcing	Présenter le bon de commande et dire : *« Appuyez fort, il y a un carbone ! ».*
221	Dernière objection	Consiste, après avoir répondu à une objection et alors que le client réfléchit encore à la réponse, de demander au client : *« Je crois avoir répondu à toutes vos remarques ; avez-vous peut-être encore une dernière question ? »* ou bien : *« Est-ce le dernier point qui vous fait encore hésiter ? ».*
222	Dernière objection	Pour préparer ou hâter la conlusion, il peut être utile de dire : *« Je crois avoir répondu à vos remarques ; peut-être avez vous une dernière question ? ».*
223	Peau de l'ours	Consiste à procéder comme si le client avait déjà pris sa décision d'acquérir le produit proposé.
224	Anticipation	Anticiper sur la décision du client et faire comme s'il vous avait donné son acceptation verbale.
225	Anticipation	S'exprimer en faisant l'hypothèse que l'accord du client est déjà obtenu.
226	Conclusion implicite	On agit pendant toute la vente comme si le client avait déjà pris la décision finale d'acquérir le produit.
227	Invitation ouverte	*« Je vais livrer cinq ensembles complets ; quand pouvez-vous les réceptionner ? ».*

N°	TACTIQUE	OBJECTIFS – DÉFINITIONS – EXEMPLES
228	Faire comme si	On enchaîne comme s'il avait dit oui, la même indécision l'empêchera de dire non.
229	Limitation	*« Ceci est mon dernier mot ! »* – Un ordre du jour restreint représente une forme de limitation ; c'est à dire que l'on ne discutera que d'un seul sujet, ou bien, on emploiera qu'une forme de négociation. – On retrouve cette tactique dans les restrictions imposées sur les échanges et les renseignements : obligation de se faire représenter par un tiers ou limitation dans la publication des résultats de la négociation.

☐ Les tactiques de prix

N°	TACTIQUE	OBJECTIFS – DÉFINITIONS – EXEMPLES
230	Addition	Additionner l'ensemble des avantages.
231	Addition	Reformuler les deux ou trois avantages les plus importants.
232	Gain	Parler de gain avant la dépense.
233	Adéquation	Adéquation aux besoins : démontrer que le produit est parfaitement adapté, donc que le prix n'a pas d'importance.
234	Démonstration	Démontrer les avantages du produit.
235	Vente	Vendre la supériorité du prix pour induire des qualités supérieures.
236	Alternative	Proposer deux produits comparables avec deux prix différents.
237	Amortissement	Etaler le prix sur la durée de vie du produit.
238	Etalement	Etaler le prix en fonction de la durée d'utilisation.
239	Balance	Comparer les coûts réduits et les avantages du produit.
240	Comparaison	Comparer les gains avec la dépense.
241	Comparaison	– Comparer les gains possibles à la dépense à réaliser. – Comparer le prix à un autre produit pour obtenir un effet de contraste.
242	Boule de neige	Annoncer le prix et exposer les avantages du moins important au plus important.
243	Chiffon rouge	Détourner l'attention par un point technique précis.
244	Division	Ramener à la plus petite unité possible, en durée et/ou en utilisation.

N°	TACTIQUE	OBJECTIFS – DÉFINITIONS – EXEMPLES
245	Décomposition	Découper un prix global en tranches aussi fines que possible.
246	Division	Diviser le prix pour le rapporter à la plus petite unité possible.
247	Fractionnement	Fractionner le prix en unités plus petites.
248	Minimisation	– Comparaison avec d'autres produits. – Allongement des conditions de paiement. – Présenter la marge en pourcentage.
249	Comparaison à la concurrence	Montrer les avantages que le produit donne en plus.
250	Comparaison	Comparer à un concurrent plus cher.
251	Miroir	*« Trop cher par rapport à quoi ? »*.
252	Minimisation	Mettre en évidence le peu de différence par rapport à la concurrence.
253	Valorisation	Souligner et valoriser les différences par rapport à la concurrence.
254	Sandwich	Faire précéder le prix d'un avantage tactique et le faire suivre d'un avantage concurrentiel.
255	Entre-deux	Intercaler le prix entre une caractéristique et un avantage.
256	Soustraction	Soustraire les avantages perdus du fait d'un autre choix.
257	Comparaison à un coût familier	Comparer à des dépenses familières : cigarettes, cinéma, communications téléphoniques, etc.
258	Rapprochement	Comparer à des sommes minimes que chacun dépense chaque jour.
259	Confidence	Démontrer la qualité de l'élaboration du prix.
260	Force de détail	Distinguer dans le produit ou le service la caractéristique qui en justifie le prix.
261	Compensation	Insister sur les facteurs qui expliquent le prix.
262	Chiffrer	Chiffrer les avantages de son produit en comparaison de son prix.
263	Dépouillement	Retirer tout le superflu pour réduire les coûts.
264	Avalanche	Partir d'un prix élevé et descendre en rappel avec les composantes (options).
265	Multiplication	Multiplier le nombre d'utilisations et/ou les sources de profit du produit.

N°	TACTIQUE	OBJECTIFS - DÉFINITIONS - EXEMPLES
266	Multiplication	Multiplier les sources de satisfaction par le nombre d'utilisation.
267	Progression	Démarrer au prix de base et accélérer avec les options.
268	Sortir du cadre	Vendre la fonction et non pas le produit. Exemple : machine à faire de la publicité et non à fabriquer des emballages.

CONCLUSION

La question de fond que l'on pourrait se poser est la suivante :

Le négociateur choisit-il d'utiliser tel ou tel type de tactique en fonction de sa formation, de sa connaissance des « outils » de la négociation ou de sa personnalité, voire de sa structure mentale ?

Les deux témoignages suivants permettent de poser le problème qui assurément donnerait de nouvelles pistes de recherche sur l'utilisation des tactiques en négociation.

A la suite des négociations sur le statut de la ville d'Hébron, un journaliste israélien, Z. Schiff [65], écrit :

> *« L'un des enseignements que l'on peut retenir du dossier Hébron et des événements dans les Territoires avant la signature d'un accord est que Yasser Arafat est le meilleur tacticien parmi tous les dirigeants du Moyen-Orient. Certes, il n'a pas amélioré sa crédibilité aux yeux des Israéliens, mais il nous a donné une leçon sur la façon de tirer parti des circonstances, d'adopter une position nouvelle et de nous affaiblir. »*

A.G Slama [66], commentant le dernier ouvrage d'Alain Duhamel sur la vie de François Mitterand, écrit :

> *« Ce monarque républicain, si expert dans l'art de durer et si habile à exiger des autres ce qu'il ne s'imposait pas à lui-même, fut un tacticien plutôt qu'un stratège, à l'intérieur comme à l'extérieur. »*

La grand époque des recherches en négociation sur la personnalité des négociateurs est derrière nous ; nous avons pu le constater en citant les travaux de la section IV ; des recherches très intéressantes pourraient être menées sur le thème : « Personnalité du négociateur et propension à utiliser ou pas des tactiques et si oui quel type de tactique ».

65. Article de Zéev SCHIFF in *Ha'Aretz de Tel Aviv* repris par Courrier International du 9 janvier 1997.
66. Article de Alain-Gérard SLAMA in le *Figaro* du 6 janvier 1997.

ANNEXE

□ Bibliographie

Nous avons repris, dans cette bibliographie sélective, les ouvrages traitant particulièrement des tactiques :

« *La Vente* » de Bernard Balmelle, Chotard associés, 1988

« *La Négociation* » de Lionel Bellanger, Que Sais-je, 1984

« *Qu'est-ce qui fait vendre* » de Lionel Bellanger, PUF, 1984

« *Les Techniques d'argumentation et de négociation* » de Lionel Bellanger, Entreprise Moderne d'Edition, 1980

« *Stratégies et tactiques de négociation* » de Lionel Bellanger, ESF, 1990

« *Savoir négocier* » de Yannick Bourdoiseau, Retz, 1976

« *Les techniques de vente* » de Gérard Chandezon et Antoine Lancestre, Que sais-je ?, 1985

« *Les techniques de vente* » de Marc Corcos, Dunod, 1988

« *Négocier le prix de vente* » de Sophie Courau et Pascal Martin, Editions d'Organisation, 1993

« *Mener et réussir une négociation* » de Pol Derrien, Editions d'Organisation, 1977

« *Le langage des achats* » de Jean-Paul Durand, Méthodes et Stratégies, 1995

« *Précis de gestion sociale* » de Yves Enrègles, Dunod, 1993

« *Manuel de l'ingénieur d'affaires* » de Henri Fraisse, Dunod, 1983

« *La négociation, frein et moteur du management* » de Pierre Goguelin, ESF, 1993

« *L'art de vendre* » de H.M. Goldman, Delachaux et Niestlé, 1981

« *La négociation commerciale* » de Alain Jolibert et Maud Tixier, ESF, 1988

« *Marché conclu* » de Garry Karrass, Rivages/les Echos, 1986

« *La négociation, approche psychologique* » de Roger Launay, ESF, 1989

« *Comment mener adroitement discussions et négociations* » de Louis Laurent, Dunod, 1987

« *Négocier, les clés pour réussir* » de Jean-François Maubert, Dunod, 1990

« *La négociation* » de Bernard Missenard, Editions d'Organisation, 1988

« *La Vente* » de Yves Negro, Vuibert, 1990

« *L'art de persuader et de bien négocier* » de Gérard Nierenberg, Tchou, 1979

« *L'Alchimie de la vente* » de Pierre Rataud, Editions d'Organisation, 1987

« *Je négocie avec mes partenaires sociaux* » de Claude Vermot-Gaud, Editions d'Organisation, 1988

« *La Vente* » de Dominique Xardel, Que sais-je, 1984

CHAPITRE 9

LA COMMUNICATION

« Ceux qui comprennent ne comprennent pas qu'on ne comprenne pas. »

Paul Valéry

1. INTRODUCTION

Pour certains, la communication est l'élément fondamental du management ; pour d'autres, elle est peu ou pas nécessaire. Nous ne rentrerons pas dans cette polémique mais il est indéniable que le « support », autrement dit le vecteur de la négociation, est en priorité la communication. Encore faut-il avoir quelque chose à communiquer avec ses partenaires...
Avant d'aborder la communication en situation de négociation, nous allons faire une mini-revue de presse qui pose, à notre avis, les problématiques de base de la communication.

Graham Barrett [1], journaliste australien, a dressé un portrait de F. Mitterand qu'il décrit ainsi :

> *« Au moment de la guerre du Golfe, il a expliqué une heure durant la situation de la France, alors ambivalente. Par la suite, lorsque les correspondants anglophones se sont plaints de n'avoir strictement rien appris, les journalistes français se sont écriés, levant les bras au ciel : « Vous ne comprenez rien ! il n'a peut-être rien dit, mais il l'a fait avec brio ». François Mitterand a dit un jour, au cours de sa longue traversée du désert à l'écart du pouvoir : « Ma stratégie et de n'avoir que des tactiques ». Ses détracteurs l'accusent d'opportunisme, d'être prêt à tout ou presque pour accéder ou se maintenir au pouvoir et attirer l'attention sur lui. »*

Restons avec les hommes politiques ; lors de son mandat de premier ministre, Alain Juppé était fortement critiqué sur son manque de communication, et pourtant :

> *« Un peu plus loin, sur la pelouse, Alain Juppé était justement en train de dévoiler les préceptes de ses experts en communication à ses interlocuteurs subjugués : « On m'a dit : un message par discours, pas plus. » Apparemment, la leçon est récente. »* [2]

---

1. G. BARRETT, « *The Age* », repris dans « Courrier International » du 17 janvier 1996.
2. « *Le Figaro* » du 26 juin 1996.

Quant à Giscard d'Estaing, il affirme :

> *« Si on convainc sans gagner, au moins vos idées continuent à cheminer.(...). Si on gagne sans convaincre, à la suite du hasard, des circonstances ou des combinaisons, cela débouche sur l'impuissance et très vite sur la frustation. »* [3]

Les campagnes électorales sont en général riches en messages, « petits-mots » et autres, à tel point que Catherine Nay en a tiré un ouvrage [4]. Joseph Mace-Scaron [5] en a fait l'analyse :

> *« Dans cet ouvrage, la prime est donnée aux dialogues. Ce sont des mots, dira-t'on. Oui, bien sûr, ce sont des mots. Mais il y a des moments, dans l'histoire des hommes, où les mots, justement, ont le poids, la gravité des choses ».*

Dans un autre domaine, celui de la négociation internationale, les experts sont unanimes sur certains points :

> *« De façon générale, en Asie, on écoute beaucoup alors qu'en Occident, on parle... »* [6]

Ou bien :

> *« Comprendre la société de Hong Kong n'est pas chose facile. Et, lorsqu'on s'adresse à un ami qui en fait partie, les réponses que l'on obtient ne correspondent jamais aux questions posées. Les personnes du cru et les étrangers ne partageant pas les mêmes intérêts ni les mêmes points de vue, il est vrai que ce type de phénomène peut advenir n'importe où. Néanmoins, à Hong Kong, l'insistance avec laquelle les réponses « à côté de la question » surviennent est singulière. Il y a souvent contradiction entre ce que les gens font et disent. »* [7]

Les experts et les auteurs d'ouvrages sur le management ne sont pas épargnés. Barry James, journaliste à l'International Herald Tribune [8] au bureau parisien, écrit :

> *« Ces consultants qui bâclent leur copie »*
> *« Néologismes abscons, phrases interminables, idées creuses : la plupart des ouvrages de management relèvent souvent de la mauvaise cuisine. A quand l'enseignement de l'écriture dans les écoles de commerce ? »*

Il donne ensuite quelques exemples, pris au hasard dans certains ouvrages qui font actuellement référence :

> *« Les compétences clés sont plus qu'une nouvelle façon de définir l'intégration verticale » ; « Pour les entreprises situées au cœur de l'industrie,*

3. Article de J.L. LEMARCHAND dans « *La Tribune Desfossés* » du 4 juillet 1994.
4. C. NAY « *Le Dauphin et le Régent* », Editions Grasset Fasquelle, (1994).
5. « *Le Figaro* » du 11 octobre 1994.
6. Interview d'Alain TANUGI dans « *Le Point* » du 10 février 1996.
7. Article de Jiushi NIANDAI repris par « *Courrier International* » du 15 février 1996.
8. Repris par « *Courrier International* » du 11 mai 1995.

les différences entre les théories sur la création de valeur et les caractéristiques d'éducation se traduisent par différents critères » ; « Les décideurs doivent faire dépasser le prosumérisme (sic) et la courbe processus-coût à leurs entreprises » ; « Il nous semble qu'en fin de compte chaque holon (sic) du réseau holonique devra extérioriser tous les processus de soutien et de gestion. »

Nous souhaiterions terminer cette mini-revue par un trait d'humour concernant « Le repas d'affaires, psychodrame socio-alimentaire ». Dans cet éditorial, Philippe Bouvard [9] décrit, à sa manière, les trois actes du repas d'affaires ; nous ne reprendrons que le deuxième :

Deuxième acte : la conversation
« Elle se doit de ne pas aborder d'entrée de jeu le véritable objet de la réunion. Chaque convive est prié d'évoquer ses vacances, sa famille, ses animaux de compagnie afin qu'au terme du repas le PdG puisse « se féliciter d'une rencontre qui a permis de mieux se connaître ». Il est cependant conseillé de traiter le vif du sujet bien avant le café afin d'éviter le désolant « il faut qu'on se revoit un jour pour parler sérieusement ». Il est cependant admis que les directeurs financiers respectifs prendront ultérieurement langue afin de mettre en musique la partition fredonnée au sommet entre la poire et le fromage. »

La dernière citation reviendra à un de nos brillants anciens ministres des finances, à savoir Jean Arthuis [10] :

« L'Etat ne peut pas s'affranchir d'un instrument d'éclairage des choix publics, de mise en cohérence de l'action gouvernementale dans une perspective de moyen terme. »

Comprenne qui pourra...

La négociation est par nature un lieu de communication interpersonnelle entre deux individus et/ou un ou plusieurs groupes. Les trois modes de communication utilisés sont en général la communication orale, écrite, non verbale et comportementale avec une prédilection évidente pour l'oral.
La négociation étant une activité typiquement humaine, la communication sera l'outil privilégié mais les techniques de communication utilisées n'ont rien de vraiment spécifique par rapport à d'autres activités comme la prise de parole en public, le débat contradictoire, ou l'entretien d'évaluation.
Nous n'aborderons pas dans ce chapitre la « théorie » ou les modèles de la communication, nous nous focaliserons sur les outils utilisés en général par les négociateurs.

9. Article dans « *Le Figaro Magazine* » du 14 octobre 1995.
10. « *La Tribune Desfossés* » du 24 mai 1996.

La problématique de la communication dans une négociation peut être résumée dans le schéma suivant [11] :

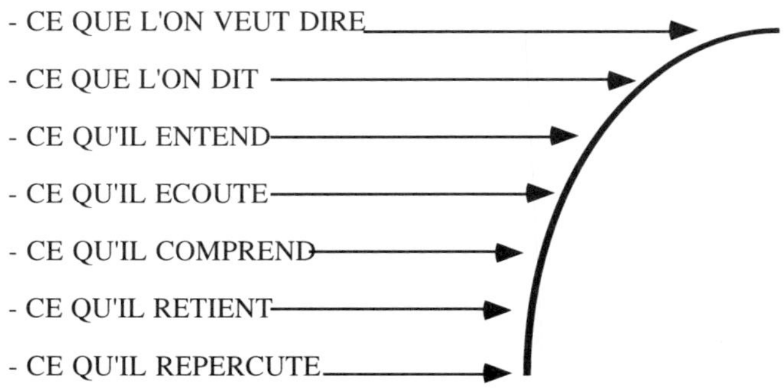

Schéma 1 : La communication selon Gilbert Millet.

Ce schéma est parfaitement illustré par J. P. Anciaux [12] :

> *« le seul contrôle qui puisse nous permettre d'atteindre une probabilité suffisante d'obtenir une communication complète et efficace, sitôt que celle-ci atteint un certain degré de complexité, est la réaction de l'interlocuteur à travers laquelle nous pouvons simultanément tester : la qualité de la réception, la conservation du message, le degré de compréhension et les intentions du destinataire. »*

La communication peut-être néanmoins beaucoup plus complexe et si l'on essaye de « globaliser » les problèmes posés, on arrive à des schémas très compliqués du type « usine à gaz », qui sont difficilement exploitables pour adapter en pratique les outils de la négociation.
En revanche, une illustration pratique et claire est donnée par le schéma établi par Gérard Dahl [13], qui explicite les problèmes d'information entre acheteurs et vendeurs.

---

11. Dans *« Comment Mener un Entretien Individuel »* de Gilbert MILLET et H. DORRA. Editions Dunod Entreprises (1981).
12. J. P. ANCIAUX : *« Les règles d'or de la Communication »*. Editions d'Organisation (1992).
13. Gérard DAHL est Directeur des Achats de la Société DIEPAL (Groupe Danone).

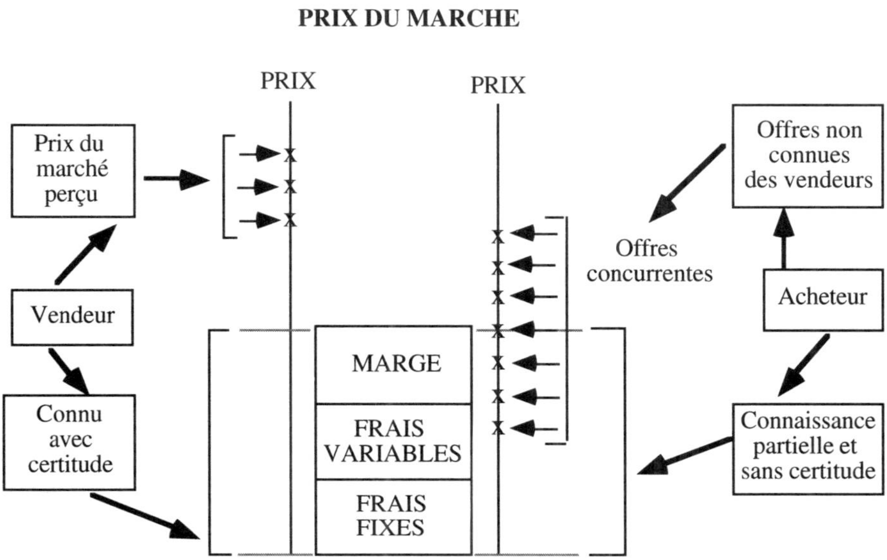

SCHÉMA 2 : LA PERCEPTION VENDEUR/ACHETEUR DE GÉRARD DAHL.

- L'acheteur a la connaissance complète des offres de la concurrence et une connaissance partielle et sans certitude de la composition du prix du vendeur.
- Le vendeur a une connaissance parfaite de la composition de son prix et une connaissance partielle et sans certitude des offres de la concurrence.

L'information est déséquilibrée ; c'est par la communication, entre autres, que les partenaires vont pouvoir échanger et ajuster leurs informations [14].
Le chapitre Préparation a mis en évidence le rôle fondamental de l'information ; la conviction est évidemment un outil aussi important pour faire passer ses idées, ses valeurs et ses croyances.
Nous développerons ici les techniques de communication spécifiquement utilisées dans la négociation, à savoir :

- les techniques de communication verbale :

- les questions ;
- l'argumentaire ;
- le traitement des objections ;

- les techniques de communication écrite :

- les messages ;
- les offres ;

14. Nous n'aborderons pas dans ce chapitre la communication par téléphone qui s'assimile plus à du marketing direct et/ou de la vente qu'à la négociation. Les auteurs suivants ont abordé, avec plus ou moins de détail, ces techniques :
Yves NEGRO : « *La Vente* ». Editions Vuibert (1990).
B. CAIAZZO : « *Les Clés du Succès en Telemarketing* ». Editions Dunod (1989).
P. RATAUD : « *L'Alchimie de la Vente* ». Editions d'Organisation (1987).

- une technique de communication non verbale :
– l'écoute ;
- les techniques de communication comportementale :
– l'analyse transactionnelle (AT) ;
– la programmation neurolinguistique (PNL).

2. LA COMMUNICATION VERBALE

☐ La rhétorique [15]

Aristote, formulateur de la rhétorique, disait :

> *« Tous les hommes se mêlent de questionner sur une thèse et de la soutenir, de se défendre et d'accuser. Seulement, la plupart des hommes le font sans aucune méthode. »*

La rhétorique est une histoire vieille de 25 siècles qui a été inventée pour dépasser la contrainte et la soumission. Ce n'est ni une théorie, ni une recette, mais un art ; un art de construire un raisonnement pour élaborer sa pensée et un art de persuader par le travail de la preuve.

Y.Rajaud définit comme suit les « sept idées-force » de la rhétorique :
– le recepteur fait le message ;
– on ne peut pas ne pas communiquer ;
– tout message est contenu et intention ;
– une communication ne peut s'analyser en dehors, ni de la relation, ni de son contexte ;
– communiquer, c'est d'abord communiquer sur la communication ;
– la personne l'emporte toujours sur les outils ;
– la communication est toujours co-production.

Notre intention, dans ce chapitre, n'est pas de faire un exposé exhaustif sur la rhétorique mais rappeler ce qui nous paraît le plus important : **On ne convainc l'autre que par la preuve**.

Y. Rajaud distingue trois grands types de preuves :

a) Les preuves logiques
Ces preuves sont apportées par des faits, des démonstrations, les expériences (les statistiques, les conclusions logiques, etc.)

15. Ce paragraphe nous a été plus qu'inspiré par Yves RAJAUD, Directeur du réseau APM qui est un spécialiste reconnu des techniques d'expression.

b) Les preuves psychologiques
Celles qui sont données par les opinions et/ou par l'affectivité dans la relation (j'ai confiance en lui donc je le crois, par exemple).

c) Les preuves analogiques
Obtenues par la métaphore ou la parabole (rien ne sert de courir, il faut partir à point, par exemple).

□ La Technestésie [16]

Cette technique d'action oratoire très originale a été mise au point par Régine Lacroix-Neuberth dans les années 60 ; elle est actuellement enseignée dans de nombreuses écoles de management et les hommes politiques l'utilisent de plus en plus pour leurs passages devant les médias.

M.D. Clarac définit la technestésie ainsi :

> *« Lorsque la situation est inhabituelle ou délicate, l'enjeu important, la fonction émotionnelle parasite la fonction intellectuelle et nous coupe des autres, parfois de nous-mêmes. Grâce à l'entraînement technestésique, nous retrouvons les appuis physiques que nous donne la fonction sensorielle et motrice, au-delà du sens de nos propos ».*

L'entraînement à cette technique comprend quatre grands types d'exercices :

– *Groupage de mots*
Le respect des groupes de mots et des toniques permet de conduire, de choisir ses propos, d'éviter les mots parasites, de s'installer dans le temps. Cela favorise également l'écoute et la compréhension, facilite la mémorisation et l'improvisation.

– *Variations du flux verbal*
Souvent, les circonstances régissent le débit des mots, nous transforment en « moulin à parole » trop rapide ou trop lent. Les techniques de flux permettent de se lancer ou de se reprendre à son gré.

– *Le geste articulatoire*
C'est un exercice d'articulation qui met en évidence le choc des consonnes et le poids des voyelles.

– *Organisation des séquences parlées*
Attaque et finale se rencontrent au début et à la fin d'une idée, d'une description, d'une action, d'un événement, c'est-à-dire d'une séquence, ce qui éloigne parfois de la ponctuation écrite. La respiration, les silences et les gestes ponctuent l'expression orale.
Cette technique, nous l'avons constaté, est d'un grand apport pour celles et ceux qui ont besoin de s'exprimer en public mais ne peut être assimilée, à notre avis, que par des exercices pratiques en situation.

---

16. Cette technique est enseignée par Marie-Denise CLARAC, responsable des experts dans le réseau APM.
L'auteur tient à remercier ces deux spécialistes de leur aide.

Les grands principes étant posés, nous allons entrer dans le détail des techniques classiques de communication, en particulier dans les situations de négociation.

☐ Les questions

Lionel Bellenger[17] constate :

> *« l'école nous a plus appris à répondre à des questions qu'à en poser, en tout cas pour ce qui est de la pédagogie traditionnelle. Pas étonnant dans ces conditions que l'adulte soit mal à l'aise quand il s'agit d'interroger et de manier les questions. »*

L'ensemble des professionnels et des spécialistes de la négociation reconnaissent que « l'art de poser des questions » est fondamental dans la recherche d'informations au service de la négociation. Les questions peuvent aussi servir « d'arme de combat » en oppressant le questionné ou en « l'usant » par le flot « ininterrompu » du questionneur. Il s'agit dans ce cas, plus de manipulation et d'intoxication que de recherche d'information.
Nous n'aborderons que les questions servant en particulier à :

- obtenir des informations de l'autre ou des autres ;
- clarifier ces informations, et particulièrement par la reformulation (appelée *« feed back »*) ;
- hiérarchiser ces informations ; distinguer celles qui sont importantes de celles qui ne le sont pas ;
- valider ces informations ; lesquelles sont vraies, lesquelles sont biaisées ou fausses ;
- donner des informations ; par le type de question posée, le questionné pourra lui aussi en dégager de l'information.

L'art de poser des questions est une « science » vieille comme le monde, ou tout du moins codifiée par les Grecs et les Latins il y a plus de 2000 ans. Un des plus célèbres rhétoriciens de l'époque, Quintilien, a mis au point son fameux hexamètre qui est toujours d'actualité. Cette méthodologie peut s'appliquer dans toute négociation :

QUI	Qui vais-je avoir face à moi ?
QUOI	Quels sont les objets concernés ?
OU	Où vont se passer les contacts ?
QUAND	A quel moment vais-je intervenir ?
COMMENT	Comment vais-je poser la question ?
COMBIEN	De combien de questions vais-je avoir besoin ?

TABLEAU 1 : L'HÉXAMÈTRE DE QUINTILIEN.

17. Lionel BELLENGER : *« Les Outils du Négociateur »*. Editions ESF (1991).

La manière de poser une question peut avoir une importance fondamentale sur la réponse. Gérard L. Nierenberg [18] cite l'anecdote suivante :

> *« Un ecclésiastique demandait à son supérieur : puis-je fumer pendant que je prie ? La permission de fumer lui fut absolument refusée. Un autre ecclésiastique alla trouver ce même supérieur et lui demanda : puis-je prier pendant que je fume ? La question étant ainsi posée, il lui fut accordé la permission de fumer. »*

☐ La typologie des questions

La littérature spécialisée et l'expérience identifient un grand nombre de types de questions plus ou moins adaptées à la qualité et/ou à la quantité d'informations recherchées. Nous en donnons ici une liste et des exemples non exhaustifs.

➢ Questions Directes

Ce sont des questions que l'on peut préparer à l'avance, sans tenir compte de la réaction, dans un premier temps, de l'interviewé.
Nous verrons plus loin une autre typologie, appelée questions de reformulation, qui permettent de poser des questions à partir des réponses de l'autre.
Les grandes catégories de questions directes sont les suivantes :

FERMEES	Appellent une réponse par oui ou par non : *"Etes-vous d'accord avec ma proposition ?"*
OUVERTES	Appellent une réponse par autre chose que oui ou non : *"Que pensez-vous de ma proposition ?"*
ALTERNATIVES	Appellent une réponse par un choix : *"Préférez-vous la proposition A ou la proposition B ?"*
PIEGE	Servent à "coincer" l'autre : *"Je sais que vous avez une meilleure proposition que la mienne"*
SUGGESTIVES	Sont de nature manipulatrice : *"Imaginons que vous acceptiez ma proposition..."*

TABLEAU 2 : LES GRANDES CATÉGORIES DE QUESTIONS DIRECTES.

Le type de question peut être néanmoins recentré sur les problèmes de négociation : Henri Fraisse [19] dresse le tableau suivant en adaptant la forme de questionnement à chaque but identifié par les ingénieurs d'affaires :

18. Gérard L. NIERENBERG : « *L'Art de Persuader* ». Editions Tchou (1979).
19. Henri FRAISSE : « *Manuel de l'Ingénieur d'Affaires* ». Editions Dunod (1983). (Nous remercions l'auteur de nous avoir autorisé à reproduire ce tableau).

BUT	FORME	EXEMPLE
Je cherche un fait précis	Question fermée comme : est-ce que, où, quand...	M. X. participe-t-il au projet ?
Je cherche à en connaître plus	Question ouverte comme que, quel, comment, pourquoi...	Quel est le rôle exact de M. X. dans un projet ?
Je cherche à faire le tour du spectre	Question généralisée, c'est-à-dire ouverte à propos d'un autre	Que pense M. X. de ce projet ?
Je veux l'amener à l'action sans avoir l'air de l'obliger	Question alternative : proposition d'un choix sur une partie du problème	Préférez-vous que je passe mardi à 16 h 00 ou mercredi à 9 h 30 ?
Je cherche à éviter le piège d'une question qu'il pose	Question en retour : renvoi « avec des fleurs »	Mais vous M. Y. qui avez déjà vu de nombreux cas sembables, qu'en pensez-vous ?
Je cherche à valoriser un troisième interlocuteur présent	Question en relais : renvoi au tiers	Et M. Z., ici présent, qui connaît bien la question, pourrait-il nous éclairer sur ce point ?
Je cherche à le ramener au sujet, et à éviter les digressions	Question ricochet : coupure de parole	A propos de ceci, justement, que pensez-vous de ... ?
Je cherche à l'encourager à parler plus	Ricochet simple puis silence	M. Y. vous disiez tout à l'heure que...
Je cherche à l'encourager à parler encore plus	Reformulation puis silence	Au fond, si j'ai bien compris, vous pensez que...
Je veux le faire réagir franchement, le réveiller, le provoquer sans trop le choquer	« Question orientée » ou insinuation	On dit que votre confrère M. A. a bien réussi à percer sur le marché de...

TABLEAU 3 : LES TYPES DE QUESTION SELON H. FRAISSE.

Lionel Bellenger[20] conclut :

> *« les différents types de questions peuvent être le malheur ou les atouts d'une discussion ou d'une négociation. Elles analysent et mettent en piste arguments et réfutations. Aucune, a priori, n'est mauvaise ou interdite. Cette typologie du questionnement est un clavier dont il faut apprendre à jouer. Et les notes sont ce qu'elles sont, mais le virtuose en tirera ce que bon lui semblera ! »*

➢ Reformulation

La reformulation permet de « boucler la boucle » de la communication, à savoir obtenir des précisions sur la pensée de l'autre, en renvoyant à l'émetteur soit une

20. Lionel BELLENGER : *Opus Cité*.

autre question, éventuellement plus détaillée, soit sa propre réaction et/ou compréhension du message de l'autre, ce qui l'amènera à réagir et par là même à donner plus d'informations. C'est la notion anglo-saxonne du « *feed back* ».
On distingue deux grands types de reformulation : celle par questions et celle par d'autres techniques.

1 – La reformulation par des questions
Il en existe trois types :

RELAIS	On complète la réponse de l'autre : Exemple : *"je serai globalement d'accord sur votre proposition"* Reformulation : *"sur quels points précis êtes-vous d'accord ?"*
MIROIR	On renvoie sur un mot ou un concept de l'autre : Exemple : *"votre proposition est intéressante techniquement, mais vous êtes trop cher".* Reformulation : *"qu'entendez-vous par trop cher ?"*
RELANCE	On questionne sur le dernier mot de l'autre : Exemple : *"je suis très pressé"* Reformulation : *"pressé ?"* (en s'étonnant et en attendant la réponse)

TABLEAU 4 : LES TROIS TYPES DE REFORMULATION PAR QUESTIONS.

2 – La reformulation par d'autres techniques

a) L'expertise d'un tiers
Il s'agit de reprendre un fait pour que l'autre s'exprime par rapport à ce fait.
Exemple : « *votre Président a déclaré le semaine dernière ...* »

b) Le silence

Le silence est un instrument merveilleux pour faire parler. Le silence en groupe (même à 2) est insupportable, peu de personnes sont capables de garder le silence en regardant l'autre.
Le fait de garder le silence va inciter l'autre à parler. Et plus il parlera, plus il donnera d'informations.
Si les deux partenaires utilisent la même technique, l'un des deux peut toujours relancer par une question ouverte ! Il faut néanmoins ne pas abuser de la reformulation sous peine « d'agacer » l'autre.
On raconte que Karl Rogers, célèbre psychologue qui a codifié les techniques de reformulation dans la relation d'aide, aurait répondu à une personne qui criait « *au secours* » en se noyant : « *si j'ai bien compris, vous me dites que vous êtes en train de vous noyer !* » Il s'agit bien évidemment d'une boutade mais elle donne les limites à ne pas franchir.

□ L'ARGUMENTATION

➢ Définition

> *« L'argumentation tient une place importante, bien que variable, dans la négociation ; celle-ci est en effet un processus de communication dans lequel les participants vont s'efforcer de faire plier la résistance que la partie adverse entretient vis-à-vis de leur propre position ou de leurs prétentions. Cette action de rendre l'interlocuteur "malléable" se développe sur plusieurs fronts : ambiance, pressions et initiatives, induction psychologique, mais ces déterminants de processus incluent aussi la force de conviction et de persuasion. L'effet de celles-ci est ressenti directement en raison du poids même de l'argument, mais aussi indirectement par l'action médiatrice que l'échange verbal et le langage exercent comme véhicule de la communication entre les protagonistes. »* [21]

Christophe Dupont définit ainsi l'argumentation et en signale les fonctions en insistant sur le fait que l'argument n'est pas seulement un mot lancé oralement.
Pierre-Louis Desprez [22], dans son cours de communication, aborde le problème d'une manière complémentaire : l'approche habituelle des managers et plus particulièrement en ce qui concerne des négociateurs, est unilatérale : *« ai-je bien parlé ? »* est la question que se pose tout négociateur dans la phase d'argumentaire ; cela sous-tend une notion de normes, qu'il y a des « canons » à respecter. Exprimé d'une autre manière, le négociateur va suivre des règles indépendantes de sa personnalité. Il va utiliser la dialectique, c'est-à-dire les techniques oratoires que nous allons d'ailleurs détailler dans cette section.
L'autre question que doit se poser le négociateur est : *« lorsque je parle, quels effets je produis ? »*. Cette démarche est pragmatique, c'est-à-dire que l'action est déclenchée par la communication ; l'utilisation de la dialectique devient relativement secondaire, on peut mesurer les effets de l'action pour soi-même. L'acteur ne fait plus des « effets oratoires » au coup par coup, mais rentre dans un processus, c'est-à-dire une somme de moments avec une incidence maîtrisée sur le court, moyen et long terme. A ce moment-là, la communication devient « pouvoir ».
Le discours, autrement dit l'argumentation, agit sur trois registres différents :

- sur la logique : ce sont les idées, les arguments, la démonstration ;
- sur l'émotion : ce sont la sensibilité, l'humour, les comparaisons, les métaphores ;
- sur l'action : ce sont les programmes, les objectifs.

Il faut bien sûr un lien entre les trois registres ; l'influence de l'orateur atteindra son maximum lorsque l'équilibre sera réalisé. Si l'un des registres est privilégié par rapport aux autres, on peut arriver à des déséquilibres du type : *« tu parles si fort que je n'entends pas ce que tu me dis »*.

21. Christophe DUPONT : *« La Négociation »*. Editions Dalloz (1994).
22. Pierre-Louis DESPREZ, Normalien, philosophe et professeur au CRC.

Voici les registres du discours :

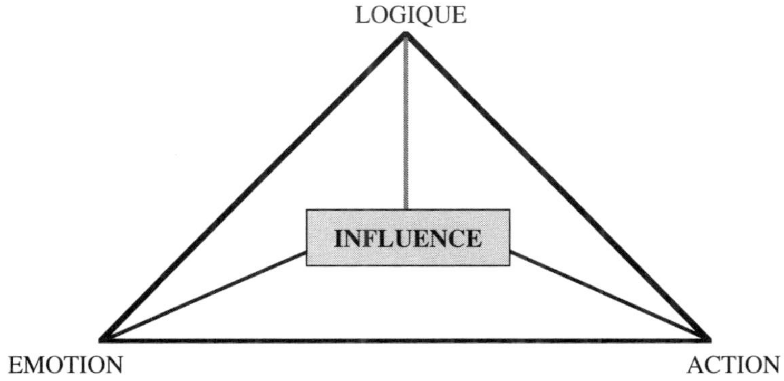

SCHÉMA 3 : LES REGISTRES DU DISCOURS.

Nous prendrons comme illustration des extraits du célèbre discours que Winston Churchill fit à la Chambre des Communes dans les heures noires du début de la Seconde Guerre mondiale :

Logique

> *« j'ai reçu vendredi soir de Sa Majesté la mission de former un nouveau gouvernement. Il était de la volonté et du désir évidents du Parlement et de la Nation que la composition en soit conçue sur la base la plus large possible et qu'il comprenne tous les partis de l'opposition (...) »*

Action

> *« j'ai terminé la partie la plus importante de cette tâche. Un cabinet de guerre de cinq membres a été formé, qui représente, avec les libéraux de l'opposition, l'unité de la Nation (...) »*

Emotion

> *« à la Chambre, je dis comme à ceux qui sont entrés dans ce gouvernement : je n'ai rien à offrir que du sang, de la peine, des larmes et de la sueur (...) Nous avons devant nous de longs, longs mois de lutte et de souffrance (...) »*

Logique/Action/Emotion

> *« aujourd'hui, je me sens habilité à demander l'aide de tous, et je dis : venez donc, avançons tous ensemble, de toutes nos forces unies. »*

La littérature spécialisée ne relève que les argumentaires de vente, à savoir les outils dialectiques à l'usage exclusif du vendeur (et malheureusement trop peu à l'usage de l'acheteur, bien que les techniques de vente soient réversibles).

Les négociateurs expérimentés affirment que dans tous les types de négociation, il y a besoin d'argumenter, et donc, dans certains cas de figure, d'utiliser un argumentaire.
La preuve est apportée par Claude Vermot-Gaud[23] :

> *« la seule façon efficace de préparer un argumentaire de négociation sociale est de se mettre dans la peau des autres partenaires, c'est-à-dire rechercher à la fois les arguments syndicaux (et, face à eux, les arguments patronaux) et les arguments patronaux (et, face à eux, les arguments syndicaux). »*

Cet auteur propose d'ailleurs une méthode simple de préparation d'un argumentaire pour une négociation sociale :

1) Quels sont les principaux arguments de mes partenaires sociaux ?

– quels sont leurs arguments les plus forts ?
– quelles objections sont les miennes à cet égard ?
– quelle peut-être la réponse des partenaires à ces objections ?
– puis-je les réfuter ? Comment ?

2) Quels sont les arguments possibles ?

– quelles sont les objections que peuvent y faire les partenaires sociaux ?
– puis-je les réfuter ? Comment ?

3) Parmi tous ces arguments, quels sont ceux qui ont le plus d'impact ?

– quels sont ceux qui s'inscrivent à la fois dans l'univers de référence des partenaires sociaux et dans le mien ?
– comment puis-je les développer ?

Il est amusant de constater que si l'on remplace partenaire social par partenaire commercial, politique, collaborateur ou autre, cette méthodologie s'applique aussi bien.
Lionel Bellenger[24] propose lui aussi une méthodologie similaire qui s'applique à tout type d'argumentaire :

1) Qu'est-ce que je recherche dans la négociation ?
2) De quels moyens je dispose pour faire valoir ce que je recherche (faits, références, expériences, réalisations, arguments isolés ou explicatifs ou pratiques) ?
3) Ai-je une réserve d'arguments qui pourraient être décisifs en cas de difficultés ?
4) Quels sont les points faibles de mon argumentation ?
5) Quelles vont être les propositions et oppositions à mes arguments ?
6) Que puis-je céder ?

---

23. Claude VERMOT-GAUD : « *Je Négocie avec mes Partenaires Sociaux* ». Editions d'Organisation (1988).
24. Lionel BELLENGER : « *Les Techniques d'Argumentation et de Négociation* ». Entreprise Moderne d'Edition (1980).

Gérard Molteni [25] donne de l'argumentaire la définition suivante :

> *« l'argumentaire, c'est le rassemblement de tous les arguments concernant un produit, sur lui-même et sur son environnement, depuis la naissance de ce produit jusqu'à sa destruction. »*

L'auteur précise les arguments de base à utiliser dans son schéma d'argumentaire :

OBJETS	ARGUMENTS
LA SOCIETE	origine, date, situation, filiales, implantation, progression et rang, notoriété, image de marque
LE PRODUIT	
matières premières	sources, sélection, qualité
fabrication	moyens de production, qualité des méthodes de production, contrôles, labels
qualité	caractéristiques techniques, normes, homologations
LA COMMERCIALISATION	réseau de distribution, publicité, campagnes spéciales sur divers types de clientèles
L'UTILISATION	adaptation aux problèmes des clients et aux besoins du marché, facilité de mise en service, faible prix de revient, rendement, robustesse, maniabilité
LA CONCURRENCE	étude comparative objective sans dénigrement
LES REFERENCES	clients importants, entreprise pilote, utilisateurs connus, prescripteurs écoutés
LE PRIX	politique des prix, raison de son choix, ses avantages
LES SERVICES	délais, garantie, livraisons, assistance technique, stages d'usine, bureau d'études, expériences, laboratoires

TABLEAU 5 : LES ARGUMENTS POUR CONSTRUIRE UN ARGUMENTAIRE D'APRÈS G. MOLTENI.

➢ Nature des Arguments

Yves Negro [26] fait la recommandation suivante :

> *« il n'est de bons arguments que ceux qui entraînent successivement chez l'interlocuteur l'écoute, la compréhension, l'adhésion, la mémorisation et l'action. »*

L'auteur recommande, à partir des quatorze règles d'or de Marc Corcos [27], pour arriver à cet objectif, de suivre quatre règles fondamentales de l'argumentation :

---

25. Gérard MOLTENI : « *Négociation Commerciale* ». Miméographie.
26. Yves NEGRO : *Opus Cité.*
27. Marc CORCOS : « *Les Techniques de Vente* ». Editions Dunod (1988).

	REGLES	RECOMMANDATIONS
1	Personnalisation	- être conçu sur la base des attentes de l'autre - donner l'image du "sur mesure" - être exprimé dans le langage de l'autre - s'adresser à un individu, pas à un segment de marché, ni à un syndicat ou à un parti politique
2	Crédibilité	- être factuel, s'appuyer sur des faits - être logique - être conforté par des documents - ne pas confondre argument et boniment
3	Juste à temps	- être exprimé lorsque l'autre est prêt à le recevoir - être sûr que les attentes de l'autre ont bien été reformulées - présenter les arguments progressivement - avoir en tête que la négociation est un processus
4	Contrôle de l'impact	- avoir des questions de contrôle - maîtriser le déroulement de la négociation - avoir un traitement instantané des réponses apportées - avoir pour objectif de négocier, pas d'informer

TABLEAU 6 : LES 4 RÈGLES FONDAMENTALES DE L'ARGUMENTATION SELON Y. NEGRO.

Il y a également la nature des arguments ; de nombreux auteurs se sont penchés sur la sémantique des mots et leur incidence dans une argumentation.
Gilbert Millet [28], dans un ouvrage de référence, démontre qu'il y a deux catégories de mots : les mots à connotation de mort et ceux à connotation de vie. Voici quelques exemples :

MOTS A CONNOTATION DE MORT	MOTS A CONNOTATION DE VIE
- asphyxie - hémorragie - déficit - casser - contrôle - chômage - drame - stoppé - chute - hibernation - médecin - coup de fièvre	- savoir - apprendre - affiner son esprit - recherche - responsable - rassembler - expérience - compétence - vies vécues - consultant - concertent - discutent

TABLEAU 7 : LA CONNOTATION DES MOTS SELON GILBERT MILLET.

Il est évident que dans un argumentaire de négociation, il est fortement recommandé d'employer des mots à connotation de vie.

28. Gilbert MILLET : « *La Stratégie du Verbe* ». Editions Dunod (1981).

Un autre auteur, Maxime Leroux [29], identifie cinq types de mots ambigus et/ou équivoques :

	MOTS	EXEMPLES
1	QUI TROMPENT	Un poste disponible n'est pas un poste vacant
2	QUI BROUILLENT	L'essence est moins chère aujourd'hui qu'en 1970 en francs constants
3	QUI FACHENT	Arrêter le plan de charge annuel ne veut pas dire arrêter la production
4	DYNAMITE	Le salaire au mérite pour les fonctionnaires
5	LOGIQUE FLOUE	30° est-ce chaud ? Oui dans un environnement à 0°, non dans un environnement à 50°

Tableau 8 : Les cinq types de mots ambigus selon Maxime Leroux.

Une autre difficulté de la communication orale est le sens du mot écrit et le sens que l'autre donne à ce mot. Francis Vanoye [30] en donne quelques exemples dans ce tableau :

LOCUTION	SENS	CONNOTATIONS
CAMPAIENT	s'installaient	militaire / caractère provisoire
SOMMEILLAIENT	dormaient, somnolaient	fatigue
FLEUVE	grande rivière	mouvement / abondance / nature

Tableau 9 : Le sens des mots écrits selon Francis Vanoye.

En complément de ces typologies, notons plusieurs types d'erreurs couramment faites dans l'argumentation lors d'une négociation :

29. Maxime LEROUX : « *Les Dimensions Cachées de la Négociation* ». INSEP Editions (1992).
30. Francis VANOYE : *Opus Cité*.

• Les sigles : « maladie » de la fin du 20e siècle
Tout se décline par sigles ; certains sont connus (SNCF, HLM, SEITA) mais les négociateurs ont une forte tendance à utiliser ceux de leur métier en oubliant que celui qui est en face ne connaît peut-être pas leur jargon spécifique (DOS, DESCAF, ISO 9002, etc.)[31].

• Les glossèmes : utilisation de termes savants et/ou de phases très alambiquées
On dira par exemple :

– tentative d'autolyse pour tentative de suicide ;
– calcul de la volatilité du contrat notionnel sur le MATIF ;
– *« la montée du chômage ne provient pas d'une baisse du pouvoir d'achat ou de l'automatisation des moyens de production, mais d'une diminution de la consommation liée à l'amélioration constante du facteur d'obsolescence des produits manufacturés ».* [32]

Comprenne qui pourra ...

• Le « langage branché » [33] :

– *« cheap »* pour de mauvaise qualité, chiche, petit, mesquin ;
– *« craignos »* pour sans intérêt, nul et non avenu ;
– *« customiser »* pour transformer un produit selon ses propres goûts ;
– *« déjanté »* pour sorti des normes, marginal.

Dans le même ordre d'idées, il faut faire attention aux mots ou aux formes spécifiques très en cours actuellement dans les hautes sphères ministérielles, dont voici des exemples [34] :

– *« Est-ce que ce dossier est bien verrouillé ? »*
– *« Bétonnez-moi ce rapport ! »*
– *« Je vous ferai observer qu'il importe de traiter ce problème en deux temps »*, au lieu de dire simplement *« procédons par ordre »*

La liste reste ouverte …

☐ Les objections

Lors d'une négociation et plus particulièrement dans la phase d'argumentation, vont apparaître de part et d'autre des objections aux arguments présentés. Le traitement des objections fait aussi appel à des techniques au même titre que la construction d'un argumentaire.

Yves Negro [35] en donne la définition suivante :

> *« une objection n'est pas une réclamation. En effet, si cette dernière a pour origine un fait concret et fondé, l'objection est plus généralement l'expres-*

31. Pour la petite histoire, la plupart des organismes de formation à la communication ont des noms commerciaux incompréhensibles. A titre d'exemple : AAF, ACOMI, AFIG, AFPOLS, CEFLU, CFPJ, CNFA, CNIDFF, ESCGM, etc. Ces noms sont tirés du DICOGUIDE de la formation (1993).
32. Extrait d'un article ironique de Philippe BOUVARD dans *« France Soir »* du 17 juin 1993.
33. Exemples tirés du *« Dictionnaire du Français Branché »* de Pierre MERLE. Editions Seuil (1986).
34. Exemples tirés de *« L'Enarque, tel qu'on le Cause »* dans les dossiers du *« Canard Enchaîné »*.
35. Yves NEGRO : *Opus Cité*.

sion de la subjectivité de l'interlocuteur ou d'une sous-information de sa part sur un problème donné. »

Marc Corcos [36] distingue trois types d'objections :

1) Les objections non sincères et non fondées :

ce sont souvent des prétextes, des fausses raisons.

2) Les objections sincères et non fondées :

ce sont les idées reçues, les a priori, les préjugés.

3) Les objections sincères et fondées :

le négociateur ne propose jamais la solution idéale, il est normal que le partenaire conteste.
H. M. Goldmann [37], spécialiste mondialement connu des techniques de vente, distingue lui, dix types d'objections commerciales.
Le tableau suivant dressé par Yves Negro en donne la liste et les éléments de réponse à envisager :

Types d'Objections	Eléments de Réponse à Envisager
1 - Objections "EXCUSES"	- Donner raison au client et continuer - Remettre la réponse à plus tard dans l'entretien
2 - Objections "MECHANTES"	- Garder son sang-froid - Ne pas réagir sur le champ
3 - Objections "DEMANDES D'INFORMATION"	- Reformuler la question si nécessaire - Répondre précisément à la question posée par le client
4 - Objections "OBJECTIVES"	- Rassurer l'interlocuteur sur la pertinence de sa question - Procéder à une réponse avec preuve
5 - Objections "SUBJECTIVES"	- Poser des questions pour mieux cerner le client - Proposer des échantillons, des garanties, etc
6 - Objections "MUETTES"	- Faire parler le client pour découvrir ses véritables objections. - Le laisser s'exprimer sans l'interrompre
7 - Objections "PREJUGES"	- Ne pas donner immédiatement la preuve contraire - Prouver que d'autres ont été très satisfaits
8 - Objections de "PRESTIGE"	- Ne rien affirmer et questionner - Proposer des compromis
9 - Objections du type "RESISTANCE A L'ACHAT"	- Ne pas chercher à répondre trop tôt - Chercher à susciter l'intérêt du client
10 - Objections dites de "DERNIERE TENTATIVE"	- Apaiser le client par quelques mots simples - Au lieu de répondre, employer une expression qui incite à l'achat

TABLEAU 10 : LES OBJECTIONS IDENTIFIÉES PAR H.M. GOLDMANN ET REPRISES PAR Y. NEGRO.

36. Marc CORCOS : *Opus Cité.*
37. H. M. GOLDMANN : « *L'Art de Vendre* ». Editions Delachaux et Niestlé (1981).

Il est relativement facile d'adapter les éléments de réponse aux autres types de négociations, les objections n'étant pas spécifiques aux négociations commerciales.
Nous emprunterons à Yves Negro, en la transformant légèrement, la conclusion de ce paragraphe :

> *« le négociateur efficace est celui qui ne considère pas les objections de l'autre comme un frein à la négociation mais qui y voit plutôt la preuve d'un intérêt à l'égard de ses propositions, le moyen de mieux connaître les points de résistance de l'autre, et l'expression de la volonté de négocier et non pas celle de rompre. »*

L'auteur termine sur une série de sages recommandations :

- manifester de l'intérêt à l'égard des interrogations de l'interlocuteur ;
- laisser l'objection s'exprimer pleinement ;
- écouter jusqu'au bout, sans interrompre son vis-à-vis ;
- faire montre de sang-froid et de retenue ;
- ne pas opposer de démenti brutal à ce qui peut être avancé ;
- réellement chercher à comprendre l'autre.

☐ La pratique de la diction

Nous voudrions terminer cette section sur la communication verbale par une matière qui n'est plus beaucoup enseignée dans les écoles élémentaires ou supérieures, ni dans les centres de formation.
L'ensemble de la littérature concernant la négociation, la vente et l'expression n'y fait même plus référence !
Nous voulons parler de l'éloquence, autrement dit des techniques de diction : c'est un peu la forme alors que les argumentaires représentent le fond. Bien évidemment l'un ne remplace pas l'autre : ils sont complémentaires.
Le lecteur, s'il n'en éprouve pas la nécessité, pourra passer outre cette section ; celui qui souhaite s'entraîner y trouvera quelques exercices simples.
Certains trouveront ces rappels et exercices puérils, mais on constate souvent dans les négociations que la reformulation est nécessaire non pas pour clarifier l'idée de l'autre, mais pour simplement comprendre ce qu'il a voulu dire !
Nous rappellerons les règles de base de la diction qui est un art aussi vieux que la rhétorique, puisque le père de l'éloquence n'est autre que Demosthène.
Il est évident que les techniques et exercices proposés ci-dessous ne s'appliquent qu'aux francophones, chaque langue ayant ses particularités. [38]

38. Cette section est largement inspirée du *« Traité Pratique de la Diction Française »* de Georges LE ROY, sociétaire de la Comédie Française, professeur au Conservatoire. Editions Jacques Grancher (1968).

➢ La respiration

Pour parler, les quatre règles sont les suivantes :

- respirer profondément et sans bruit ;
- ne jamais parler que sur l'expiration du souffle ;
- parler aussitôt l'inspiration du souffle terminée ;
- ne jamais attendre d'être à bout de souffle pour prendre une nouvelle provision (d'air).

Exercice pour gérer et économiser son souffle

> *« Petit pot de beurre, quand te dépetit pot de beurreriseras-tu ? Je me dépetit pot de beurreriserai quand tous les petits pots de beurre se dépetit pot de beurreriseront. »*

La respiration sera techniquement bonne lorsque cette phrase sera dite sans fatigue d'une seule expiration.

➢ L'articulation

Les trois règles sont :

- parler lentement,
- avancer la mâchoire inférieure,
- pour s'exercer, serrer un crayon entre les dents [39].

Exercices

1) Facile

> *« Dis moi gros gras grand grain d'orge, quand te dégros gras grand grain d'orgeras-tu ? Je me dégros gras grand grain d'orgerai quand tous les gros gras grands grains d'orge se seront dégros gras grands grains d'orgés. »*

2) Difficile

> *« Le fisc fixe exprès chaque taxe excessive exclusivement au luxe et à l'exquis. »*

➢ Les liaisons

La règle consiste à respecter au maximum l'harmonie musicale.

Exercice

> *« Par-delà les sept cieux où palpitent vos ailes,*
> *Exhalez l'hosanna des fêtes éternelles,*
> *Ô Dominations, ô Vertus, ô Splendeurs,*

39. Ceci n'est pas sans rappeler les fameux cailloux de Démosthène.

Trônes, Princes, Gardiens et mystiques Ardeurs,
Et vous, ô Séraphins, et vos pures essences. »
(Leconte de Lisle)

➢ La ponctuation

La ponctuation écrite n'est pas forcément la même qu'à l'oral ; ponctuer, c'est établir des rapports très complexes entre une idée générale et des idées relatives.
Règle : lorsque la ponctuation écrite dirige la ponctuation orale, il faut le signaler soit par un arrêt, soit par un changement dans le ton ou l'inflexion de la voix.

Exercice

« Un mourant, qui comptait plus de cent ans de vie,
Se plaignait à la Mort que précipitamment
Elle le contraignait de partir tout à l'heure,
Sans qu'il eût fait son testament,
Sans l'avertir au moins. Est-il juste qu'on meure
Au pied levé ? dit-il. Attendez quelque peu...
– Vieillard, lui dit la Mort, je ne t'ai point surpris...
Je devais, le dis-tu, te donner quelque avis
Qui te disposât à la chose... »
(La Fontaine, Fables VIII, 1)

➢ Les inflexions (ou intonations)

Règles :
- l'accent d'une phrase est à sa finale, et pas seulement sur la 4ᵉ ou 5ᵉ syllabe ;
- ne pas terminer sur une note élevée ;
- en cas de répétition de pensée, conserver la même intonation.

Exercice

« Qu'a dit l'accusé à ses assistants, lorsqu'il les a appelés ainsi, précipitamment, durant la nuit ? Leur a-t-il exposé le cas ? Leur a-t-il demandé un conseil, un avis plus ou moins autorisé ? Leur a-t-il dit franchement et simplement ce qui s'était passé, quelle était la situation ? Comme un homme qui n'a absolument rien à se reprocher, qui a été trompé, ou qui s'est trompé de la meilleure foi du monde. Pas du tout : il a parlé de choses indifférentes ; mais sur la vérité, silence absolu. »
(Maître Bonnet, Assises, Seine 1897. Librairie générale de Droit et Jurisprudence)

Nous n'aborderons pas les autres éléments de l'éloquence que sont l'expression orale, corporelle, et le rythme. Tous ces sujets sont très largement explicités dans l'ouvrage de Georges le Roy qui a servi de référence dans cette section.

3. LA COMMUNICATION ECRITE

Dans la négociation, l'écrit a relativement peu d'importance par rapport à l'oral. D'une part les lettres commerciales, les mailings, les plaquettes et les publications pour les négociations commerciales, d'autre part les tracts, les cahiers de revendications, les propositions d'ordre du jour, les comptes rendus pour les négociations sociales sont tous extérieurs – tout au moins dans leurs conceptions et présentations – au métier de négociateur ; ils sont « fabriqués » par des spécialistes en marketing pour les uns, et en ressources humaines et/ou gestion de conflits pour les autres.
Finalement, les seuls documents dont la rédaction et la présentation peuvent vraiment influencer une négociation, en particulier commerciale, sont soit les propositions initiales, soit les propositions intermédiaires qui présentent des concessions et/ou des modifications de positions précédentes.
Néanmoins, les nouvelles technologies permettent de passer de l'oral à l'écrit ou tout du moins, de renforcer l'oral dans certains types de situations. Par exemple, les messageries électroniques sur les téléphones portables ; Didier Maixandeau, directeur associé de Clinvest, trouve les mini-messages [40] bien utiles :

> *« En réunion, fini les petits mots pour s'échanger des informations de manière confidentielle : il suffit d'envoyer des mini-messages sans que personne d'autre ne s'en aperçoive. Pratique et génial ! Avec une variante : dans une négociation, on peut envoyer un mini-message personnalisé à la partie adverse. Soit une précision, soit un message « qui tue » pour déstabiliser, genre : « Je ne bluffe pas ! » « Acceptez notre proposition ... je vous aurai averti. »*

Henri Fraisse [41] cite quatre cas où la communication écrite est utilisée et/ou nécessaire :

1) Permettre de retransmettre une information sans la déformer.
2) Assurer (ou réassurer) l'interlocuteur sur un engagement que l'on a pris verbalement devant lui.
3) Guider le lecteur dans une démarche intellectuelle ou technologique qu'il aura le temps de digérer plus tranquillement qu'en écoutant l'ingénieur d'affaires.
4) Préparer une rencontre (prospection, négociation d'un contrat, règlement d'un litige, etc.) en énumérant mieux qu'au téléphone les points qui seront traités.

Roger Launay [42] précise le rôle des écrits dans la négociation sociale :

> *« en fait, il ne faut pas trop s'illusionner sur la qualité technique du dossier (même si cette dernière a son importance). Lors des négociations conflictuelles, le but premier du dossier est de ne pas être pris au dépourvu, le but*

40. Cet interview est paru dans « Itinéris & Vous » de juillet 1999
41. Henri FRAISSE : *« Manuel de l'Ingénieur d'Affaires »*. Editions Dunod.
42. Robert LAUNAY : *« La Négociation, Approche Psychologique »*. Editions ESF (1989).

second est de juger ce qui est acceptable ou inacceptable lors de la phase finale du compromis. Dans les négociations coopératives, le but principal du dossier est de montrer qu'il existe un projet concret, et donc une volonté de collaboration. Le dossier permet de répondre à un argument, de réfuter, de contrer une statistique par une autre statistique. »

Maxime Leroux[43] voit dans la communication écrite :

> *« le meilleur moyen de traquer l'imprécision est de se confronter à la résistance de l'écrit. La projection sur le papier des acquis progressifs de la négociation est précieuse à plusieurs titres :*
> *– elle permet de fixer un reflet des acquis, le point des différends et des écarts,*
> *– elle chasse les imprécisions,*
> *– elle permet de chiffrer l'ampleur des écarts,*
> *– elle permet de sortir du système des mots et de visualiser (...). »*

Avant de présenter une grille applicable aux négociations, nous rappellerons brièvement les règles de base d'un message écrit et quelques recommandations.
Francis Vanoye[44] distingue six grands types de messages écrits :

1) Référentiel
Le message est factuel : il ne porte pas de jugement de valeur ; il relate uniquement des faits.

2) Expressif
Le message porte des jugements de valeur, positifs ou négatifs.

3) Conatif
Le message prend en considération le récepteur.

4) Empathique
Le message va créer un sentiment positif chez le récepteur.

5) Métalinguistique
Le message est complété par des photos et/ou des schémas.
6) Poétique
Le message dramatise ou poétise le contenu (type slogans politiques).
La négociation pourra faire appel aux six types de messages, mais l'expérience démontre que ce sont les premier et quatrième types qui sont les plus utilisés.
L'avenir sera-t-il d'utiliser d'autres formes d'expression écrite dans la négociation, on peut se poser la question et se demander également l'incidence qu'aurait sur la négociation des messages du sixième type.
Henri Fraisse[45] propose un plan de préparation pour un document écrit :

43. Maxime LEROUX : *Opus Cité.*
44. Francis VANOYE : *« Expression – Communication »*. Editions Armand Colin (1973).
45. Henri FRAISSE : *Opus Cité.*

Quel est le point de vue de mon interlocuteur ? - - -	Quels sont les faits ? - - -	Quelle est ma thèse. Quel est le point de vue de ma société ? - - -
Quels sont les buts de cette correspondance ? - - Que se passerait-il si je n'écrivais pas ? - -		
Que doit-il se passer ensuite ? - -		

TABLEAU 11 : PLAN DE PRÉPARATION D'UN DOCUMENT ÉCRIT SELON HENRI FRAISSE.

Et l'auteur conclut par les neuf recommandations suivantes :

1) Toujours débuter par réexprimer ce que l'autre a dit en respectant son point de vue,
2) Passer aux faits en commençant par ceux qui ont été reconnus et acceptés par l'autre,
3) Présenter ensuite son point de vue de façon positive,
4) Terminer par l'invitation à une action commune,
5) Écrire le plus possible en langage parlé,
6) Éviter le conditionnel « nous pourrions, cela permettrait... »,
7) Utiliser des formules de politesse simples,
8) Commencer les phases par « vous » et pas par « nous »,
9) Personnaliser la relation en disant le plus possible : « je ».

Bernard Missenard[46] affirme :

> *« l'offre écrite représente un des sommets de l'action commerciale (...) L'offre se doit donc de respecter, autant et même plus que tout autre action, les principes de la négociation. »*

L'auteur fait ensuite les recommandations suivantes :

1) Joindre systématiquement un argument commercial à un argument technique. Exemple : « cet appareil est en titane (argument technique) donc plus léger (argument commercial) » [47].

46. Bernard MISSENARD : « *La Négociation* ». Mémentos Editions d'Organisation (1988).
47. A noter que cette règle s'applique aussi bien à l'argumentaire oral.

2) Ne pas faire d'inflation littéraire : cela donne une image vieillotte de négociateur.
3) Faire attention aux rubriques annexes de type :

- accessoires
- délais
- maintenance, entretien
- installation, etc.

4. LA COMMUNICATION NON VERBALE

L'influence de la communication non verbale dans la relation entre les hommes et en particulier dans la négociation n'est plus à démontrer.
Tout le monde connaît le rôle du regard, du tonus physique et du charisme sur les autres.
Lionel Bellenger[48] identifie cinq critères de la vie non verbale :

- *la cohérence geste-intention (unité de sens),*
- *le synchronisme geste-intonation (sincérité),*
- *la netteté du geste (conviction),*
- *la diversité (spontanéité),*
- *la sobriété (équilibre).*

Et l'auteur énumère les fonctions remplies par l'expression non verbale :

- *décrire,*
- *suggérer,*
- *renforcer,*
- *minimiser,*
- *« et au-delà même être un véritable moyen de communication ».*

Notre objectif n'est pas de détailler ou de passer en revue toutes les techniques non verbales, mais d'apporter un éclairage (ou un rappel) sur les techniques qui ont été identifiées comme ayant un rôle majeur dans la négociation, à savoir les techniques d'écoute.
Les spécialistes, et en particulier les professionnels, enseignent et décrivent les trois grandes techniques non verbales et/ou comportementales les plus employées en négociation :

- l'écoute,
- l'analyse transactionnelle,
- la programmation neuro-linguistique.

48. Lionel BELLENGER : « *Les Techniques d'Argumentation et de Négociation* ». Entreprise Moderne d'Edition (1980).

□ L'écoute

➢ Définitions

Pour Jean-François Maubert [49], l'écoute n'est pas une attitude passive, contrairement aux idées reçues :

> *« elle suppose un réel effort intellectuel et une concentration sans lesquels on ne peut ni comprendre, ni interpréter. »*

Il est vrai qu'à travers notre vie professionnelle et/ou sociale, pour ne pas dire familiale, les acteurs passent leur temps à se couper la parole, à argumenter dans leur sens, sans se soucier un instant de l'avis de l'autre.
Nous sommes, en général, très forts dans l'art de « tuer les idées des autres », ce qui veut dire que nous argumentons, nous répondons aux objections, nous contrecarrons, autrement dit nous agissons par la parole et nous n'écoutons pas.
Marc Cathelineau [50] note :

> *« le négociateur français passera plus de temps à expliquer la valeur de ses idées et la qualité de ses propositions qu'à s'inquiéter de savoir ce que veut réellement le client. »*

Jean-François Maubert renchérit :

> *« pourtant, plus que le discours, l'écoute produit sur l'interlocuteur des impressions fortes et positives. Etre écouté, c'est se savoir respecté comme une personne responsable de ses propos. Aussi l'écoute est-elle le meilleur antidote aux affirmations excessives et aux demandes injustifiées. »*

L'auteur en déduit que l'écoute apporte deux séries d'avantages importants :

> *« d'abord, il (le négociateur) prend connaissance des besoins, des motivations, des objectifs de son vis-à-vis et parfois au-delà de l'information à laquelle il pouvait légitimement aspirer, ce qui s'inscrit à l'actif du rapport de forces. Ensuite, il se pose d'emblée en interlocuteur sérieux, méritant une certaine confiance, et avec lequel on peut engager un rapport de type intégratif. »*

Et l'auteur conclut :

> *« une écoute de qualité est nécessaire à la recherche des solutions créatives qui optimisent les intérêts des parties. »*

En résumé, l'écoute permet dans une négociation, non seulement d'obtenir de l'information mais de créer un climat d'empathie et d'induire un sentiment de compréhension et de bonne volonté chez l'autre partenaire.

---

49. Jean-François MAUBERT : « *Négocier, Quatre Clés pour Réussir* ». Editions Dunod Entreprises (1990).
50. Marc CATHELINEAU : « *Négocier Gagnant* ». Inter Editions (1991).

Gilbert Millet[51] « enfonce le clou » :

> *« chaque fois qu'il s'agit d'obtenir un témoignage personnel, c'est moins une question de technique qui intervient que la qualité de l'écoute (...) De même, c'est la disponibilité réelle dont nous témoignons qui facilite l'évolution de l'entretien, des motivations plus superficielles vers des thèmes plus personnels. »*

➢ Les différentes formes d'écoute

Un petit livre très instructif de Michel Ghazal[52], sur l'art de gérer les conflits avec ses enfants, démontre que l'écoute est peut-être encore plus importante avec les jeunes.
L'auteur identifie quatre niveaux d'écoute exigeant un degré d'effort croissant :

- interdire à l'enfant de parler ;
- faire semblant d'écouter sans faire attention à ce qui est dit (on entend peut-être mais on n'écoute pas) ;
- faire une sélection : une partie est écoutée, l'autre délibérément ignorée ;
- écouter pleinement, avec une attention soutenue totale.

Michel Ghazal note :

> *« tous nos sens sont mobilisés, nous écoutons non seulement avec nos oreilles, mais également avec nos yeux et notre cœur, en essayant de percevoir les émotions et les sentiments cachés derrière les mots. »*

Et il conclut que c'est l'écoute de type empathique.
Passer de l'éducation de ses enfants à la vente aux clients pourrait paraître sacrilège et pourtant Gérard Chandezon et Antoine Lancestre[53] affirment :

> *« il va néanmoins falloir développer son écoute, faute de quoi on risque de se retrouver dans des attitudes de fuite, de démission, voire d'agression (...) »*

Les auteurs distinguent trois formes d'écoute :

– l'écoute passive :

on accorde une attention distraite ; dans le langage populaire c'est : *« cause toujours, tu m'intéresses ! »*

– l'écoute projective :

nous écoutons l'autre d'une manière sélective à travers le filtre déformant de nos références personnelles.

---

51. Gilbert MILLET et H. DORRA : *« Comment Mener un Entretien Individuel »*. Editions Dunod Entreprises (1981).
52. Michel GHAZAL : *« Mange ta Soupe et ... Tais-Toi ! »*. Editions Seuil (1992).
53. Gérard CHANDEZON et Antoine LANCESTRE : *« Les Techniques de Vente »*. Collection *« Que sais-je »*. Editions PUF (1985).

– l'écoute active :

« celle qui nous rend réellement disponibles à autrui et à son univers de significations ».
Henri Fraisse[54] constate :

> *« lorsque quelqu'un écoute, ça se voit. Si quelqu'un fait semblant d'écouter, ça se voit aussi au bout d'un moment »*

Et cet auteur rappelle l'exercice proposé par le célèbre psychothérapeute Karl Rogers :

> *« quand vous êtes en discussion âpre avec quelqu'un que vous connaissez bien, obligez-vous à n'exprimer votre point de vue, à propos de chaque argument de votre interlocuteur, qu'après avoir réexprimé les idées et les sentiments de celui-ci et obtenu son accord sur cette "reformulation". Vous constaterez des résultats étonnants si vous parvenez à persévérer, au lieu de revenir brutalement chaque fois à votre propre point de vue (lorsqu'est utilisé constamment le oui-mais). »*

Yves Negro dans l'annexe de son ouvrage[55], reprend une classification des types d'écoute en quatre points :

1) Ecoute Patiente
– ne parler que lorsque l'autre se tait depuis au moins quatre secondes.
2) Ecoute Précise
– ne pas être indifférent aux ambiances et attentes de l'autre.
3) Ecoute Analytique
– filtrer pour en retirer l'idée directrice de l'autre.
4) Ecoute Active
– envoyer des signaux qui témoignent de l'attention.
– reformuler systématiquement.

Lionel Bellenger[56] propose un « guide d'écoute » permettant de développer son écoute si l'on respecte les points clés suivants :
– chercher à comprendre comment l'autre se perçoit ;
– chercher à saisir comment il perçoit ses partenaires et son environnement ;
– chercher à comprendre comment il croit être perçu par les autres ;
– chercher à saisir comment l'autre ressent ce qui est impliqué dans l'objet de l'entretien ;
– chercher les buts, aspirations et ambitions ;
– observer les mécanismes de défense à l'œuvre ;
– observer les mécanismes de compensation en action ;
– repérer le système de valeurs de l'autre.

54. Henri FRAISSE : Opus Cité.
55. Annexe 33 tirée de « *Les Quatre Péchés Mortels du Vendeur* » dans Force de Vente Infos, bimensuel de formation, Pratique SA, Annecy-Le-Vieux. Document amendé et cité dans « *Vente* » de Yves NEGRO. Editions Vuibert (1990).
56. Lionel BELLENGER : « *Qu'est-ce qui Fait Vendre ?* ». Editions PUF (1984).

Dans son ouvrage, cet auteur rappelle également les techniques du docteur Nichols qui permettent d'organiser l'activité de l'esprit pendant l'écoute :

ACTION	EXPLICATION
- EVALUER	Mesurer le sens et l'importance des paroles de l'autre.
- ANTICIPER	Essayer de deviner à l'avance où veut en venir celui qui parle.
- REVISER	Consigner en mémoire ce qui vient d'être dit et le réactiver.
- SPECULER	Rechercher ce que la personne a voulu dire au-delà des mots (arrière-pensée, discours latent, non dit).

Tableau 12 : Les techniques d'écoute du Dr Nichols reprises par Lionel Bellenger.

Lionel Bellenger donne également cinq moyens de renforcer l'écoute qu'il définit de la manière suivante :

> *« Ce sont des récompenses qui encouragent le processus de communication et même orientent les désirs et les préférences. »* [57]

Ces moyens sont les compléments, les murmures positifs, les répétitions, les hochements de tête et les signes d'approbation.

5. LA COMMUNICATION COMPORTEMENTALE [58]

Depuis la fin de la dernière guerre, de nombreux psychothérapeutes ont orienté les recherches sur des approches pragmatiques de la communication. Cette école est venue des Etats-Unis et a rapidement envahi, ces vingt dernières années, l'Europe et la France en particulier.

Nous reconnaissons les apports de ces techniques, entre autres de l'Analyse Transactionnelle et de la Programmation Neuro-Linguistique, les deux méthodes les plus communément répandues aujourd'hui, mais il nous paraît important de souligner qu'elles ont des limites et que, quoi qu'en disent certains spécialistes ou certains ouvrages, le comportement humain se met difficilement en « équation ».

Il n'empêche que ces techniques doivent faire partie de la « boîte à outils » des managers et particulièrement des négociateurs car, dans certains cas et/ou dans certaines situations, elles seront utiles au décodage de la relation. Bien maniées, elles auront une certaine influence sur la compréhension mutuelle des acteurs, donc sur le climat de la négociation.

57. *Opus Cité.*
58. L'auteur remercie Françoise Engrand-Sourdille, psychothérapeute et professeur au CRC qui a bien voulu relire et amender cette section.

Il y a bien sûr d'autres techniques utilisées ou utilisables dans la communication, citons par exemple la morphopsychologie qui étudie les caractères en fonction du « faciès » des interlocuteurs. Nous n'aborderons pas ici ces techniques car elles demandent en général une bonne formation de base en psychologie pour pouvoir être appliquées d'une manière fiable.

☐ L'ANALYSE TRANSACTIONNELLE (AT)

Eric Berne [59], inventeur de l'Analyse Transactionnelle, a mis au point un modèle de compréhension du comportement humain relativement accessible, en théorie, aux non-initiés en psychothérapie.
Le modèle de départ est simple ; chaque individu peut avoir, suivant les moments ou les partenaires sont en présence, trois types de comportements :

– Parent :

C'est celui qui a appris. Il a enregistré tous les discours, préceptes, règles sociales et morales ainsi que les comportements, attitudes et vocabulaire que lui ont transmis ses propres parents et/ou ses parents institutionnels (école, société, etc.).

– Adulte :

C'est celui qui réfléchit. Il recueille les informations en provenance du Parent, de l'Enfant et de l'environnement extérieur, pour les traiter, les organiser, en tirer des conclusions et prendre des décisions. C'est le comportement le plus « froid » et le plus objectif. Il est parfois appelé « l'Ordinateur ».

– Enfant :

C'est celui qui ressent. Il vit ses réactions internes aux événements extérieurs et/ou intérieurs, les émotions authentiques de type peur, colère, tristesse ou joie, les sentiments et les désirs.
L'Enfant peut être spontané, créatif. Soucieux de plaire et d'être aimé, il peut se conformer aux autres.
Ces trois grands types de comportements structurent la personnalité et sont appelés : « les Etats du Moi ».
Ces « Etats du Moi » peuvent être représentés par le schéma suivant :

PARENT = L'APPRIS =	– lois – valeurs – règles – principes
ADULTE = LE REFLECHI =	– information – réflexion – évaluation – prévision

59. Eric BERNE : « *Game People Play* ». Editions Ballantine Books N.Y. (1964).

ENFANT = LE RESSENTI =
- émotions
- sentiments
- spontanéité
- créativité.

Eric Berne a été plus loin dans cette analyse et a subdivisé les « Etats du Moi » en sept types.

- L'Adulte
- Le Parent peut être Normatif ou Nourricier :

- le Parent Normatif peut être le Protecteur qui institue des règles pour garantir la sécurité. S'il critique, brime ou réprime, il devient le Persécuteur ;
- le Parent Nourricier peut être le Donnant et offrir chaleur et encouragement. S'il court à l'aide ou étouffe, il devient le Sauveteur.

- L'Enfant peut être Adapté ou Soumis, Rebelle virulent ou passif, Libre.

Voici en détail les sept types d'Etats du Moi d'Eric Berne :

ETAT	ACTION	MOTS	GESTES/APTITUDES
PARENT Normatif : positif	Guide, édicte la règle, fait respecter la norme,		Poings aux hanches
négatif	Critique, interdit, contraint.	Moral, immoral, il faut, toujours.	Index tendu, sourcils froncés, regard autoritaire.
Nourricier :	Prend en charge, soutient,	C'est bien, vas-y !,	Caresses,
	Couve, console, freine, sur-protège, étouffe	Je vais le faire pour toi, je vais t'aider.	Bras autour des épaules, regard compatissant.
ADULTE	Organise, prévoit, calcule, décide.	Quand, où, combien.	Ouvert, regard direct, gestes mesurés qui soulignent le discours.
ENFANT Adapté :	Respecte les règles, s'adapte aux demandes des autres.		
Soumis :	A peur de mal faire, essaie de deviner ce qu'on attend de lui, se dévalorise.	Euh, ce n'est pas ma faute, j'ai fait de mon mieux, je vais essayer.	Regard fuyant, épaules courbées, rougeurs, voix peu assurée.
Rebelle :	S'adapte aux demandes des autres en les prenant à contre-pied, réagit d'abord en s'opposant.	Ne comptez pas sur moi, vous n'avez pas le droit, vous ne pouvez pas me forcer à...	Haussement d'épaules, mine boudeuse, air renfrogné, récriminations.
Libre :	Réagit spontanément et affectivement aux choses et aux gens.	Oui, non , j'aime, j'aime pas, chic, je veux, tout de suite.	Vit, pleure, saute, bat des mains, se gratte, s'étire, regard brillant qui reflète les sentiments vécus, voix haute, plein d'énergie.

Tableau 13 : Les Etats du « Moi » selon Eric Berne.

Les « Etats du Moi » sont des données de départ dans la relation et ceci pour chaque individu.
Le système va devenir opérant lorsqu'il y aura interaction entre deux ou plusieurs individus, ce que l'Analyse Transactionnelle appelle des transactions.

D'une manière générale, l'Analyse Transactionnelle distingue deux grands types de transactions : les simples et les croisées.

➢ Transactions simples ou parallèles

Ce sont les interactions de deux personnes qui ont, au moment de la relation, les mêmes Etats du Moi.
Exemples

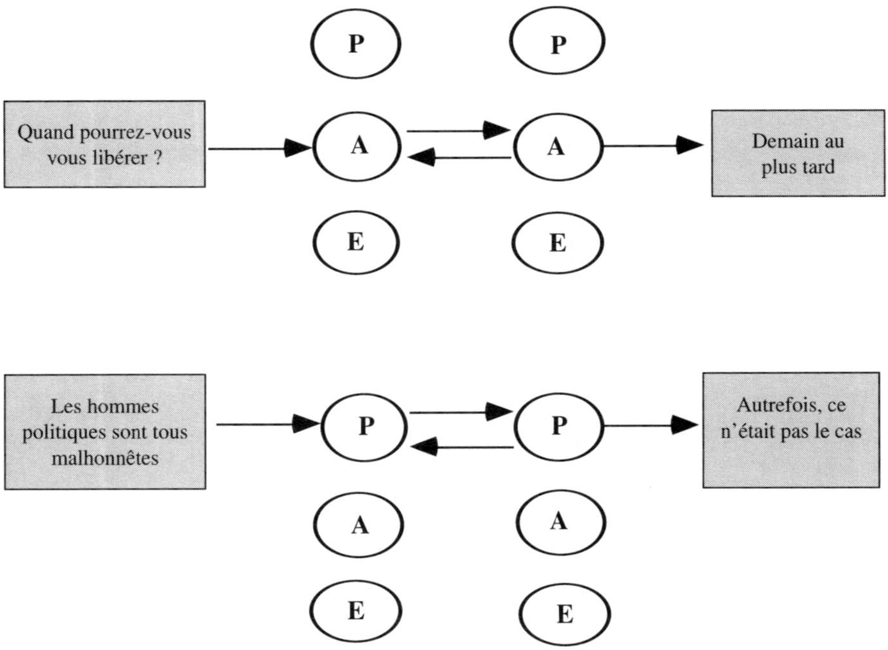

Schéma 4 : Interactions simples.

P : Parent
A : Adulte
E : Enfant

Ce sont les transactions les plus faciles, les plus sereines. Elles permettent à la communication de se poursuivre sans rupture, elles s'auto-entretiennent, elles manquent de créativité.

➢ Transactions croisées

Ce sont les interactions de deux personnes, qui ont, au moment de la relation, des Etats du Moi différents.

Exemples

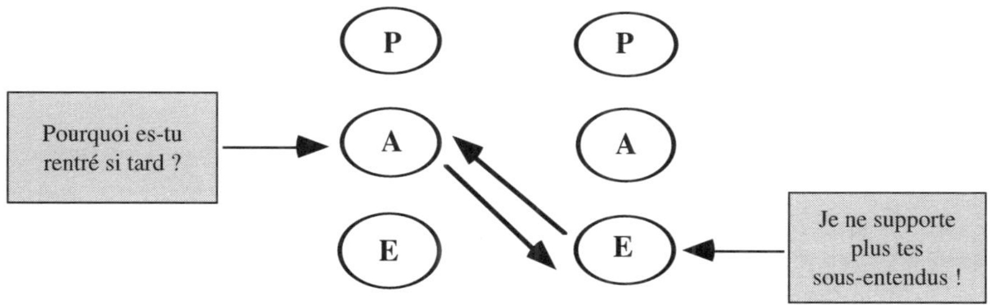

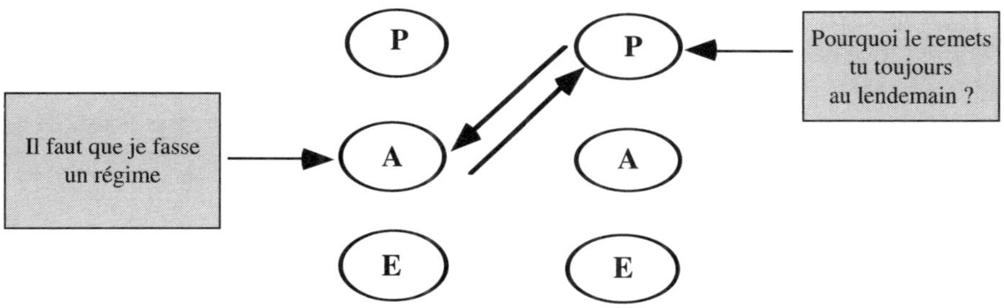

SCHÉMA 5 : INTERACTIONS COMPLEXES.

Les transactions croisées vont entraîner une rupture ou une déviation de la communication. C'est dans ces transactions que l'analyse va être la plus difficile, mais c'est aussi là que l'Analyse Transactionnelle va pouvoir aider les partenaires.

D. Delaunay et G. Wallaert [60] ont appliqué la démarche de l'Analyse Transactionnelle aux styles des négociateurs.

Les auteurs ont repris la démarche de Black et Mouton et leur grille, en prenant trois axes :

- l'ordonnée : indique le degré d'intérêt pour l'autre : plus on est en haut, plus la relation a d'importance pour lui ;
- l'abscisse : indique le degré d'intérêt pour le gain : plus on est à droite, plus on est intéressé par le gain ;

60. D. DELAUNAY et G. WALLAERT : « *Vente et Analyse Transactionnelle* ». Editions Garnier (1989).

– la médiane : indique le degré d'intérêt pour la solution, et le développement : elle indique la recherche d'optimisation.

Les auteurs déterminent ainsi cinq grands styles de négociateurs, indiqués dans ce schéma :

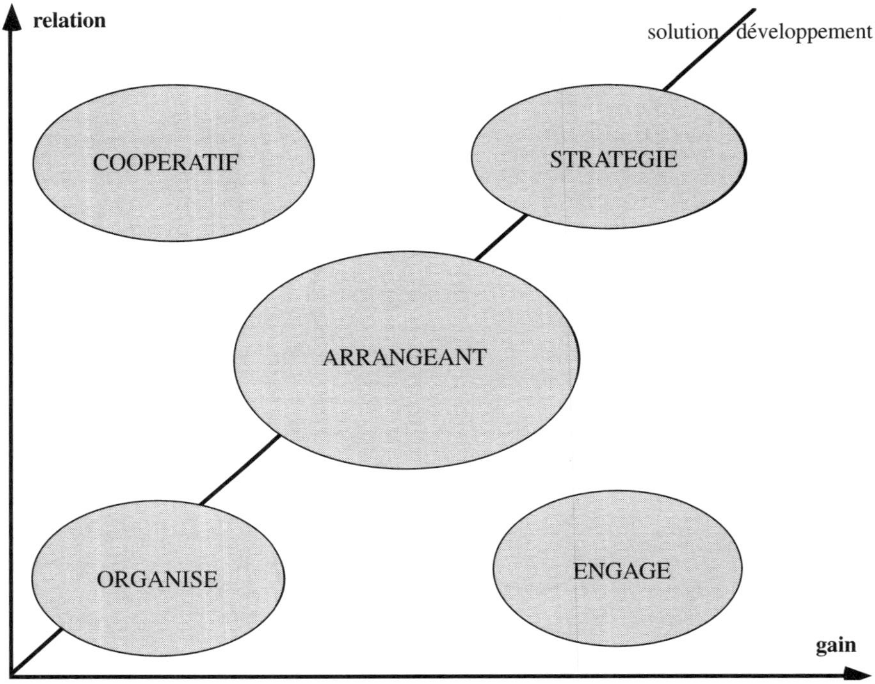

Schéma 6 : Les styles de négociateurs, selon Black et Mouton.

Pour chaque style, nous allons retrouver des points forts et des points faibles.
Il est à noter que ces forces et ces faiblesses auront des incidences différentes en fonction du type de transaction.

STYLE	POINTS FORTS	POINTS FAIBLES
ENGAGE	**Dynamique** - tonus - combativité - connaissances professionnelles - goût pour la technique - fonceur	**Dominateur** - agressif - dur - méprisant - crainte de se faire avoir - désir de coincer l'autre
ARRANGEANT	**Réaliste** - ingénieux - souple - prudent - mesuré - connaît les rituels - habile - rassure - se fait apprécier	**Manipulateur** - utilise les manoeuvres, les fausses promesses - oscille continuellement - oui, mais… - sceptique - joue l'innocent
COOPERATIF	**Conseiller** - contacts - sait écouter - attentif, patient - sait expliquer	**Gentil** - craint les confrontations - cède facilement - a trop confiance dans les autres - "ce n'est pas grave"
ORGANISE	**Gestionnaire** - compétent dans son domaine - rigueur - honnêteté - courtoisie - maîtrise de soi	**Distant** - retrait - peu d'intérêt pour l'autre - trop soucieux des rites - soumis
STRATEGE	**Créatif** - idées neuves - goût du progrès - aime à la fois les contacts et les engagements - aime les défis - aime le travail en équipe - recherche les intérêts communs	**Exigeant** - vise la perfection - a peur de la médiocrité - imaginatif mais trop rationnel - parfois tiraillé

TABLEAU 14 : LES STYLES AVEC LES POINTS FORTS ET LES POINTS FAIBLES SELON DELAUNAY ET WALLAERT.

Il est bien évident que la littérature [61] et les spécialistes vont beaucoup plus loin dans l'analyse et proposent des explications et des solutions appropriées à quasiment chaque cas de figure.

61. Entre autres « *L'Analyse Transactionnelle* » de Alain CARDON, Vincent LENHARDT et Pierre NICOLAS. Editions d'Organisation (1983).

Par ailleurs, l'Analyse Transactionnelle offre l'immense avantage de pouvoir être développée pour approfondir la connaissance de soi. Elle apporte des grilles de lecture, des scénarii répétitifs pour découvrir l'origine des problèmes individuels et aider à les résoudre. Il va sans dire que cette approche thérapeutique en profondeur nécessite l'accompagnement d'un psychothérapeute confirmé et ne peut être laissée à la libre utilisation de chacun.
Déjà, dans la réalité des relations et en particulier dans la négociation, le problème se complique sérieusement à plusieurs niveaux :

- nous ne sommes jamais à 100 % Enfant, Adulte ou Parent ;
- il est parfois difficile de décoder l'Etat du Moi de l'autre et le mien ;
- l'analyse est faite à un moment «t» de la relation et des arguments, des questions ; des attitudes et/ou des comportements viennent influencer et peut-être modifier les Etats du Moi en présence :
- comment faire pour m'adapter systématiquement aux changements d'Etat du Moi ? Suis-je sûr de ne pas me tromper et de ne pas arriver au résultat inverse de celui escompté ?

Voilà une partie des questions que peuvent se poser légitimement les négociateurs au regard de l'Analyse Transactionnelle. Il n'empêche qu'elle a le mérite d'exister, d'être relativement claire et assez simple à utiliser dans certaines situations très typées.

☐ La programmation neuro-linguistique (PNL)

Plus récente que l'analyse transactionnelle, la Programmation Neuro-Linguistique a néanmoins fait une belle percée en France, vu le nombre d'ouvrages mis en vente et le grand nombre de propositions de stages de formation.
La Programmation Neuro-Linguistique part du principe que nos comportements sont programmés par nos expériences personnelles, nos croyances, nos valeurs, nos critères et nos actions.
Cette programmation est organisée et traitée par le système (ou les systèmes) nerveux à partir de nos perceptions sensorielles.
Enfin, ces comportements programmés s'expriment par le langage non seulement verbal mais aussi corporel et kinesthésique[62].
La Programmation Neuro-Linguistique va analyser les rapports, les contacts entre deux personnes.
Analyser le rapport sous l'angle de la Programmation Neuro-Linguistique, c'est chercher une adaptation, voire un mimétisme des comportements, pour que chaque partenaire soit en phase avec l'autre.

62. Kinesthésie : sensation interne du mouvement des parties du corps assurée par le sens musculaire (sensibilité profonde des muscles) et par les excitations du labyrinthe de l'oreille interne. Petit Robert 1 (1991).

Exprimé d'une autre manière, la Programmation Neuro-Linguistique permet de s'harmoniser sur les rythmes corporels et sur le vocabulaire de son interlocuteur, de façon à se mettre, bien sûr momentanément, dans sa peau en connaissant et en partageant ses visions.
La Programmation Neuro-Linguistique est fondée sur trois grandes techniques :

- la synchronisation corporelle : l'attitude du corps, les mouvements, les gestes, la voix, les mimiques du visage et le rythme respiratoire ;
- la synchronisation du vocabulaire : les verbes, les adverbes et les adjectifs ;
- la synchronisation des systèmes de valeurs, et des motivations.

D'une manière schématique, la Programmation Neuro-Linguistique va observer et harmoniser les points suivants :

- la distance entre les individus ;
- le rythme et les gestes dans les postures ;
- le volume, l'expression et le rythme de la voix et du discours ;
- la représentation sensorielle par le visuel, l'auditif et le kinesthésique.

La relation sensorielle et le comportement peuvent être illustrés par les exemples suivants :

A - Visuel :	raideurs, bras levés, respiration courte et hachée, voix haute et en cascade. *mots utilisés* : evidemment, lumineux, perspective, cliché.
B - Auditif :	attitude relachée, respiration souple, voix bien placée. *mots utilisés* : faire la sourde oreille, être au diapason, harmonie.
C - Kinesthésique :	attitude très relachée, parler avec les mains, respiration profonde et lente. *mots utilisés* : les pieds sur terre, le coeur sur la main, avoir du flair.

La P.N.L consiste donc à modifier ses représentations mentales :

> *« Il ne s'agit pas de voir les choses de façon positive à tout prix, mais de les envisager sous un autre angle. »* [63]

L'objectif de la P.N.L est :

> *« Acquérir des stratégies d'excellence pour devenir un meilleur vendeur (ou acheteur, ndlr) en apprenant à visualiser son objectif avec la vue, l'émotion et l'oreille. (...) Nous n'obtenons que ce que nous avons rêvé d'avoir. »* [64]

Pour décoder l'autre et harmoniser la relation, il faudra donc observer et agir dans le bon sens.

63. Interview de Valérie Ngom in « Action Commerciale » n° 183.
64. Idem.

Nous sommes conscients de n'avoir donné ici qu'un aperçu des possibilités de la Programmation Neuro-Linguistique. Notre rôle n'est pas d'assurer une formation dans ce domaine ; la littérature spécialisée [65] et les stages, pour ce faire, sont irremplaçables.
Nous pourrions, à la rigueur, tirer les mêmes conclusions pour la Programmation Neuro-Linguistique que pour l'Analyse Transactionnelle, à savoir que ce n'est qu'une approche parmi d'autres et que des questions fondamentales demeurent : est-on sûr de ne pas se tromper lorsque l'on analyse un comportement ? Comment s'adapter rapidement au changement de l'autre ?

Un manager qui maîtrise bien les techniques de l'Analyse Transactionnelle et de la Programmation Neuro-Linguistique ne pourra qu'augmenter son efficience et son talent dans les négociations.
Maxime Leroux [66] conclut sur la Programmation Neuro-Linguistique :

> *« Ce qui est magique (...) c'est de rentrer dans les cadres de référence de son interlocuteur. Il ne s'agit pas d'en être dupe et de les "gober" purement et simplement, mais bien de les respecter pour l'orienter vers le domaine d'intérêts qui recoupe les nôtres. Inutile pour cela de lui démolir sa "baraque" mentale et de le dépouiller de l'habillage familier de sa pensée (...). Il s'agit pour un moment d'adopter sa manière de voir et de dire, si on veut le voir modifier sa manière de faire ».*

Ces remarques pertinentes concernant la Programmation Neuro-Linguistique peuvent parfaitement s'appliquer à l'Analyse Transactionnelle.
En effet, ce serait une erreur de mettre en concurrence l'Analyse Transactionnelle et la Programmation Neuro-Linguistique; leurs buts sont communs : mieux comprendre l'autre. Ces deux approches sont beaucoup plus complémentaires qu'opposées.
Il s'agit dans chaque cas d'observer l'autre et d'être en position « d'écoute » totale pour se « brancher » sur lui. Le tableau suivant donne une brève comparaison entre les deux approches :

65. Un des meilleurs ouvrages sur la P.N.L appliquée à la négociation est celui de François Delivré « Le Pouvoir de Négocier », Editions d'Organisation, 2e édition, (1998).
66. Maxime LEROUX et Mariette DELAIN : *« Les dimensions cachées de la négociation »*, INSEP Editions.

	A.T	P.N.L
APPROCHE	Analyser les relations en fonction des profils de personnalité	Analyser les liens entre perceptions sensorielles et la liaison langage/attitudes
OBJECTIF	Se synchroniser entre les types de personnalité	Décoder les gestes et les sensations pour comprendre l'autre
MOYENS	Les états du moi (PAE)	Les perceptions visuelles, auditives, kinesthésiques et les mots
AVANTAGES	Relativement simple, ne demande pas une formation de base en psychologie	Développe l'écoute et l'observation
INCONVENIENTS	L'analyse peut paraître réductrice et simpliste	Difficile à optimiser

adapté de C. Dupont (1994)

TABLEAU 15 : COMPARAISONS ENTRE ANALYSE TRANSACTIONNELLE ET PROGRAMMATION NEURO-LINGUISTIQUE.

CONCLUSION

Ayant commencé ce chapitre par une note d'humour, nous aimerions le terminer de même ; pour se faire, nous allons reprendre un extrait d'article de Bob Levay [67], journaliste au Washington Post, qui explique comment « torturer » un télévendeur, c'est-à-dire un vendeur par téléphone :

> *« Se débarrasser d'un télévendeur n'est pas si difficile que ça. Personnellement, je suis un fervent adepte de la contre-offensive psychologique. Autrement dit, si quelqu'un vous prend la tête, faites en autant. Voici donc quelques ripostes possibles :*
> *– Si le vendeur commence par vous demander comment vous allez, répondez avec rage : « Ah, bah ! Je suis bien content que vous me posiez la question parce que, depuis quelques temps, on dirait que tout le monde s'en fiche.*

66. Article repris par « *Courrier International* » du 30 otobre 1997.

Avec tous les problèmes que j'ai, ma sciatique qui remet ça, mes sourcils qui me démangent, mon chien qui vient de mourir ».
– Si le vendeur vous annonce qu'il s'appelle John Doe, de la société XYZ, demandez lui de vous épeler ses nom et prénoms. Puis demandez lui de vous épeler le nom de la société. Puis demandez lui l'adresse de la société. Puis demandez lui de répéter le tout. Recommencez autant de fois que nécessaire.
– Dites « non ». Dites seulement « non ». Dites et redites « non ». Inlassablement et d'une voix monocorde.
– Dites au vendeur que vous êtes occupé, mais que vous êtes tout à fait disposé à le rappeler. Il vous répondra systématiquement qu'il ne peut pas vous donner le numéro de la société. Demandez lui alors son numéro personnel. D'après les stratèges, cette tactique est la plus rapide et la plus sûre... »

Ces quatre points n'étant qu'un échantillon des recommandations faites par ce journaliste !

CHAPITRE 10

L'INTERCULTUREL DANS LES NÉGOCIATIONS

« L'anglais est un praticien qui n'a pas de théorie,
l'allemand un praticien qui applique la théorie
et le français un théoricien qui ne les applique pas ».
Auguste DETOEUF

Introduction

Depuis quelques années, deux grandes pistes, parmi d'autres, de recherches et d'expérimentations sont explorées par les chercheurs, à savoir l'interculturel et la négociation :

– l'interculturel par la mondialisation de l'économie, par les réseaux de type Internet, ou tout simplement par le marché touristique.
– la négociation, par de nouveaux champs d'application, les projets par exemple.

Le rapprochement interculturel/négociation s'est imposé de lui-même par le besoin des hommes de négocier avec d'autres, de culture, d'origine et/ou de religion différentes.
Aujourd'hui, la science ne répond qu'en partie à cette problématique ; l'expérience et les « recettes » tiennent encore le haut du pavé. De nombreux chercheurs, pour la plupart de notoriété internationale, ont identifié des facteurs culturels qui influencent le déroulement et/ou le résultat des négociations internationales, mais, nous allions dire « comme d'habitude », ces experts n'arrivent pas à se mettre d'accord sur le rôle de ces facteurs.

Une des meilleurs synthèses à ce sujet a été faite par C. Dupont au congrès du SIETAR à Munich (juin 1996) dont le thème était :

« Rencontre avec le défi de l'interculturel »

Dans sa présentation, cet auteur s'appuie sur un ouvrage [1] qui reprend les conclusions d'une étude de l'Unesco (1992) qui avait pour objectif de mesurer l'impact

1. *« Culture and Negotiations »* de Guy-Olivier FAURE et John RUBIN, Editions Sage Publications, (1993).

des facteurs culturels sur le processus et les conséquences dans les négociations internationales.

Pour ces auteurs, les experts se divisent en quatre grandes catégories :

1) Les septiques
Ce sont ceux qui estiment que les différences culturelles peuvent influencer les négociations internationales mais que ces facteurs sont trop souvent surestimés. Un des chefs de file de cette école, W. Zartman, expert mondialement reconnu, affirme :

> « *Il y a des variables culturelles, certes, mais il y a aussi une base égale universelle pour tout le monde* ». [2]

2) Les avocats forts
Ces experts affirment qu'un des critères fondamentaux de la négociation internationale est l'aspect interculturel. Un représentant de cette catégorie, Fayerweather (1976) écrit :

> « *L'unique caractéristique des négociations internationales par rapport aux nationales est qu'elles sont influencées par une grande variété d'environnements qui déterminent la sélection des tactiques appropriées et des stratégies de négociation devant être adoptées* ».

3) Les modérés
Pour ces experts, les négociations sont influencées par les facteurs culturels, mais à des degrés différents. Faure et Rubin, qui se placent dans cette catégorie, affirment [3] :

> « *Les mots qu'ils utilisent et les actions qu'ils sous-estiment (les négociateurs internationaux, ndlr) sont des facteurs qui influencent les comportements et à travers cela le processus de négociation* ».

4) Les pragmatiques
Par rapport aux chercheurs et/ou aux auteurs, ce sont en général des professionnels qui ont une large expérience de la négociation internationale sur le terrain. W. Lang [4], diplomate de carrière, soutient que les facteurs culturels ont un impact mais qu'il y a bien d'autres facteurs qui ont une influence importante sur les négociations :

> « *Les facteurs liés à la personnalité, l'expérience personnelle, le degré vers lequel le négociateur est contraint ou par mandat ou par instructions et de plus en plus la complexité grandissante des problèmes résultant des avances rapides de la science dans beaucoup de cas, ceci accordant un rôle plus important aux experts et aux spécialistes.* »

2. Phrase prononcée lors d'un colloque à l'ESSEC en novembre 1997.
3. G.O. FAURE et J. RUBIN, *opus cité*.
4. Dans l'ouvrage de FAURE et RUBIN.

Pour notre part, nous nous situons entre les « septiques » et les « pragmatiques ». Septique par le résultat des deux enquêtes présentées plus loin, pragmatique par l'expérience que nous avons des négociations internationales.

Ce chapitre va se décomposer en trois grandes parties :

– La partie 1 va balayer rapidement les différences entre négociations nationales et internationales.
– La partie 2 explique brièvement deux enquêtes que nous avons menées et qui ne corrèlent pas, loin s'en faut, l'approche des « avocats forts » décrits plus haut.
– La partie 3 dresse une liste de recommandations établies par des experts pour des négociateurs internationaux.

1. NÉGOCIATIONS NATIONALES – INTERNATIONALES

C. Dupont [5] distingue trois grandes différences entre les négociations nationales et internationales :

1) les différences culturelles, par exemple : la langue, les normes, les croyances, valeurs et pratiques sociales.
2) les différences dans les systèmes juridiques, que ce soit en matière de fondements du droit, des juridictions et/ou de la réglementation.
3) les différences dans les systèmes politico-administratifs.

J. Salacuse [6] affine la démarche en définissant six différences :

1) les aspects politiques et légaux ;
2) les aspects économiques (dont les problèmes monétaires) ;
3) les politiques gouvernementales et/ou administratives ;
4) les risques d'instabilité ;
5) le rôle des idéologies ;
6) les différences culturelles.

A partir du cadre de ces analyses faites par ces deux experts, nous développerons uniquement les différences culturelles.

☐ Les facteurs culturels

Que doit-on entendre par culture ? C. Dupont [7] identifie à travers les publications scientifiques une vingtaine de définitions différentes et il précise : *« De nombreuses définitions ont été proposées pour définir ce qu'il faut entendre par "culture". Ceci s'explique (comme d'ailleurs aussi pour la négociation dans une certaine mesure)*

5. C. DUPONT, *opus cité.*
6. John Salacuse in « Negotiation Journal » de janvier 1988 (cité par C. Dupont).
7. *Opus cité* (pages 330 et suivantes).

par la diversité des approches disciplinaires ; c'est ainsi par exemple qu'anthropologues et sociologues n'appréhendent pas le concept de la même manière ».

Si nous prenons la définition de Faure et Rubin [8] :

« Ensemble durable de significations, de valeurs et de croyances partagées par un groupe qui le caractérisent et orientent son comportement », nous nous rendons compte que l'identification formelle des facteurs culturels influençant la négociation internationale est délicate et ceci pour plusieurs raisons :

1) les objections formulées plus haut par C. Dupont ;
2) l'homme (et bien sûr la femme) sont des êtres complexes et la psychologie, la sociologie ou l'anthropologie, pour ne citer que ces approches, n'ont pas, et de loin, fait à ce jour « le tour » du comportement humain ;
3) Attribuer des facteurs culturels à telle ou telle population peut amener le négociateur à tomber dans les stéréotypes.

Ce problème des stéréotypes est tellement présent dans les négociations internationales (mais également dans toute négociation) que nous allons l'illustrer.

☐ Les stéréotypes

En négociation, particulièrement et surtout dans les approches psychologiques, le problème de la modélisation des attitudes et des comportements se rencontre souvent ; que ce soit par « famille » de négociateurs : les types d'acheteurs ou de vendeurs ou par région et/ou par pays. Le problème est encore plus sensible dans les négociations internationales. M. Bosche [9] a fait des travaux très originaux, en particulier sur le problème des stéréotypes. En 1989, il a fait passer un questionnaire à des hommes d'affaire français installés en Corée et à des hommes d'affaire coréens. Le questionnaire comportait quatre vingt stéréotypes culturels traitant les comportements coréens tels qu'ils étaient perçus par les cadres français concernés. Parmi les sept thèmes identifiés par le chercheur, nous avons retenu celui concernant les valeurs qui est, à notre avis, le plus significatif des stéréotypes culturels, à savoir la perception des valeurs.

8. G.O FAURE et J. RUBIN, *opus cité.*
9. Marc BOSCHE in *« Le Management Interculturel »* Editions Nathan 1993 (pages 192 et suiv.)

	Item	Français	Coréens
1	Les coréens apprécient ce qui est beau	43,9 %	89,7 %
2	Les coréens savent profiter de la vie	75,6 %	65,5 %
3	Les coréens sont sans gêne	73,2 %	17,2 %
4	Les coréens ont le sens du religieux	58,5 %	41,4 %
5	Les coréens considèrent que les femmes sont entièrement au service des hommes	85,4 %	29,3 %
6	Les coréens manquent de scrupules	56,1 %	19,0 %
7	Les coréens ont pitié des personnes en difficulté	24,4 %	70,7 %
8	Les coréens mentent facilement	51,2 %	24,1 %
9	Les coréens acceptent que les autres soient différents d'eux-mêmes	36,6 %	65,5 %

Source : M. Bosche

TABLEAU 1 : PERCEPTION DES VALEURS.

Au vu de ces résultats, on constate que la perception des coréens et des français est largement différente pour 7 affirmations sur 9 ; et pourtant, les cadres français interrogés étaient tous résidants en Corée, donc censés connaître le peuple coréen.
Cette illustration de stéréotypes doit renforcer le sentiment d'humilité que les négociateurs doivent développer lors de leurs échanges interculturels.
Ce problème soulevé, nous allons néanmoins continuer notre démarche de deux grandes manières, nationale et internationale.

□ Approche internationale

Weinshall [10] a établi une liste de variables culturelles influençant le fonctionnement des organisations :

1 – valeurs et croyances
2 – langage et communication
3 – tempérament et caractère
4 – attitudes en général et notamment vis à vis du changement
5 – motivations et besoins d'accomplissement
6 – stéréotypes nationaux
7 – pratiques relatives au travail et au fonctionnement de l'économie
8 – structures et pratiques sociales
9 – modes d'autorité
10 – changement technologique

C. Dupont [11] commente ces travaux : *« Aussi limitée et hétérogène qu'elle soit, cette liste est un point de départ pour montrer la variété des facteurs qui contribuent à composer l'image culturelle du négociateur adverse ».*

10. T. Weinshall in *« Culture and Management »* Editions Peguin Books, (1977).
11. *Opus cité* (page 333).

Il propose d'utiliser et d'interpréter cette approche dans la négociation de la manière suivante :

> *« Il suffit de reprendre point par point l'énumération ci-dessus pour établir par additions successives le profil culturel de tel ou tel groupe. Pour ne prendre que quelques illustrations quasi-évidentes, il suffit de penser à l'importance du premier facteur dans le comportement du négociateur arabe, de celui du septième et neuvième facteur dans le comportement du négociateur ex-soviétique, de celui du cinquième pour le négociateur américain ou encore du huitième pour le japonais, etc. ».*

S'il est indéniable que certains traits sont caractéristiques de telle ou telle population, qu'en est-il pour un négociateur marocain élevé en France, ayant fait ses études aux USA, travaillant dans une société allemande et négociant une joint-venture avec des japonais ? La réalité dépassant souvent la fiction...

☐ Approche nationale

Cette dernière interrogation en forme de boutade est peut-être irréaliste, mais certains grands traits culturels peuvent néanmoins être identifiés.
Un auteur français, M. Cathelineau [12] a mené une étude de 1987 à 1990 auprès de mille négociateurs français représentatifs des différentes fonctions de l'entreprise de différentes classes d'âge et de niveaux hiérarchiques. Il a identifié à travers cette population et ceci grâce à des questionnaires, 14 comportements spontanément utilisés par les négociateurs français ; il en déduit :

> *« Le négociateur français a des comportements caractéristiques qui expliquent ses points forts et ses points faibles dans la négociation ».*

L'auteur cite, entre autres :

– Le goût latin de la dialectique
> *« Argumenter et contredire sont deux comportements bien développés chez le négociateur français »*

– Un manque de ténacité
> *« Il utilise peu les comportements affirmer et faire pression contrairement à ses homologues américains »*

– Une débrouillardise hors du commun
> *« créatif, cultivé, astucieux, débrouillard, il trouve toujours des idées et a une grande capacité à faire des propositions; c'est le côté système D du français »*

---

12. Marc CATHELINEAU *« Négocier Gagnant »* InterEditions (1991).

– Une écoute insuffisante
« (...) sa réceptivité, manifester son ouverture, soutenir, écouter, est plutôt médiocre »

– Le recours au rationalisme cartésien
« il n'a pas son pareil pour analyser les problèmes »

– Manque d'aisance dans les relations humaines
« contrairement à ses homologues anglo-saxons, il est mal à l'aise dans la gestion des rapports humains »

– Un certain esprit de contradiction
« il n'hésite pas à contredire ses interlocuteurs »

– Un optimisme à toute épreuve
« il voit toujours les choses de manière positive; c'est un de ses paradoxes culturels ».

Si l'analyse de M. Cathelineau se révèle exacte et rien ne permet d'en douter, il faudrait néanmoins, pour mieux appréhender les négociations internationales :

– faire la même analyse avec la population étrangère concernée
– discerner les types de négociation : commerciale, sociale, interne, les enjeux et le rapport de forces.

2. ENQUÊTES

Nous allons, dans cette partie, exposer deux approches terrain que nous avons réalisé ces dernières années dans le cadre des programmes de recherche du LEARN [13]. La première étude concerne un seul métier – acheteur professionnel – la deuxième étant axée sur un public très large dont la plupart n'étaient pas des négociateurs professionnels. Le point commun des deux expériences est la participation de très nombreux étrangers.

☐ Première approche

A l'occasion de séminaires de formation pour des responsables commerciaux (achats-approvisionnements) pour une importante société française de base, mais multinationale dans ses activités, un questionnaire de sensibilité interculturelle concernant la négociation a été proposé aux participants dont la nationalité était de plusieurs variantes : français mais aussi italiens, allemands, anglais ou espagnols.

---

13. LEARN, Laboratoire d'Etudes, d'Analyses et de Recherche sur la Négociation, laboratoire du groupe ESC Lille, sous la direction du Professeur Christophe Dupont.

Ce test comprenait plusieurs questions. Dans le cadre de ce chapitre, nous en avons retenu que quelques unes. Le libellé de l'item ainsi que les réponses sont donnés ci-après. Bien entendu, cette étude n'a pas l'ampleur de celles présentées précédemment; de plus, nous n'avons pas cherché à la valider scientifiquement.

Notre objectif était double :
– faire prendre conscience aux participants des bases de la négociation
– montrer la convergence des perceptions quelle que soit la culture des participants.

➢ Etudes [14]

A) 1er item

1a – question : Quels sont, d'après vous, les mots clé de la négociation ?
1b – réponses (en suggéré et par ordre d'importance) : Intérêt, convergence, fermeté, volonté, conciliation, autres mots.
1c – réponses (en spontané et par ordre d'importance) : obtenir, rechercher, parvenir, trouver, arriver à un accord.

B) 2e item

1a – question : Quels sont les qualités nécessaires pour être un bon négociateur ?
1b – réponses :

conviction	32 %
empathie	19 %
volonté	13 %
réalisme	11 %
autres	25 %

C) 3e item

1a – question : Quelle est votre opinion sur les affirmations suivantes ?
1b – réponses :

14. L'étude comportait neuf points, nous n'en reprenons que trois.

Affirmation	D'accord
Pour qu'on puisse parler de négociation, il faut qu'il y ait une divergence de points de vue entre partenaires	57 %
Dans une négociation, il y a toujours un vainqueur et un vaincu	6 %
Négocier et vendre, c'est la même chose	37 %
La négociation ne s'apprend pas, elle est innée	6 %
Lorsque l'on négocie, on doit toujours maximiser ses propres intérêts	54 %
Toutes les négociations se ressemblent	14 %
Dans une négociation, il est toujours nécessaire de prévoir une solution de repli	100 %
Le but d'une négociation c'est toujours de faire mieux que le partenaire	37%
Les femmes sont de meilleures négociatrices que les hommes	9 %
La négociation est une science	50 %
Une bonne négociation, c'est une négociation qui donne satisfaction aux deux parties	97%
Dans une négociation, les partenaires sont interdépendants, c'est à dire qu'ils ont besoin l'un de l'autre pour réaliser leurs objectifs	100 %
Si des partenaires négocient, c'est qu'ils préfèrent la négociation à l'emploi de la force	97 %
Dans une négociation, on peut servir ses propres intérêts sans léser l'autre	100 %
Bien négocier, c'est savoir manipuler	30 %
Dans une négociation, il faut être ferme sur le problème et doux avec les personnes	80 %
Pour bien négocier, il faut savoir se mettre à la place de l'adversaire	86 %
Les résultats d'une négociation ne peuvent s'évaluer qu'après plusieurs années	11 %
Les difficultés du partenaire avec qui on négocie ne regardent que lui	11 %
Aujourd'hui, on ne négocie plus car la distribution est devenue trop puissante	0 %
Une négociation en précède toujours une autre	88 %

Conclusion de cette étude :

Avec les réserves exprimées plus haut (traitement statistique et justification scientifique), nous avons constaté qu'il n'y avait pas de perceptions culturelles différentes faites par les étrangers par rapport aux français.
Cette constatation a été confirmée par la même étude faite auprès de 160 négociateurs (de tous styles, commerciaux, sociaux, internationaux) dont la moitié étaient des étrangers (en majorité européens) [15].
Les résultats ont été sensiblement les mêmes que pour les acheteurs de la première étude.

15. Cette enquête a été menée par les étudiants du Dess Comex (Université de Lille I) et ceux de la maîtrise du Dess Affaires Internationales (du département LEA de l'Université de Lille III).
Les résultats ont été traités et analysés par le professeur Michel Felix. L'auteur tient à remercier chaleureusement toutes les personnes qui ont participé à cette étude.

☐ Deuxième approche

Lors de conférences ou de séminaires de négociation, nous commençons souvent notre intervention par un jeu appelé « ALPINA » qui a comme objectif principal de mettre en évidence les paramètres de base qui influencent la négociation. Sous une forme simple et imagée, le cas permet d'en rester aux généralités ou d'approfondir ce que l'on peut appeler « les éléments constitutifs » d'une négociation.

➢ Le cas ALPINA [16]

Ce cas consiste à faire une comparaison entre quatre variantes d'une même situation de négociation très simple ; ces variantes diffèrent par certaines caractéristiques qui ont trait aux trois familles de paramètres suivants :

- les enjeux des négociateurs et leur intensité
- le rapport de force
- la relation entre les acteurs

Le choix des caractéristiques (symbolisant les paramètres) a été fait pour contraster d'une manière assez frappante les quatre situations. On donne ainsi une certaine qualité prédictive à l'exercice, car en connaissant les paramètres, il est possible (dans une large mesure) de prédéterminer le résultat.
Grâce à cette constance des résultats, par ailleurs prévus avec une probabilité élevée, on peut en déduire la proposition qu'il existe bien des paramètres présents dans les négociations et dont le jeu combiné aboutit à un certain résultat.

Conclusion de cette étude :

Le jeu « ALPINA » a été appliqué plusieurs centaines de fois et ceci dans de nombreux pays [17] avec des populations contrastées [18].
95 % des résultats sont identiques ; nous pouvons en tirer une deuxième conclusion : quel que soit le pays, la culture, l'âge, le sexe, la positions sociale des participants, une grande majorité obtient sensiblement les mêmes résultats. Les facteurs culturels, tout du moins dans cette expérience, ont peu, pour ne pas dire aucune incidence sur le résultat de la négociation.

16. Pour une description détaillée du déroulement et de l'interprétation de ce cas, se reporter à l'ouvrage « *La Négociation, Applications et Exercices* » de C. DUPONT et P. AUDEBERT Editions Dalloz, (1994)
17. Entre autres : France, Belgique, Hollande, Pologne, Roumanie, Syrie, Congo-Brazzaville, Algérie, Maroc, Italie, etc.
18. Dirigeants, cadres supérieurs, cadres moyens, techniciens, étudiants, etc.

3. RECOMMANDATIONS D'EXPERTS

Nous donnons, dans cette partie, des tableaux comparatifs et des recommandations établis par des experts ou des organisations dont la plupart sont très connus. Ce qui a été décrit dans les deux premiers chapitres nous empêche de faire une analyse critique et encore moins une synthèse de cette somme de constatations et de recommandations. Certaines paraîtront complémentaires, d'autres contradictoires ; le lecteur y trouvera simplement quelques pistes de réflexion, pour ne pas parler de « recettes », qui peuvent se révéler utiles sur le terrain.
Nous décrirons dans un premier temps des analyses comparatives entre plusieurs cultures et dans un deuxième temps des conseils en fonction de pays spécifiques.

☐ Analyses comparatives inter-pays

➢ Modèle de G. Hofstede [19]

Cet expert a mis en évidence et a classifié les différences culturelles nationales d'un certain nombre de populations. Il s'est basé sur l'étude des salariés d'IBM à travers le monde.
Il est à noter que cette étude à été fortement remise en cause par F. Tromennars [20], autre professeur hollandais. Sur ce fait, G. Hofstede a répondu à ces attaques par d'autres critiques ; querelle d'experts...

Pays	Distance hiérachique	Individualisme	Masculinalité	Contrôle de l'incertitude
Afrique de l'Ouest	77	20	46	54
Allemagne	35	67	66	65
Brésil	69	38	49	76
Chine	80	15	55	40
Egypte	70	25	45	80
Espagne	57	51	42	86
Etats-Unis	40	91	62	46
France	68	71	43	86
Grande-Bretagne	35	89	66	35
Hongrie	19	55	79	83
Italie	50	76	70	75
Japon	54	46	95	92
Pays-Bas	38	80	14	53
Russie	95	47	40	75
Singapour	74	20	48	8

Source : G. Hofstede

TABLEAU 2 : CLASSEMENT DES PAYS EN FONCTON DE 4 CRITÈRES.

Interprétation du tableau : Plus le chiffre se rapproche de 100, plus le critère est pertinent.

19. Guert Hofstede *« Les Différences Culturelles dans le Management »*, Editions d'Organisation, (1996).
20. In *« International Journal of Cultural Relations »* volume 20 n° 2 (1996).

➢ Modèle de R. Perrotin [21]

Cet auteur fait une analyse comparative très intéressante sur les caractéristiques comportementales en fonction de cinq pays différents.

Pays	Utilisation du temps	Utilisation de l'espace	Le discours	Prise de décision	Type de relation cherchée	Mode pour convaincre	Comportement social
Etats-Unis	– on traite les affaires sur le champ ; – le temps c'est de l'argent – on modifie facilement ce qui était prévu initialement	– la notion de territoire n'est pas formalisée – on fait facilement abstraction de l'entourage lors d'une discussion avec un interlocuteur	– est très analytique (direct et peu cérémonial)	– la décision est préparée en groupe mais les pouvoirs sont donnés au négociateur	– relation à court terme – recherche de l'affrontement	– très concret et démonstratif – le négociateur américain ne s'implique jamais personnellement mais fait appel au rapport de forces	– centré sur les résultats, le négociateur américain se préoccupe peu de ce que l'on pense de lui – les problèmes émotionnels sont sans importance
Japon	– très structuré et méthodique, on a tendance à globaliser – l'agenda est tenu avec précision et on s'en tient à l'ordre du jour	– on est très formaliste sur la proxémie pour mettre à l'aise les protagonistes – le centre du local est très privilégié, que ce soit professionnellement ou dans le lieu d'habitation	– est subtil et indirect. On cultive l'art du détour	– par consensus de l'ensemble du groupe concerné	– relation à long terme – mise en sécurité par la confiance mutuelle – recherche du compromis	– modestie – respect et valorisation de l'autre sans flatterie – patience	– sauver la face est impératif, même pour l'adversaire
Allemagne	– on ne fait qu'une seule chose à la fois – on s'en tient à l'ordre du jour	– on a un sens très développé de la territorialité – le désordre et l'intrusion sont intolérables (ex. : porte ouverte)	– est très analytique (direct et peu cérémonial)	– le négociateur délégué ne peut s'écarter de règles et procédures très strictes	– relation à court terme – conciliation	– très concret et analytique (il faut des preuves pour convaincre)	– rigueur et pragmatisme – besoin d'être rassuré
Grande-Bretagne	– il faut impérativement créer une « ambiance » pour traiter une affaire, le temps passe au second plan – on modifie facilement le plan prévu	– on ne personnalise pas l'espace et le phénomène d'intrusion existe peu	– est varié et modulé en amplitude pour ne pas gêner	– la décision est prise par le négociateur délégué	– court ou long terme suivant l'enjeu – recherche de bonnes relations	– sentimental – contournement et brouillage des cartes	– recherche d'une bonne ambiance – fait confiance – aime rire
Italie	– on globalise et les affaires sont traitées dès la confiance obtenue	– on a le sens de la propriété mais on vit assez bien dans le désordre	– est vivant, très détaillé et imagé	– la décision est prise par le négociateur délégué	– court ou long terme suivant l'enjeu – recherche d'une relation de confiance	– surargumentation – dialectique vivante – débats animés	– il faut sauver la face à tout prix, c'est une question d'honneur – émotif et sentimental

Source : R. Perrotin

TABLEAU 3 : COMPARATIF 7 VARIABLES – 5 PAYS.

21. Roger PERROTIN « *L'Entretien d'Acahat* », Editions d'Organisation, (1991).

➢ Modèle de S. le Poole [22]

Nous reprenons, dans ce tableau, les faits les plus marquants relevés par cet auteur :

Pays de l'Est	Japonais	Américains	Européens
Jamais un seul négociateur, toujours en équipe	Toujours une équipe très nombreuse	Souvent un seul négociateur	Souvent un seul négociateur
Préparation soignée	Préparation soignée	Assez peu de préparation	Entre les Japonais et les Américains
Les négociateurs n'ont pas souvent de pouvoir de décision – difficile de savoir qui l'a vraiment	Décisions prises en groupe. Pas toujours aisé de savoir qui dirige l'équipe	Le négociateur a souvent toute latitude pour prendre des décisions	Le négociateur a souvent toute latitude pour prendre des décisions, mais préfère ne pas en faire usage
Adorent les négociations longues – plus elles traînent plus l'adversaire se décourage ou s'impatiente	Prennent leur temps pour négocier, surtout dans la phase d'orientation	Préfèrent nettement les négociations courtes	Aiment négocier sérieusement mais sans précipitation
Introduction, déclarations préliminaires interminables, tardent à entamer les « vraies » négociations	Longue phase d'orientation, souvent pour des raisons tactiques	Aiment passer immédiatement aux choses sérieuses, voient la phase d'orientation comme une perte de temps	Aiment bavarder et plaisanter mais sans excès
Bureaucrates	Hommes d'entreprise	Individualistes	Individualistes
Vision à court terme	Vision à très long terme	Vision à court terme	Vision plutôt à long terme
Approche type « vaincre à tout prix »	Négocient toujours dans un esprit « pas de perdant »	Par nature et éducation, négocient avec un esprit de compétition type « vaincre à tout prix »	Préférence pour un esprit du type « pas de perdant »
Accent mis sur les points litigieux	Accent mis sur les intérêts communs	Accent mis sur les points litigieux	Accent mis sur les intérêts communs
Ne craignent pas les conflits	Détestent les conflits	Aiment la bagarre	Préfèrent l'harmonie mais sans craindre les désaccords
Clauses d'arbitrage	Répugnent à aller en justice	Toujours possible d'aller en justice	Ne vont en justice qu'en dernier ressort
Négocient globalement	Négocient globalement	Négocient point par point	Négocient point par point
Font des concessions lentement et à contrecœur	Essaient toujours de faire des concessions mutuelles	Font souvent des concessions rapidement et en bloc ; les marges de manœuvre sont étroites	Ne se pressent pas pour faire des concessions mais savent qu'il faut être deux pour négocier

Source : S. le Poole

TABLEAU 4 : LES DIFFÉRENTS STYLES DE NÉGOCIATEURS.

22. Samfrits LE POOLE « *Négocier, c'est simple* », TOP éditions, (1991).

Nous n'avons reproduit qu'une partie du tableau ; l'auteur compare également d'autres types de critères, tels que : la courtoisie, la décontraction, ceux qui disent constamment « non », la présence systématique de juriste et la qualité de l'application de l'accord.

➢ Modèle de l'université Paris-Dauphine

Les étudiants du Dess Distribution, à travers un dossier « La négociation dans les pays européens », ont établi le tableau suivant, ne reprenant que quelques pays [23] :

Pays	Avant de négocier	Au cours de la négociation	Erreurs à éviter
Allemagne	Ne rien laisser au hasard		Improviser, négocier au restaurant ; utiliser l'humour lors de la première réunion
Belgique	Le week-end est sacré	Accepter une invitation à la cantine de l'entreprise	Donner l'impression que la Belgique est un petit pays
Italie	Connaître le pays. Envoyer une documentation avant négociation	Insister plus sur les performances que sur les prix	Utiliser une modestie excessive. Forcer la conclusion du contrat
Pays-Bas		Savoir oublier le déjeuner français et préférer les sandwichs	Faire des apartés en français. Proposer des pots-de-vin
Royaume-Uni	Se faire connaître, se faire parvenir l'agenda de la société	Mettre en avant le savoir-faire de sa société	Leur en mettre « plein la vue » ; offenser la Famille Royale

Source : Dess Distribution, Université Paris-Dauphine

TABLEAU 5 : COMPARATIF DES CONSEILS

➢ Modèle de A. Jolibert [24]

Ce chercheur reprend la classification des cultures de Hall [25] qui distingue les cultures à contexte fort et faible et en conclut, entre autres, que dans les contextes faibles, les négociations seront courtes et longues dans les contextes forts. A. Jolibert en déduit le tableau suivant :

23. « *Les Echos* » du 26 septembre 1995.
24. Alain JOLIBERT « *La négociation commerciale et les différences culturelles* » in « *Encyclopédie du Management* », tome 2, Editions Vuibert, (1992).
25. E.T. HALL « *Beyond Culture* », Doubleday Editor, (1976).

Caractéristiques	Culture : contexte fort	Culture : contexte faible
Juristes	Moins important	Très important
La parole donnée	Lie une personne	N'est pas fiable, seul le texte l'est
Responsabilité d'une erreur dans l'organisation	Est l'apanage du plus haut niveau	Est renvoyée au niveau le plus bas
Espace	Les personnes n'ont pas d'espace vital	Les personnes ont un espace vital et ressentent toute intrusion dans celui-ci
Temps	Il faut consacrer à chaque chose de la vie le temps qui lui est nécessaire	Le temps, c'est de l'argent une chose à chaque fois
Négociations	Sont longues, objectif majeur : permettre aux parties de se connaître	Sont courtes
Pays-Région	Japon, Moyen-Orient	Europe du Nord, U.S.A

Source : A. Jolibert

TABLEAU 6 : CARACTÉRISTIQUES DES CULTURES.

☐ Analyses spécifiques

Nous reprendrons, dans cette section, quelques recommandations spécifiques à des régions ou à des pays, en guise d'illustration des tableaux présentés ci-dessus. Il est bien évident que faire l'analyse pays par pays ou région par région demanderait un ouvrage en plusieurs volumes ; néanmoins, pour des points particuliers concernant tel ou tel pays, nous donnons en annexe de ce chapitre des adresses de sites Internet.

➢ Pays de l'Est

Les postes d'expansion économique du Ministère des Finances ont réalisé une enquête sur huit pays de l'Est ; nous donnons le résultat sous forme de tableau :

	Langue de négociation	Jours de rendez-vous	Ponctualité	Horaires des bureaux	Interprète	Négociations	Restaurant
Estonie	Anglais ou à défaut le russe	Du lundi au vendredi	Cinq minutes de retard peuvent compromettre irrémédiablement les négociations	De 9 h à 17 h avec une pause-déjeuner vers 13 h	Environ 50 F de l'heure ; forfait pour la journée	L'exportateur doit préparer ses entretiens, au risque de voir mettre en doute son professionnalisme	Repas d'affaires possible
Lettonie	Anglais, allemand, russe	Quatre à cinq	Importante	9 h -18 h dans l'administration et 19h dans les magasins	50 à 70 F de l'heure	Très concrètes, donner les prix au début	Repas d'affaires pratiqué
Lituanie	Anglais (de plus en plus), russe	Quatre	Non. Il est préférable de confirmer le jour même ou la veille	De 9 h à 17 h avec une pause d'une demi-heure pour déjeuner	De 100 à 250 F la journée	Directement au but	Repas d'affaires pratiqué
Pologne	Polonais, anglais (le plus souvent), allemand, français	Quatre à cinq	Oui. Il faut prévenir si on pense arriver en retard	8 h-16 h, pas vraiment de pause-déjeuner	110 frs de l'heure, forfait journée de 800 F	Pas de notion du temps. Redoutables négociateurs. Relations amicales	Le repas d'affaires n'est pas dans les habitudes
Tchéquie	Tchèque, l'anglais se développe, l'allemand aussi	De quatre à six	Les tchèques sont très ponctuels et les salutations ont lieu avant l'heure prévue	8 h-17 h avec un court déjeuner	Un rendez-vous, 200 frs ; une journée, 1500 F	Les Tchèques sont directs. Bien préciser les concepts juridiques, économiques et commerciaux	Repas d'affaires apprécié
Slovaquie	Slovaque, anglais	Quatre	Très importante	De 7 h à 17 h	Une journée en traduction simultanée : 2 500 fF	Le Slovaque entre rapidement dans le vif du sujet. Il offre souvent un cadeau et apprécie la réciproque	Repas d'affaires apprécié
Hongrie	Anglais, allemand	Six	Importante	8 h-16 h avec une pause assez courte pour le déjeuner	150 F de l'heure et 800 frs la journée	Les négociations sont plutôt directes dans le secteur privé, plus longues dans les sociétés d'Etat	Repas d'affaires pratiqué
Roumanie	Anglais, roumain, français	Quatre	Les roumains ne sont pas toujours ponctuels	De 8 h à 17 h avec une pause-déjeuner à 13 h	De 250 à 300 F la journée	Palabres et longues négociations	Repas d'affaires pratiqué

Source : Postes d'Expansion économique français (Ministère des Finances)

TABLEAU 7 : ELÉMENTS CULTURELS POUR LES PAYS DE L'EST.

A propos de la Russie qui n'a pas été reprise dans le tableau précédent :

« Nos conseils pour négocier » [26] *:*

– S'assurer du paiement en devise. Les deux pratiques « sûres » les plus répandues sont le règlement « via » des banques américaines ou suisses ou « via » les clients de votre intermédiaire.
– La mafia est omniprésente dans les affaires, hormis quelques secteurs comme le médical.
– Le business se fait généralement en marge des organismes publics dont beaucoup de membres ont créé des satellites commerciaux avec une comptabilité en devises.
– Les relations personnelles priment. Dans les négociations, il faut respecter un certain protocole et donner les apparences d'une grande transparence. Ce point acquis, sachez que beaucoup de Russes succombent au mythe de l'argent nouveau.
– Invitez vos partenaires en France pour visiter des caves, faire du rafting ou toute autre forme de tourisme.

➢ Pays de l'Est

a) La Chine

Dans un interview mené par E. Hecht et M.P. Virard, le consultant international Etienne Badimont répond à la question suivante [27] :

> *« Les relations commerciales avec la Chine sont-elles un marché de dupes ? »*

E. Badimont répond :

> *« Depuis la fin du XVIIIe siècle, les Occidentaux voient dans l'échange une activité bénéfique pour les deux parties. Les Chinois ont une autre conception des relations marchandes : dans toute transaction, il y a un perdant. La marge de négociation est très étroite car la Chine "a toujours raison". Les étrangers qui la comprennent, la critiquent modérément sont dans le langage officiel "les amis de la Chine". Les honneurs, les invitations répétées, les marques de sympathie auxquels ils ont droit, signifient qu'ils ont le sens des vérités circonstancielles et momentanées. Paul Berliet, l'un des premiers industriels occidentaux à avoir réalisé des affaires avec les autorités chinoises l'avait bien compris. Il disait : On ne vend pas à la Chine, la Chine vous achète ».*

b) Chine – Japon – Corée

J.J. Pluchart [28] a fait un essai de typologie comparée des approches managériales japonaises, chinoises et coréennes.

---

26. Article de Guillaume JOBIN dans « *La Tribune Desfossés* » du 10 mai 1995.
27. « *Les Enjeux* » de mai 1997.
28. Interview de Nathalie BONNET in « *Action Commerciale* » n° 145.

Il fait, à l'intention des européens voulant négocier, les recommandations suivantes, valables pour les trois pays :

> *« Le jeu d'échec relationnel, les 10 coups à connaître »*
> *« – Mener une enquête préalable sur l'identité de l'interlocuteur chinois : connaître les membres de sa famille, son parcours professionnel et son entreprise. Le négociateur étranger lui témoignera ainsi son vif intérêt et respect.*
> *– Ne pas écorcher le nom de son interlocuteur.*
> *– S'entourer impérativement de conseils intermédiaires (traducteurs, avocats, etc.), une manière de démontrer que le négociateur étranger prend son confrère au sérieux.*
> *– Présenter sa carte de visite à deux mains. On se présente ainsi entièrement à l'autre.*
> *– Porter un vif intérêt aux clauses subsidiaires du contrat. Les négociateurs chinois y glissent souvent des subtilités essentielles au bon fonctionnement du contrat (licence d'exploitation de brevet, transfert de technologies, formation, etc.).*
> *– Pendant le rituel de la table, ne pas omettre de porter tous les toasts.*
> *– Gérer les silences dans les pourparlers. S'accorder 10 à 15 minutes de réflexion. Tirer profit de ces pauses pour relancer la négociation.*
> *– Il vaut mieux demander un aparté pour réfléchir plutôt que de s'entretenir dans sa langue d'origine avec ses collaborateurs. Les négociateurs chinois tentent souvent d'introduire dans leur équipe de négociation un traducteur qui connaît les subtilités de la langue étrangère parlée.*
> *– Si le négociateur chinois s'échappe sur un sujet étranger à l'objet de la négociation, il faut revenir délicatement à l'objet de la démarche.*
> *– Ne pas être un homme pressé. Si une dérive survient lors de l'application du contrat, ne pas tenter de la régler au plus vite par téléphone. Reconvoquer la délégation chinoise à l'endroit même où le contrat a été signé. Recréer l'événement initial pour mieux négocier l'avenir. »*

c) Etats-Unis

Nous illustrerons très brièvement une des particularités culturelles assez étonnante des Américains du Nord.

> *« Aux Etats-Unis, la dénonciation (des délits) est encouragée et, si vous ne le faites pas, vous risquez de gros ennuis. Dans d'autres cultures, cela ne se fait pas de dénoncer des collègues car on sait que le problème sera réglé de manière discrète »* [29].

29. Interview d'Anthony Ferrara, avocat spécialiste des fraudes financières, in « *La Libre Entreprise* » (Belgique) du 2 mars 1996.

d) Inde-Japon

Un journaliste indien, S. Rai [30], s'est intéressé aux relations commerciales Inde-Japon ; il note :

> *« Lors de leur première rencontre avec leurs homologues japonais du géant de l'électronique Hitachi, les cadres de Texas Instruments-Inde ont pris soin de mentionner leur âge dans les présentations d'usage. Contrairement aux apparences, il ne s'agissait pas d'une tentative pour enjoliver leur C.V, mais d'une stratégie délibérée consistant à jouer sur une particularité culturelle des Japonais : Ils attachent beaucoup d'importance à l'âge de la personne avec qui ils traitent. »*

Le journaliste, poursuivant son enquête auprès d'entreprises indiennes exportatrices, constate que les Indiens font beaucoup d'efforts dans les formations culturelles :

> *« Plusieurs sociétés initient leurs responsables à l'univers ésotérique des négociations commerciales internationales en leur expliquant qu'un regard pourra, selon l'environnement culturel, faire échouer une affaire ou au contraire garantir sa réussite ».*

Il conclut :

> *« Reste à savoir si les entreprises peuvent réellement tirer profit de cette nouvelle tendance. Les opinions divergent sur ce point. Les septiques affirment que cette préparation permet, au mieux, de commencer la négociation sur de bonnes bases, mais qu'au bout du compte, ce sont les atouts de l'entreprise et la crédibilité de ses projets qui feront la différence ».*

Est-ce un hasard si cette enquête auprès d'Indiens exportateurs arrive aux mêmes conclusions que celles développées dans l'introduction de ce chapitre ?

e) Les cadeaux

Nous terminerons cette partie par un point particulier de la négociation, à savoir l'art et la manière d'offrir des cadeaux sans heurter la tradition. Il ne s'agit pas ici de « bakshich » mais de petits cadeaux qui entretiennent l'amitié, comme disent les Français.

Stéphanie Hanot [31] donne les recommandations suivantes :

> *« En affaires aussi, les présents entretiennent l'amitié. A condition de ne pas commettre d'impair culturel, le résultat serait contraire à l'effet escompté ! (...) A quel moment offrir votre cadeau ? En Allemagne, en Grande-Bretagne et aux Etats-Unis, vous attendrez d'avoir conclu la négociation. Cela vous évitera d'être soupçonné de tentative de corruption. A l'inverse, arriver les*

30. S. RAI and R. ABREU in « *Indian Today* » de New Delhi, repris par « Courrier International » du 1er juin 1995.
31. In « *L'Essentiel du Management* », mai 1997

mains vides en Asie révèle un manque de savoir-vivre. Surtout au Japon où le cadeau est une institution. Sachez aussi que dans les pays asiatiques, les présents ne sont jamais ouverts en public. Inutile, donc, de vous vexer ».

Conclusion

Les ouvrages spécialisés, la presse et les médias, sans parler des conférenciers et des « gourous » en management de toutes sortes, nous inondent de petites phrases du type :

> *« Les Japonais ne nous considèrent pas mal, ils ne nous considèrent pas du tout »*

ou bien :

> *« Le dimanche, les Japonais se reposent pour mieux travailler le lundi ; le lundi, les Français se reposent du dimanche ».*

Dans un autre registre :

> *« Quand il y a un problème, les Suédois se réunissent pour trouver une solution, les Français, eux, pour trouver un coupable ! »* [32].

Si ces affirmations prêtent à sourire, elles sous-tendent peut-être quelques vérités...

Nous souhaiterions néanmoins conclure ce chapitre par deux témoignages qui viennent confirmer notre orientation personnelle exprimée en début de chapitre, à savoir que le fond culturel commun international est plus important que les spécificités, remarque confirmée par ailleurs par W. Zartman.

En octobre 1996, une affaire défraya la chronique en France ; les forces de l'ordre évacuèrent manu-militari l'église Saint Bernard de Paris, haut lieu de la résistance des Africains sans papiers. A cette occasion, Gilles de Robien [33], grande figure de la politique française, déclara :

> *« Ils sont musulmans, noirs, et viennent d'un pays éloigné de 4 000 kilomètres, mais leur culture est si mêlée à la nôtre que je me sens plus proche d'eux que bien des européens de tradition judéo-chrétienne. »*

Enfin, cette remarque entendue lors d'un colloque sur le dialogue Nord/Sud [34] :

> *« Français, ton Christ est juif, ta voiture est japonaise et ton couscous algérien, ta démocratie est grecque, ton café est brésilien, ta montre est suisse, ta chemise est indienne, ta radio est coréenne, tes vacances sont turques, tunisiennes ou marocaines, tes chiffres sont arabes, ton écriture est latine, et ... tu reproches à ton voisin d'être un étranger ! ».*

---

32. *« Les Français vus d'ailleurs »*, dans *« Les dossiers du Canard »* n° 47.
33. Président du groupe UDF à l'Assemblée Nationale et député-maire d'Amiens (Somme).
34. Colloque organisé par l'association *« Rencontres »* de Dunkerque en juillet 1998.

Annexes

Nous donnons ci-dessous quelques références de guides pratiques et des sites Internet qui améliorent la compréhension de certaines cultures ou certaines manières « d'être ou de faire ».
Ces outils sont pragmatiques et s'adressent aussi bien aux négociateurs internationaux qu'aux voyageurs ou aux touristes [35].

➢ Guide Business & Leisure

Quatorze pays ou régions (New York, Californie ou Singapour, par exemple) sont passés au crible ; cela va des formalités pour créer une société à la découverte de la vie au quotidien.

www.business-leisure.com

➢ Habitudes et comportements des touristes étrangers

Petit guide rédigé par la Chambre de Commerce et d'Industrie de Paris. Il n'est pas axé sur la négociation internationale, mais il donne une somme de renseignements sur les habitudes, les valeurs, le savoir-vivre, le protocole, des populations de dix sept pays différents (en majorité européens).
Une partie très intéressante décrit la vision qu'ont les étrangers de la France et des Français.

CCI Paris
Accueil Information
16 rue Chateaubriand
75008 Paris
Tél : 01 42 89 78 36

www.ccip.fr

➢ Antiguide de voyage du Quai d'Orsay

Le Ministère des Affaires Etrangères a créé un site Internet très intéressant où la plupart des pays sont répertoriés, de l'Erytrée à la Colombie, en passant par la Sierra Léone et la Papouasie-Nouvelle Guinée, sans oublier la Finlande et la Principauté de Monaco !
Beaucoup d'informations sont répertoriées, les zones dangereuses pour faits de guérilla ou de guerre, la possibilité ou non de posséder des boissons alcoolisées, enfin les risques épidémiques encourus et les vaccinations adéquates.

www.France.diplomatie.gouv.fr/voyageurs

35. Il va sans dire que toutes les adresses et références données sont exemptes de toute volonté publicitaire !

➢ Réserver un hôtel dans le monde entier

www.condenast.hotelbook.com

➢ Organisation de voyages/billets d'avion/hôtels

www.travelweb.com

CHAPITRE 11

NÉGOCIER EN ÉQUIPE

> « *Il y a belle lurette que les gendarmes, les religieuses et les prestiditateurs vont par deux.* »
>
> Paul Derrien

Introduction

En guise de définitions, nous souhaiterions citer deux grands auteurs qui, chacun à leur manière, ont si bien identifié les problématiques de la négociation.

> « *Je l'avoue, certains souvenirs de comités, nationaux et internationaux auxquels je pris part, ne sont pas étrangers à la composition de ce livre (St Germain ou la Négociation, ndlr). A Londres, à Paris, en diverses langues, les réunions se sont succédé au cours de ces années qui me paraissent déjà lointaines. Les délégations se rencontraient autour de tables vertes et leurs débats n'auraient pu aboutir si chacun n'était entré en séance avec un plan et une tactique propre* » [1]

Francis Walder continue :

> « *Les tours et les finesses où les conduisaient ces tactiques m'ont souvent donné à penser qu'un portrait du négociateur était à faire. (...) Oui, j'ai fait un roman de cette chose en apparence la plus sèche, la plus impersonnelle du monde : le débat d'un traité. C'est que dans les coulisses jouaient des ressorts vivants et ce qui vit est romanesque* ». [2]

Quant à Alain Plantey, spécialiste reconnu des négociations diplomatiques il écrit :

> « *L'ambition ou le devoir, les hasards de la vie ou la force du destin, portent des hommes à diriger leurs semblables. Cette mission, parmi les plus hautes, ne s'entend pas du seul exercice de l'autorité, si respectée ou habile soit-elle, et de la contrainte, même la plus efficace. Elle exige de savoir convaincre et rallier, de composer avec les personnes, les choses et le temps. Dans l'ordre social, il n'y a pas de pouvoir sans négociation, au sein du*

1. Francis WALDER « *St Germain ou la Négociation* » Editions Gallimard, (1958).
2. F. WALDER, *opus cité.*

> *groupe ou en dehors. La négociation doit être entendue comme une méthode, comme un style, comme un art. Et aussi d'une certaine éthique des rapports sociaux, rendus si difficiles dans nos nations incertaines, dans un monde où l'homme est devenu l'auteur de sa plus grande angoisse ».* [3]

De prime abord, la négociation peut paraître comme une relation duale, d'individu à individu. Cette impression est confortée par la vie professionnelle de la plupart des managers. Ils se trouvent confrontés à différents types de négociation où ils se retrouvent seuls : le directeur général ou le directeur des ressources humaines en situation de négociation sociale, même si les représentants des salariés sont en général plusieurs, le directeur commercial ou le vendeur en négociation commerciale et l'ensemble des cadres lors des négociations hiérarchiques avec leurs collaborateurs et/ou leurs propres dirigeants.
Une autre raison vient conforter cette perception ; la plupart des ouvrages ou des séminaires ne traitent, de manière quasi exclusive, que de l'interaction comportementale entre les négociateurs, soit en termes de communication verbale (argumentaire, traitement des objections, écoute active), soit en termes de communication non verbale (Analyse transactionnelle ou Programmation neurolinguistique par exemple). Il y a un certain type de négociations qui sont, par la force des choses, traitées exclusivement en équipe et d'autres qui mériteraient de l'être. L'objet de ce chapitre est d'aborder le rôle des équipes dans la négociation.

S. Le Poole pose la question suivante :

> *« Est-ce une négociation que l'on mène en équipe ou au sein d'une équipe ? Les deux, et c'est bien ce qui la rend difficile ! Elle consiste en une suite ininterrompue de négociations très différentes par nature ».* [4]

Le monde des affaires politiques, sociales et commerciales illustre bien cette affirmation :

□ Négociation politique

En affaires internationales, les négociations, dénommées souvent sous le terme « conférences », induisent formellement la négociation en équipes avec éventuellement des entrées et des sorties de partenaires :

> *« Les négociations sino-américaines sur les droits de propriété intellectuelle (IPR) se sont poursuivies hier (...) L'arrivée de Madame Charlene Barshefsky, n° 2 du commerce américain, devrait donner une nouvelle impulsion aux efforts pour éviter une guerre commerciale entre les deux pays (...) Madame Barshefsky et le vice-ministre chinois du Commerce extérieur Sun Zhenyu doivent se joindre mercredi aux négociateurs ».* [5]

---

3. Alain PLANTAY, membre de l'Institut *« La Négociation Internationale »* Editions du CNRS, (1994).
4. Samfrits LE POOLE *« Négocier c'est simple »*, Top éditions, (1991).
5. *« La Tribune Desfossés »* du 21 février 1995.

La négociation individuelle d'homme d'Etat à homme d'Etat peut se transformer elle aussi en négociation de groupe :

« Arafat aimerait sortir de son frustrant tête-à-tête avec Yitzhak Rabin. Son entourage évoquait la possibilité de faire entrer en scène d'autres acteurs, arabes par exemple ». [6]

☐ Négociation d'affaires

Dans la négociation d'affaires, en particulier internationales, il est bien rare de trouver des partenaires individuels autour du tapis vert ; La situation se complique souvent par la présence de multi-acteurs :

« La partie entre Swissair et Sabena se joue via trois négociations parallèles (...) D'abord entre les deux compagnies qui doivent trouver de l'argent frais pour remplacer Air France qui veut récupérer sa mise (...) La deuxième négociation se déroule avec le Gouvernement belge. Le président de Sabena, Pierre Godfroid, voudrait intensifier sa politique de réduction des coûts de manière à rendre la fiancée plus attrayante. Mais le Gouvernement s'est opposé à une proposition de délocalisation de la flotte et du personnel navigant au Luxembourg où la législation sur le travail des navigants est plus laxiste.

Troisième négociation enfin, celle menée par la Suisse et la commission européenne, mandatée par le dernier conseil des Ministres des transports des Quinze pour élaborer un traité sur les transports routiers et aériens. Compagnie d'un Etat non-membre de la CEE, Swissair ne peut prétendre aux avantages du marché unique et de sa libéralisation ».[7]

☐ Négociation sociale

Dans les négociations sociales, on trouve généralement deux niveaux : d'une part la négociation en entreprise moyenne ou petite ; dans ce cas, le dirigeant se retrouvera seul devant une délégation constituée d'un petit nombre de personnes. D'autre part, les grosses entreprises ou les organisations représentatives du Patronat lors de négociations de branche ; dans ce cas, les négociations se font très généralement en équipe.

« Bien que mal engagée, les Syndicats et le Patronat vont tenter mardi de réamorcer la négociation sur l'emploi (...) Cette première discussion sera totalement libre, le CNPF ayant décidé de ne soumettre aucune proposition écrite aux Syndicats (...) Les partenaires sociaux ont constitué un groupe de travail sur les niveaux de négociation ». [8]

---

6. Article de Claude LORIEUX, « *le Figaro* » du 23 février 1995.
7. Article de Patrick MARX, « *la Tribune Desfossés* » du 21 avril 1995.
8. « *La Tribune Desfossés* » du 9 juilllet 1995.

La négociation peut être rendue encore plus complexe par la grande variété des groupes de négociateurs :

> *« La compagnie aérienne espagnole Iberia subit depuis hier une grève de son personnel au sol (...) Les négociations sont d'autant plus difficiles qu'elles se déroulent sur trois fronts : CC.OO et UGT négocient d'un côté, les syndicats minoritaires de l'autre, tandis que les pilotes et le personnel navigant refusent de négocier en même temps que les rampants ».* [9]

Ces différents exemples illustrent bien que la négociation en équipe se retrouve dans de très nombreuses situations de négociation et que cette tendance devrait se développer dans la plupart des négociations.
Dans la partie suivante, nous allons expliciter et illustrer les avantages de la négociation en équipe, mais aussi les contraintes.
Dans une deuxième partie, nous explorerons les différentes manières de constituer les équipes de négociation.

1. NÉGOCIATIONS EN ÉQUIPE

☐ Pourquoi négocier en équipe

Si ce n'est la contingence illustrée par les exemples donnés en introduction, à savoir la complexité des problèmes, les enjeux économiques et/ou politiques, le nombre de partenaires et de parties représentatifs, le dirigeant aura intérêt à constituer des équipes pour préparer et conduire ses négociations.
Nous voudrions illustrer cette affirmation par un exemple de conflit classique en entreprise : l'antagonisme entre les directions commerciales et de marketing.

Daniel Mainetti, Directeur des réseaux de Pasteur Mérieux MSD, pose le problème de la manière suivante :

> *« Les conflits d'intérêt et d'ambition, une perception trop floue des rôles de chacun, voilà ce qui peut pourrir les relations marketing-ventes ».* [10]

René Van Dujnhoven, Directeur marketing et Michel Boisard, Directeur commercial, tous deux de la société Beiersdorf (Nivéa), ont trouvé la solution suivante :

> *« Nous nous réunissons, avec les membres de nos équipes, pour échanger sur les actions à venir pour les six ou huit prochains mois ; nous intégrons les commentaires des uns et des autres et nous remettons le dossier à l'ordre du jour jusqu'à ce que nous tombions d'accord ».* [11]

---

9. Article de Thierry MALINIAK, *« la Tribune Desfossés »* du 4 novembre 1994.
10. *« Action Commerciale »* n° 175, mai 1998.
11. Action Commerciale, *opus cité.*

Cet exemple illustre une situation que beaucoup d'entreprises connaissent. L'équipe est un des outils les plus performants pour sortir des conflits à l'aide de la négociation.

Il y a néanmoins des situations où la négociation d'équipe s'impose. Christophe Dupont affirme :

> *« La négociation internationale fait intervenir de nombreux acteurs de nature et de statut différents ; ceci tient à une double réalité : un grand nombre de négociations internationales passent par l'intermédiaire de tiers, en particulier les Etats et les administrations locales. En outre, pour l'une ou l'autre partie – ou les deux – la négociation est souvent influencée par des négociations parallèles ou rivales ».* [12]

L'auteur illustre ses propos à l'aide des deux schémas suivants :

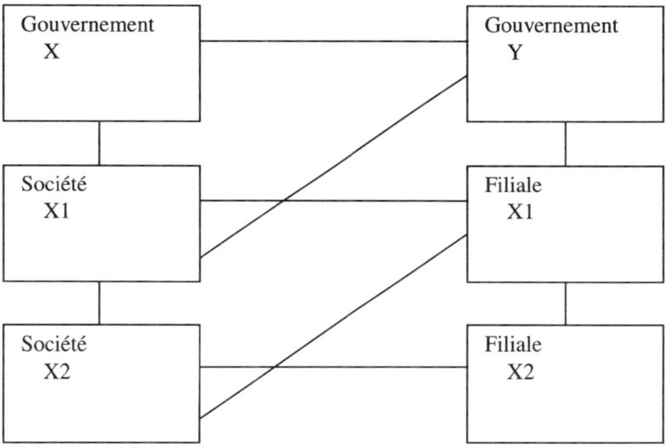

Schéma 1

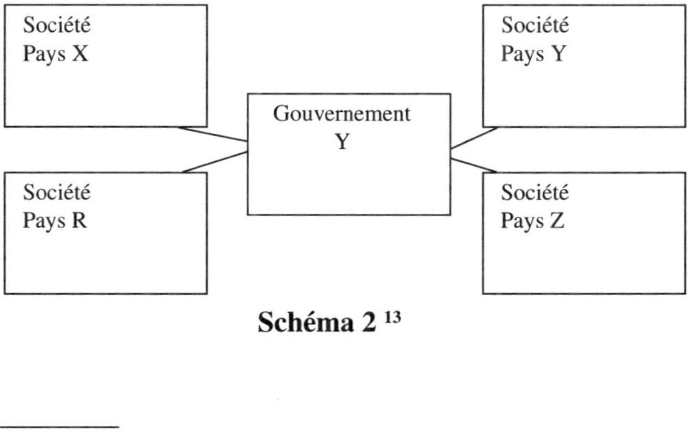

Schéma 2 [13]

12. Christohe DUPONT « *La Négociation* » 4e édition, Editions Dalloz, (1994).
13. Les schémas sont de Fayerweather (1976), tirés de C. DUPONT, *opus cité*.

C. Dupont cite l'exemple suivant : Lors du projet de construction de la cimenterie de Cantagalo au Brésil, la société Lafarge Coppée a été conduite à négocier souvent simultanément à des endroits différents (France, Brésil, Etats-Unis, Royaume Uni) à des niveaux les plus différenciés et sur des questions les plus variées (Administratives, techniques, financières, juridiques, etc).

L'auteur conclut :

> *« Particulièrement crucial est le fait que la négociation se joue souvent à plusieurs niveaux, y compris éventuellement le niveau diplomatique ou politique. Il y a souvent interaction entre les niveaux ; et le négociateur doit ainsi surveiller l'évolution de la négociation globale en ne connaissant pas toujours les tractations qui se situent hors de son environnement immédiat ».* [14]

Cette remarque est complétée par A. Plantey :

> *« La difficulté et la variété des sujets à traiter entraîne la dépersonnalisation de la négociation organisationnelle, peu d'individus ayant la capacité intellectuelle d'appréhender la totalité de l'exercice dans tous ses détails ».* [15]

Hormis les cas où la négociation d'équipe s'impose, à savoir les négociations gouvernementales et/ou diplomatiques, bilatérales ou multilatérales, d'affaires complexes, de branche avec les partenaires sociaux, il y a de nombreuses situations où « l'habitude » est de négocier seul à seul ou seul face à une équipe de taille restreinte à pléthorique ; dans ce cas, nous pensons particulièrement aux négociations sociales dans les PME/PMI, les représentants syndicaux ayant souvent en face d'eux, soit le dirigeant de l'entreprise, soit le directeur des ressources humaines.
En commercial, il n'est pas rare d'assister à des négociations avec, d'un côté de la table, un groupe d'acheteurs et de l'autre côté, le directeur commercial du fournisseur, seul, en particulier dans les négociations avec la grande distribution.
Dans le paragraphe suivant, nous allons passer en revue les avantages de la négociation d'équipe, pour ceux qui la pratiquent, seuls.

☐ Avantages de la négociation en équipe

Nous allons présenter les avantages de la négociation en équipe en les regroupant dans quatre grands items, à savoir la préparation de la négociation, le déroulement du processus, le rapport de forces et le comportement des négociateurs. Nous terminerons cette section par l'illustration d'une tactique collective.

➢ Préparation de la négociation

La préparation est, de l'avis de tous les spécialistes, la phase qui détermine le plus les chances de succès ou d'échecs dans la négociation. De nombreux négociateurs

14. C. DUPONT, *opus cité*.
15. A. PLANTEY, *opus cité*.

soutiennent que 50 % du résultat de la négociation est fonction de la qualité de la préparation. Cette remarque est valable, à notre avis, aussi bien dans les négociations individuelles qu'en équipe.
Par rapport aux négociations individuelles, la préparation collective aura les avantages suivants :

- préparation plus complète,
- collecte d'informations supérieure,
- choix des meilleures tactiques,
- nombreuses hypothèses de manœuvres,
- pièces du dossier en plus grand nombre,
- qualité et quantité des arguments.

Ces avantages sont illustrés par les témoignages suivants :

> « *Le chef de délégation doit réunir ses collaborateurs non seulement pour recevoir d'eux les informations qu'ils détiennent et leur donner ses instructions, mais aussi pour les appeler à délibérer librement de l'affaire, à l'aider dans les choix de la meilleure tactique et à appliquer celle-ci de façon cohérente et disciplinée. L'efficacité de son dispositif se mesurera à la collecte et à la circulation de l'information nécessaire au succès de la négociation* ». [16]

P. Derrien précise :

> « *Le calcul montrerait, mais l'intuition la devine aussi, la multiplication considérable des hypothèses de manœuvre d'un groupe avec l'accroissement de ses effectifs* ». [17]

Cet auteur complète :

> « *C'est la recherche du plus grand nombre de participants, évidemment compatible avec l'objet du débat, qui préludera précieusement au rassemblement des pièces du dossier, à l'étude des arguments, à la conception des parades* ». [18]

➢ Processus de la négociation

Nous entendons par processus, l'ensemble des éléments qui vont influencer la conduite et le déroulement de la négociation, du point de vue de la forme, puisque le fond est constitué par l'emploi de la communication, des techniques et des tactiques au service de la stratégie.
Les avantages de la négociation d'équipe, en termes de processus, sont les suivants :

- possibilité de faire de multiples combinaisons,
- pouvoir utiliser des stratégies non-frontales,

16. A. PLANTAY, *opus cité.*
17. P. DERRIEN « *Mener et réussir une négociation* », Editions d'Organisation, (1977).
18. P. DERRIEN, *opus cité.*

– avoir à sa disposition des experts en différentes matières,
– prendre des décisions plus rapides,
– maintenir des contacts discrets.

Que nous illustrerons par les témoignages suivants :

P. Derrien explique les possibilités de combinaison et les stratégies non-frontales ainsi :

> *« Le jeu prend en ce cas une nouvelle figure (négocier en équipe, ndlr), les subtilités de la pétanque font place à celles du billard. L'efficacité directe peut se trouver masquée et surtout considérablement affectée en plus ou moins par des résonances ou des blocages suscités par d'autres qu'il importe donc de manœuvrer au mieux ».* [19]

L'auteur poursuit :

> *« En contrepoint de la négociation officielle, se jouent ainsi une ou plusieurs parties feutrées, de nature pas tellement différente, mais en vue d'objectifs apparemment étranges ou lointainement reliés aux intérêts ouvertement en cause : ce qu'il n'est pas question d'obtenir par un coup de bille en tête, on le recherchera par la bande en tenant compte, s'il s'en trouve, des ressources offertes par les boules partenaires ».* [20]

J. Rojot identifie l'intérêt des multi-experts de la manière suivante :

> *« Dans la négociation des accords portant sur les licences et les projets importants, on rappellera une tactique qui consiste à déployer deux équipes face au négociateur adverse. L'une, par exemple, ne traitera que des problèmes techniques – le cahier des charges ou les spécifications et le type des sous-unités – tandis que l'autre ne s'occupera que des questions commerciales, tels le prix, les coûts, le financement, les clauses pénales, les conditions de paiement, etc. (…) Une concession faite sur un aspect technique ne conduit pas obligatoirement à accepter une contre proposition de type commercial ».* [21]

Pour la prise de décision, S. Le Poole note :

> *« Si les divers services de l'entreprise sont représentés dans l'équipe, les consultations internes deviennent inutiles et on prend les décisions plus vite ».* [22]

Enfin, A. Plantey souligne un avantage particulier :

> *« Une composition suffisamment étoffée des délégations permet de maintenir entre elles des contacts discrets tout au cours de la négociation en vue*

19. P. DERRIEN, *opus cité.*
20. P. DERRIEN, *opus cité.*
21. J. ROJOT *« La Négociation »* Editions Vuibert, (1994).
22. S. LE POOLE, *opus cité.*

de régler de nombreuses questions d'organisation et de procédure hors des débats officiels ». [23]

➢ Le rapport de forces

Le rapport de forces, omniprésent dans toute négociation, est le rapport du pouvoir que chaque négociateur et/ou son groupe ont sur les autres négociateurs, qu'ils soient dans la même équipe ou adversaires.
Les avantages de la négociation d'équipe en termes de rapport de forces paraissent évidents :

- ne pas tout faire reposer sur une seule épaule,
- avantage psychologique,
- faire montre de solidarité et de cohésion,
- faire varier le nombre de délégués.

Que nous illustrerons comme suit :

> *« Au surplus, sauf lorsqu'il ne s'agit que d'une affaire de routine, il est imprudent d'aborder une négociation en solitaire. Le commis et le commettant doivent savoir que cela revient à faire reposer sur la santé et la disponibilité d'un seul homme l'ensemble d'une entreprise qui peut se révéler difficile et longue. Et c'est aussi présumer des capacités d'une personne humaine, si douée soit-elle ».* [24]

S. Le Poole affirme :

> *« Deux personnes en savent souvent plus qu'une seule, la préparation est plus complète et il y a souvent un avantage psychologique à négocier à plusieurs ».* [25]

Quant à J. Rojot, il note :

> *« Une équipe constituée de différents éléments peut avoir différents objectifs : soit faire montre de solidarité et de cohésion, soit prévenir toute dissension de la part des membres mécontents en les amenant à s'impliquer comme témoins ou en leur donnant l'occasion de présenter directement les revendications, soit, simplement, faire pression par le nombre ».* [26]

Enfin, Lax et Sebenius font un apport original :

> *« Une délégation ne compte pas nécessairement autant de membres à tous les stades de la négociation ; elle peut recruter ou renvoyer des conseillers, ou bien, les négociateurs peuvent créer ou inviter des organisations extérieures : secrétariats, commissions techniques, consultants, etc. ».* [27]

---

23. A. PLANTEy, *opus cité.*
24. A. PLANTEY, *opus cité.*
25. S. LE POOLE, *opus cité.*
26. J. ROJOT, *opus cité.*
27. David A. LAX et James K. SEBENIUS « *Les gestionnaires et la négociation* » Gaëtan Morin éditeur (Canada), (1995).

➢ Comportements du négociateur

Il est bien évident que « l'homme » est le personnage central de la négociation. Les avantages de la négociation d' équipe sont moins évidents que dans la négociation individuelle ; nous pouvons néanmoins noter quelques particularités :

– compter sur l'autre ou sur les autres,
– lutter contre la hantise de la solitude,
– augmenter la valeur des ressources.

Que nous illustrerons comme suit :

> *« Quand on négocie loin de ses bases, avec un système de communication défaillant, il est réconfortant de pouvoir compter sur une oreille ou une épaule amies, afin de préserver son niveau d'aspiration et de garder un moral intact ».* [28]

P. Derrien insiste :

> *« La valeur de ses ressources (l'équipe, ndlr), ses possibilités d'intervention, bref, son coefficient multiplicateur, dépendent largement des talents et des capacités mobilisés sous la même bannière, ne doit surtout pas estomper l'évidence que le seul fait d'être plus d'un à débattre ou à combattre dans le même camp, suffit à susciter une efficacité potentielle sans commune mesure avec celle d'une entreprise seulette, fût elle courageuse ».* [29]

➢ Avantages spécifiques

Nous voudrions terminer cette section par un point spécifique qui reprend l'ensemble des avantages ; c'est l'utilisation par une équipe de négociateurs, de certaines tactiques qui sont impossibles à mettre en œuvre dans une négociation individuelle.

A titre d'illustration, nous expliciterons la tactique « du Bon et du Méchant » (Good guy/bad guy). [30]
Les films policiers donnent un bon exemple de cette tactique : un inspecteur de police « dur » cuisine un suspect pendant plusieurs heures. A ce moment, un inspecteur « gentil » remplace le « dur ». Pour se venger du « méchant », le suspect avoue tout au « gentil ».

En négociation, la formule est souvent utilisée de la manière suivante [31] :

---

28. S. Le POOLE, *opus cité*.
29. P. DERRIEN, *opus cité*.
30. Technique expliquée dans le chapitre « techniques de négociation ».
31. Nous avons pris cette tactique car elle est représentative de ce que l'on peut faire en équipe ; il va de soi que nous ne préconisons pas son emploi systématique, loin s'en faut, surtout lorsque l'on veut obtenir un accord gagnant/gagnant et/ou créer un climat de type coopératif.

Les deux comparses forment un couple dans lequel chacun joue un rôle bien défini. Le premier a pour tâche d'aller jusqu'au bout de la brutalité du rapport de forces en essayant de faire plier l'adversaire sans ménagement. Le second se pose sournoisement en allié de la victime, soit pour recueillir ses confidences après l'agression, soit pour le convaincre de continuer à traiter au cas où le tortionnaire aurait été un peu trop loin.
Pour ce faire, les négociateurs d'une même équipe devront :

- déstabiliser l'autre en soufflant le chaud et le froid,
- mélanger des tactiques dures et des approches douces,
- remplacer subitement un négociateur « gentil » par un « méchant » et réciproquement,
- simuler une dispute entre partenaires,
- les « méchants » pourront se spécialiser :
  - méchant technicien,
  - méchant juriste,
  - méchant financier,
  - etc.
- les « bons » pourront également se répartir les tâches :
- le bon temporisateur : *exemple* « ne nous énervons pas, cela ne sert à rien, nous allons bien arriver à nous entendre »
- le bon faux arbitre : *exemple* « il y a du vrai dans ce que vous dites, ce serait dommage ! »
- le bon concluant : *exemple* « bon, sortons en ! »

□ Contraintes et inconvénients de la négociation en équipe

Les contraintes et inconvénients de la négociation en équipe sont de deux grands ordres : structurels et ponctuels.

➢ Contraintes structurelles

a) Le coût

Il est évident que mobiliser plusieurs personnes coûte plus cher, en termes de temps, de salaire et de frais de déplacement qu'avec une personne. Ce qui est vrai pour les entreprises le devient encore plus pour les Etats :

> *« Il est dès lors aisé de comprendre que la négociation internationale coûte de plus en plus cher aux Etats. Mal avisés sont pourtant les gouvernements qui affaiblissent la capacité d'influence et de travail de leurs émissaires en lésinant sur les moyens qui leur sont nécessaires, collaborateurs, deniers, véhicules, codes... Mais évidemment, les dépenses sont mesurées à l'intérêt de l'enjeu ».* [32]

32. A. PLANTEY, *opus cité.*

Cette remarque s'applique de plein droit pour les entreprises ou les organisations privées.

b) L'organisation

Gérer une équipe en termes de disponibilités, de planning d'une part et d'obtention du consensus du groupe avant la négociation d'autre part, est long et délicat.
Le point le plus difficile serait peut-être la prise en compte et la gestion des enjeux individuels et institutionnels de chaque membre de l'équipe.

> « *Eprouvant de la difficulté à suivre l'ensemble des négociations extérieures, la bureaucratie centrale n'en devient que plus attentive à celles qu'elle contrôle. La direction de la politique étrangère s'entrouvre d'autant plus compliquée qu'au niveau national comme à l'échelle internationale, coordonner est une tâche difficile et ingrate, à toujours reprendre* ». [33]

➢ Contraintes ponctuelles

Le groupe peut mener différentes tactiques et/ou avoir des comportements de déstabilisation lors des négociations. Dans la section précédente, nous avons décrit la tactique du « bon et du méchant ».

Nous pouvons souligner les autres points suivants :

- multiplier les points de vue pour déstabiliser l'adversaire,
- multiplier les nouveaux problèmes en faisant participer de nombreux experts,
- diviser pour régner,
- cacher le véritable décisionnaire.

Ces contraintes et/ou inconvénients peuvent être illustrés de la manière suivante :

> « *Une façon astucieuse d'empêcher une négociation d'aboutir est donc de multiplier le nombre de points de vue représentés et d'insister sur les divergences d'opinions, en empêchant les alliances* ». [34]

J. Rojot souligne :

> « *Le négociateur, par exemple, peut se retrouver face à cinq ou six personnes inconnues alors qu'il n'en attendait qu'une ou deux, qu'il connaissait préalablement. La raison de la présence de cette nouvelle équipe n'est pas explicite : est-ce un groupe d'experts qui arrivent avec une série de problèmes ou de questions difficiles ? Est-ce une manière de cacher parmi les membres de cette nouvelle équipe un décisionnaire important ou quelqu'un qui se trouve en liaison avec les dirigeants au plus haut niveau ?* » [35]

---

33. A. PLANTEY, *opus cité.*
34. P. LEBEL, « *L'Art de la Négociation* » Editions d'Organisation, (1984).
35. J. ROJOT, *opus cité.*

L'auteur décrit également des tactiques à utiliser en groupe :

– tentatives pour séparer le négociateur de son organisation : « *Nous savons que des juristes sont incapables de savoir et de comprendre ce qui se passe en réalité sur un chantier.* »
– attaques d'un collègue absent : « *Nous allons peut-être pouvoir progresser, maintenant que monsieur Schmidt n'est plus là pour nous retarder avec ses interminables considérations techniques.* »
– culpabilité par association : « *Ce n'est pas étonnant de votre part, c'est une réflexion typique de technocrate déraciné d'une multinationale apatride sans aucun respect pour les valeurs profondes* ». [36]

A l'analyse de ces deux sections, les avantages de négocier en équipe l'emportent largement sur les inconvénients et les contraintes.

2. CONSTITUTION DE L'ÉQUIPE

☐ Généralités

La constitution d'une bonne équipe de négociation n'est pas chose facile ; de nombreux experts font des recommandations justifiées, du type :

> « *Aussi, les préparatifs d'avant négociation prennent souvent la forme d'une négociation interne : il faut se mettre d'accord sur les objectifs, les derniers prix, les concessions, les arguments, les tactiques. Puis commence la vraie négociation. Tout à coup, ces gens qui viennent de négocier les uns contre les autres doivent négocier les uns avec les autres et faire front ensemble. Les trois, quatre ou cinq personnalités ne doivent plus faire qu'un* ». [37]

A. Plantey complète :

> « *L'harmonie de l'unité de travail que constitue une équipe de négociateurs dépend du soin que son chef, éventuellement l'adjoint de celui-ci, apportent à la réaliser. Comme un pièce de théâtre, une négociation est un tout, auquel sont appelés à contribuer plusieurs acteurs et qui doit se reconstituer à partir du rôle rempli par chacun d'eux* ». [38]

Quant à J. Denfeld et T. Colosi, ils font les recommandations suivantes :

> « *La composition d'une équipe devrait, dans une certaine mesure, être déterminée par l'objet de la négociation et le contexte dans lequel celle-ci se déroulera* ».

36. Exemples extraits de J. ROJOT, *opus cité*.
37. S. LE POOLE, *opus cité*.
38. A. PLANTEY, *opus cité*.

Ces auteurs insistent sur les points suivants :

> *« Veillez à composer une équipe équilibrée, désignez des observateurs chargés d'étudier le comportement des participants, fixez des normes relatives à la discipline et à la confidentialité et préservez le secret de vos réunions privées ».* [39]

Aux vues de ces recommandations générales, nous allons analyser la constitution des équipes suivant deux approches : l'organisationnelle et la personnalité des membres de l'équipe.

☐ L'Organisationnel

Que ce soit dans la littérature spécialisée ou aux vues des experts, l'ensemble des spécialistes identifient différents rôles dans l'équipe de négociation. Nous allons identifier les principaux.

➢ Le leader

Le leader est bien évidemment le personnage central de l'équipe ; son rôle pourrait être défini comme suit :

> *« Il convient qu'une délégation soit soumise à l'autorité d'un chef de mission qui aura la responsabilité de l'ensemble de la manœuvre (...) Le chef de la délégation ne se borne pas à assurer la direction, la cohésion, l'efficacité de l'équipe constituée autour de lui : il détient seul le pouvoir d'engager son gouvernement ».* [40]

P. Derrien définit trois grands types de leader :

> *« Ainsi la structure de la négociation commande-t'elle le choix de celui qu'il faut en charger : du tacticien, du stratège ou du diplomate, l'un donnera toute sa mesure en combat singulier, l'autre saura faire manœuvrer sa délégation face à un adversaire unique, le troisième tirant partie des attentes divergentes qui habitent à coup sûr les acteurs d'une tractation multiple, gagnera du terrain avec l'allié du moment ».* [41]

Quant à F. Delivré, il complète cette approche en identifiant :

– le leader institutionnel qui a la responsabilité officielle,
– le leader effectif qui mène les aspects opérationnels,
– le leader psychologique ; c'est celui auquel le groupe a recours lorsqu'il y a un problème relationnel. [42]

---

39. Jack DENFELD et Thomas R. COLOSI, *les Echos* du 28 mars 1997.
40. A. PLANTEY, *opus cité.*
41. P. DERRIEN, *opus cité.*
42. F. DELIVRÉ, *« Le Pouvoir de Négocier »* 2e édition, InterEditions, (1998).

➢ Les experts

Ce sont avant tout des spécialistes dans leurs domaines respectifs.

> « *Quand les problèmes sont nombreux et complexes, ils sont volontiers confiés à des sous-groupes composés d'experts provenant le plus souvent de départements spécialisés et faisant partie de la délégation. Cette façon de procéder permet d'assurer une répartition des tâches et d'utiliser les compétences techniques disponibles sur place* ». [43]

En contradiction avec l'affirmation précédente, S. Le Poole fait la recommandation suivante :

> « *N'invitez jamais à la table des négociations quelqu'un qui ne peut vous apporter qu'une aide technique. Que vous le vouliez ou non, il sera fatalement impliqué dans la négociation, que ce soit par sa propre équipe ou celle de l'adversaire* ». [44]

➢ Le porte-parole

> « *L'équipe doit désigner un porte-parole unique. On peut en effet perdre beaucoup en efficacité quand plusieurs personnes parlent au nom de l'équipe* ». [45]

➢ L'observateur

> « *Toute équipe doit avoir un observateur preneur de notes. Comme il est difficile de parler et d'observer en même temps, il faut que quelqu'un se concentre sur ce qui se passe de l'autre côté de la table* ». [46]

J.L. Birien complète le rôle de l'observateur de la manière suivante :

> « *Il est capable de s'extraire périodiquement du jeu de la discussion pour se demander, où en sommes nous ? Comment évoluent nos propositions ? Comment se situent les différents partenaires par rapport aux propositions ?* » [47]

➢ Les interprètes

Nous n'aborderons pas le problème des interprètes qui ne sont, à proprement parler, ni des négociateurs, ni des membres à part entière de l'équipe. [48]

---

43. Prosper THUYSBAERT « *L'art de la diplomatie multilatérale* » Vander éditeur (Belgique) (1991).
44. S. LE POOLE, *opus cité.*
45. Jeswald W. SALACUSE « *Négocier ailleurs* » Editions Nouveaux Horizons (Canada), (1991).
46. S. LE POOLE, *opus cité.*
47. J.L. BIRIEN, « *Pratique des Relations et Négociations sociales* » Editions Dunod, (1998).
48. Pour une bonne utilisation des interprètes, voir J.W. SALACUSE.

Annexe : Taille de l'équipe

Un problème complémentaire mérite d'être succinctement abordé : le nombre de participants dans une délégation.

Pour A. Plantey, « *Le degré d'intégration des groupes de négociateurs varie suivant les circonstances, plus les délégués ont un rang élevé et un pouvoir de décision, plus ils se refusent à s'aligner ; plus ils sont nombreux, moins ils sont disciplinés* ». [49]

S. Le Poole fait la recommandation suivante :

> « *Trois semble être un juste milieu : un pool de connaissances et d'expertise à dimension humaine, facile à gérer. Cinq est un maximum, car toute équipe plus nombreuse serait virtuellement ingérable* ». [50]

Il n'y a pas, à notre avis, de solution unique. Tout dépendra de la situation, de la nature des hommes et des enjeux.

☐ Personnalité des négociateurs

La personnalité des négociateurs, pris individuellement, aura sensiblement la même influence sur la négociation de groupe que sur une négociation individuelle ; néanmoins, de nombreux spécialistes voient, dans la négociation en équipe, une complémentarité des personnalités et/ou des comportements qui seront utiles au bon déroulement de la négociation.
A titre d'exemple, nous expliciterons deux approches différentes mais complémentaires sur le rôle de la personnalité des négociateurs dans une négociation d'équipe.

➢ L'approche de J. Denfeld et T. Colosi [51]

Ces deux auteurs identifient trois grands types de négociateurs qui constitueront l'équipe idéale :

– *les stabilisateurs*
Ce sont les personnages « sympas » de l'équipe. Ils appréhendent la négociation comme le moyen d'éviter une guerre, une bataille judiciaire ou une grève. Ils sont généralement viscéralement opposés à tout conflit. Ils demandent peu et offrent beaucoup.

49. A. PLANTEY, *opus cité*.
50. S. LE POOLE, *opus cité*.
51. Jack DENFELD et Thomas R. COLOSI, les Echos des 21, 22 et 23 mars 1997.

– *les déstabilisateurs*
Ils se manifestent davantage verbalement. D'emblée, ils se comportent comme des fauteurs de trouble. Ils n'aiment pas le processus de négociation, ils pensent que c'est une perte de temps. Ils n'aiment pas l'autre partie et ne lui font pas confiance.

– *les quasi-médiateurs*
C'est en général une seule personne. Il est pris entre deux feux. Les stabilisateurs voient en lui un déstabilisateur qui, en se montrant trop dur avec l'autre partie, compromet les chances de faire aboutir la négociation.
Les déstabilisateurs, en revanche, voient dans le quasi-médiateur un « pigeon » qui acceptera tout sans discuter.

Cette analyse n'est pas sans rappeler la tactique « du bon et du méchant » décrite précédemment. Néanmoins, elle complexifie la situation en plaçant un troisième personnage – le quasi-médiateur – entre les bons et les méchants. Ces auteurs recommandent d'ailleurs que ce poste soit tenu par le chef de la délégation.

➢ L'approche de Thomas et Kilman

Ces chercheurs sont partis de l'idée, fortement inspirée d'ailleurs par les travaux de Black et Mouton [52], de déterminer différents styles de négociateur en fonction de deux critères : d'une part l'attrait du gain, autrement dit des négociateurs très centrés sur le résultat et d'autre part des négociateurs très centrés sur la relation avec l'autre ou les autres.
Il en résulte quatre profils auxquels est généralement ajouté un profil central. On distingue alors un profil de « battant », de « relationnel », de « peu engagé », de « diplomate » et de « stratège ».

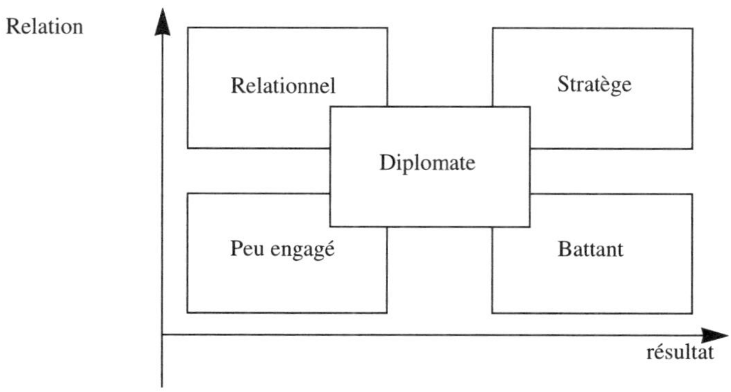

Grille de Thomas-Kilman

52. Pour plus de détails sur cette approche, voir C. DUPONT, *opus cité*.

Si un battant se trouve en face d'un relationnel, ce dernier aura quasiment l'assurance d'être « écrasé » par le premier, autrement dit, il sera laminé dans la négociation.
L'intérêt de négocier en équipe, dans cette approche, sera d'harmoniser les styles en fonction des négociateurs adverses. Si le leader de l'équipe X a un profil peu engagé et se retrouve en face d'un stratège, il aura peut-être intérêt à laisser sa place de leader à un membre de son équipe ayant un profil de diplomate ou de stratège.

Conclusion

En guise de conclusion, nous voudrions illustrer ce chapitre par l'exemple suivant :

Dans certaines situations, la composition d'une équipe relève de l'alchimie. Une des applications les plus significatives de cette affirmation est le soin – et les difficultés – avec lesquels Michel Rocard, alors premier ministre du gouvernement français, constitua l'équipe de médiateurs chargés de négocier un accord en Nouvelle Calédonie après la prise d'otages dans la grotte d'Ouvéa (avril 1988). [53]
L'île était au bord de la guerre civile, la France ayant trahi par deux fois les engagements pris vis-à-vis des canaques. [54]

L'équipe de négociateurs fût constituée ainsi :

➢ Le leader

Christian Blanc. Préfet, il avait travaillé neuf mois sous les ordres d'Edgar Pisani en Nouvelle Calédonie et il connaissait bien les principaux acteurs du conflit et la situation ; de plus, il avait de nombreuses idées pour régler le problème.

➢ Les experts

Jacques Sewart. Président de la fédération Protestante de France ; Jacques Lafleur, leader des caldoches, est protestant, et se déroulait à la même période un synode des pasteurs calédoniens.
Le chanoîne Guiberteau. Recteur de la faculté Catholique de Paris ; la majorité des canaques est catholique et Michel Rocard l'avait connu et apprécié pour sa dureté mais aussi pour sa droiture lors des négociations sur l'école privée.
Roger Leurey. Ancien grand maître du Grand Orient de France ; la Nouvelle Calédonie a de nombreuses loges maçonniques, aussi bien canaques que caldoches.

53. Cet exemple a été tiré du film de Charles Belmont « Les Médiateurs du Pacifique » MK2 Productions (1996).
54 La Nouvelle Calédonie est composée de deux principales ethnies : les canaques qui sont les autochtones et les caldoches, français de métropole venus au milieu du XIXe siècle.

Christian Cauzard. Chef d'entreprise ; il avait assuré, lors des évenements d'Ouvéa, l'approvisionnement de l'île alors que tout était arrêté. Il connaissait très bien les canaques.

➢ La caution morale

Jean-Claude Perrier. Magistrat et conseiller d'Etat ; le Président de la République avait exigé que les plus hautes institutions françaises soient représentées. C'est un des hommes les plus écoutés et respectés par les gouvernements.

➢ Le porte-parole

Pierre Stenmetz. Sous Préfet ; ancien conseiller de Raymond Barre. Michel Rocard souhaitait que l'ensemble des sensibilités politiques de la France soient représentées et pas seulement le parti socialiste.

Cette équipe de médiateurs mena si bien sa tâche qu'un mois après, canaques et caldoches signaient les « accords de Matignon » (1988).

Cet exemple illustre bien les avantages mais aussi les contraintes de la négociation d'équipe et tirer des conclusions définitives sur les spécificités de ce type de négociation peut paraître hasardeux. Le déroulement, la conduite et le résultat d'une négociation sont fonction de très nombreux paramètres tels que les processus, les techniques, les tactiques, la personnalité des négociateurs et leur interaction.
Les avantages de la négociation d'équipe ne sont qu'un paramètre parmi d'autres. C'est avant tout la bonne connaissance des paramètres d'ensemble, de la qualité de la préparation, de l'habileté et du talent des négociateurs, qui influenceront le résultat de la négociation.
Néanmoins, négocier en équipe a des atouts non négligeables qui ont été décrits dans ce chapitre. Nous restons convaincus que l'avenir passera, dans les situations où cela sera possible, par la constitution et le fonctionnement d'équipes de négociation.

CHAPITRE 12

LA CRÉATIVITÉ AU SERVICE DE LA NÉGOCIATION

« L'histoire est entièrement vraie puisque je l'ai imaginée d'un bout à l'autre »

Boris VIAN

1. ANALYSE DE LA SITUATION

Quelle différence y a-t'il entre *« She loves you, yeah, yeah, yeah »* des Beatles et la cinquième symphonie de Beethoven ? La réponse de Denis Sherwood, l'un des dirigeants du bureau londonien de Bossard Consultants, a de quoi faire frémir les mélomanes. Il n'y en a pas, prétend cet iconoclaste. Explication : Outre qu'ils avaient les cheveux longs tous les cinq, ils utilisaient les mêmes notes de musique, la même gamme. La création, en musique, ne vient pas de l'invention de nouvelles notes, mais de la combinaison des notes existantes en séquences différentes dont chacune reflète une idée musicale unique. [1]

Il en va de même dans la négociation, où il ne s'agit pas de «réinventer» les techniques ou les processus, mais de trouver des solutions originales permettant de débloquer des situations ouvrant ainsi la possibilité aux négociateurs d'arriver à un accord mutuellement satisfaisant.

Il n'y a pas, à notre avis, de créativité spécifique à la négociation ; c'est la créativité en général qui permettra, dans les situations de négociation, de trouver la ou les idées originales. Nous donnerons néanmoins des exemples de créativité dans la négociation et nous aborderons donc la créativité d'une manière globale.

Les hommes politiques, et non des moindres, ont enfin compris que ce n'est pas par les méthodes habituelles que l'on résoudra les problèmes actuels.

Le Président de la République avait choisi comme slogan, lors de sa visite dans le Pas-de-Calais : « L'esprit de créativité, c'est notre richesse » [2]. Il y a quelques années, Jacques Barrot, alors ministre du Travail, plaidait en faveur d'un nouveau

1. *« Le Nouvel Economiste »* du 12 décembre 96.
2. *« L'Eclair du Nord Pas de Calais »* du 4 septembre 1996.

modèle social français qui reste à inventer, et le Premier ministre enfonça le clou : *« Je suis à l'écoute de tous ceux qui voudraient apporter au débat des propositions nouvelles ou des approches nouvelles. »* [3]

Jean Chalon a même intitulé une de ses chroniques :

> *« Rêveurs de tous les pays, unissez-vous ! Ou, faut-il inventer un ministère des rêves ? »* [4]

L'économie privée n'est pas en reste et regorge d'exemples d'idées nouvelles qui ont fait leur chemin :

> La société Trouillet, installée à Chauffailles, petite commune de Saône et Loire, fabrique des tissus pour les grands de la mode : Zannier, Catimini, Camaïeu, Kiabi, Lacoste, Pimckie et Zara entre autres. C'est dire si elle a des références. Son Président, Olivier Bochard, affirme :
> *« Depuis toujours, la créativité fait partie intégrante de notre stratégie ; c'est notre seul atout face aux importations du sud-est asiatique dont les prix défient toute concurrence ».* [5]

Des exemples plus concrets : La SNCF et la Deutch Bahn ont enfin compris l'intérêt de travailler ensemble ; les deux sociétés vont commander conjointement des autorails qui seront réalisés à partir d'un seul cahier des charges. [6]
TF1, Canal+ et M6 ont découvert que les coûts de diffusion étaient non négligeables ; ils ont donc décidé de créer, au-delà de leurs polémiques, une société commune de télédiffusion. [7]

Au Bénin, comme en France, téléphoner dans une cabine publique relève parfois de l'exploit, souvent par manque de carte. A Cotonou, des enfants, stationnés en permanence près des cabines, louent leur carte téléphonique en prenant, au passage, un petit bénéfice. [8]
Dans un même ordre d'idées, une entreprise suédoise propose des communications téléphoniques gratuites à condition d'accepter que la conversation soit entrecoupée de messages publicitaires...

Enfin, comment faire, lorsque l'on est fabricant de cigarettes et interdit de publicité, pour se rappeler au bon souvenir des futurs fumeurs ? : Philipp Morris devient producteur de chansons ; bientôt, en achetant deux paquets de Virginia Slim, les consommateurs auront droit à un CD gratuit. [9]

3. « *La Tribune Desfossés* » du 23 mai 1996.
4. « *Le Figaro* » du 3 décembre 1996.
5. « *La Tribune Desfossés* » du 29 janvier 1997.
6. « *La Tribune Desfossés* » du 10 avril 1996.
7. « *La Tribune Desfossés* » du 7 décembre 1995.
8. « *Courrier International* » avril 1996.
9. « *La Tribune Desfossés* » du 28 janvier 1997.

Il en est de même en négociation ; lors de la grande grève de fin 1995, les petits fournisseurs de Carrefour avaient de sérieux problèmes de trésorerie, le courrier étant arrêté. Carrefour a installé des centres de paiement dans ses hypermarchés et l'a fait savoir par de grands placards publicitaires.

En Grande-Bretagne, une société a négocié avec ses salariés un « flex-plan ». Les employés ont le choix entre une augmentation de salaire, l'aide à l'achat d'un logement, une crèche sur le lieu de travail, l'abonnement à un centre de remise en forme, le prolongement de congé maternité, l'assistance juridique du groupe, les congés sabbatiques ou encore des produits ou voyages à prix réduit ; et tout cela à la carte. [10]

L'aéroport de Beyrouth avait lancé un appel d'offres international pour son agrandissement. A l'ouverture des plis, les offres variaient entre 2,8 et 5,5 milliards de francs. Surprise, le coréen Hyundai était le plus cher et Dumez-ADP (Aéroports de Paris, ndlr) a sorti une botte secrète; leur offre de départ n'était pas bien placée, mais ils ont été les seuls à proposer une variante basse qui les a propulsé à la première place. [11]

La négociation diplomatique n'échappe pas à la règle :

> *« La négociation peut avoir l'innovation comme objectif ; l'exemple le plus flagrant est celle des traités de Paris et de Rome qui ont bâti les communautés européennes. Ceux qui la manient font alors un pari sur le futur ».* [12]

Nous venons de voir de nombreux exemples ; mais, finalement, qu'est-ce que la créativité et comment peut-on la mettre en œuvre ?

☐ Définitions

Dans son dernier ouvrage, Maxime Leroux[13] commence son chapitre « Négociation et Créativité » par :

> *« ce chapitre sera un éloge de l'imagination créatrice et de l'inventivité (...) »*
> *et il poursuit :*
> *« quand un négociateur en est réduit à l'immobilisme têtu ou à l'intimidation, c'est qu'il touche aux limites de son inventivité et de sa capacité de propositions (...). Le secret des négociations fructueuses tient à cette capacité de proposer sans relâche et de multiplier les propositions de rechange dans la zone du négociable, en rapport avec les besoins spécifiés des deux parties (...). La mobilité d'esprit devient gage et source de succès. »*

10. *« Courrier International »* avril 1996.
11. *« La Tribune Desfossés »* du 3 mars 1994.
12. F.-C. IKLE in *« How Nations Negotiate »* Harper & Row Editors (1964).
13. Maxime LEROUX et Mariette DELAIN : *« Les Dimensions Cachées de la Négociation »*. INSEP Editions (1992).

Jean-François Maubert [14] affirme :

> *« Il faut être créatif pour faire progresser la négociation » (…) le processus de négociation est essentiellement dynamique. S'il faut ajuster les positions et les objectifs les uns aux autres, il faut aussi les faire évoluer pour que leur adaptation soit possible dans une solution créative (...). Tôt ou tard le négociateur se trouve donc en face du problème de changement ; faire changer l'autre, bien sûr, mais savoir aussi changer soi-même en saisissant la chance qu'il présente. »*

William Ury et Roger Fisher [15] surenchérissent en intitulant la quatrième partie de leur ouvrage : *« Imaginer des solutions procurant un bénéfice mutuel. »*
Les auteurs entrent encore plus dans le détail quant à l'utilité de trouver des solutions créatives :

> *« le problème se pose habituellement comme s'il n'y avait aucun moyen de partager le gâteau d'une manière qui soit également acceptable pour les deux parties en présence ; ou bien on négocie sur un plan unique – il s'agit de déterminer les limites d'un territoire, le prix d'une automobile, la durée d'un bail, le taux d'une commission ou bien on se trouve au contraire placé devant une alternative : selon le terme choisi, l'une des deux parties sera favorisée au détriment de l'autre et vice-versa. »*

Et de conclure :

> *« cette faculté d'imaginer des solutions est une des qualités que se doivent de posséder les négociateurs (...). Dans la négociation d'un contrat, chacune des parties estimant son offre raisonnable considérera qu'elle devrait être adoptée, moyennant d'éventuels réajustements de prix (...). L'ensemble des solutions existantes semble se situer sur une ligne droite joignant la position de départ des uns à celle des autres. La plupart du temps, on estimera avoir déjà beaucoup fait en se rencontrant à mi-chemin. »*

Faut-il encore insister sur le rôle fondamental de la créativité en négociation ?
Pierre Lebel [16] donne quatre raisons d'utiliser la créativité :

- pour s'adapter au contexte,
- pour identifier et connaître les partenaires,
- pour réduire les risques,
- pour trouver des voies d'évolution.

Si nous demandons, à travers la littérature spécialisée, aux auteurs et spécialistes, quelles sont les qualités d'un bon négociateur et à quelles techniques doit-il être

14. Jean-François MAUBERT : *« Négocier, 4 Clés pour Réussir »*. Editions Dunod (1990).
15. Roger FISHER et William URY : *« Comment Réussir une Négociation »*. Editions du Seuil (traduction de « Getting to Yes ». Editions Houghton Mifflin Co, Boston) (1982).
16. Pierre LEBEL : *« L'Art de la Négociation »*. Editions d'Organisation (1991).

formé, nous trouvons de multiples réponses : trop peu d'entre eux énoncent la créativité comme indispensable ou du moins importante sauf les auteurs déjà cités dans cette introduction bien sûr, et Christophe Dupont [17] qui indique, dans sa typologie des caractéristiques des négociations réussies, que la créativité est un des dix points les plus fondamentaux.

Pierre Lebel [18], dans son chapitre sur la formation des négociateurs, propose même d'intégrer, dans le processus de formation, un séminaire complet de techniques de créativité ! (voir son schéma p. 176).

Cela fait peu par rapport à l'ensemble de la littérature concernant la négociation [19] ; est-ce parce que la créativité est considérée comme naturelle chez l'homme au même titre que la respiration ?

Nous en doutons et la suite de ce chapitre qui va décrire les moyens de développer sa créativité, va en apporter, tout du moins nous l'espérons, la preuve.

A la suite de ces constatations, nous allons définir le processus créatif puis identifier les obstacles et les solutions au comportement créatif.

Qu'est-ce que la créativité ?

□ Principes

La créativité, c'est la mise en évidence du potentiel d'imagination constructive d'un individu et/ou d'un groupe, puis sa restructuration pour résoudre, par le détour de l'imagination, des problèmes concrets.

Chaque être humain, quels que soient son âge, son sexe, sa culture, a à peu près le même potentiel d'imagination constructive, c'est-à-dire une capacité à produire des idées, des images, des sensations et à les croiser (associer) à travers des solutions originales.

La différence entre les êtres humains vient du niveau de « blocage » intérieur, d'où la nécessité d'utiliser des techniques pour faire émerger cette créativité.

La créativité est basée sur l'association : deux idées, complètement différentes, peuvent produire une troisième idée qui, elle, est constructive.

L'exemple le plus célèbre d'association d'idées est la découverte d'Archimède [20].

Le problème était le suivant : comment mesurer le volume d'une couronne ciselée ? La géométrie euclidienne disponible à cette époque ne permettait pas de mesurer des volumes « hors normes ».

Archimède prenant son bain s'aperçut que son corps déplaçait un certain volume d'eau.

---

17. Christophe DUPONT : « La Négociation ». Editions Dalloz (1994).
18. Pierre LEBEL : *Opus Cité*.
19. Nous ne prétendons pas avoir été exhaustifs dans nos recherches, mais ce jugement porte sur une cinquantaine de manuels traitant de la négociation et/ou de la vente/achat en langue française.
20. Pour plus de détails, voir « *Le Cri d'Archimède* » d'Arthur KOESTLER. Editions Calmann-Lévy (1962).

Que s'est-il passé dans sa tête ?

- d'une part, le problème de mesurer le volume de la couronne le travaillait depuis longtemps (en créativité, on dit qu'il était « imprégné » du problème),
- d'autre part, le constat que l'eau monte dans la baignoire lorsqu'on s'y met.

Les deux idées n'avaient rien à voir entre elles, mais Archimède, associant ces deux idées (d'une manière inconsciente, vraisemblablement) trouva une solution : on peut connaître le volume d'un objet en mesurant la quantité d'eau déplacée par cet objet immergé.
Tout le principe de la créativité (de la nouvelle idée ou proposition) est là. On prend deux idées qui n'ont en principe rien à voir, et par association on en « invente » une troisième [21].
Cette explication paraît simpliste, et pourtant cela marche !
Bien évidemment, l'homme va rencontrer des difficultés à associer naturellement. Il devra identifier les obstacles et éventuellement pratiquer des techniques pour exprimer sa créativité.

□ Exemples

Quelques exemples de solutions créatives appliquées en négociation :

- Pepsi Cola essayait depuis longtemps de pénétrer chez Burger-King qui travaillait exclusivement avec Coca-Cola.

Pepsi Cola, au bout de quelques années infructueuses, proposa à Burger-King de s'allier entre n° 2 (Pepsi était n° 2 derrière Coca et Burger-King n° 2 derrière Mac Donald's). L'idée originale était là : les deux n° 2 s'allient pour contrer les n° 1 [22].

- Airbus Industrie n'arrivait pas à vendre ses avions à une compagnie du Moyen-Orient qui était ligotée avec Boeing par un contrat.
  Airbus proposa de louer des avions, ce qui fut accepté car le contrat d'exclusivité de Boeing ne prévoyait que des ventes !
- Le Vatican se trouva devant le dilemme suivant : l'usage veut que l'ambassadeur du Vatican dans un pays, appelé « nonce apostolique », soit le doyen du corps diplomatique.
  Le problème se posa pour les pays de culture et de tradition musulmanes : il n'était pas question pour eux d'accepter que le représentant d'un Etat, en plus le Vatican, soit le doyen d'office.
  Le Vatican créa un grade diplomatique, le « pro-nonce apostolique », ce qui permit d'avoir des ambassadeurs qui seraient doyens seulement s'ils étaient les plus âgés du corps diplomatique.

---

21. Les associations ne se font pas seulement au niveau oral ; le non-verbal, le goût, l'ouïe, le ressenti peuvent être de très bons stimuli favorisant les associations
    Pour plus de détails, consulter :
    « L'Imagination Constructive » d'Alex OSBORN. Editions Dunod (1958)
    « Les Méthodes Projectives » de Didier ANZIEU. Editions Dunod (1992)
    « L'Homme Imaginant » de Henri LABORIT. Union Générale d'Editions (1970)
22. Exemple tiré de *« Tout ce que vous n'Apprendrez jamais à Harvard »* de M. H. Mc CORMACK. Editions Rivages/Les Echos (1985)

Tiré de la presse, cet exemple met en évidence la créativité des négociateurs :

> ***AVIONS • NÉGOCIATIONS COMPLEXES ENTRE AIRBUS ET AIRLANKA***
> *Airbus est prêt à envisager des formules nouvelles permettant l'aboutissement des négociations pour la vente de cinq quadriréacteurs A340 à la compagnie aérienne du Sri Lanka, Air Lanka.*
> *Dimanche, les négociations avec le gouvernement sri lankais avaient été suspendues. Airbus estime être en face d'un* « problème d'ajustement structurel imposé par la Banque mondiale ».
> *La Banque craint que la sortie de devises correspondant à l'acquisition des Airbus soit trop lourde pour la balance des paiements du Sri Lanka, selon un porte-parole d'Airbus. Les négociations ont été suspendues ce week-end après l'annonce d'une enquête sur le contrat d'achat et le refinancement de l'appareil.*
> « D'autres formules peuvent être proposées pour satisfaire les exigences de la Banque mondiale vis-à-vis du gouvernement sri lankais, comme une transaction hors bilan sous forme de leasing », *ajoute le porte-parole.*[23]

Bien évidemment, ces exemples impliquent des sociétés multinationales ou des pays. Il existe, fort heureusement, de très nombreux exemples de solutions créatives qui s'appliquent aussi bien aux PME/PMI qu'à la gestion des petits conflits quotidiens.

2. OBSTACLES A LA CRÉATIVITÉ DANS LES NÉGOCIATIONS

William Ury et Roger Fisher[24] identifient quatre grands obstacles à la créativité dans la négociation :

1)	Jugements hâtifs	- Ne pas imaginer est plutôt la norme dans les affaires.
2)	Recherche d'une réponse unique	- On se borne à chercher la seule et unique bonne réponse.
3)	Les limites sont fixées une fois pour toutes	- Il n'y a que deux solutions possibles et contradictoires.
4)	Les problèmes de l'autre ne me regardent pas	- Je suis préoccupé par mes seuls intérêts.

TABLEAU 1 : OBSTACLES À LA CRÉATIVITÉ SELON W. URY ET R. FISHER.

Hubert Jaoui[25] met en évidence trois grandes séries d'obstacles qu'il appelle « blocages » dans la démarche créative :

23. Article dans « *La Tribune Desfossés* » du 27 juillet 1993.
24. *Opus Cité.*
25. Hubert JAOUI : « *La Créativité, Mode d'Emploi* ». Editions ESF (1990).

☐ Blocages émotionnels

– Crainte de commettre une erreur ou de passer pour un farfelu.

☐ Blocages culturels

– Désir de se conformer à des modèles sociaux ou désir d'appartenance.
– Utilisation systématique du « non » à de nouvelles ou même d'anciennes idées.
– La tendance au tout ou rien.
– Trop grande foi dans les statistiques et l'expérience du passé.
– Croyance que le fait de rêver et d'imaginer est un gaspillage de temps enfantin.
– Mise en avant de facteurs pratiques et économiques.
– Faible capacité à transformer et/ou modifier des idées.
– Le doute peut être socialement inconvenant.
– Trop grande foi dans la logique/raison.
– Conformisme par rapport à l'esprit de groupe.

☐ Blocages perceptifs

– Difficulté à définir le problème et à le destructurer.

L'ensemble des blocages ou obstacles peut être résumé de la manière suivante ; les deux freins majeurs sont :

1) La raison

Depuis notre tendre enfance, on nous a appris à être raisonnable ; tout ce qui sort de la « norme » est répréhensible. La base de l'éducation est le raisonnement de type cartésien. *A contrario*, bouleverser cet ordre des choses peut être considéré comme dangereux pour les autres.

2) L'individualisme

On nous a tous appris à « tuer les idées des autres ». Dans quasiment toutes les réunions politiques, sociales, associatives, de travail et naturellement en négociation, la majorité du temps est consacrée à fournir des objections aux idées avancées par les autres ; la critique est l'outil le plus utilisé dans ces situations.
Vu d'une manière très pragmatique et souvent anédoctique Roger Von Oech [26], consultant-gourou américain, propose de faire sauter les dix « verrous » anti-créatifs chez l'homme ; ces blocages sont les suivants :

2•*1) Esprit Mathématique*
– Il n'y a qu'une seule et unique bonne réponse à un problème.

2•*2) Esprit Dichotomique*
– Conception binaire des choses.

---

26. Roger Von ŒCH : « *Créatif de Choc !* ». Editions Businessman/First (1986).

2•3) Esprit Modélisateur
- On doit suivre les règles.

2•4) Esprit Justicier
- On évalue et juge systématiquement.

2•5) Esprit Ambigu
- On n'aime pas l'ambiguïté.
- On est mal à l'aise dans les paradoxes.

2•6) Esprit Intolérant
- On n'accepte pas l'erreur.

2•7) Esprit Adulte
- On n'aime pas jouer (honte).

2•8) Esprit Spécialiste
- On n'aime pas revenir aux généralités.

2•9) Esprit Conformiste
- On a tendance à suivre la masse (la foule).

2•10) Esprit Défaitiste
- On n'ose pas y croire.

3. SOLUTIONS

Etre créatif, ou tout du moins débloquer son potentiel d'imagination constructive est rarement naturel chez l'adulte ; il faut, comme dans le sport, s'entraîner et acquérir des réflexes.

Démarche

Nous proposons une démarche en trois points :

1 – *Analyser* les tableaux des pages précédentes qui répertorient les obstacles et les freins à la créativité.

Prendre conscience de ces freins peut déjà débloquer certains comportements.

Avoir toujours en tête les deux règles suivantes :

- « La quantité fait la qualité » [27]. Si dans dix idées il y en a une de bonne, dans cent idées, il y en aura dix de bonnes.
- « Rendre l'insolite familier et le familier insolite [28] » :

– les habitudes sont anti-créatives car elles ne sont pas originales ; transformer ses habitudes continuellement pour « ressentir » de l'originalité,

– ne pas avoir peur de l'original ; transformer ce qui paraît aberrant en solution exploitable.

27. Alex OSBORN : *Opus Cité.*
28. Alex OSBORN : *Opus Cité.*

2 – *S'entraîner*, pour acquérir le réflexe d'association [29].

S'habituer à prendre deux idées ou plus, qu'elles viennent de nous ou d'un autre, et à les associer systématiquement.
Un réflexe n'est pas un acquis spontané mais se travaille, se répète, jusqu'à ce qu'il devienne automatique.
Pour associer, il faut respecter les deux règles suivantes :

• « Pas de critique »

– critiquer une idée revient à la tuer et donc empêche l'association,
– toujours se dire : *« au lieu de penser que cette idée est mauvaise et/ou trop chère, et/ou non réalisable, qu'est-ce que je peux faire avec ... ? »*

• « Pas d'analyse »

– *« lorsque je fais (ou plus souvent lorsqu'un autre) ou que je dis cela, pourquoi l'ai-je fait ou dit ? »*
– ne pas chercher les raisons psychiques, psychologiques ou métaphysiques à l'origine de l'acte ou de la parole exprimée mais se dire : *« comment puis-je l'utiliser, l'améliorer ? »*

Nous terminerons ces recommandations individuelles par les dix « avis » de Michel Lafeuille [30] donnés sous forme « évangélique » :

– *Tu choisiras tes dimanches d'aventure*
– *Tu iras au bout de tes idées*
– *Tu t'accorderas des moyens pour aboutir*
– *Tu te sensibiliseras et tu formeras les autres*
– *Tu te fixeras des objectifs*
– *Tu chercheras à dépasser tes propres limites*
– *Tu remettras sans cesse ton savoir en question*
– *Tu accepteras de prendre des risques*
– *Tu n'abandonneras pas tes enthousiasmes*
– *Tu analyseras tes échecs et tes réussites.*

Et tu seras un homme créatif, mon fils ! [31]

3 – *Utiliser des techniques de créativité*

La plupart des techniques de créativité opérantes sont destinées à des groupes. En effet, il a été maintes fois démontré que la productivité d'idées dans un groupe était hautement synergique. Si une personne peut produire dix idées originales à l'heure, un groupe de dix personnes ne produira pas cent mais mille idées à l'heure !

Dans la négociation, il n'est pas toujours possible, pour des raisons de temps, d'effectifs, d'organisation matérielle ou tout simplement de confidentialité, de constituer un groupe de créativité. Le négociateur sera souvent seul devant son pro-

29. De petits exercices d'entraînement sont proposés en fin de chapitre.
30. Michel LAFEUILLE : *« Un Regard Créatif »*. Editions Chotard & Associés (1989).
31. Commentaire personnel de l'auteur de cet ouvrage.

blème ; les techniques que nous proposons ici peuvent être utilisées soit individuellement, soit en groupe.
Avant d'expliciter les techniques, nous donnons ici la méthodologie générale pour rechercher des idées. Nous nous inspirerons de la démarche de Marcel Botton [32] :

a) Formulation
– Connaître le problème à résoudre.

b) Imprégnation
– Transformer le problème en obsession.

c) Eloignement
– Décoller de la réalité immédiate du problème.

d) Croisement
– Associer toutes les idées, images, perceptions obtenues dans la phase précédente.

e) Evaluation
– Pour chaque idée obtenue, dresser un bilan technique pour en apprécier la valeur.

Commentaires

1 – La phase de formulation est très importante ; il est bien connu qu'un problème bien posé apporte quasiment la solution.
L'idéal, pour un négociateur, est de se faire aider par la partie adverse en clarifiant profondément les démarches et/ou les problèmes de l'autre.
2 – L'imprégnation est vraiment une phase très personnelle.
De nombreux savants ont raconté ou écrit que lorsqu'ils cherchaient une solution, ils « vivaient » constamment avec leur problème, qu'ils en « rêvaient » même la nuit.

32. D'après « *Cinquante Fiches de Créativité Appliquée* » de Marcel BOTTON. Fiches EO/FP. Editions d'Organisation (1980)

3 – Le processus de créativité peut se schématiser de la manière suivante [33] :

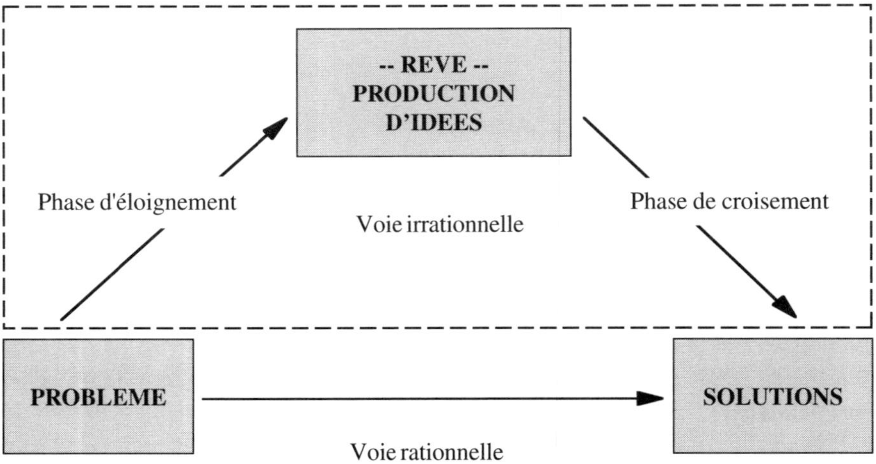

SCHÉMA 1 : LE PROCESSUS CRÉATIF.

On suppose le problème bien posé, c'est-à-dire bien défini, si possible avec ses partenaires ; le négociateur a deux grandes démarches possibles :

a) La voie rationnelle

Le négociateur va solliciter par exemple le bureau d'études et/ou des banques de données. Il peut également voir la réglementation, la jurisprudence, etc.
Il arrivera, en principe, à des solutions obtenues par la logique, par le raisonnement et par la déduction.
Cette méthode donne, bien sûr, de bons résultats : il serait aberrant de soutenir que la démarche rationnelle ne fait pas appel à l'irrationnel de l'homme (l'inverse étant d'ailleurs sûrement vrai). Le fonctionnement du corps et du cerveau humain est très complexe !
Nous faisons ici une dichotomie entre voie rationnelle et irrationnelle uniquement pour mettre en évidence que la démarche créative que nous proposons fait appel à des « ressorts » et des ressources que nous n'avons pas l'habitude de mobiliser consciemment [34].

b) La voie irrationnelle

On s'éloigne du problème pour produire des idées qui n'ont rien à voir avec le problème. Autrement dit, ces idées serviront de stimuli pour les associations (phase d'éloignement), puis on associe systématiquement deux ou plusieurs idées pour trouver des solutions (phase de croisement) : c'est en quelque sorte, la restructuration de l'imagination.

33. Pour plus de détails, voir « *Les Techniques de la Créativité* » de Patrick AUDEBERT. Document de l'IAE de Lille (1977).
34. Pour une analyse en profondeur de ces problèmes, voir les travaux de Yvan GAVRILOFF (ouvrage à paraître).

4 – La dernière phase est, à notre avis, beaucoup plus rationnelle.
Le négociateur pourra vraiment en mesurer la valeur et/ou la crédibilité en la soumettant aux partenaires adverses, soit dans la négociation, soit entre les phases de négociation (par courrier, par exemple).
Il pourra également se servir de la technique « alternative » [35] pour mesurer l'impact sur les autres idées.

4. LES GRANDES TECHNIQUES INDIVIDUELLES DE CRÉATIVITÉ

Nous n'expliciterons que les techniques utilisables individuellement partant du principe que le négociateur est souvent seul avant, pendant et entre les négociations et qu'il n'a pas, ou peu, la possibilité de mobiliser un groupe.
Ces techniques sont néanmoins utilisables en groupe ce qui est, comme nous l'avons démontré plus haut, fortement recommandé quand cela est possible [36].

☐ Le concassage

C'est le fait de « triturer » le problème dans tous les sens, comme une caméra qui filmerait à l'endroit, à l'envers, en gros plan, en zoom.
C'est en quelque sorte un « traitement déformant » que l'on fait subir au problème.
Les approches sont les suivantes :

- Si on augmentait, agrandissait..........
- Si on réduisait, diminuait..........
- Si on supprimait..........
- Si on inversait..........
- Si on associait..........
- Si on différenciait..........

Que l'on peut synthétiser dans le tableau suivant :

+ AUGMENTATION	0 SUPPRESSION	++ ASSOCIATION
– DIMINUTION	CONTRAIRE <——> INVERSION	≠ DIFFERENCIATION

SCHÉMA 2 : LE TRAITEMENT DÉFORMANT.

35. L'alternative consiste à proposer deux (ou plusieurs) solutions à l'autre en lui demandant laquelle il préfère.
36. Pour avoir une vue globale sur l'ensemble des techniques de groupe, consulter : *« Cinquante Fiches de Créativité Appliquée »*, de Michel BOTTON *(Opus Cité)*.

Exemples

– Si on augmentait le SAV..........
– Si on diminuait le SAV..........
– Si on supprimait le SAV..........
– Si le SAV était à la place du service installation..........
– Si on associait le SAV avec les commerciaux..........
– Si le SAV servait à facturer..........

□ La matrice de découverte

Il s'agit d'un tableau à double (ou à n) entrée (s) qui permet de mettre en relation des éléments de différentes natures. L'approche est la suivante :

– mettre en abscisses les éléments du problème,
– mettre en ordonnées les éléments d'un système,
– étudier soit les cases vides, soit les cases existantes.

Exemple

Pour la négociation d'embauche d'un cadre, on veut trouver la solution originale qui permettra, non seulement de satisfaire l'entreprise, mais également le cadre.

Capacités de l'entreprise/Besoins du cadre	Sentiment d'utilité	Initiative	Convi--vialité	Intérêt du travail	Statut	Apparte--nance	Enrichis--sement personnel
R & D							
TECHNIQUE							
DISTRIBUTION							
COMMUNICATION							
FINANCE/ GESTION							
RESSOURCES HUMAINES							

SCHÉMA 3 : MATRICE DE DÉCOUVERTE.

□ Les scenarii

C'est, comme au cinéma, inventer des histoires, « des scenarii » et dérouler le « film » dans sa tête pour produire des images donc des idées qui seront soit exploitables directement, soit associées entre elles pour trouver la solution.

Il y a deux grands types de scenarii :
- l'idéal,
- le catastrophique.

a) l'idéal

« Et si l'ensemble des syndicats passait un accord pour développer la productivité dans l'entreprise... »

b) le catastrophique

« Et si les syndicats déclaraient une grève surprise avec occupation des ateliers... »

☐ L'analogie

Faire des analogies, c'est lancer son raisonnement à partir de schémas complètement différents.
Nous limiterons, pour la technique créative, les analogies à deux types :

a) l'analogie de situation

Un bon exemple nous est donné par la bionique, science qui étudie le fonctionnement de la nature au service de l'homme ; le radar a été inventé à partir de l'étude de la chauve-souris qui, étant aveugle, se déplace en émettant des sons et en mesurant le temps de réflexion de ces sons.
L'hélicoptère (ou tout du moins la technique d'autogire) a été inventé en observant les feuilles d'érable descendant à terre.
Dans une négociation organisationnelle ou la mise en place d'un réseau, pourquoi ne pas partir de l'organisation d'une ruche d'abeilles ou d'une fourmilière ?

b) l'analogie projective

A partir d'un tableau non figuratif ou d'un dessin, se poser la question : «- si c'était mon service, il serait ...»

☐ L'induction

Le principe de l'induction est très simple ; il s'agit d'associer à partir de stimuli qui peuvent être des mots évocateurs.
Il suffit de prendre des mots au hasard, de les associer et d'en tirer des idées...

Voici une liste de mots qui sont très suggestifs en créativité [37] :

- Aquarium - Attelage - Autoroute - Acheter - Achever - Acidulé - Acupuncteur - Adéquat - Adhésif - Abri	- Bananier - Bancal - Bande - Banlieue - Bannir - Baptiser - Baragouiner - Baobab - Bar - Barbe	- Casier - Colifichet - Crème - Consteller - Conspirer - Consulter - Contagieux - Contrepèterie - Contre sens - Convenance	- Diamètre - Député - Dictateur - Dialoguer - Diffamer - Digérer - Dieu - Dialecte - Diatribe - Dalmatien	- Égoutier - Élan - Éléphant - Elément - Egoutter - Elever - Eliminer - Élastique - Élégance - Éclairage

TABLEAU 2 : MOTS SUGGESTIFS SELON M. LAFEUILLE.

Exemple : pour tester une nouvelle politique commerciale et une sensibilité aux prix : prendre au hasard trois mots : baobab, diamètre, élastique. L'association des trois peut donner : faire un test sur différentes branches (segments) et segmenter soit dans les branches soit prendre plusieurs parties de différentes branches et tester sur des prix hauts et des prix bas (jouer à l'élastique).

Pour terminer ce chapitre, nous vous proposons quelques petits exercices qui serviront à exercer la flexibilité et la fluidité de votre imagination [38].

Exemple

Enumérer toutes les utilisations possibles d'une ou plusieurs briques normales. Réponses données par Hubert Jaoui [39] :

- étagère - meuble - pieds du lit - niche - vase - presse-papiers - matraque - projectile - porte-crayon	- pendentif - casse-noix - peint aux couleurs de son club - marche d'escalier - chaufferette - les piler pour faire un quick de tennis - fond de teint - dentifrice en poudre

TABLEAU 3 : EXEMPLES SELON H. JAOUI.

37. Liste tirée de Michel LAFEUILLE : *Opus Cité*.
Pour une liste plus complète, se reporter à cet ouvrage (page 175 et suivantes).
38. Flexibilité : degré d'originalité dans l'imagination.
Fluidité : nombre d'images ou d'idées produites en un temps donné.
39. Hubert Jaoui : *Opus Cité*.

Réponses données par l'auteur de cet ouvrage :

- objet publicitaire - cadeau avec le nom gravé (ou peint) - calendrier - semelles de chaussure - cale pour voiture - objet décoratif - dessous de plat - portemanteau - cadre - jeu de construction - instrument de musique - lest pour filets de pêche - plaqué or - cale porte/fenêtre - siège de jardin - gaine pour tuyaux - gaine pour fils électriques - toboggan - revêtement de sol - radio - en poudre pour peindre ou faire une œuvre d'art - colorant - oreiller médical	- chenets de cheminée - gueuse pour chien/chat - statue - pot de fleurs - jeu de foire - pin's - oreiller - barque - garde-manger - sarcophage - table - fer à repasser - jeu de marelle - dominos - patins à glace - pendule - baffle - poids pour balance - pour jongler - coffret à bijoux - pieds de parasol - serre-livres - faire des maquettes - un puzzle

TABLEAU 4 : EXEMPLES.

Autre exercice[40] *:*

1	Énumérer toutes les utilisations possibles d'un pinceau pour peindre une chambre
2	Trouver une combinaison utile (faire une association) pour chacun des groupes d'objets suivants : - un ballon de football et un ressort - un bâton, le gond d'une porte et une planche
3	Donner cinq inventions utiles qui n'existent pas encore
4	Énumérer tous les mots, phrases et comparaisons (y compris l'argot) qui peuvent être employés à la place du mot : "absurde"
5	Énumérer au moins 5 objets dont le principe de fonctionnement est basé sur le simple levier
6	Trouver 3 moyens de rendre plus spectaculaire la cérémonie de remise des diplômes
7	A quoi pourraient servir des écorces de cacahuètes ?
8	Trouver 6 moyens d'utiliser une bicyclette à l'intérieur d'un appartement
9	Si vous étiez employeur, quelles sont les 3 questions que vous poseriez à un candidat pour évaluer son aptitude créative ?
10	Supposez que vous ayez des enfants qui négligent leurs devoirs à la maison pour regarder la T.V. : énumérer 6 moyens de résoudre ce problème

TABLEAU 5 : EXERCICES DE CRÉATIVITÉ.

Ces quelques exercices, pratiqués souvent, peuvent débloquer l'imagination des négociateurs ; il est bien évident que ce n'est pas autour du tapis vert que les acteurs auront le plus de facilité pour être créatifs, mais avant la négociation et entre les séances, d'où l'utilité des suspensions de séance dans la négociation.

40. Les exercices sont tirés du livre d'Alex Osborn *(Opus Cité)* et de *« Entraînement à la Créativité »* de Werner KIRST et Ulrich DICKMEYER (Editions Casterman) (1987).

CHAPITRE 13

LA GESTION DU STRESS

Quand on voit ce qu'on voit, quand on entend ce qu'on entend et qu'on sait ce qu'on sait, il ne faut pas s'étonner de penser ce qu'on pense !

Pierre Dac

INTRODUCTION [1]

Le mot stress vient du latin « stringere » qui signifie étreindre, serrer, resserrer, et qui a donné naissance en français aux mots « étreindre » et « détresse ».

- Etreindre, c'est-à-dire entourer avec le corps, avec les membres en serrant étroitement.
- Détresse signifie un sentiment d'abandon, de solitude, d'impuissance que l'on éprouve dans une situation difficile.

L'approche sémantique donne, comme définition du stress, une angoisse ou une tension qui peut se transformer en souffrance physique et qui envahit aussi bien le psychique que le corps d'un individu.

Le stress peut être permanent, il est considéré dans ce cas comme une maladie, ou il peut apparaître de manière ponctuelle chez l'individu et notamment quand il négocie. Au cours de cette activité, deux ou plusieurs acteurs sont confrontés à des divergences mais recherchent un compromis.

L'influence du stress peut être préjudiciable à l'issue de la négociation : il est un paramètre important que les négociateurs ne peuvent ignorer.

1. DÉFINITIONS

Pierre R. Turcotte [2] note :

> *« le stress a été étudié d'abord du point de vue des sciences médicales, puis suivant les perspectives des sciences de l'organisation et de la psychologie industrielle. »*

1. L'auteur remercie Daniel LE BERT, professeur au CRC et concepteur de « *La Psychodynamique de la Performance* » qui a bien voulu relire et compléter ce chapitre
2. Pierre R. TURCOTTE : « *Qualité de Vie au Travail : Anti-Stress et Créativité* ». Editions d'Organisation (1983).

Il poursuit :

> *« pour qu'une définition du stress soit significative, il serait souhaitable qu'elle soit multidisciplinaire et qu'elle reflète la nature complexe de ce phénomène. »*

French, Rogers et Cobb [3] définissent le stress comme étant une discordance entre les capacités d'une personne et les exigences de sa tâche d'une part et une discordance entre les besoins de la personne et ceux pouvant être satisfaits par l'environnement d'autre part.
Pour Marc Cathelineau [4], le stress est :

> *« le produit d'une réaction naturelle de l'individu qui mobilise toutes ses forces pour esquiver une agression ou pour passer à l'attaque. Le stress est d'autant plus dommageable – c'est le cas dans la négociation – que ni l'attaque, ni l'esquive ne sont praticables, l'énergie inemployée étant alors inhibée ».*

Pour certains, cette mobilisation énergétique de l'individu joue le rôle d'un véritable aiguillon, pour d'autres, c'est au contraire un lourd fardeau à traîner. C'est cette capacité personnelle du négociateur à gérer son stress qui fait la différence entre les bons négociateurs dont on admire « la force tranquille », et ceux dont on devine qu'ils seront vite destabilisés ».

Qu'est-ce que le stress ?

Pour Daniel Le Bert, il y a stress lorsque l'individu est, se sent ou s'imagine en décalage d'adaptation par rapport à une situation donnée. Ce décalage, réel ou virtuel, conscient ou non, peut être plus ou moins important. L'organisme tout entier va alors déclencher une réaction biologique : état d'alerte, de résistance, d'endurance. Cette réaction, destinée à rééquilibrer la situation, met fondamentalement en route des phénomènes physiologiques dont le but est un engagement physique (le cœur va battre plus fort, la respiration va s'accélérer, les muscles vont se tendre, le cerveau est stimulé). Or aujourd'hui le combat que nous menons est surtout intellectuel et symbolique, nous sommes sédentarisés, nous avons trop souvent oublié d'entretenir sérieusement notre condition physique. Nos émotions, nos représentations mentales (parfois négatives, sous la pression de la peur, de l'inquiétude, de l'anxiété, de l'agressivité ou sous la « dépression » de la résignation et de la déception) génèrent une énergie qui reste bloquée à l'intérieur de nous-mêmes, emballent à vide l'organisme, le fatiguent, l'intoxiquent et accélèrent son vieillissement et sa vulnérabilité générant ainsi tensions permanentes et dysfonctionnements.
Transformer le mauvais stress en bon stress, c'est renforcer sa condition physique, prendre la commande de son mental et ajuster en permanence ses comportements et aller de l'avant, confiant en soi.

---

3. FRENCH, ROGERS et COBB : *« Adjustement as a Person – Environnement Fit »*, in COELHO. Hambourg et Adams Editors (1979).
4. Marc CATHELINEAU : *« Négocier gagnant »* Inter Editions (1991).

Le mauvais stress inhibe, rend agressif, déforme notre vision du monde, réduit la créativité et l'envie d'entreprendre et sape notre équilibre.
Le bon stress, c'est le super carburant qui dans un moteur solide et bien réglé assure un rendement de haut niveau et un sentiment d'accomplissement.
Les meilleurs outils dont nous disposons sont : l'entraînement physique (endurance, musculation, expression corporelle), l'alimentation adaptée, la sophro-relaxation, un sommeil de qualité, l'entraînement mental, un ajustement comportemental (maîtrise de soi).
Une situation de stress est un défi. Il faut nous donner la force et les moyens de répondre sans détour aux exigences de ce défi, d'en sortir grandi, renforcé et profondément satisfait, le stress prend alors sa véritable dimension : une contrainte nécessaire à notre développement et notre épanouissement.
L'effort d'ajustement peut être facile, difficile, sans solution, court ou long. Les efforts faits simultanément dans différents domaines cumulent leurs effets : ceci conduit, dans le meilleur des cas, à un renforcement de l'organisme. Dans le cas contraire, ceci conduit à la fatigue, à l'affaiblissement, ou à la rupture.
Pour J. H. Howard[5], le stress résulte du fait que le corps se prépare à accomplir une activité donnée et que celle-ci n'a pas lieu. Le système perd alors son équilibre, résultant en une sécrétion excédentaire d'acide dans l'estomac, d'adrénaline dans le sang, de pulsations élevées et d'autres réactions inappropriées. Une préparation chronique à l'action sans qu'elle ait lieu conduit à des maladies et à des désordres psychologiques et physiologiques.
A travers ces définitions, il apparaît que les spécialistes du stress sont à peu près d'accord pour distinguer deux grands types de stress, « le stress physiologique et le stress psychique ».
Pierre R. Turcotte [6] va plus loin en proposant la résultante des deux, à savoir le stress organisationnel, qui va concerner plus particulièrement les négociateurs en action ; l'auteur considère la nature de la tâche, son contexte physique, la nature des relations interpersonnelles, la technologie utilisée de même que l'environnement organisationnel comme étant les principales sources de stress dans l'entreprise et représentant les variables indépendantes.
En ce qui nous concerne, la « tâche » peut être considérée comme la conduite de la négociation.
Pierre R. Turcotte conclut :

> *« certains individus préfèrent un encadrement rigide alors que d'autres se sentent plus à l'aise lorsqu'ils disposent d'une certaine latitude d'action ; il devient alors difficile pour l'organisation de créer un climat pouvant correspondre à chacun de ces types de personnalité. »*

Transposée à la situation de négociation, cette conclusion confirme les travaux de recherche faits sur la personnalité des négociateurs qui mettent en évidence que le

5. J. H. HOWARD : *« Stress and the Manager »*. Editions The Hans Selye Foudnation. D'après Pierre R. TURCOTTE *(Opus Cité)*.
6. Pierre R. TURCOTTE : *Opus Cité*.

négociateur, suivant sa personnalité, influencera plus ou moins le résultat de la négociation, en fonction des procédures plus ou moins établies, du temps, des règles, du degré de liberté présents dans la négociation.

Application

Une enquête très intéressante a été faite auprès de plusieurs dizaines d'étudiants, de cadres et de négociateurs, à savoir des acheteurs et des ingénieurs commerciaux. Ces derniers avaient, au moment de l'étude, entre 30 et 50 ans, avec une expérience dans le domaine de la négociation de 5 à 20 ans.
Après analyse des entretiens, l'enquête a conclu qu'il était nécessaire de définir deux classes d'individus : les personnes expérimentées et les débutants :

a) Les personnes expérimentées

Ce sont les individus particulièrement vulnérables au stress ; les étudiants se sont appuyés sur une étude de J. B. Stora faite en 1985 sur un échantillon de 700 personnes.
Cette enquête montre que 46 % des dirigeants français des entreprises les plus compétitives souffrent d'un stress élevé, surtout dans le secteur privé, et dans des entreprises ayant entre 500 et 1000 personnes.
Un point particulier de cette étude montre que les femmes cadres, quel que soit leur niveau hiérarchique, sont soumises à un stress beaucoup plus élevé que les managers hommes. Les femmes exerçant des responsabilités sont plus nerveuses que leurs homologues masculins, elles se plaignent du manque de communication et surtout d'être peu ou pas consultées dans la prise de décision. En général, ce stress vient du fait qu'elles sont exclues des séances de négociation.

b) Les débutants

Ce sont des personnes qui ne sont pas encore complètement rentrées dans la vie active, ou qui le sont depuis peu. Le « débutant » éprouve du stress à bien des occasions, puisqu'il se trouve souvent face à des situations complètement nouvelles et qui vont engager sa responsabilité.
La transition est parfois difficile quand le débutant quitte un milieu comme celui qu'offrent les études supérieures ; en effet, bien qu'actif pendant cette période, les engagements auxquels il a à faire face sont toujours sous couvert d'une instance supérieure.
A la question « quand se manifeste le stress », l'ensemble des personnes interrogées ont mis en évidence trois périodes bien distinctes :

1) Avant la négociation
Le stress se manifeste pendant l'attente qui précède la rencontre ; ce moment, parfois assez long, provoque un risque important de déconcentration et d'énervement.
Pour les jeunes négociateurs, la peur de l'inconnu génère le stress. De quoi l'interlocuteur a-t-il l'air ? Comment va-t-il se comporter ? L'imagination prend le pas sur la réalité.

2) Pendant la négociation
Dès le premier contact, le négociateur a tendance à porter un jugement *a priori* avant même que la conversation n'ait été engagée.
Les plus expérimentés sont en situation de stress lorsque la négociation bloque ; l'impasse est d'autant moins acceptable que le conflit repose sur un détail alors qu'il y a accord sur les points essentiels.
Par ailleurs, le charisme et/ou la position hiérarchique de certaines personnes peuvent provoquer chez le négociateur une perte de confiance, une déconcentration, voire un complexe d'infériorité. Cette dernière remarque est valable pour tous les interrogés, quel que soit leur âge ou leur expérience.

3) Après la négociation
Une négociation n'aboutit pas forcément au compromis ; le stress vient perturber l'individu entre les séances, par peur de ne pas conclure.
Dans ce cas, le négociateur a tendance à revivre l'entretien, à identifier les erreurs qu'il a commises. Le débutant se laissera aller à l'introspection, se disant les éternels « si j'avais su », « j'aurais dû », « je n'aurais pas dû », etc.
Le négociateur plus expérimenté saura analyser la situation et en tirer les enseignements nécessaires pour élaborer une nouvelle stratégie à appliquer lors des rencontres futures (éventuellement). Le stress qu'il éprouvera dans ce cas se matérialisera plus par une tension due à l'effort de concentration qu'à une véritable angoisse.

2. CAUSES DU STRESS

Marc Cathelineau [7] met en évidence six raisons majeures « qui transforment le champ clos de nos négociations en empire du stress » :

1) La tension liée au face-à-face
Dans certaines cultures, le face à face est souvent associé au conflit et à la confrontation.

2) L'importance des enjeux
L'ampleur des enjeux peut créer chez le négociateur un sentiment de compétition exacerbé.

3) L'implication des acteurs
La négociation est implicante pour les négociateurs, tant vis-à-vis des tiers qui les observent et les jugent, que vis-à-vis de ceux qui les ont mandatés.

4) L'ambiguïté et l'incertitude
L'ambiguïté naît dans la négociation chaque fois que le négociateur a du mal à saisir la démarche et/ou les mobiles d'action de l'autre ; l'incertitude « habite » le négociateur, il sait ce qu'il possède avant la négociation, il ne sait jamais ce qu'il aura après.

7. Marc CATHELINEAU : *« Négocier gagnant »* Inter Editions (1991).

5) Le rapport à l'échec et à la réussite
C'est la peur de perdre ou de gagner qui « mène » le négociateur de l'intérieur.

6) Les relations dominant/dominé
Certains négociateurs n'acceptent pas d'être assujettis à un pouvoir dominant ; d'autres, au contraire, ne supportent pas de devoir dominer et/ou de contrôler les autres.
Pour Maxime Leroux [8], les causes du stress sont de nature plus scientifique, à savoir pathologique, hormonale, génétique et biologique :

> *« les clichés ou automatismes limitants de la pensée qui refluent dans le comportement ou la négociation sous forme d'entêtements ou de leitmotive obsédants, accusateurs ou persécutifs, doivent être compris comme l'enregistrement ou "l'imprégnation" à travers la mémoire affective du système limbique du cerveau, et comme les vestiges des chocs physiques ou affectifs subis tout au long de l'existence : ces chocs depuis le berceau, ou même avant la naissance parfois dans l'utérus maternel, laissent une trace mnésique dans l'organisme et le système nerveux, comme tous les autres micro-événements de notre vie. »*

Pierre Turcotte[9] reprenant les différents types de stress définis dans l'introduction de ce chapitre, précise :

> *« le stress biologique conduirait à une mobilisation générale de l'organisme face à un agent de stress alors que le stress psychique serait une réaction de mobilisation psychique face à un agent de stress. Ainsi, un agent de stress physique, telle une infection, déclenche un stress biologique, qui n'est pas toujours accompagné d'un stress psychique, alors qu'un stresseur psychique, telle une corvée routinière, peut engendrer ou ne pas engendrer un stress biologique ».*

Et il conclut sur ce sujet :

> *« d'une façon générale, nous pouvons admettre que les agents de stress (ou stimulés) sont de deux natures ; physiques et psychiques et que les effets du stress (réponses) qui sont non spécifiques peuvent être physiologiques, psychopathologiques ou psychologiques. »*

L'enquête, citée plus haut, met en évidence que pour les débutants les sources du stress sont différentes de celles des professionnels :

a) Pour les débutants

Le stress serait principalement dû au manque d'expérience et de recul, ainsi qu'à l'appréhension face à l'inconnu. La découverte des responsabilités, l'obligation de s'engager et le désir d'atteindre la perfection vont entraîner la peur de l'échec.

8. Maxime LEROUX : *« La Face cachée de la Négociation »* INSEP Editions (1992).
9. Pierre R. TURCOTTE : *Opus Cité.*

Le jeune négociateur va vouloir concrétiser pour être rassuré, il veut tout, tout de suite. Il n'a pas encore acquis l'endurance et la résistance nécessaires entre les négociations ; cette dépendance face à l'issue de la négociation le met mal à l'aise et provoque du stress.

Lorsque la négociation échoue, la perte de confiance en soi vient encore l'augmenter.

Enfin, il ressent un complexe d'infériorité vis-à-vis de son interlocuteur, du fait de son inexpérience ; le débutant éprouve alors une certaine frustration face à un individu non réceptif.

Il apparaît que le stress est une sanction de l'inexpérience car le jeune négociateur n'a pas encore acquis le recul et les compétences physiques pour résister à l'échelonnement des séances de négociation. Il lui faudra alors apprendre à gérer le doute.

b) Pour les professionnels

Les sources du stress sont intimement liées à l'activité professionnelle des négociateurs ; la négociation, qu'elle soit interne ou externe, y occupe une place importante.

Les négociations externes, plus ponctuelles, sur lesquelles l'enquête a principalement été faite, sont source de stress qui pourra se dissiper plus ou moins facilement à l'issue de la négociation selon la maturité de l'individu.

Mike Burke, Directeur des Recherches au CCA (Centre de Communications Avancées) explique les racines du stress comme suit :

> *« les cadres ont besoin de sécurité, d'insertion sociale, de reconnaissance et de stimulation ; il y a le stress pour un individu dès lors qu'il n'est pas en face de son optimum. »*

Pour le cadre responsable d'une chaîne de production, le stress va naître à l'issue de la négociation même si celle-ci a abouti à un accord ; sa responsabilité engage la vie et les performances de l'entreprise ; il sera donc stressé jusqu'à ce que la marchandise arrive. D'autres négociateurs sont gênés par une certaine incompatibilité des personnes lors de la négociation, par un rapport de forces défavorable ou par l'obstination d'une des parties à se bloquer sur ce qui lui apparaissait comme des « détails ». Enfin, une autre catégorie de négociateurs sentant le stress arriver lorsque le compromis pratiquement établi, était soudainement remis en cause par l'apparition d'un nouvel élément ; il fallait alors reconsidérer certaines bases.

La différence entre les professionnels et les débutants provient de l'expérience face à un engagement, de la maîtrise des responsabilités ; la force de l'expérience réside dans la résistance physique et nerveuse, ainsi que dans la faculté de relativiser.

Enfin des chercheurs américains[10] ont établi une échelle de « réajustement social » qui permet de situer un sujet par rapport aux changements de sa vie personnelle ; Pierre Turcotte[11] a démontré qu'il y avait une corrélation entre événement personnel et stress.

---

10. HOLMES et HOLMES : « *Short-Term Intrusions into the Life Style Routine* ». Journal of Pscychosomatic Research (1979).
11. Pierre R. TURCOTTE : « *Evénements Personnels et Stress Organisationel* ». Non encore publié.

Nous donnons ici la liste des événements servant de référence :

1	Décès d'un conjoint	23	Départ de la maison de son fils ou sa fille
2	Divorce	24	Difficultés avec sa belle famille
3	Séparation conjugale	25	Réussite majeure sur le plan personnel
4	Peine d'emprisonnement	26	Début ou cessation d'emploi d'un conjoint
5	Décès d'un parent proche	27	Début ou fin des classes
6	Blessure personnelle ou maladie	28	Changement dans ses conditions de vie
7	Mariage	29	Remise en cause de ses habitudes de vie
8	Licenciement	30	Problèmes avec son supérieur
9	Réconciliation conjuguale	31	Infractions mineures à la loi
10	Retraite	32	Changement de domicile
11	Responsabilités modifiées au travail	33	Changement d'école
12	Grossesse	34	Changement dans ses activités récréatives
13	Problèmes d'ordre sexuel	35	Changement dans ses activités religieuses
14	Naissance ou adoption	36	Changement des activités sociales
15	Décès d'un ami proche	37	Emprunt de moins de 10.000 dollars
16	Changement de situation financière	38	Nouvelles habitudes de sommeil
17	Réorganisation dans son travail ou son commerce	39	Changement dans le nombre de réunions de famille
18	Mutation au travail	40	Nouvelles habitudes alimentaires
19	Dispute accrue avec son conjoint	41	Vacances
20	Emprunt de plus de 10.000 dollars	42	Période des fêtes de Noël
21	Remboursement d'une hypothèque ou d'un prêt	43	Changement dans ses conditions ou ses heures de travail
22	Problème de santé d'un membre de la famille		

TABLEAU 1 : LES CAUSES DU STRESS SELON HOMES (REPRIS PAR P. TURCOTTE).

3. EFFETS DU STRESS

Les spécialistes identifient un certain nombre de symptômes indicateurs de stress, il faudrait se garder de penser que parce que le négociateur a tel ou tel symptôme, à savoir une manifestation physique et/ou psychique citée dans la liste jointe, qu'il s'agit systématiquement d'un signe de stress ; la nature humaine est beaucoup plus complexe et aucun ouvrage ne remplacera le diagnostic du médecin et/ou du psychologue.
Le tableau ci-après [12] a comme simple ambition d'attirer l'attention du négociateur

12. Agrégation des symptômes mis en évidence par :
- M. S. SCHULER, traduit par Pierre R. TURCOTTE *(Opus Cité)*
- Daniel LE BERT
- Enquête DESS Comex.

sur les symptômes et les conséquences qui sont souvent significatifs de stress ; ils peuvent, bien sûr, être révélateurs d'un grand nombre de maladies autres.
Nous distinguerons trois grands types de symptômes et de conséquences du stress :

- de nature physiologique,
- de nature psychologique,
- de nature comportementale.

Symptômes et Conséquences du Stress

PHYSIOLOGIQUES	PSYCHOLOGIQUES	COMPORTEMENTAUX
- Rythme cardiaque accéléré	- Apathie, résignation et ennui	- Changement soudain d'apparence déclin ou progrès de l'habillement
- Respiration élevée	- Combat - retrait	- Perte ou gain soudain de poids
- Maux de tête	- Régression	- Difficultés respiratoires
- Ulcères	- Fixation	- Perte du sens des responsabilités
- Mains moites	- Projection	- Absentéisme
- Pression sanguine forte	- Négativisme	- Perte d'appétit
- Crise cardiaque	- Inaptitude à s'organiser	- Tabagisme
- Bouffées de chaleur qui arrivent aux joues	- Tendance à mal juger les gens	- Changement soudain de la longueur des cheveux ou du style de coiffure
- Réduction du thymus et de la lymphe	- Incertitude quant à savoir qui croire	- Changement dans le comportement gestuel en général
- Production d'acide gastrique	- Expression d'ennui à propos de tout	- Changement soudain des habitudes de consommation de tabac
- Taux de cholestérol	- Fantaisie	- Bafouillements
- Rougissements	- Insomnies	- Ongles rongés
- Montées d'adrénaline	- Angoisses	- Faible implication au travail
- Transpiration accrue	- Lacunes de mémoire	- Croisement des bras
	- Tendance à vasciller dans la prise de décision	- Manque d'intérêt pour l'organisation
	- Tendance à être distrait pour des bagatelles	- Manque d'intérêt pour les collègues
	- Inattention : perte du pouvoir de concentration	- Mouvement de recul par rapport à l'interlocuteur
	- Irritabilité	- Perte de la créativité
	- Procrastination	- Turn-over volontaire
	- Sentiment de persécution	- Tendance aux accidents
	- Sentiment d'en avoir "plein le dos" ou insatisfaction inexplicable	- Perte de coordination dans les gestes : le stylo tombe, on ne retrouve plus ses papiers
	- Déprime	- Alcoolisme
	- Agressivité, crispation	- Insatisfaction professionnelle
	- Destabilisation	- Ambition réduite
	- Difficulté à affronter des situations non familières	- Perte de concentration dans la conversation, "trou noir"

PHYSIOLOGIQUES	PSYCHOLOGIQUES	COMPORTEMENTAUX
	- Inquiétudes	- Bégaiements
	- Perte de perception du temps	- Mouvement de recul par rapport à l'interlocuteur
	- Haut niveau d'intolérance pour l'ambiguïté	- Baisse de la performance qualité/quantité
	- Confusion intérieure sur ses rôles et devoirs	- Changement soudain dans l'usage de l'alcool
	- Impression d'être dans un tunnel	- Se laisser tomber au fond de son siège
	- Insastifaction	
	- Impression de compression du temps	

TABLEAU 2 : LES SYMPTÔMES DU STRESS.

4. TRAITEMENT DU STRESS

Chaque spécialiste de la gestion du stress propose ses « recettes » pour maîtriser cette situation. L'expérience apprend que ce n'est pas à coup de « trucs » que l'on peut mieux gérer son stress, mais grâce à une meilleure hygiène de vie physique et mentale.
Ce « mieux vivre » sera un atout non seulement en situation de stress, mais dans tous les actes et phases de la négociation. Nous présentons ici les recommandations que préconise Daniel Le Bert dans ses séminaires ; elles ont l'avantage d'être simples à mettre en œuvre et de bien différencier les fonctions que sont la relaxation, le sommeil et l'alimentation.

☐ Exercice de relaxation mentale

La base des techniques de relaxation repose sur trois points :
- l'installation d'une bonne respiration,
- la détente de quelques groupes musculaires clés,
- le débrayage mental (de quelques secondes au début à quelques minutes ensuite).

En résumé : respiration-muscles-cerveau.

➢ La Respiration

- S'installer confortablement, assis ou allongé.
- Faire « descendre » la respiration (respiration diaphragmatique, dite abdominale). A l'expiration, le ventre se creuse grâce à une légère contraction abdominale (le diaphragme s'élève). A l'inspiration, le ventre bien relâché se dilate doucement sous l'influence du diaphragme qui descend.

- Cette respiration lente, ample et confortable, liée au mouvement souple du diaphragme, a un effet rapidement apaisant.
- Ensuite, donner un peu plus d'amplitude en continuant l'inspiration au niveau du thorax. A l'inspiration, le ventre gonfle souplement, puis les côtes s'écartent. A l'expiration, les côtes se relâchent et l'abdomen se resserre doucement.
- Enfin, faire monter progressivement l'air jusqu'aux clavicules à l'inspiration, et à l'expiration relâcher tout le thorax et creuser doucement le ventre.

Le dos participe aussi à cette grande respiration souple. Il se dilate doucement à l'inspiration et se relâche à l'expiration. Ce mouvement n'est pas facile à percevoir, on y arrive avec un peu d'habitude en affinant ses perceptions.
Au cours de ces exercices, respirer très lentement, par le nez. Respirer souplement, se laisser aller en confiance, se faire bercer par son souffle, le laisser aller librement.
S'entraîner à faire ces exercices debout, bien campé sur ses appuis.

➢ Les Muscles

- Relâcher successivement les muscles de la mâchoire, de la nuque et des épaules. Puis relâcher les coudes, les poignets et les mains. Prendre conscience de leur existence physique et les faire lourds, très lourds.
- Relâcher les muscles du bassin (ventre, fessier, hanches, adducteurs). Puis relâcher les genoux, les chevilles et les pieds, les rendre très lourds.
- Prendre conscience des points d'appui et s'abandonner à eux, sans réserve. Profiter de chaque expiration pour se laisser aller encore un peu plus profondément.

➢ Le Débrayage Mental

- S'entraîner à laisser filer ses idées sans s'y attacher.
- Se désintéresser totalement de ce qui passe par la tête.
- S'entraîner à faire le silence en soi, le vide en soi.
- Le faire d'abord sur de très courtes périodes, que l'on peut répéter plusieurs fois de suite. Puis allonger progressivement cette période de repos cérébral.
- Un exercice de relaxation peut durer de quelques secondes (relaxation-flash) à plusieurs minutes, suivant les circonstances.

☐ Exercice de relaxation dynamique

La durée est approximativement de 2 minutes 30.
Ces mouvements recherchent une relaxation articulaire maxima. L'amplitude est faible, l'accent est porté sur la qualité du relâchement et du ressenti (amélioration de la perception articulaire).
Ne pas dépasser cinq répétitions par série.

Position de départ : debout bien appuyé sur les talons, d'aplomb (aligner talons-hanches-épaules oreilles-regard horizontal), dans l'axe, colonne vertébrale bien développée.

1) Monter lentement, en inspirant, un bras tendu (jusqu'au bout des doigts), à la verticale. Marquer un temps d'arrêt, puis sur l'expiration laisser tomber le bras en relâchant complètement l'épaule, le coude, le poignet et la main (tel l'effondrement d'un château de cartes). Laisser le mouvement s'arrêter de lui-même.
Faire la même chose avec l'autre bras, puis les deux bras simultanément.
2) Faire des balancements très souples d'un bras, d'avant en arrière, en relâchant bien l'épaule.
Faire la même chose avec l'autre bras.
3) Faire des balancements très souples d'une jambe d'avant en arrière.
Faire la même chose de l'autre jambe.
4) Faire des balancements très souples d'un bras, d'avant en arrière, en laissant « casser » le coude.
Faire la même chose de l'autre bras.
5) Monter un genou fléchi et laisser souplement la jambe tomber.
Faire la même chose de l'autre jambe.
6) Faire des balottements d'un poignet puis de l'autre.
7) Faire des balottements d'une cheville puis de l'autre.
8) Faire des pivotements très souples de la colonne vertébrale, bras ballants.
9) Faire un grand enroulement de la colonne vertébrale sur l'expiration, fléchir les genoux pour accompagner l'enroulement du bassin. Inspirer en remontant lentement « vertèbre par vertèbre ».
10) Terminer en position verticale, toujours détendu, et formuler mentalement :

> *« Je suis solidement appuyé, d'aplomb, dans l'axe, sans aucune tension excessive, j'ai la tête bien posée sur les épaules, je respire pleinement ».*

□ Le sommeil

Le sommeil est l'atelier de réparation de l'organisme et le rééquilibrateur des fonctions cérébrales.
La première partie du sommeil est en priorité consacrée à la récupération physique. la seconde à la rééquilibration du système nerveux et de la fonction cérébrale.
On distingue les courts et les longs dormeurs, les couches-tôt et les couches-tard.
Le sommeil s'organise par cycles dont la durée est d'environ 1 h 50. Il y a cependant de grandes variations individuelles.
Chacun a un cycle d'une durée approximativement déterminée et un certain nombre de cycles par nuit (en moyenne de 4 à 5). Il faut dans un premier temps, déterminer la longueur de son sommeil.
Après avoir récupéré une éventuelle dette de sommeil, repérer à quelle heure notre organisme nous appelle à dormir (pensées floues, picottements des yeux, baisse de vigilance, perte de tonus au niveau des muscles de la nuque – la « tête tombe » –,

baillements, paupières tombantes) et à quelle heure notre cerveau nous réveille spontanément.
Un cycle dure en moyenne 1 h 40 à 1 h 50. Déterminer le nombre de cycles.
Une observation de quelques semaines, donnera une idée assez précise de l'organisation cérébrale de son sommeil.
S'organiser pour dormir un nombre de cycles entiers. On a tout intérêt à s'endormir en début de cycle et à s'éveiller en fin de cycle.
Seul une sommeil complet est entièrement réparateur. Ne pas accumuler de dette de sommeil, la recupérer le plus vite possible. L'augmentation de l'activité physique améliore la qualité du sommeil.
Lorsque l'on est en dette de sommeil, utiliser les micro-sommeils : sommeils flash (voir débrayage cérébral), relaxation mentale, « napping » ou petits sommes (15 à 20 minutes), sieste.
De temps en temps, pour récupérer, nous avons besoin d'un cycle de plus. Un couche tôt récupère mieux en ajoutant un cycle en amont, un couche tard en ajoutant un cycle en aval.

Bien se rappeler que RESPECTER SON SOMMEIL, C'EST RESPECTER SON CERVEAU.
Un mauvais sommeil est le plus souvent le résultat d'une mauvaise gestion personnelle de la période de veille, donc du quotidien.
Dire non aux drogues : TABAC, CAFÉ (dans la journée), ALCOOL.
Avoir une vie saine, à la mesure de nos ambitions et de nos responsabilités. S'oxygéner régulièrement (marche, footing, marche du soir).
Faire de la gymnastique de détente et de la relaxation (respiration).
Organiser une « zone tampon » entre nos préoccupations d'éveil et le moment où nous allons nous coucher. Zone de calme, dérivatrice, où la fonction cérébrale se ralentit et se désintéresse du quotidien. Durée 30 minutes à 1 heure.
– S'entraîner au débrayage cérébral (voir relaxation).

☐ L'alimentation

En période de turbulence, de « haut rendement » et de stress :

- S'alimenter régulièrement : le repas doit être frugal, équilibré ; il faut cependant éviter d'avoir faim au cours de la journée, c'est pourquoi nous proposons des relais vers 10 h et vers 17 h (fruits),
- faire un solide petit-déjeuner : céréales complètes, laitages, fruits, thé ou café, éventuellement un œuf et une tranche de jambon ou une tranche de viande froide,
- manger un fruit vers 10 h,
- alléger le déjeuner, en diminuant les portions, en évitant les graisses, les pâtisseries, l'alcool : on diminue l'hypovigilance du début d'après-midi,
- faire une pause de micro-sommeil après le déjeuner (éviter le café),
- prendre un fruit vers 17 h,

– augmenter la consommation de légumes (crus et cuits),
– au déjeuner et au dîner, alterner la consommation de légumes cuits, de riz, de pâtes, de légumes secs et de pommes de terre ; quand cela est possible, choisir des pâtes ou du riz complet,
– Ne pas ajouter de sel aux préparations culinaires : elles sont généralement suffisamment salées,
– en règle générale, éviter l'alimentation grasse, les pâtisseries et les sucreries ; réduire la consommation d'alcool et de café,
– boire régulièrement de l'eau au cours de la journée (environ 1 litre 1/2 par jour), mais peu en mangeant (1 verre),
– si la journée est longue et exigeante, se soutenir par des mini-repas : fruits secs, mini-packs de lait UHT, fruits frais, biscuits ou barres énergétiques (type alimentation du sportif) ; alléger ses repas principaux (déjeuner et dîner) mais faire un petit-déjeuner très complet,
– éviter le tabac, l'alcool et le café ; s'oxygéner et faire des breaks de relaxation ou de micro-sommeils.

Nous complétons ces règles par deux sujets plus spécifiques aux négociateurs :
– le souffle et la concentration, puisque l'activité première d'un négociateur est bien de parler,
– le dopage, car l'expérience apprend que certains négociateurs usent et abusent de certaines drogues.

1) Le Souffle et la Concentration

> *« Il faut bien comprendre que, quelle que soit la qualité intrinsèque du message, celle-ci risque d'être gravement détériorée et même annihilée par la manière dont il est transmis de la voix et du corps. Il faut qu'il y ait synchronisme entre le rythme physique et le rythme mental, entre le souffle et la pensée. Au moment où je dois parler, je réfléchis : que vais-je dire ? Ma réflexion peut être encore plus complexe : quels termes dois-je employer pour me faire comprendre ? Si je me cristallise sur cette recherche, je me crispe et je risque de tourner en rond dans ma propre pensée. Si je respire et si je suis physiquement prêt à émettre des sons, les idées me viendront et les mots pour les exprimer.*
> *Si j'inspire bien, je me concentre et, si j'expire bien, j'expulse mes mots de façon à me faire écouter. »* [13]

2) Le Dopage

> *« La tentation est grande, pour un négociateur en difficulté, d'avoir recours aux produits pharmaceutiques.*

13. Extrait de *« Savoir Parler en Toutes Circonstances »* de Y. FURET et S. PELTANT. Editions RETZ-CEPL (1975).

Les dopants ont, hélas, de graves défauts, et leur emploi hors de la surveillance médicale la plus stricte présente des dangers sérieux. (...) Chez les sujets qui se droguent à l'amphétamine pour surmonter une fatigue chronique, la cessation de prise entraîne un véritable état de prostration somnolente, qui dure pendant deux ou trois jours (...) Les amphétamines et les produits apparentés ont eu longtemps, surtout auprès du grand public, la réputation d'être la source magique d'un supplément d'énergie physique ou intellectuelle. Elles servent seulement à mobiliser les propres ressources énergétiques de l'utilisateur, et cette mobilisation spectaculaire peut atteindre des niveaux dangereux et provoquer un état de fatigue extrême à l'arrêt des amphétamines. » [14]

□ L'entraînement mental

Le cerveau est un ordinateur biologique qui va s'orienter automatiquement vers les objectifs que nous lui imprimons.

L'entraînement mental est une « gymnastique » particulière destinée à modifier nos programmes de pensées, à les canaliser et les renforcer dans le sens de la réussite et de l'harmonie. C'est une véritable musculation mentale qui diminue l'influence de l'inconscient et de l'environnement sur nos mécanismes de pensée, augmentant ainsi notre espace de liberté pour construire, innover, inventer, ou tout simplement... vivre pleinement notre vie.

L'entraînement mental consiste à prendre, progressivement, la maîtrise du cours de nos pensées et à les orienter pour mobiliser pleinement nos ressources.

Il comprend la relaxation associée à l'ouverture positive de la pensée et à la visualisation, l'utilisation du sommeil, de la mémoire et la pratique de la conviction positive.

Pour exemple, cet exercice : définir son objectif de façon claire et précise (l'écrire clairement) puis se mettre en état de relaxation profonde et laisser flotter son imagination, rêver avec chaleur de sa réussite méritée.

Visualiser avec précision les outils de cette réussite et les comportements qui y conduisent. Imaginer que vous franchissez tous les obstacles sur vos expirations. Cultiver un sentiment de conviction profonde, de confiance en soi, de sérénité, de bonheur profond. Se sentir en cohérence avec soi-même, sûr de soi.

Se visualiser solide comme un roc, bien planté sur ses appuis, tourné avec détermination vers son objectif. Respirer profondément, souplement et accompagner chaque expiration de la phrase : « je porte en moi tous les facteurs de ma réussite ...», répéter sept fois, silencieusement, cette phrase sur une respiration lente et souple. Laisser flotter sa conscience comme dans un rêve, écarter tout raisonne-

14 Extrait de *« Les Grands Médicaments »* du Docteur H. PRADAL (Editions Seuil), adapté par Y. BOURDOISEAU *(Opus Cité)*.

ment logique, toute directivité. En même temps que l'on se répète mentalement cette phrase, se visualiser sur son podium, symbole de sa réussite. Pour terminer, faire quelques respirations plus fortes, s'étirer, faire bouger son corps et ouvrir doucement les yeux. Vous voilà prêt à l'action !
Répéter régulièrement cette séance.

☐ L'entraînement comportemental

Le comportement est l'expression physique de notre fonctionnement cérébral. L'entraînement consiste à repérer une palette de comportements dont l'utilisation souple et équilibrée permet un choix maîtrisé d'attitudes (physique et mentale), d'expressions non verbales (posture, gestuelle, rythme et timbre de la voix, etc.) favorisant un ajustement performant aux diverses situations auxquelles nous devons faire face.
Par exemple : les comportements exprimant la confiance en soi, l'ardeur, la souplesse, la décision sans appel, la réflexion. Visualiser ce qu'ils représentent mentalement (une phrase, une image, une ambiance) et physiquement (une posture, une mimique, un ressenti, une gestuelle, un type de respiration). S'imaginer à la barre d'un navire et utiliser souplement l'ensemble de ces comportements dans son quotidien.
Visualiser aussi l'expression du bien-être, du tonus, de l'équilibre, ressentir en soi ce qu'elle représente mentalement et physiquement. S'exercer à vivre cette expression en toile de fond permanente et, surtout, s'en donner les moyens.

CONCLUSION

Pour dynamiser l'esprit et renforcer son équilibre, il faut commencer par détendre le corps et le vitaliser. Il s'enclenche alors toute une série de processus bio-chimiques et métaboliques générateurs de bien-être, de joie de vivre et de créativité. Le cerveau nous remercie, dans son langage, de satisfaire à ses besoins et nous ouvre le chemin de la liberté et de l'élargissement du champ de conscience.

Comme le dit Nathalie Bonnet [15] :

> *« Un stressé sachant stresser doit savoir stresser sans stresser à tort. Et pour dominer son stress, le négociateur doit apprendre à le connaître, à le reconnaître et à l'apprivoiser ».*

Quant à Eric Albert, psychiatre et fondateur de l'Institut français de l'anxiété et du stress (IFAS), il nous apporte non seulement une conclusion mais aussi une synthèse des problématiques développées dans cet ouvrage :

15. « Action Commerciale », n° 153.

« Un bon négociateur ne se laisse jamais embarquer dans le jeu émotionnel de la négociation. Dans toute négociation, il existe un moment où le participant met une partie de lui en jeu. Et, plus il met une partie importante de lui en jeu, moins il est bon. Le négociateur sait rester à distance. Après, tout est une question de connaissance et de maîtrise des techniques de négociation ».[16]

16. Idem.

CONCLUSION

L'inconvénient que le lecteur pourrait trouver à la lecture de ce manuel serait le côté « aride », pour ne pas dire inhumain de ces tactiques, méthodes et grilles d'analyse. Nous sommes conscients d'avoir eu un regard presque « mécanique » sur la négociation, mais nous n'oublions pas que derrière les méthodes, il y a des hommes et des femmes, pour qui la négociation est non seulement un passage obligé, mais aussi une contrainte qu'ils doivent subir presque quotidiennement.
Nous voudrions, en guise de conclusion temporaire, leur dédier le texte suivant qui remet bien les hommes à leur place, à savoir : « la première » :

□ DÉSIRS

Allez tranquillement parmi le vacarme et la hâte, et souvenez-vous de la paix qui peut exister dans le silence. Sans aliénation, vivez autant que possible en bons termes avec toutes personnes. Dites doucement et clairement votre vérité ; et écoutez les autres, même simple d'esprit et l'ignorant ; ils ont eux aussi leur histoire. Evitez les individus bruyants et agressifs, ils sont une vexation pour l'esprit. Ne vous comparez avec personne : vous risqueriez de devenir vain ou vaniteux. Il y a toujours plus grands et plus petits que vous. Jouissez de vos projets aussi bien que de vos accomplissements. Soyez toujours intéressés à vote carrière, si modeste soit-elle ; c'est une véritable possession dans les prospérités changeantes du temps. Soyez prudent dans vos affaires ; car le monde est plein de fourberies. Mais ne soyez pas aveugle en ce qui concerne la vertu qui existe ; plusieurs individus recherchent les grands idéaux ; et partout la vie est remplie d'héroïsme. Soyez vous-même. Surtout n'affectez pas l'amitié. Non plus ne soyez pas cynique en amour, car il est en face de toute stérilité et de tout désenchantement aussi éternel que l'herbe. Prenez avec bonté le conseil des années, en renonçant avec grâce à votre jeunesse. Fortifiez une puissance d'esprit pour vous protéger en cas de malheur soudain mais ne vous chagrinez pas avec vos chimères. De nombreuses peurs naissent de la fatigue et de la solitude. Au-delà d'une discipline saine, soyez doux avec vous-même. Vous êtes un enfant de l'univers, pas moins que les arbres et les étoiles ; vous avez le droit d'être ici. Et qu'il vous soit clair ou non, l'univers se déroule sans doute comme il le devrait. Soyez en paix avec Dieu, quelle que soit votre conception de lui, et quels que soient vos travaux et vos rêves, gardez dans le désarroi bruyant de la vie, la paix dans votre âme. Avec toutes ses perfidies, ses besognes fastidieuses et ses rêves brisés, le monde est pourtant beau. Prenez attention. Tâchez d'être heureux.

Trouvé dans une vieille église de Baltimore en 1692. Auteur inconnu.
Ce texte est une philosophie de la vie, mais la négociation n'est-elle pas aussi une manière de vivre ?

BIBLIOGRAPHIE

OUVRAGES FRANCOPHONES (ET TRADUCTIONS)

ANCIAUX J.-P. « *Les règles d'or de la communication* », Editions d'Organisation, 1992.

ANZIEU D. « *Les méthodes projectives* », Dunod, 1992.

AXELROD R. « *Donnant-donnant* », Odile Jacob, 1992.

BALMELLE B. « *La vente* », Chotard associés, 1988.

BAYROU F. « *Henri IV* », Flammarion, 1994.

BELLANGER L.
« *La négociation : Situations et problématique* », PUF, Que sais-je ?, 1984.
« *Stratégies et tactiques de négociation* », ESF, 1990.
« *Qu'est-ce qui fait vendre ?* », PUF, 1984.
« *Les techniques d'argumentation et de négociation* », Entreprise Moderne d'Edition, 1980.

BERINSTAIN V. « *La manière de négocier aux Indes 1676-1691* », Maisonneuve et Larose, 1996.

BERMAZ P. « *Achat public : Initiation négociation* », Berger Levrault, 1996.

BIRIEN J.-L. « *Pratique des relations et négociations sociales* », Dunod, 1998.

BORMAN & SCOTT A. « *Go et Mao* », Seuil, 1972.

BIRIEN J.-L. & BUCHET A. & GRANGER J.-Y. « *Comment négocier avec les syndicats* », Publi-Union, 1978.

BOSCHE M. « *Le management interculturel* », Nathan, 1993.

BOTTON M. « *La créativité appliquée en cinquante fiches* », Editions d'Organisation (nouvelle édition), 1995.

BOULLIER K. (ouvrage collectif) « *Négocier les accords d'entreprise, le guide des partenaires sociaux* », Liaisons, 1996.

BOURDOISEAU Y. « *Savoir négocier* », Retz, 1976.

BREN J.-L. *« Pratiques des relations et négociations sociales »*, Dunod, 1998.

BRETTON P. & FOLLIOT M. *« Négociations internationales »*, Pedone, 1984.

BUREAU D. & BUREAU J.-C. & CHAMPSAUR P. & JACQUET P. *« Agriculture et négociations commerciales »*, La Documentation Française, 1999.

CAIAZZO B. *« 4 clés du succès en télémarketing »*, Dunod, 1989.

CAMPAGNAC E. & NOUZILLE V. *« Citizen Bouygues »*, Belfond, 1988.

CARDON A. & LENHARDT V. & NICOLAS P. *« L'analyse transactionnelle »*, Editions d'Organisation, 1983.

CARLIER C. *« Marcel Dassault : La légende du siècle »*, Perrin, 1992.

CASSE P. *« Négociation interculturelle »*, Chotard associés, 1987.

CATHELINEAU M. *« Négocier gagnant »*, InterEditions, 1991.

CAYROL A. & de SAINT PAUL J. *« Derrière la magie »*, InterEditions, 1984.

CHANDEZON G. & LANCESTRE A. *« Les techniques de vente »*, PUF, Que sais-je ?, 1985.

CLAMEN M. *« Bruxelles au jour le jour : petit guide des négociations communautaires »*, La Documentation Française, 1996.

CLAUSEWITZ C. *« De la guerre »*, Ivrea, 1989.

CLAVEL J.-D. *« De la négociation diplomatique multilatérale »*, L.G.D.J. Montchrestien, 1991.

COLLECTIF

« Les négociations du Gatt, comprendre les résultats de l'Uruguay round », I.C.C. Publishing, 1995.

« Pratique et perspectives de la négociation européenne », La Documentation Française, 1990.

« Guide à l'intention des maîtres d'ouvrage publics pour la négociation », Journal Officiel, 1998.

« Interaction : négociation du sens », Eres, 1991.

CORCOS M. *« Les techniques de vente »*, Dunod, 1988.

COURAU S. & MARTIN P. *« Négocier le prix de vente »*, Editions d'Organisation, 1993.

DAUZIER P. & LOMBARD P. *« Anthologie de l'éloquence française »*, Table Ronde, 1995.

De SAINT MARC H. *« Les champs de braise »*, Perrin, 1995.

DECLERCQ G. *« L'art d'argumenter »*, Presses Universitaires, 1992.

DECLERCK R.-P. & DEBOURSE J.-P. *« Le management stratégique »*, Editions ESC Lille, 1997.

DELAUNAY D. & WALLAERT G. « *Vente et analyse transactionnelle* », Garnier, 1989.

DELIVRE F. « *Le pouvoir de négocier* », InterEditions (2e édition), 1998.

DENIAU J.-F. « *Mémoires de 7 vies* », Plon, 1994.

DERRIEN P. « *Mener et réussir une négociation* », Editions d'Organisation, 1977.

DESREMAUX A. « *Stratégies* », Précis Dalloz, 1993.

DI SCIULLO J. « *Le marketisme* », Juris, 1993.

DIALLO ISSA B.-Y. « *Introduction à l'étude et à la pratique de la négociation* », Pedone, 1998.

DUBISSON « *La négociation des marchés internationaux* », L.G.D.J. Montchrestien, 1982.

DUBOIS P.-L. & MANSILLON G. « *Les techniques commerciales et négociation* », Foucher, 1984.

DUBREUIL R. « *Le pouvoir ; anthologie commentée* », Editions d'Organisation, 1994.

DUPONT C. « *La négociation* », Dalloz (4e édition), 1994.

DUPONT C. & AUDEBERT-LASROCHAS P. « *La négociation : applications et exercices* », Dalloz, 1994.

DURAND J.-P. « *Le langage des achats* », Méthodes et Stratégies, 1995.

ENREGLE Y.

« *Précis de gestion sociale* », Editions d'Organisation, 1993.

« *Le management revisité : diriger en économie tendue* », Editions d'Organisation, 1997.

FAURE G.-O. & MERMET L. & TOUZARD H. & DUPONT C. « *La négociation: Situations et problématique* », Nathan, 1998.

FAUVET J.-C. « *Traiter les tensions et les conflits sociaux* », Editions d'Organisation, 1975.

FIEVET G. (Général)

« *De la stratégie militaire à la stratégie d'entreprise* », InterEditions, 1992.

« *De la stratégie : l'expérience militaire au service de l'entreprise* », InterEditions, 1993.

FRAISSE H. « *Manuel de l'ingénieur d'affaires* », Dunod, (2e édition), 1998.

GAUCHET Y. « *Achat industriel, stratégie et marketing* », Publi-Union, 1996.

GALLO M. « *Napoléon* », Robert Laffont, 1997.

GAUDIN J.-P. « *La négociation des politiques contractuelles* », L'Harmattan, 1996.

GAUDIN J.-P. & NOVARINA G. « *Politiques publiques et négociation* », CNRS, 1997.

GHAZAL M. & HALIFA Y.
« Mange ta soupe et ... tais-toi », Seuil, 1992.
« Circulez y a rien ... à négocier », Seuil, 1997.

GHERTMAN M. *« La prise de décision »*, Publication de l'IRM, 1981.

GOLDMAN H.-M. *« L'art de vendre »*, Delachaux et Niestlé, 1981.

GRANDIN P. :
« La gestion de portefeuille », Editions Nathan, 1999.
« Mesure de performance des Fonds d'Investissement », Editions Economica, 1998.
« Production d'Informations privées et gestion de portefeuille », Editions PUF, 1995.

Groupe d'ECULLY *« Négocier, entreprise et négociations »*, Ellipses, 1996.

GUEDAT C. *« Negociations informatiques : les relations client-fournisseur »*, Breal, 1999.

GUILLON R. *« Les syndicats dans les mutations et la crise de l'emploi »*, L'Harmattan, 1997.

GUOGUELIN P. *« La négociation : Frein et moteur du management »*, ESF, 1993.

HAMON M. *« Négocier avec succès »*, Nathan, 1994.

HEBERT G. *« Traité de négociation collective »*, Gaëtan Morin, 1995.

HOFSTEDE G. & BOLLENGER D. *« Les différences culturelles dans le management »*, Editions d'Organisation, 1996.

JAOUI H. *« La créativité, mode d'emploi »*, ESF, 1990.

JOLIBERT A. & TIXIER M. *« La négociation commerciale »*, ESF, 1988

KARRASS G. *« Marché conclu »*, Rivages/les Echos, 1986.

KENDALL P.-M. *« Louis XI »*, Fayard, 1974.

KHATH S. & DUBOIS D. *« Négociation et contrôle des conditions bancaires »*, Editions d'Organisation, 1995.

KISSINGER H. *« A la Maison Blanche 1968/1973 »*, Fayard, 1979.

KOESTLER A. *« Le cri d'Archimède »*, Calmann-Lévy, 1962.

KORDA P. *« Vendre et défendre ses marges »*, Dunod, 1994.

KUTY *« La négociation des valeurs »*, De Boeck Université, 1997.

LABORDE G. *« Influencer avec intégrité »*, InterEditions, 1989.

LABORIT H. *« Eloge de la fuite »*, Seuil, 1978.

LACOUR GAYET G. *« Talleyrand »*, Payot, 1990.

LAFEUILLE M. *« Un regard créatif »*, Chotard associés, 1989.

LAUNAY R. *« La négociation, approche psychologique »*, ESF, 1989.

LAVENCY M. « *Sénèque pour managers* », Duculot, 1988.

LAURENT L. « *Comment mener adroitement discussions et négociations* », Dunod, 1987.

LAX D.-A. & SIBENIUS J.-K. « *Les gestionnaires et la négociation* », Gaëtan Morin, 1995.

LE POOLE S. « *Négocier, c'est simple !* », TOP, 1993.

LEBAIL C. « *La négociation d'achat* », Chotard associés, 1988.

LEBEL P. « *L'art de la négociation* », Editions d'Organisation, 1991.

LELLOUCHE & PIQUET « *Guide PME de la négociation commerciale* », Dunod, 1994.

LEMAITRE N. « *Le jeu de la décision* », Université de Bruxelles, 1986.

LEMASSON S. « *Négocier à l'exportation* », Dunod, 1999.

LEROUX M. & DELAIN M. « *Les dimensions cachées de la négociation* », INSEP, 1992.

LEROY G. « *Traité pratique de la diction française* », Jacques Grancher, 1968.

LHERMIE C. « *Négociation et référencement dans la grande distribution* », Vuibert, 1994.

LIDELL HART B.-H. « *Histoire de la seconde guerre mondiale* », Fayard, 1993.

LONCLE J.-M. & TROCHON J.-Y. &LOQUIN E. « *Pratique des négociations dans les rapprochements d'entreprise* », Litec, 1997.

MACQUIN A. « *Vente et négociation* », Précis Dalloz, 1993.

MALEK R. « *L'Algérie à Evian : Histoire des négociations secrètes 1956-1962* », Seuil, 1995.

MARTINET A.-C. « *Diagnostic stratégique* », Vuibert Entreprise, 1988.

MAUBERT J.-F. « *Négocier, 4 clés pour réussir* », Dunod Entreprise, 1990.

MAYSTRE L. & BOLLINGER D. « *Aide à la négociation multicritère* », Presses Polytechniques Romandes (CH), 1999.

MC CORMACK M.-H. « *Tout ce que vous n'apprendrez jamais à Harvard* », Rivages/les Echos, 1985.

MERLE P. « *Dictionnaire du français branché* », Seuil, 1986.

MESSERLIN P.-A. & VELLAS F. « *Conflits et négociations dans le commerce international : l'Uruguay-round* », Economica, 1989.

MILLER R.-B. & HEIMAN S.-E. & TUJELA T. « *Stratégie de la vente* », Editions d'Organisation, 1992.

MILLET G. « *La stratégie du verbe* », Dunod, 1981.

MILLET G. & DORA H. « *Comment mener un entretien individuel* », Dunod Entreprise, 1981.

MISSENARD B.
« *La négociation* », Editions d'Organisation, 1988.
« *Savoir négocier face à face* », Editions d'Organisation, 1987.

MOLTENI G. « *Négociation commerciale* », Miméographie, 1984.

MOULINIER R. « *Les techniques de la vente* », Editions d'Organisation, 1979.

MOYSON R. « *Communiquer dans l'entreprise et dans la vie* », De Boeck Université, 1997.

MUREAU A.-M. « *Europe communautaire : négociations nord-sud* », PUF, 1999.

NADOULEK B. « *Base de connaissances sur la mondialisation des cultures* », Aditech/CRC, 1992.

NAY C. « *Le dauphin et le régent* », Grasset Fasquelle, 1994.

NEGRO Y. « *La vente* », Vuibert, 1990.

NIERENBERG G.-L. « *L'art de persuader et de bien négocier* », Tchou, 1979.

NOUZILLE V. & SCHWARTZBROD A. « *L'Acrobate* », Seuil, 1988.

ORIEUX J.
« *Catherine de Médicis* », Flammarion, 1986.
« *Talleyrand* », Flammarion. 1971.

OSBORN A. « *L'imagination constructive* », Dunod, 1958.

PAGES M. « *La vie affective des groupes* », Dunod, 1984.

PERROTIN R. « *L'entretien d'achat* », Editions d'Organisation », 1991.

PLANTEY A. (Membre de l'Institut) « *La négociation internationale* », CNRS, 1994.

PONSSARD J.-P. « *Logique de la négociation et théorie des jeux* », Editions d'Organisation, 1977.

POROT D. « *Comment négocier votre salaire ou une augmentation* », Porot, 1997.

PRADAL H. (Docteur) « *Les grands médicaments* », Seuil, 1975.

PRIMAKOV E. « *Missions à Bagdad, histoire d'une négociation secrète* », Seuil, 1991.

RAINELLI M. « *La négociation commerciale et financière internationale* », Economica, 1995.

RAMAN J.-P. & DERVAUX B. « *Politique financière de l'entreprise* », Economica, 1990.

RATAUD P. « *L'alchimie de la vente* », Editions d'Organisation, 1987.

REYNAUD J.-D. « *Le conflit, la négociation et la règle* », Octares, 1999.

RINI G. « *Comment négocier avec ses enfants* », Libre Expression, 1999.

ROGERS D. « *Les stratégies militaires appliquées aux affaires* », First, 1988.

ROJOT J. « *La négociation* », Vuibert, 1994.

ROUART J.-M. « *La noblesse des vaincus* », Grasset et Fasquelle, 1998.

SALACUSE J.-W. « *Négocier ailleurs* », Nouveaux horizons, 1991.

SALE R. & SILVESTRE H. « *Vendre à l'industrie* », Liaisons, 1992.

SERRUYS J.-W. « *Donnant, Donnant* », Vander, 1988.

SICARD C. « *Pratique de la stratégie d'entreprise* », Hommes et Techniques, 1989.

SIMONET J. « *Le management d'une équipe : guide pratique pour négocier, animer, former* », Editions d'Organisation, 1999.

SUN ZI « *L'art de la guerre* », Pocket, 1993.

SWINERS J.-L. & BRIET J.-M. « *Warketing, une autre vision de la stratégie* », ESF, 1993.

THUYSBAERT P. « *L'art de la diplomatie multilatérale* », Vander, 1991.

TOUAZI F. & GEVREY C. « *Management d'entreprise et stratégie du Go* », Nathan, 1994.

TOUZARD H. « *La médiation et la résolution des conflits* », PUF, 1977.

TROMPENAARS F. « *L'entreprise multiculturelle* », Maxima, 1994.

TURCOTTE P.-R. « *Qualité de vie au travail : Anti-stress et créativité* », Editions d'Organisation, 1983.

URY W. « *Comment négcier avec les gens difficiles* », Seuil, 1998.

URY W. & FISHER R. « *Comment réussir une négociation* », Seuil, 1982

USUNIER J.-C. « *Commerce entre deux cultures* », PUF, 1992.

VALOT-FOREST M. « *Bien négocier son divorce* », First, 1998.

VANOYE F. « *Expression – communication* », Armand Colin, 1973.

VERMOT-GAUD C. « *Je négocie avec mes partenaires sociaux* », Editions d'Organisation, 1988.

VON OECH R. « *Créatif de choc !* », Businessman/First, 1986.

WALDER F. « *Saint Germain ou la négociation* », Gallimard, 1958.

WEISS D.
« *Les relations sociales ; encyclopédie de gestion* », Vuibert, 1992.
« *Les relations du travail* », Dunod, 1976.

XARDEL D. « *La vente* », PUF, Que sais-je ?, 1984.

OUVRAGES ANGLOPHONES

BAZERMAN M.& LEWICKI R. « *Negotiating in organizations* », Sage Publications, 1983.

BAZERMAN M. & NEALE M. « *Negotiating rationnaly* », Free Press (N.Y.), 1992.

BERNE E. « *Game people play* », Ballantine Books N.Y., 1964.

CASSE P. « *Managing intercultural négotiation* », Sage, 1985.

COLLECTIF P.I.N. « *Problems and new approaches* », Jossey-Bass inc. Publishers San Fransisco, 1990.

DEUTSCH M. & KRAUSS R. « The effect of threat upon international bargaining », Journal of abnormal and social psychology, 1960.

DRUCKMAN D. « *Negotiations* », Sage Publications, 1977.

FALEY T. & TEDESCHI J.T. « *Status and reaction to threats* », Journal of Personality and social psychology, 1971.

FAURE G.O. & RUBIN J. « *Culture and negotiation* », Sage, 1993.

HALL L. « *Negotiation* », Sage, 1993.

HEILMAN M.E. « *Threats and promises* », Journal of experimental social psychology, 1974.

HERMAN E. & KUHN A. & SEEBER R. « *Collective bargaining and labor relations* », Prentice Hall, 1982.

HOLMES D.S. « *Compensation for ego threat* », Journal of Personality and social psychology, 1970.

IKLE F. « *How nations negotiate* », Harper & Row, 1964.

KARRASS C. « *The negociating game* », Thomas Y. Crowell, 1970.

KENNEDY G. « *Pocket negotiator* », The Economist Book ldt, 1993.

KOLB D. « *Negotiation* », Sage Publications, 1986.

KOMORITA S. & BARNES M. « *Effect of pressures to reach agreement in bargaining* », Journal of Personality and social psychology, 1969.

KORDA M. « *Power in the office* », Weindenfields & Nicholson, 1975.

KREMENYUK V. « *International Negotiation* », Jossey-Bass inc. Publishers San Fransisco, 1991.

LAX D.A. & SEBENIUS J.K. « *The manager as negotiator* », The Free Press, 1986.

LEWICKI R. & LITTERER J. « *Negotiation* », Richard Irwin Inc., 1985.

MASTENBROEK W. « *Negotiate* », Basic Blackwell, 1989.

MORLEY I.-E. & STEPHENSON G. « *The social psychology of bargaining* », G.Allen1Unwin ldt, 1978.

RAIFFA H. « *The art and science of negotiation* », Harvard University Press, 1982.

SHORTELL J. & EPSTEIN S. « *Instigation to agression* », Journal of Personality and social psychology, 1970.

URY W. & FISHER R. « *Getting to yes* », Houghton Mifflin Corp., 1981.

WALTON R.E. & MC KERSIE R.B. « *A behavioral theory of labor negotiation* », Mc Graw Hill, 1965.

WEINSHALL T. « *Culture and management* », Peguin Books, 1977.

ZARTMAN I.W. « *Positive sum. Improving North-South negotiation* », Transaction books New Brunswick, 1987.

ZARTMAN I.W. & BERMAN M. « *The practical negociator* », Yale University Press, 1982.

Index

Achevé d'imprimer : JOUVE, Paris
N° d'éditeur : 2153
N° d'imprimeur : 303229N
Dépôt légal : Janvier 2002

Composition — Mise en page
Langlois Pao Fab — 14410 Vassy

Imprimé en France